Psychanalyse des contes de fées

Dans la même collection :

ANDREI AMALRIK
L'Union soviétique survivra-t-elle en 1984 ?

RAYMOND ARON
Essai sur les libertés
Plaidoyer pour l'Europe décadente

JEAN-PIERRE AZÉMA et MICHEL WINOCK
La IIIe République

JULIEN BENDA
La Trahison des clercs

BRUNO BETTELHEIM
Le Cœur conscient

PIERRE CHAUNU
La mémoire et le sacré

LOUIS CHEVALIER
Classes laborieuses et classes dangereuses

JEAN COCTEAU
Portraits-souvenir

AUGUSTE COMTE
Du Pouvoir spirituel

JEAN DELUMEAU
Le Christianisme va-t-il mourir ?

GÉRARD-FRANÇOIS DUMONT, P. CHAUNU, J. LEGRAND, A. SAUVY
La France ridée

NORBERT ELIAS
La Civilisation des mœurs

JACQUES ELLUL
L'Illusion politique

FRANÇOIS FEJTO
L'Héritage de Lénine

GIUSEPPE FIORI :
La Vie de Antonio Gramsci

RENÉ GIRARD
Mensonge romantique et vérité romanesque

RAOUL GIRARDET
L'Idée coloniale en France de 1871 à 1962

MAXIME GORKI
Pensées intempestives

PIERRE GOUBERT
Louis XIV et vingt millions de Français

ALFRED GROSSER
L'Allemagne de notre temps

DANIEL HALÉVY
Nietzsche
Visites aux paysans du Centre
Péguy

BERTRAND DE JOUVENEL
Du Pouvoir

ERNST JUNGER
Chasses subtiles

ARTHUR KOESTLER
La Corde raide
Hiéroglyphes, I et II

HENRI LEPAGE
Demain le capitalisme

THOMAS MANN
Wagner et notre temps

JEAN-FRANÇOIS REVEL
Pourquoi des philosophes

MARTHE ROBERT :
D'Œdipe à Moïse : Freud et la conscience juive

JEAN-JACQUES ROUSSEAU
Du Contrat social

RAYMOND RUYER
La Gnose de Princeton

ALFRED SAUVY
L'Économie du diable

Collection *Pluriel*
dirigée par Georges Liébert

BRUNO BETTELHEIM

Psychanalyse des contes de fées

Traduit de l'américain par Théo Carlier

ROBERT LAFFONT

Cet ouvrage a été publié pour la première fois aux États-Unis par Alfred A. Knopf à New York, sous le titre :

*THE USES OF ENCHANTEMENT**

* Titre qu'on aurait pu traduire peut-être plus justement — et plus poétiquement par : *Du bon usage du merveilleux* ou : *Les Usages du merveilleux. (Note de l'éditeur, 1979.)*

Né à Vienne en 1903, Bruno Bettelheim y poursuit des études de psychologie et de psychiatrie, qu'il complète d'une solide formation psychanalytique.

Juif, il est interné pendant un an, à Dachau puis à Buchenwald. Expérience qui lui inspire une étude rendue célèbre par le général Eisenhower qui la fera lire à tous ses officiers : « Comportement individuel et comportement de masse en situations extrêmes. » On y trouve déjà la matière du livre *Le cœur conscient.*

Arrivé en 1939 aux U.S.A. comme émigrant, il va enseigner la psychologie et la psychiatrie à l'université de Chicago.

En 1944, il prend la tête de l'un des instituts de cette université, l'Institut Sonia Shankman, qu'il dirigera selon ses principes, après l'avoir réformé en 1947. L'Institut devient dès lors célèbre sous le nom d'Ecole orthogénique de Chicago.

Spécialisée dans les thérapies d'enfants autistiques, donc très atteints dans leur personnalité psychique, cette école leur offre un « milieu thérapeutique total » où beaucoup d'amour et une totale disponibilité de l'équipe soignante renforcent l'effet de son travail médical et psychologique. Une expérience qui va se poursuivre pendant près de trente ans et fera l'objet, au fil des années, de nombreux ouvrages.

Bettelheim n'en trouve pas moins le temps de satisfaire son intense curiosité et va ainsi voir ce que deviennent les enfants des kibboutz, expérience qu'il décrit dans *Les Enfants du rêve.*

Il a aujourd'hui quitté son école et l'Université, et s'est retiré sur la côte ouest des Etats-Unis, pour y rédiger tout un ensemble de conseils aux mères de famille, dont un premier élément vient d'être publié sous le titre *Psychanalyse des contes de fées.*

Outre ses ouvrages, une série d'émissions de Daniel Karlin, diffusées en 1974 sur la première chaîne de télévision, a contribué à faire connaître au public français l'œuvre et la pensée de Bruno Bettelheim.

Œuvres de Bruno Bettelheim disponibles en langue française

L'amour ne suffit pas, collection « Pédagogie psychosociale », Fleurus, Paris, 1970, 426 pages.
Traduction française de *Love is not enough,* The Free Press, New York, 1950. (La première édition française a été publiée sous le titre, devenu ensuite sous-titre, de *Le Traitement des troubles affectifs chez l'enfant*).

Les Blessures symboliques, collection « Connaissance de l'inconscient », Gallimard, Paris, 1971, 256 pages.
Traduction française de *Symbolic Wounds,* The Free Press, New York, 1954.

Evadés de la vie, collection « Pédagogie psychosociale », Fleurus, Paris, 1973, 640 pages, illustré.
Traduction française de *Truants from life,* The Free Press, New York, 1955.

Le Cœur conscient, collection « Réponses », Robert Laffont, Paris, 1972, 336 pages. Nouvelle édition, « Pluriel », 1977.
Traduction française de *The informed heart,* The Free Press, New York, 1960.

Dialogues avec les mères, collection « Réponses », Robert Laffont, Paris, 1973, 312 pages.
Traduction française de *Dialogues with mothers,* The Free Press, New York, 1962.

La Forteresse vide, collection « Connaissance de l'inconscient », Gallimard, Paris, 1969, 590 pages, illustré.
Traduction française de *The Empty Fortress,* The Free Press, New York, 1967.

Les Enfants du rêve, collection « Réponses », Robert Laffont, Paris, 1971, 400 pages.
Traduction française de *The children of the dream,* The Free Press, New York, 1969.

Un lieu où renaître, collection « Réponses », Robert Laffont, Paris, 1975, 520 pages, illustré.
Traduction française de *A home for the heart,* Alfred A. Knopf, New York, 1974.

Psychanalyse des contes de fées, collection « Réponses », Robert Laffont, Paris, 1976, 408 pages.
Traduction française de *The uses of enchantment,* Alfred A. Knopf, New York, 1976.

***

Bruno Bettelheim, Daniel Karlin : *Un autre regard sur la folie,* collection « Dire », Stock 2, Paris, 1975, 384 pages, illustré.
Texte d'une émission de TV, tournée à Chicago par D. Karlin avec B. Bettelheim.

***

Geneviève Jurgensen : *La Folie des autres,* collection « Réponses », Robert Laffont, Paris, 1973, 328 pages.
Récit de l'expérience d'une éducatrice française à l'école orthogénique fondée par Bettelheim à Chicago.

Bibliographie établie par Madeleine Chapsal.

Remerciements

Nombreux sont ceux qui ont participé à la création des contes de fées. Et nombreux sont ceux qui, également, ont contribué à la rédaction de ce livre. Je veux citer en tout premier lieu les enfants, qui m'ont montré par leurs réactions l'importance que les contes de fées tenaient dans leur vie, et la psychanalyse qui m'a permis de pénétrer le sens profond des histoires. C'est ma mère qui m'a ouvert le monde magique des contes ; sans son influence, ce livre n'aurait jamais été écrit. Pendant que j'y travaillais, j'ai reçu de précieuses suggestions de la part d'un certain nombre d'amis qui ont eu la gentillesse de s'intéresser à mes efforts. Je remercie, entre autres, Marjorie et Al Flarsheim, Frances Gitelson, Elizabeth Goldner, Robert Gottlieb, Joyce Jack, Paul Kramer, Ruth Marquis, Jacqui Sanders et Linnea Vacca.

Joyce a préparé le manuscrit pour la publication. La présentation définitive du livre est due à son travail, patient et très intelligent. J'ai eu la chance de trouver en la personne de Robert Gottlieb un éditeur comme il y en a peu, qui sait allier une compréhension très sensible (et donc encourageante) à une attitude critique judicieuse.

Mes derniers remerciements, et non les moindres, iront à la fondation Spencer dont l'appui généreux m'a permis d'écrire ce livre. L'amitié compréhensive de son président, H. Thomas James, m'a vivement encouragé dans mon entreprise.

Sommaire

SECONDE PARTIE

AU ROYAUME DES FÉES

Introduction

Lutter pour donner un sens à la vie

Si nous voulons être conscients de notre existence au lieu de nous contenter de vivre au jour le jour, notre tâche la plus urgente et la plus difficile consiste à donner un sens à la vie. Nous savons combien d'êtres humains ont perdu le goût de vivre et ont renoncé à faire des efforts parce que la vie, pour eux, n'avait plus aucun sens. On n'acquiert pas automatiquement ce sens de la vie à un âge déterminé de l'enfance, ni même quand on a atteint l'âge présumé de la maturité. Au contraire la maturité psychologique consiste à acquérir une compréhension solide de ce que peut être et de ce que doit être le sens de la vie. Et cela ne s'obtient qu'à la suite d'une longue évolution : à tout âge, nous cherchons et nous devons être capables de trouver un minimum de signification en relation avec le niveau de développement de notre intelligence.

Contrairement au mythe ancien, la sagesse ne jaillit pas d'elle-même, toute faite, comme le fit Athéna de la tête de Zeus ; elle s'élabore petit à petit, après des débuts très irrationnels. Nos expériences vécues dans ce monde ne peuvent nous procurer une compréhension intelligente de notre existence que quand nous avons atteint l'âge adulte. Malheureusement, trop de parents voudraient que l'esprit de leur enfant fonctionnât comme le leur, comme si notre compréhension de nous-mêmes et du monde et nos idées sur le sens de la vie n'étaient pas soumises à une lente évolution qui aboutit à la maturité adulte, ainsi que le font le corps et l'esprit...

Aujourd'hui, comme jadis, la tâche la plus importante et aussi la plus difficile de l'éducation est d'aider l'enfant à donner un sens à sa vie. Pour y parvenir, il doit passer par de nombreuses crises de croissance. A mesure qu'il grandit, il doit apprendre à se comprendre mieux ; en même temps, il devient plus à même de comprendre les autres et, finalement, il peut établir avec eux des relations réciproquement satisfaisantes et significatives.

Pour découvrir le sens profond de la vie, il faut être capable de dépasser les limites étroites d'une existence égocentrique et croire que l'on peut apporter quelque chose à sa propre vie, sinon immédiatement, du moins dans l'avenir. Ce sentiment est indispensable à l'individu s'il veut être satisfait de lui-même et de ce qu'il fait. Pour ne pas être à la merci des hasards de la vie, il doit développer ses ressources intérieures afin que les sentiments, l'imagination et l'intellect s'appuient et s'enrichissent mutuellement. Nos sentiments positifs nous donnent la force de développer notre rationalité ; seule notre confiance en l'avenir peut nous soutenir contre les adversités que nous ne pouvons éviter de rencontrer.

Lorsque je m'occupais d'enfants gravement perturbés, en tant qu'éducateur et thérapeute, l'essentiel de mon travail consistait à donner un sens à leur existence. Ce travail m'a fait apparaître comme une évidence que si leurs éducateurs avaient su donner un sens à leur vie, ces enfants n'auraient pas eu besoin de soins spéciaux. J'ai été amené à rechercher les expériences qui, dans la vie de l'enfant, étaient les plus propres à l'aider à découvrir ses raisons de vivre et, en général, à donner le maximum de sens à sa vie. En ce qui concerne ces expériences, rien n'est plus important que l'influence des parents et de tous ceux qui éduquent l'enfant ; vient ensuite notre héritage culturel, s'il est transmis convenablement à l'enfant. Quand il est jeune, c'est dans les livres qu'il peut le plus aisément trouver ces informations.

A partir de là, je me suis trouvé très insatisfait de la plus grande partie de la littérature destinée à former l'esprit et la personnalité de l'enfant ; elle est incapable, en effet, de stimuler et d'alimenter les ressources intérieures qui lui sont indispensables pour affronter ses difficiles problèmes. Les abécédaires et autres livres pour débutants sont étudiés pour enseigner la technique de la lecture, et ne servent à rien d'autre. La masse énorme des autres livres et publications qui forment ce qu'on appelle la « littérature enfantine » vise à amuser l'enfant ou à l'informer, ou les deux à la fois. Mais la substance de ces écrits est si pauvre qu'elle n'a guère de signification profonde pour lui. L'acquisition des techniques — y compris celle de la lecture — perd de la valeur si ce que l'enfant a appris à lire n'ajoute rien d'important à sa vie.

Nous avons tous tendance à évaluer les mérites futurs de n'importe quelle activité sur la base de ce qu'elle offre sur le moment. C'est particulièrement vrai pour l'enfant qui, beaucoup plus que les adultes, vit dans le présent ; bien qu'angoissé par l'avenir, il n'a que des notions très vagues sur ce que celui-ci peut être et sur ce qu'il exigera de lui. L'enfant ne peut pas croire que ses lectures puissent enrichir plus tard sa vie si les histoires qu'on lui lit ou qu'il lit tout seul sont dénuées de sens. Le principal reproche que l'on puisse faire à ces livres, c'est qu'ils trompent l'enfant sur ce que la littérature peut lui apporter : la connaissance du sens plus profond de la vie et ce qui est significatif pour lui au niveau de développement qu'il a atteint.

Pour qu'une histoire accroche vraiment l'attention de l'enfant, il faut qu'elle le divertisse et qu'elle éveille sa curiosité. Mais, pour enrichir sa vie, il faut en outre qu'elle stimule son imagination ; qu'elle l'aide à développer son intelligence et à voir clair dans ses émotions ; qu'elle soit accordée à ses angoisses et à ses aspirations ; qu'elle lui fasse prendre conscience de ses difficultés, tout en lui suggérant des solutions aux problèmes qui le troublent. Bref, elle doit, en un seul et même temps, se mettre en accord avec tous les aspects de sa personnalité sans amoindrir, au contraire en la reconnaissant pleinement, la gravité de la situation de l'enfant et en lui donnant par la même occasion confiance en lui et en son avenir.

Sur tous ces points, et sur beaucoup d'autres, rien ne peut être plus enrichissant et plus satisfaisant dans toute la littérature enfantine (à de très rares exceptions près) que les contes de fées puisés dans le folklore, et cela est aussi vrai pour les enfants que pour les adultes. A vrai dire, si on se contente d'aborder superficiellement les contes de fées, ils ont peu de chose à nous apprendre sur les conditions de vie propres à la société de masse que nous connaissons aujourd'hui ; ces contes ont été créés bien avant son avènement. Mais ils ont infiniment plus de choses à nous apprendre sur les problèmes intérieurs de l'être humain et sur leurs solutions, dans toutes les sociétés, que n'importe quel autre type d'histoires à la portée de l'entendement de l'enfant. Comme il est appelé à être exposé à tout moment à la société dans laquelle il vit, l'enfant apprendra certainement à s'adapter aux conditions qu'elle lui offre, pourvu que ses ressources intérieures le lui permettent.

L'enfant, parce que la vie lui semble souvent déroutante, a le plus grand besoin qu'on lui donne une chance de se comprendre mieux au sein du monde complexe qu'il doit affronter. Il faut donc l'aider à mettre un peu de cohérence dans le tumulte de ses sentiments. Il a besoin d'idées qui lui permettent de mettre de l'ordre dans sa maison intérieure et, sur cette base, dans sa vie également. Il a besoin — et il est inutile d'insister sur ce point à l'époque actuelle de notre histoire — d'une éducation qui, subtilement, uniquement par sous-entendus, lui fasse voir les avantages d'un comportement conforme à la morale, non par l'intermédiaire de préceptes éthiques abstraits, mais par le spectacle des aspects tangibles du bien et du mal qui prennent alors pour lui toute leur signification.

C'est grâce aux contes de fées que l'enfant peut découvrir cette signification. Comme beaucoup d'autres notions psychologiques modernes, celle-ci a été depuis longtemps pressentie par les poètes. Schiller, par exemple, a écrit : « Je trouvais plus de sens profond dans les contes de fées qu'on me racontait dans mon enfance que dans les vérités enseignées par la vie. »

A force d'avoir été répétés pendant des siècles (sinon des millénaires) les contes de fées se sont de plus en plus affinés et se sont chargés de significations aussi bien apparentes que cachées ; ils sont arrivés à s'adresser simultanément à tous les niveaux de la personnalité humaine, en transmettant leurs messages d'une façon qui touche aussi bien l'esprit inculte de l'enfant que celui plus perfectionné de l'adulte. En utilisant sans le savoir le modèle psychanalytique de la personnalité humaine, ils adressent des messages importants à l'esprit conscient, préconscient et inconscient, quel que soit le niveau atteint par chacun d'eux. Ces histoires, qui abordent des problèmes humains universels, et en particulier ceux des enfants, s'adressent à leur *moi* en herbe et favorisent son développement, tout en soulageant les pressions préconscientes et inconscientes. Tandis que l'intrigue du conte évolue, les pressions du *ça* se précisent et prennent corps, et l'enfant voit comment il peut les soulager tout en se conformant aux exigences du *moi* et du *surmoi* *.

---

* Le « ça » le « moi » et le « surmoi », qui ont fini par passer dans le langage courant, sont à l'origine des concepts élaborés par Freud. J. Laplache et J.B. Pontalis en donnent les définitions suivantes dans leur *Vocabulaire de la psychanalyse* (nous retenons seulement le résumé ou un extrait du résumé de chaque rubrique) :

ÇA : *Une des trois instances distinguées par Freud dans sa deuxième théorie de l'appareil psychique. Le ça constitue le pôle pulsionnel de la personnalité ; ses contenus, expression psychique des pulsions, sont inconscients, pour une part héréditaires et innés, pour l'autre refoulés et acquis.*

Du point de vue économique, le ça est pour Freud la réservoir premier de l'énergie psychique ; du point de vue dynamique, il entre en conflit avec le moi et le surmoi qui, du point de vue génétique, en sont des différenciations.

MOI : *Instance que Freud, dans sa seconde théorie de l'appareil psychique, distingue du ça et du surmoi.*

Du point de vue topique, *le moi est dans une relation de dépendance tant à l'endroit des revendications du ça que des impératifs du surmoi et des exigences de la réalité. Bien qu'il se pose en médiateur, chargé des intérêts de la totalité de la personne, son autonomie n'est que toute relative.*

Du point de vue dynamique, *le moi représente éminemment dans le conflit névrotique le pôle défensif de la personnalité ; il met en jeu une série de mécanismes de défense, ceux-ci étant motivés par la perception d'un affect déplaisant (signal d'angoisse).*

Du point de vue économique, *le moi apparaît comme un facteur de liaison des processus psychiques ; mais, dans les opérations défensives, les tentatives de liaison de l'énergie pulsionnelle sont contaminées par les caractères qui spécifient le processus primaire : elles prennent une allure compulsive, répétitive, déréelle.*

SURMOI (ou SUR-MOI) : *Une des instances de la personnalité telle que Freud l'a décrite dans le cadre de sa seconde théorie de l'appareil psychique : son rôle est assimilable à celui d'un juge ou d'un censeur à l'égard du moi. Freud voit dans la conscience morale, l'auto-observation, la formation d'idéaux, des fonctions du surmoi.*

Classiquement, le surmoi est défini comme l'héritier du complexe d'Œdipe ; il se constitue par intériorisation des exigences et des interdits parentaux.

Ajoutons-y la définition de « l'idéal du moi » auquel B. Bettelheim fait aussi référence ou allusion dans le présent ouvrage :

IDEAL DU MOI : *Terme employé par Freud dans le cadre*

L'intérêt que je porte aux contes de fées ne résulte pas de cette analyse technique de leurs mérites. Au contraire, il vient de ce que, au cours de mon expérience, je me suis souvent demandé pourquoi les enfants, normaux et anormaux, et à tous les niveaux d'intelligence, trouvent les contes de fées beaucoup plus satisfaisants que toutes les autres histoires qu'on peut leur proposer.

Plus j'essayais de comprendre pourquoi les contes réussissaient si bien à enrichir la vie intérieure de l'enfant, plus je me rendais compte que, plus profondément que tout autre matériel de lecture, ils débutent là où se trouve en réalité l'enfant dans son être psychologique et affectif. Ils lui parlent de ses graves pressions intérieures d'une façon qu'il enregistre inconsciemment et — sans minimiser les luttes intimes les plus sérieuses suscitées par la croissance — ils lui font comprendre par l'exemple qu'il existe des solutions momentanées ou permanentes aux difficultés psychologiques les plus pressantes.

Quand une donation de la fondation Spencer m'a fourni le loisir d'étudier la contribution que peut apporter la psychanalyse à l'éducation des enfants, constatant que la lecture (que l'enfant lise lui-même ou qu'on lui lise une histoire) joue un rôle essentiel dans cette éducation, il m'a paru judicieux de profiter de l'occasion pour explorer en détail et en profondeur l'apport inestimable des contes de fées folkloriques ; j'espère ainsi aider les parents et les éducateurs à mieux comprendre leurs mérites uniques et les inci-

---

de sa seconde théorie de l'appareil psychique : instance de la personnalité résultant de la convergence du narcissisme (idéalisation du moi) et des identifications aux parents, à leurs substituts et aux idéaux collectifs. En tant qu'instance différenciée, l'idéal du moi constitue un modèle auquel le sujet cherche à se conformer.

Vocabulaire de la Psychanalyse, P.U.F., 5e édition revue, 1976, pp. 56, 184, 241, 471. *(Note de l'éditeur, 1979).*

ter à leur rendre la place qu'ils ont tenue pendant des siècles et des siècles dans la vie des enfants.

Les contes de fées et la situation existentielle

Pour pouvoir régler les problèmes psychologiques de la croissance (c'est-à-dire surmonter les déceptions narcissiques, les dilemmes œdipiens, les rivalités fraternelles ; être capable de renoncer aux dépendances de l'enfance ; affirmer sa personnalité, prendre conscience de sa propre valeur et de ses obligations morales), l'enfant a besoin de comprendre ce qui se passe dans son être conscient et, grâce à cela, de faire face également à ce qui se passe dans son inconscient. Il peut acquérir cette compréhension (qui l'aidera à lutter contre ses difficultés) non pas en apprenant rationnellement la nature et le contenu de l'inconscient, mais en se familiarisant avec lui, en brodant des rêves éveillés, en élaborant et en ruminant des fantasmes issus de certains éléments du conte qui correspondent aux pressions de son inconscient. En agissant ainsi, l'enfant transforme en fantasmes le contenu de son inconscient, ce qui lui permet de mieux lui faire face. C'est ici que l'on voit la valeur inégalée du conte de fées : il ouvre de nouvelles dimensions à l'imagination de l'enfant que celui-ci serait incapable de découvrir seul. Et, ce qui est encore plus important, la forme et la structure du conte de fées lui offrent des images qu'il peut incorporer à ses rêves éveillés et qui l'aident à mieux orienter sa vie.

Chez l'enfant comme chez l'adulte, l'inconscient est un déterminant puissant du comportement. Quand il est refoulé, le conscient finira par être en partie envahi par des dérivatifs, faute de quoi l'individu sera contraint d'exercer sur ces éléments inconscients un contrôle si rigoureux, si compulsif, que sa personnalité se retrouvera gravement handicapée. Mais si le matériel inconscient *peut* à un certain degré accéder au conscient et se livrer à l'imagination, son potentiel de nocivité, pour nous-mêmes et pour les autres, est alors très réduit ; une partie de sa force peut être mise au service d'objectifs positifs. Cependant, la majorité des parents croit que l'enfant doit être mis à l'abri de ce qui le trouble le plus : ses angoisses informes et sans nom, ses fantasmes chaotiques, colériques et même violents. Beaucoup pensent que seule la réalité consciente et des images généreuses devraient être présentées aux enfants, pour qu'il ne soit exposé qu'au côté ensoleillé des choses. Mais ce régime à sens unique ne peut nourrir l'esprit qu'à sens unique, et la vie réelle n'est pas que soleil...

La mode veut que l'on cache à l'enfant que tout ce qui va mal dans la vie vient de notre propre nature : le penchant qu'ont tous les humains à agir agressivement, asocialement, égoïstement, par colère ou par angoisse. Nous désirons que nos enfants croient que l'homme est foncièrement bon. Mais les enfants *savent* qu'ils ne sont pas toujours bons ; et souvent, même s'ils le sont, ils n'ont pas tellement envie de l'être. Cela contredit ce que leur racontent leurs parents, et l'enfant apparaît comme un monstre à ses propres yeux.

La culture dominante, en ce qui concerne particulièrement les enfants, veut faire comme si le côté sombre de l'homme n'existait pas, et elle affecte de croire en un « méliorisme » optimiste. La psychanalyse elle-même est censée avoir pour but de rendre la vie facile... ce qui n'était pas du tout dans les intentions de son fondateur. Elle a été créée pour rendre l'homme capable d'accepter la nature problématique de la vie, sans se laisser abattre par elle et sans recourir à des faux-fuyants. Le précepte de Freud est que l'homme ne peut parvenir à donner un sens à son existence que s'il lutte courageusement contre ce qui lui paraît être des inégalités écrasantes.

Tel est exactement le message que les contes de fées, de mille manières différentes, délivrent à l'enfant :

que la lutte contre les graves difficultés de la vie sont inévitables et font partie intrinsèque de l'existence humaine, mais que si, au lieu de se dérober, on affronte fermement les épreuves inattendues et souvent injustes, on vient à bout de tous les obstacles et on finit par remporter la victoire.

Les histoires modernes qui sont destinées aux jeunes enfants évitent avant tout d'aborder ces problèmes existentiels qui ont pourtant pour nous tous une importance cruciale. L'enfant a surtout besoin de recevoir, sous une forme symbolique, des suggestions sur la manière de traiter ces problèmes et de s'acheminer en sécurité vers la maturité. Les histoires sécurisantes d'aujourd'hui ne parlent ni de la mort, ni du vieillissement, ni de l'espoir en une vie éternelle. Le conte de fées, au contraire, met carrément l'enfant en présence de toutes les difficultés fondamentales de l'homme.

Par exemple, de nombreux contes de fées commencent avec la mort d'une mère ou d'un père ; dans ces contes la mort de l'un des parents crée des problèmes angoissants (c'est ce qu'on appréhende ou ce qui se passe dans la vie réelle). D'autres contes parlent d'un père ou d'une mère vieillissant qui décide de passer le relais à la nouvelle génération ; mais, auparavant, le successeur doit prouver qu'il est capable et digne de prendre la relève. Le conte des frères Grimm, *Les Trois Plumes* commence ainsi : « Il était une fois un roi qui avait trois fils... Le roi, en vieillissant, sentant ses forces décliner et songeant à sa mort, ne savait pas auquel de ses trois fils il devait laisser le royaume en héritage. » Pour pouvoir se décider, le roi confie à chacun de ses fils une tâche difficile ; celui qui réussira le mieux, « ce sera lui le roi après sa mort ».

Les contes de fées ont pour caractéristique de poser des problèmes existentiels en termes brefs et précis. L'enfant peut ainsi affronter ces problèmes dans leur forme essentielle, alors qu'une intrigue plus élaborée lui compliquerait les choses. Le conte de fées simplifie toutes les situations. Ses personnages sont nettement dessinés ; et les détails, à moins qu'ils ne soient très importants, sont laissés de côté. Tous les personnages correspondent à un type ; ils n'ont rien d'unique.

Contrairement à ce qui se passe dans la plupart des histoires modernes pour enfants, le mal, dans les contes de fées, est aussi répandu que la vertu. Dans pratiquement tous les contes de fées, le bien et le mal sont matérialisés par des personnages et par leurs actions, de même que le bien et le mal sont omniprésents dans la vie et que chaque homme a des penchants pour les deux. C'est ce dualisme qui pose le problème moral ; l'homme doit lutter pour le résoudre.

Le mal est présenté avec tous ses attraits — symbolisés dans les contes par le géant tout-puissant ou par le dragon, par les pouvoirs de la sorcière, la reine rusée de Blanche-Neige — et, souvent, il triomphe momentanément. De nombreux contes nous disent que l'usurpateur réussit pendant quelque temps à se tenir à la place qui appartient de droit au héros (comme les méchantes sœurs de Cendrillon). Ce n'est pas seulement parce que le méchant est puni à la fin de l'histoire que les contes ont une portée morale ; dans les contes de fées, comme dans la vie, le châtiment, ou la peur qu'il inspire, n'a qu'un faible effet préventif contre le crime ; la conviction que le crime ne paie pas est beaucoup plus efficace, et c'est pourquoi les méchants des contes finissent toujours par perdre. Ce n'est pas le triomphe final de la vertu qui assure la moralité du conte mais le fait que l'enfant, séduit par le héros, s'identifie avec lui à travers toutes ses épreuves. A cause de cette identification, l'enfant imagine qu'il partage toutes les souffrances du héros au cours de ses tribulations et qu'il triomphe avec lui au moment où la vertu l'emporte sur le mal. L'enfant accomplit tout seul cette identification, et les luttes intérieures et extérieures du héros impriment en lui le sens moral.

Les personnages des contes de fées ne sont pas ambivalents ; ils ne sont pas à la fois bons et méchants, comme nous le sommes tous dans la réalité. De même qu'une polarisation domine l'esprit de l'enfant, elle domine le conte de fées. Chaque personnage est tout bon ou tout méchant. Un frère est idiot, l'autre intelligent. Une sœur est vertueuse et active, les autres infâmes et indolentes. L'une est belle, les autres sont laides. L'un des parents est tout bon, l'autre tout méchant. La juxtaposition de ces personnages opposés n'a pas pour but de souligner le comportement le plus louable, comme ce serait vrai pour les contes de mise en garde. (Il existe des contes de fées amoraux où le bien et le mal et la beauté et la laideur ne jouent aucun rôle.) Ce contraste des personnages permet à l'enfant de comprendre facilement leurs différences, ce qu'il serait incapable de faire aussi facilement si les protagonistes, comme dans la vie réelle, se présentaient avec toute leur complexité. Pour comprendre les ambiguïtés, l'enfant doit attendre d'avoir solidement établi sa propre personnalité sur la base d'identifications positives. Il peut alors voir que les gens sont très différents les uns des autres et qu'il doit lui-même décider de ce qu'il sera. Cette décision fondamentale, sur laquelle s'édifiera plus tard l'évolution de la personnalité, est facilitée par la polarisation des contes de fées.

En outre, les choix de l'enfant ne se fondent pas tellement sur le bien opposé au mal, ni sur le personnage qui éveille sa sympathie et celui qu'il trouve antipathique. Plus le personnage bon est simple et direct, plus l'enfant s'identifie facilement avec lui et rejette le méchant. Il s'identifie avec le bon non pas en raison de sa vertu, mais parce que la situation du héros trouve en lui un écho profond. L'enfant ne se demande pas : « Est-ce que j'ai envie d'être bon ? » mais : « A qui ai-je envie de ressembler ? » Il décide de son choix en commençant par se projeter de plein gré dans le personnage. Si celui-ci est bon, l'enfant, du même coup, veut être bon lui aussi.

Les contes amoraux, où le bon n'est pas opposé au méchant, ont un tout autre but. Le Chat botté, par exemple, qui triche pour assurer le triomphe du héros, et Jack (héros d'un cycle anglais de contes de fées), qui vole le trésor du géant, ne proposent pas un choix entre le bien et le mal, mais font croire à l'enfant que les plus faibles peuvent réussir dans la vie. Après tout, à quoi bon décider d'être bon alors qu'on se sent si insignifiant qu'on a peur de ne jamais arriver à rien ? Ces contes n'ont aucune intention morale ; ils veulent donner l'assurance que l'on peut réussir. Ils répondent ainsi à un problème existentiel très important : faut-il aborder la vie avec la conviction que l'on peut venir à bout de toutes les difficultés ou avec une mentalité de vaincu ?

Les conflits intérieurs profonds, qui ont leur origine dans nos pulsions primitives et dans nos émotions violentes, sont ignorés dans la plupart des livres modernes pour enfants qui n'aident donc en rien ceux-ci à les affronter. Mais l'enfant est sujet à des accès désespérés de solitude et d'abandon, et il est souvent en proie à des angoisses mortelles. Très souvent, il est incapable d'exprimer ces sentiments par des mots, on ne le fait que par des moyens détournés : il a peur de l'obscurité ou d'un animal quelconque, ou il est angoissé par son corps. Comme les parents se sentent mal à l'aise quand ils observent ces émotions chez leur enfant, ils ont tendance à les négliger, ou ils les amoindrissent à partir de leurs propres angoisses, croyant ainsi calmer les peurs de l'enfant.

Le conte de fées, au contraire, prend très au sérieux ces angoisses et ces dilemmes existentiels et les aborde directement : le besoin d'être aimé et la peur d'être considéré comme un bon à rien ; l'amour de la vie et la peur de la mort. En outre, il présente des solutions que l'enfant peut saisir selon son niveau de compréhension. Les contes de fées, par exemple, posent le problème du désir d'une vie éternelle en concluant parfois : « Et s'ils ne sont pas morts, ils vivent encore à l'heure qu'il est. » D'autres, qui se terminent ainsi : « Et ils vécurent toujours heureux », ne font pas croire un instant à l'enfant que la vie peut durer éternellement ; ils indiquent qu'il n'y a qu'une façon de moins souffrir de la brièveté de la vie : en établissant un lien vraiment satisfaisant avec l'autre. Quand on a réussi cela, dit le conte, on a atteint le point culminant de la sécurité affective de l'existence et on dispose de la relation la plus permanente dont puisse disposer l'homme ; et cela seul peut dissiper la peur de la mort. Le conte dit aussi que quand on a trouvé le véritable amour adulte, on n'a pas à désirer une vie éternelle, et c'est ce qu'exprime la conclusion d'autres contes de fées : « Et ils vécurent désormais pendant de longues, longues années de bonheur. »

Les gens mal informés peuvent voir dans ces conclusions de contes de fées une façon irréaliste de satisfaire les aspirations de l'enfant ; c'est rester aveugle au message important que délivrent ces fins de contes. L'enfant apprend qu'en formant une véritable relation interpersonnelle, il échappera à l'angoisse de séparation qui le hante (c'est le thème principal de nombreux contes et leur conclusion est toujours heureuse). Ces contes disent aussi que cette conclusion est impossible si l'enfant (contrairement à ce qu'il croit et espère) s'accroche éternellement aux jupes de sa mère. S'il essaie de se délivrer de l'angoisse de séparation et de l'angoisse de mort en s'accrochant désespérément à ses parents, il subira le sort de Jeannot et Margot qui ont été obligés de quitter la maison familiale *.

---

* Ce conte est généralement connu sous son titre allemand d'origine : *Hansel et Gretel.* Le compositeur *Engelbert Humperdinck* (1854-1921) en a tiré un opéra en trois actes fort apprécié en Allemagne et méconnu en France (*Note de l'éditeur,* 1979).

Le héros de conte de fées (l'enfant) ne peut se trouver qu'en explorant le monde extérieur ; et, ce faisant, il découvrira l' « autre » avec qui il pourra ensuite vivre heureux, c'est-à-dire sans avoir jamais à connaître l'angoisse de séparation. Le conte de fées est orienté vers l'avenir et sert de guide à l'enfant, dans des termes que peuvent saisir son conscient ou son inconscient ; il l'aide à renoncer à ses désirs infantiles de dépendance et à parvenir à une existence indépendante plus satisfaisante.

Les enfants, de nos jours, ne grandissent plus dans la sécurité d'une famille extensive, ni dans les communautés bien intégrées. Il est donc important, beaucoup plus qu'à l'époque où les contes ont été inventés, de procurer à l'enfant moderne des images de héros qui doivent s'aventurer tout seuls dans le monde et qui, sans savoir au départ comment leurs aventures finiront, découvrent des endroits où ils se sentent en sécurité, tout en suivant le droit chemin avec une confiance solide.

Comme l'enfant moderne, qui se sent souvent isolé, le héros de contes de fées poursuit parfois sa route dans la solitude ; il est aidé par les choses primitives avec lesquelles il est en contact : un arbre, un animal, la nature, toutes choses dont l'enfant se sent plus proche que ne l'est l'adulte. Le sort de ces héros persuade l'enfant que, comme eux, il peut se sentir abandonné dans le monde comme un hors-la-loi, il peut tâtonner dans l'obscurité, mais que, comme eux, au cours de sa vie, il sera guidé pas à pas et recevra toute l'aide dont il pourra avoir besoin. Aujourd'hui, plus encore que par le passé, l'enfant a besoin d'être rassuré par l'image d'un être qui, malgré son isolement, est capable d'établir des relations significatives et riches en récompenses avec le monde qui l'entoure.

Le conte de fées, forme d'art unique

Le conte de fées, tout en divertissant l'enfant, l'éclaire sur lui-même et favorise le développement de sa personnalité. Il a tant de significations à des niveaux différents et enrichit tellement la vie de l'enfant qu'aucun autre livre ne peut l'égaler.

J'ai essayé de montrer dans cette étude comment les contes de fées représentent sous une forme imaginative ce que doit être l'évolution saine de l'homme et comment ils réussissent à rendre cette évolution séduisante, pour que l'enfant n'hésite pas à s'y engager. Ce processus de croissance commence par la résistance aux parents et la peur de grandir et finit quand le jeune s'est vraiment trouvé, quand il a atteint l'indépendance psychologique et la maturité morale et quand, ne voyant plus dans l'autre sexe quelque chose de menaçant ou de démoniaque, il est capable d'établir avec lui des relations positives. En bref, ce livre explique pour quelles raisons les contes de fées contribuent d'une façon importante et positive à la croissance intérieure de l'enfant.

Le plaisir et l'enchantement que nous éprouvons quand nous nous laissons aller à réagir à un conte de fées viennent non pas de la portée psychologique du conte (qui y est pourtant pour quelque chose) mais de ses qualités littéraires. Les contes sont en eux-mêmes des œuvres d'art. S'ils n'en étaient pas, ils n'auraient pas un tel impact psychologique sur l'enfant.

Ils sont uniques, non seulement en tant que forme de littérature, mais comme œuvres d'art qui sont plus que toutes les autres totalement comprises par l'enfant. Comme toute production artistique, le sens le plus profond du conte est différent pour chaque individu, et différent pour la même personne à certaines époques de sa vie. L'enfant saisira des significations variées du même conte selon ses intérêts et ses besoins du moment. Lorsqu'il en aura l'occasion, il reviendra au même conte quand il sera prêt à en élargir les significations déjà perçues ou à les remplacer par d'autres.

En tant qu'œuvres d'art, les contes de fées présentent de nombreux aspects qui vaudraient d'être explorés en dehors de leur signification et de leur portée psychologiques qui font l'objet de ce livre. Notre héritage culturel, par exemple, trouve son expression dans les contes de fées et il est transmis à l'esprit de l'enfant par son intermédiaire *. Un autre livre pourrait étudier en détail la contribution unique que les contes de fées peuvent apporter et apportent effectivement à l'éducation morale de l'enfant, sujet qui n'est qu'effleuré dans les pages qui vont suivre.

Les folkloristes abordent les contes de fées sous l'angle de leur discipline ; les linguistes et les critiques littéraires examinent leur signification pour d'autres raisons. Il est intéressant de noter, par exemple,

* Un exemple illustrera très bien cet aspect des contes de fées. Dans l'histoire des frères Grimm *Les Sept Corbeaux*, sept frères vont puiser de l'eau dans une cruche pour le baptême de leur petite sœur. Ils perdent la cruche, et sont transformés en corbeaux. La cérémonie du baptême annonce le début d'une existence chrétienne. On peut considérer que les sept frères représentent ce qui a dû disparaître pour laisser la place à la chrétienté. S'il en est ainsi, ils symbolisent le monde païen, préchrétien, où les sept planètes représentaient les dieux du ciel. La petite fille qui vient de naître est alors la nouvelle religion qui ne peut se propager que si les anciennes croyances ne gênent pas son développement. La chrétienté (la sœur) ayant vu le jour, les frères, qui représentent le paganisme, sont relégués dans l'ombre. Mais, en tant que corbeaux, ils vivent au sein d'une montagne, à l'autre bout du monde, ce qui laisse supposer qu'ils continuent de vivre dans un monde souterrain, subconscient. Ils ne retrouvent leur apparence humaine que lorsque leur petite sœur sacrifie l'un de ses doigts, ce qui est conforme à l'idée chrétienne que seuls ont accès au ciel ceux qui sont prêts, s'il le faut, à sacrifier la partie de leur corps qui les empêche d'atteindre la perfection. La nouvelle religion, le christianisme, peut libérer même ceux qui se sont attardés dans le paganisme.

que certains voient dans le thème du Petit Chaperon Rouge avalé par le loup le thème de la nuit absorbant le jour, de la lune éclipsant le soleil, de l'hiver remplaçant les saisons chaudes, du dieu avalant la victime propitiatoire, etc. Aussi intéressantes que puissent être ces interprétations, elles n'apportent pas grand-chose aux parents et aux éducateurs qui veulent connaître le sens qu'un conte de fées peut avoir pour l'enfant dont l'expérience, après tout, est bien éloignée d'une explication du monde fondée sur des concepts où interviennent la nature et les déités.

Les contes de fées abondent également en thèmes religieux ; de nombreuses histoires bibliques sont de la même nature qu'eux. Les associations conscientes et inconscientes qu'évoquent les contes de fées dans l'esprit de l'auditeur dépendent de son cadre général de référence et de ses préoccupations personnelles. Les personnes religieuses trouveront donc en eux des éléments d'importance dont il ne sera pas question ici.

La plupart des contes de fées remontent à des époques où la religion tenait une place importante dans la vie ; c'est pourquoi ils sont en rapport direct ou indirect avec des thèmes religieux. Les contes des *Mille et Une Nuits* sont pleins de références à la religion islamique. De nombreux contes occidentaux ont un contenu religieux ; mais ils sont pour la plupart négligés de nos jours et inconnus du large public uniquement parce que, pour beaucoup, ces thèmes religieux n'éveillent plus d'associations significatives. L'oubli dans lequel est tombé *L'Enfant de Marie*, l'une des plus belles histoires des frères Grimm, est bien la preuve de ce désintérêt. Cette histoire commence exactement comme *Jeannot et Margot*, des mêmes auteurs : « A la lisière d'une grande forêt vivaient un bûcheron et sa femme... » Comme dans *Jeannot et Margot*, le couple est si pauvre qu'il est devenu incapable d'assurer sa subsistance en même temps que celle de leur petite fille de trois ans. Emue par leur détresse, la Vierge Marie leur apparaît et leur offre de s'occuper de l'enfant qu'elle emmène avec elle au ciel. La petite fille vit une vie merveilleuse jusqu'à ce qu'elle atteigne l'âge de quatorze ans. A ce moment-là, comme dans les différentes versions de *Barbe-Bleue*, la Vierge confie à la fillette les clefs de treize portes ; elle a le droit d'en ouvrir douze, mais pas la treizième. L'enfant est incapable de résister à la tentation, et, questionnée par la Vierge, elle ment. En punition, elle est renvoyée sur la terre ; elle est muette. Elle subit une série d'épreuves puis, étant sur le point de mourir sur un bûcher, elle éprouve le désir de confesser sa faute. La Vierge, aussitôt, la sauve du bûcher, délie sa langue et lui donne « le bonheur pour toute son existence ». La leçon de l'histoire est celle-ci : si nous nous servons de notre voix pour proférer des mensonges, nous sommes perdus ; autant être privé de la parole, comme l'héroïne de l'histoire. Mais si nous utilisons notre voix pour nous repentir, pour reconnaître nos fautes et dire la vérité, nous pouvons nous racheter.

De nombreuses autres histoires des frères Grimm commencent par (ou contiennent) des allusions religieuses. *Le Vieillard rajeuni* commence ainsi : « A l'époque où Notre-Seigneur marchait encore sur la terre, il s'arrêta un soir, avec saint Pierre, à la maison d'un forgeron... » Dans un autre conte, *Le Pauvre et le Riche*, Jésus, comme n'importe quel autre héros de conte de fées, est fatigué de marcher. Voici le début de cette histoire :

« Dans les temps d'autrefois, quand le bon Dieu se promenait encore en personne parmi les hommes, sur la terre, il se trouva qu'un soir, alors qu'Il était bien fatigué, la nuit vint Le surprendre avant qu'Il eût pu trouver une auberge. Devant Lui, sur la route, se trouvaient deux maisons qui se faisaient vis-à-vis... »

Mais aussi importants et fascinants que soient ces aspects religieux des contes de fées, ils échappent à la portée et au propos de ce livre et ne seront donc pas étudiés ici.

Malgré l'objectif relativement restreint de cette étude, qui est de montrer comment les contes de fées aident les enfants à régler les problèmes psychologiques de la croissance et à intégrer leur personnalité, j'ai dû m'imposer des limites sérieuses.

La première de ces limites vient du fait que, de nos jours, un petit nombre seulement de contes de fées ont une notoriété universelle. Certains points abordés dans ce livre auraient pu être illustrés avec plus d'éclat si j'avais pu me référer à des contes moins connus. Il aurait fallu en effet inclure le texte de ces contes, ce qui aurait donné à l'ouvrage des dimensions excessives. J'ai donc décidé de limiter mon choix à quelques contes de fées encore populaires, et de montrer leur sens caché et leur rapport avec les problèmes de croissance de l'enfant et notre compréhension de nous-mêmes et du monde. Dans la seconde partie du livre, plutôt que d'essayer inutilement de réaliser une étude exhaustive, je me suis contenté d'examiner sur certains points quelques-uns des contes les plus connus, pour leurs significations et pour le plaisir que l'on peut en tirer.

Si ce livre n'avait été consacré qu'à un ou deux contes, il aurait été possible de mettre en valeur un plus grand nombre de leurs facettes ; mais je n'aurais pas pu pour autant sonder leur profondeur : chaque histoire, en effet, a des significations à trop de niveaux différents. L'importance qu'un conte peut avoir pour un certain enfant, et à un âge particulier, dépend de son niveau de développement psychologique et de ses problèmes dominants du moment. Tandis que j'écrivais ce livre, il m'a paru raisonnable de me concentrer sur les significations essentielles des contes, tout en me rendant compte que je négligeais d'autres aspects qui pouvaient être significatifs pour tel ou tel enfant en raison des difficultés qu'il devait affronter.

Par exemple, dans mon étude sur *Jeannot et Margot*,

j'ai insisté sur les efforts que faisaient les deux héros du conte pour s'accrocher à leurs parents alors que le moment était venu pour eux de se tourner tout seuls vers le monde extérieur, et j'ai insisté également sur la nécessité de dépasser l'oralité primitive, symbolisée par l'engouement des deux enfants pour la maison en pain d'épice. Il semblerait donc que ce conte de fées a le maximum de choses à offrir au jeune enfant qui s'apprête à faire ses premiers pas dans le monde. Il donne corps à ses angoisses et lui montre que ses appréhensions, même sous leur forme la plus exagérée (la peur d'être dévoré) sont injustifiées : les deux héros sortent victorieux de leurs aventures et leur ennemi le plus menaçant, la sorcière, subit une défaite totale. On pourrait donc parfaitement soutenir que ce conte a le maximum d'attrait et de valeur pour l'enfant à l'âge où les contes de fées commencent à exercer leur action bénéfique, c'est-à-dire vers quatre ou cinq ans.

Mais l'angoisse de séparation (la peur d'être abandonné) et la peur d'avoir faim, qui inclut l'avidité orale, ne sont pas limitées à une période particulière de l'évolution. Elles interviennent à tous les âges au niveau de l'inconscient, de telle sorte que ce conte a également un sens pour des enfants beaucoup plus âgés et leur procure des encouragements. Evidemment, l'enfant, à partir d'un certain âge, a plus de difficulté à admettre consciemment sa peur d'être abandonné par ses parents, ou son avidité orale ; mais c'est une raison de plus pour laisser le conte de fées parler à son inconscient, donner corps à ses angoisses et les soulager, sans qu'il s'en rende compte.

D'autres traits de la même histoire peuvent offrir à l'enfant plus âgé un réconfort et un guide dont il a grand besoin. Je connais une jeune fille qui, au début de son adolescence, a été fascinée par *Jeannot et Margot* et qui s'est trouvée soulagée de lire et de relire l'histoire et de bâtir des fantasmes autour d'elle. Etant enfant, elle était dominée par un frère légèrement plus âgé qu'elle. Il lui avait, en quelque sorte, montré le chemin, comme le fait Jeannot en semant des cailloux qui lui permettent de revenir avec sa sœur à la maison familiale. Etant parvenue à l'adolescence, cette jeune fille continua de compter sur son frère, et ce passage du conte avait pour elle quelque chose de rassurant. Mais, en même temps, elle souffrait de la domination de son frère. Sans qu'elle en eût conscience à l'époque, sa lutte pour son indépendance tournait autour de l'image de Jeannot. L'histoire disait à son inconscient qu'en se laissant guider par son frère elle reculait au lieu d'avancer (ils reviennent s'accrocher à leurs parents) ; un autre détail avait pour elle un sens : c'est Jeannot, au début de l'histoire, qui est le chef, mais c'est Margot qui, à la fin, conquiert la liberté et l'indépendance pour son frère et pour elle en réduisant la sorcière à l'impuissance. Cette jeune fille, étant parvenue à l'âge adulte, finit par comprendre que le conte l'avait beaucoup aidée à se dégager de sa dépendance vis-à-vis de son frère et lui avait montré que cette dépendance précoce n'engageait absolument pas l'avenir. Ainsi, un conte qui, pour une certaine raison, avait eu pour elle un sens quand elle était enfant, l'avait guidée au cours de son adolescence pour une raison toute différente.

Le thème central de *Blanche-Neige* est l'histoire d'une enfant pubère surpassant de différentes façons sa méchante belle-mère qui, par jalousie, lui refuse une vie indépendante, ce qui est symbolisé par le fait que la marâtre essaie de supprimer l'héroïne. L'histoire avait pourtant, pour une certaine petite fille de cinq ans, un sens profond très éloigné de ces problèmes de la puberté. Sa mère était froide et distante, ce qui laissait l'enfant désemparée. Le conte lui montra qu'elle avait tort de se désespérer : Blanche-Neige, trahie par sa belle-mère, était sauvée par des êtres du sexe masculin : les nains et, plus tard, le prince. Cette enfant ne s'est pas désespérée de l'éloignement de sa mère, et encouragée par l'exemple de Blanche-

Neige, s'est tournée vers son père qui réagit favorablement. La conclusion heureuse du conte a permis à cette enfant de sortir de l'impasse où l'avait fourvoyée le peu d'intérêt que lui manifestait sa mère. Ainsi, le même conte de fées peut délivrer un message important à un enfant de treize ans aussi bien qu'à un autre de cinq ans, bien que leurs interprétations personnelles soient très différentes.

Raiponce nous raconte que la sorcière a enfermé l'héroïne dans la tour quand elle avait douze ans. L'histoire de Raiponce semble donc être également celle d'une fillette pubère et d'une mère jalouse qui veut l'empêcher de devenir indépendante ; c'est un problème caractéristique de l'adolescence, qui est résolu lorsque Raiponce épouse le prince. Mais un petit garçon de cinq ans a tiré de cette histoire un réconfort d'un genre tout différent. Le jour où il apprit que sa grand-mère, qui s'occupait de lui pendant la journée, devait aller à l'hôpital (sa mère travaillait et il n'y avait pas de père à la maison) il demanda qu'on lui lise l'histoire de Raiponce. A ce moment critique de sa vie, deux éléments du conte avaient pour lui de l'importance. Il y avait d'abord le fait que le substitut de la mère (la sorcière), en enfermant l'héroïne dans la tour, la mettait en sécurité ; ce comportement égoïste avait, aux yeux de l'enfant, et dans les circonstances où il se trouvait, quelque chose de rassurant. Un autre thème de l'histoire avait pour cet enfant encore plus d'importance : le fait que Raiponce trouve le moyen d'échapper à son triste sort en s'aidant de son propre corps — ses tresses, qu'elle laisse pendre le long de la tour et qui permettent au prince de grimper jusqu'à elle. L'enfant était rassuré de savoir qu'il pourrait le cas échéant se servir de son corps comme d'une bouée de sauvetage pour garantir sa propre sécurité. Cela nous montre que le conte de fées — parce qu'il concerne d'une façon très imaginative les problèmes humains essentiels — peut avoir beaucoup à offrir à un petit garçon même si le personnage principal de l'histoire est une adolescente.

Ces exemples expliquent pourquoi je me concentre dans ce livre sur les thèmes principaux et ils montrent que les contes de fées ont une puissante signification psychologique pour les enfants de tout âge, qu'ils soient fille ou garçon, quels que soient l'âge et le sexe des héros. Les contes ont une signification personnelle très riche parce qu'ils permettent des changements d'identification selon les problèmes que doit affronter l'enfant. A la lumière de sa première identification avec la Margot qui était heureuse de se laisser mener par Jeannot, et de sa seconde identification avec la Margot triomphant de la sorcière, la jeune fille dont je parle plus haut a pu évoluer vers son indépendance d'une façon plus sûre et plus enrichissante. Quant au petit garçon dont il a été question tout à l'heure, après avoir été rassuré par la sécurité offerte par la tour, il a pu, un peu plus tard, se réjouir de savoir que son propre corps pourrait lui assurer une sécurité beaucoup plus stable.

Comme nous ne pouvons pas savoir à quel âge précis un conte de fées particulier a le plus d'importance pour un certain enfant, il est impossible de choisir parmi les innombrables contes celui qu'il convient de lui raconter. Seul l'enfant, par l'intensité de ses réactions émotives à l'égard de tel ou tel conte, peut montrer que son inconscient, ou son conscient, est atteint. Naturellement, la mère (ou le père) commencera par raconter à l'enfant un conte qu'elle a aimé pendant sa propre enfance ou qui lui plaît sur le moment. Si l'enfant n'est pas accroché par l'histoire, c'est le signe que ses thèmes n'ont pas éveillé chez lui, à cette époque de sa vie, une réaction significative. Le mieux est de lui raconter un autre conte le lendemain soir. Il montrera bientôt que tel conte a pour lui de l'importance, par sa réaction immédiate ou en demandant inlassablement qu'on le lui répète. Si tout va bien, l'enthousiasme de l'enfant deviendra contagieux et le conte prendra également de l'importance pour le narrateur adulte, ne serait-ce que parce qu'il voit le plaisir de l'enfant. Le moment viendra, finalement, où l'enfant aura tiré de son histoire préférée tout le bénéfice qu'il pouvait en attendre ; peut-être aussi les problèmes qui le faisaient réagir à cette histoire auront-ils été remplacés par d'autres qui seraient mieux exprimés par un autre conte. Il peut alors se désintéresser du premier pour se passionner davantage encore pour un autre. Pour le choix des contes de fées, il est toujours bon de se laisser guider par l'enfant.

S'il arrive aux parents de deviner correctement les raisons pour lesquelles l'enfant a été ému par un conte de fées, ils feront bien de garder pour eux leur découverte. Les expériences et les réactions du jeune enfant sont pour la plupart inconscientes et elles doivent le rester jusqu'à ce qu'il ait atteint un âge plus mûr qui lui permette de mieux comprendre. Il est toujours indiscret d'interpréter les pensées inconscientes d'un individu et de lui rendre conscient ce qu'il désire cacher dans sa préconscience, et cela est particulièrement vrai pour les enfants. Il est aussi important, pour le bien-être de l'enfant, qu'il sente que ses parents partagent ses émotions en prenant plaisir au même conte, que de savoir qu'ils ignoreront ses pensées les plus intimes jusqu'au moment où il aura décidé de les révéler. Si les parents indiquent qu'ils les connaissent déjà, ils empêchent l'enfant de leur faire le plus précieux des cadeaux en partageant avec eux ce qu'il a de plus secret et de plus intime. Et comme, par surcroît, les parents sont beaucoup plus puissants que l'enfant, leur domination peut paraître sans limites (et donc envahissante et destructive) s'ils donnent à l'enfant l'impression qu'ils peuvent lire dans ses pensées avant même qu'il ait commencé à en prendre conscience.

Le fait d'expliquer à l'enfant les raisons pour lesquelles un conte l'intéresse au plus haut point détruit, en outre, le pouvoir d'enchantement de l'histoire qui vient en très grande partie de ce que l'enfant ne connaît pas exactement le pourquoi de son plaisir. La perte de ce pouvoir d'enchantement s'accompagne d'un affaiblissement de la faculté qu'a l'histoire d'aider l'enfant à lutter tout seul et à régler par ses propres moyens le problème qui a trouvé un écho dans le conte. Les interprétations des adultes, aussi judicieuses qu'elles puissent être, privent l'enfant de l'opportunité de sentir qu'il a, de lui-même, en entendant plusieurs fois l'histoire et en la ruminant, réglé une situation difficile. Nous évoluons, nous donnons un sens à la vie, nous découvrons la sécurité intérieure en comprenant et en résolvant tout seuls nos problèmes personnels et non pas en écoutant les explications des autres.

Les thèmes des contes de fées ne sont pas des symptômes névrotiques, quelque chose qu'il faut comprendre rationnellement pour mieux s'en débarrasser. Ces thèmes sont ressentis comme merveilleux par l'enfant parce qu'il se sent compris et apprécié au plus profond de ses sentiments, de ses espoirs et de ses angoisses, sans que tout cela soit mis de force et analysé sous la dure lumière d'une rationalité qui est encore hors de sa portée. Les contes de fées enrichissent la vie de l'enfant et lui donnent une qualité d'enchantement uniquement parce qu'il ne sait pas très bien comment ces contes ont pu exercer sur lui leur charme.

Ce livre a été écrit pour aider les adultes, et plus particulièrement ceux qui ont charge d'enfants, à comprendre plus facilement l'importance des contes de fées. Ainsi que je l'ai déjà fait remarquer, il est possible de découvrir, en dehors de celles qui sont proposées dans le texte qui va suivre, une foule d'interprétations pertinentes ; les contes, comme toutes les œuvres d'art, possèdent une richesse et une profondeur qui vont bien au-delà de ce que peut tirer d'eux l'examen le plus complet. Ce que je dis dans ce livre ne doit être considéré qu'à titre d'exemple et de suggestion. Si le lecteur est incité à aller voir à sa manière ce qui se passe derrière l'apparence d'un conte ou d'un autre, il en tirera de multiples significations personnelles dont l'enfant pourra bénéficier à son tour.

Nous abordons ici une dernière limite. Le sens véritable et l'effet d'un conte de fées ne peuvent être appréciés, et son enchantement ne peut être ressenti, que si l'histoire est exposée sous sa forme originale. Se contenter de citer les épisodes essentiels d'un conte, c'est exactement comme si on voulait faire apprécier un poème en le résumant. Malheureusement, à défaut de pouvoir reproduire intégralement les contes que j'étudie, j'ai dû me borner à décrire leurs principaux épisodes. Comme il est facile de se procurer la plupart de ces contes, j'espère que ce livre donnera à beaucoup de lecteurs et de lectrices l'occasion de lire ou de relire le texte intégral des contes que je cite *. Qu'il s'agisse du *Petit Chaperon Rouge,* de *Cendrillon* ou de n'importe quel autre conte de fées, seule la version originale permet d'apprécier ses qualités poétiques et, en même temps, de comprendre comment ils peuvent enrichir un jeune esprit prêt à réagir.

---

* On trouvera dans les notes, à la fin du livre, les références des contes qui auront été cités au cours de mon exposé.

PREMIÈRE PARTIE

DE L'UTILITÉ DE L'IMAGINATION

La vie devinée de l'intérieur

« Le Petit Chaperon Rouge a été mon premier amour. Je sens que, si j'avais pu l'épouser, j'aurais connu le parfait bonheur. » Ces mots de Charles Dickens montrent que, pareil à des millions d'enfants inconnus, partout dans le monde et à toutes les époques, il a été charmé par les contes de fées. Même lorsqu'il eut atteint une célébrité internationale, Dickens reconnut publiquement l'influence profonde que les personnages et les événements des contes avaient eue sur sa formation et sur son génie créateur. Il ne se lassait pas d'exprimer son mépris pour ceux qui, au nom d'une rationalité mesquine et mal informée, insistaient pour que ces histoires fussent rendues rationnelles, expurgées, voire interdites, privant ainsi les enfants des richesses que les contes de fées pouvaient apporter à leur existence. Dickens comprenait très bien que l'imagerie des contes de fées, mieux que tout au monde, aide l'enfant à accomplir sa tâche la plus difficile, qui est aussi la plus importante : parvenir à une conscience plus mûre afin de mettre de l'ordre dans les pressions chaotiques de son inconscient [1].

---

1. Les chiffres renvoient aux notes en fin de volume.

Aujourd'hui, comme jadis, l'esprit de la moyenne des enfants doués d'un esprit créatif peut s'ouvrir à la compréhension des plus grandes choses de la vie grâce aux contes de fées et, de là, parvenir facilement à jouir des plus grandes œuvres de la littérature et de l'art. Le poète Louis MacNeice, par exemple, écrit :

« Les vrais contes de fées ont toujours eu pour moi, en tant que personne, une profonde signification, même du temps où, étant au collège, il m'était difficile d'avouer de telles choses sans perdre la face. Contrairement à ce que disent tant de gens de nos jours, le conte de fées, du moins du genre folklorique classique, est une affaire infiniment plus solide que la plupart des romans réalistes qui n'ont guère plus d'impact que des potins mondains. Parti de contes populaires, de contes plus sophistiqués, ceux d'Andersen par exemple, ou de la mythologie nordique, et d'histoires telles que les livres d'Alice et *Bébés Tritons,* je suis passé, vers l'âge de douze ans, à la Reine des fées [2]. »

Des critiques littéraires comme G.K. Chesterton et C.S. Lewis ont senti que les contes de fées sont des « explorations spirituelles », et, partant, « les plus semblables à la vie », puisqu'ils révèlent « la vie humaine comme si elle était contemplée, ressentie ou devinée de l'intérieur [3] ».

Les contes de fées, à la différence de toute autre forme de littérature, dirigent l'enfant vers la découverte de son identité et de sa vocation et lui montrent aussi par quelles expériences il doit passer pour développer plus avant son caractère. Les contes de fées nous disent que, malgré l'adversité, une bonne vie, pleine de consolations, est à notre portée, à condition que nous n'esquivions pas les combats pleins de risques sans lesquels nous ne trouverions jamais notre véritable identité. Ces histoires promettent à l'enfant que s'il ose s'engager dans cette quête redoutable et éprouvante, des puissances bienveillantes viendront l'aider à réussir. Elles mettent également en garde les timorés et les bornés qui, faute de prendre les risques qui leur permettraient de se trouver, se condamnent à une existence de bon à rien, ou à un sort encore moins enviable.

Les enfants qui appartenaient aux générations qui précédaient la nôtre, qui aimaient les contes de fées et sentaient leur importance, ne s'exposaient qu'au mépris des pédants, ainsi que le poète MacNeice en fit l'expérience. De nos jours, les enfants sont beaucoup plus gravement lésés : ils n'ont même pas la chance de connaître les contes de fées. La plupart d'entre eux, en effet, n'abordent les contes que sous une forme embellie et simplifiée qui affaiblit leur signification et les prive de leur portée profonde. Je veux parler des versions présentées par les films et les spectacles télévisés qui font des contes de fées des spectacles dénués de sens.

Pendant la plus grande partie de l'histoire humaine, la vie intellectuelle de l'enfant, à part ses expériences immédiates au sein de sa famille, reposait sur les histoires mythiques et religieuses et sur les contes de fées. Cette littérature traditionnelle alimentait l'imagination de l'enfant et la stimulait. En même temps, comme ces histoires répondaient aux questions les plus importantes qu'il pouvait se poser, elles apparaissaient comme un agent primordial de sa socialisation. Les mythes et les légendes religieuses, qui leur sont très proches, présentaient à l'enfant un matériel qui lui permettait de former ses concepts sur l'origine et les fins du monde et sur les idéaux sociaux auxquels il pouvait se conformer. Telles étaient les images d'Achille, le héros invincible, et du rusé Ulysse ; d'Hercule, dont l'histoire montrait que l'homme le plus fort peut nettoyer les étables les plus sales sans perdre sa dignité ; de saint Martin coupant en deux son manteau pour vêtir un mendiant. C'est bien avant Freud que le mythe d'Œdipe est devenu l'image qui nous permet de comprendre les problèmes toujours nouveaux et vieux comme le monde que nous posent les sentiments complexes et ambivalents que nous éprouvons vis-à-vis de nos parents. Freud s'est reporté à cette vieille histoire pour nous rendre conscients de l'inévitable chaudron d'émotions que chaque enfant, à sa manière, doit affronter à partir d'un certain âge.

Dans la civilisation hindoue, l'histoire de Râma et de Sitâ (incluse dans le poème sanscrit *Râmâyana*), qui parle de leur courage paisible et de l'amour passionné qui les unit, est le prototype des relations sentimentales et du mariage. Cette culture, en outre, engage chacun, homme ou femme, à revivre le mythe dans sa propre vie ; le jour de son mariage, la femme hindoue est appelée « Sitâ » et, au cours de la cérémonie nuptiale, elle mime certains épisodes du mythe.

Dans les contes de fées, les processus internes de l'individu sont extériorisés et deviennent compréhensibles parce qu'ils sont représentés par les personnages et les événements de l'histoire. C'est la raison pour laquelle, dans la médecine traditionnelle hindoue, on soumettait à la méditation des personnes psychiquement désorientées un conte de fées qui mettait en scène son problème particulier. En contemplant l'histoire, pensait-on, le sujet devait être amené à prendre conscience à la fois de la nature de l'impasse où sa vie s'était fourvoyée et de la possibilité de trouver une solution. Ce que suggérait tel ou tel conte sur les espoirs et les désespoirs de l'homme et sur la façon de surmonter les épreuves permettait au patient de découvrir non seulement une façon de sortir de sa détresse, mais également un moyen de se découvrir lui-même, comme le faisait le héros de l'histoire.

Mais la fonction la plus importante des contes de fées pour l'individu en cours de croissance est bien autre que de lui donner des leçons sur la façon dont il doit se conduire en ce bas monde ; la religion, les mythes et les fables sont pleins de cette sagesse. Les contes de fées ne prétendent pas décrire le monde tel qu'il est ; ils ne donnent pas davantage de conseils sur ce qu'il convient de faire. S'il en était ainsi, le patient hindou serait poussé à se conformer à un modèle de comportement imposé, ce qui serait une thérapeutique déplorable, et même tout le contraire d'une bonne thérapeutique. Les vertus thérapeutiques du conte de fées viennent de ce que le patient trouve ses *propres* solutions en méditant ce que l'histoire donne à entendre sur lui-même et sur ses conflits internes à un moment précis de sa vie. La matière du conte qui a été choisi n'a en général rien à voir avec la vie apparente du malade, mais elle est étroitement liée à ses problèmes internes qui semblent incompréhensibles et donc insolubles. Le conte de fées ne se réfère pas clairement au monde extérieur, bien qu'il puisse commencer d'une façon assez réaliste et qu'il soit tissé de faits quotidiens. La nature irréaliste de ces contes (qui leur est reprochée par les rationalistes obtus) est un élément important qui prouve à l'évidence que les contes de fées ont pour but non pas de fournir des informations utiles sur le monde extérieur mais de rendre compte des processus internes, à l'œuvre dans un individu.

Dans la plupart des cultures il n'existe pas de ligne de partage bien nette entre les mythes, d'une part, les contes folkloriques et les contes de fées d'autre part. Les uns et les autres constituaient la littérature des sociétés précédant l'écriture. Les langues nordiques n'ont qu'un seul mot pour l'ensemble : « *Saga.* » Les Allemands réservent le mot « *Sage* » aux mythes et nomment les contes de fées « *Märchen* ». On peut regretter que les Anglais et les Français donnent à ces histoires un nom qui met en valeur le rôle qu'y jouent les fées alors que dans la plupart d'entre elles les fées n'interviennent pas. Les mythes et les contes de fées ne parviennent à une forme définitive que lorsqu'ils sont consignés par écrit et cessent d'être soumis à des modifications perpétuelles. Avant d'être écrites, ces histoires ont été soit condensées, soit largement développées à force d'être répétées au cours des siècles. Certaines se sont fondues avec d'autres. Toutes ont été modifiées par des conteurs qui ajoutaient des éléments qu'ils croyaient particulièrement intéressants pour leurs auditeurs ou qui se rapportaient aux préoccupations du moment et aux problèmes particuliers de l'époque.

Certains contes de fées, et certaines histoires folkloriques, ont évolué à partir des mythes ; d'autres leur ont été incorporés. Les deux formes incarnaient l'expérience cumulative d'une société où les hommes voulaient se souvenir de la sagesse du passé et la transmettre aux générations futures. Ces contes ont fourni des notions profondes qui ont soutenu l'humanité tout au long des aventures de son existence, héritage qui n'a jamais été révélé sous une forme aussi simple, aussi directe, aussi accessible aux enfants.

Les mythes et les contes de fées ont beaucoup en commun. Mais dans les mythes, beaucoup plus que dans les contes de fées, le héros culturel est présenté à l'auditeur comme un personnage qu'il doit s'efforcer d'imiter toute sa vie, aussi parfaitement que possible.

Le mythe, comme le conte de fées, peut exprimer un conflit extérieur sous une forme symbolique et lui proposer une solution, mais là n'est pas nécessairement le souci principal du mythe. Ce dernier présente son thème d'une façon emphatique ; il est riche d'une force spirituelle ; le divin y est présent et se trouve incarné dans des héros surhumains qui accablent constamment les mortels de leurs exigences. Nous aurons beau, nous autres mortels, lutter pour ressembler à ces héros, il est évident que nous leur resterons toujours inférieurs.

Les personnages et les événements des contes de fées personnifient et illustrent eux aussi des conflits intérieurs ; mais ils suggèrent toujours avec beaucoup de subtilité comment il convient de résoudre ces conflits et quelles sont les démarches qui peuvent nous conduire vers une humanité supérieure. Le conte de fées est présenté sous une forme simple, familière ; l'auditeur n'est soumis à aucune exigence. Cela évite au tout jeune enfant de se sentir obligé d'agir d'une façon particulière, et il n'est jamais amené à éprouver un sentiment d'infériorité. Bien loin de manifester des exigences, le conte de fées rassure, donne de l'espoir pour l'avenir et contient la promesse d'une conclusion heureuse. Il est ce que Lewis Carroll a appelé un « cadeau d'amour », expression qu'il serait difficile d'appliquer au mythe *.

Il est évident que ces critères ne s'appliquent pas à la totalité des histoires qui sont classées sous l'appellation de « contes de fées ». Un grand nombre de ces récits sont de simples divertissements, des contes de mise en garde ou des fables. S'ils sont des fables, ils racontent par des mots des actions et des événements — aussi fabuleux qu'ils puissent être —, ce qu'il faut faire. Les fables exigent et menacent — elles moralisent — ou elles se contentent de distraire. Pour décider si telle ou telle histoire est un conte de fées ou quelque chose de tout à fait différent, il suffit de se demander si on peut à bon droit l'appeler un « cadeau d'amour » destiné à un enfant. C'est une assez bonne façon de parvenir à une classification.

Pour comprendre comment l'enfant considère à sa manière les contes de fées, prenons comme exemple les innombrables histoires où le jeune héros se montre plus malin qu'un géant qui lui fait peur ou qui,

---

* Enfant au front pur, sans nuages
et aux yeux pleins de rêves et de merveilles !
Malgré la fugacité du temps
et la demi-vie qui nous séparent
toi et moi,
je suis sûr que ton bon sourire accueillera
le cadeau d'amour qu'est ce conte de fées.

C. L. DODGSON (Lewis CARROLL),
dans *De l'autre côté du miroir.*

même, menace sa vie. Ce que ces « géants » représentent pour l'enfant d'une façon intuitive est parfaitement mis en valeur par cette réaction spontanée d'un petit garçon de cinq ans :

Encouragée par une discussion sur l'importance que les contes de fées peuvent avoir pour les enfants, une mère surmonta le peu d'empressement qu'elle mettait à raconter à son fils ces histoires « sanglantes » et « menaçantes ». En bavardant avec lui, elle avait pu constater qu'il avait déjà eu des fantasmes où des gens en mangeaient d'autres. Elle lui raconta donc l'histoire de *Jack le tueur de géants* [4]. A la fin de l'histoire, l'enfant eut cette réaction : « Les géants n'existent pas, dis ? » Avant que sa mère ait eu le temps d'exprimer la réponse rassurante qu'elle avait au bout de la langue — et qui aurait détruit la valeur que l'histoire pouvait avoir pour lui — il reprit : « Mais il y a les « grands », et ils sont comme les géants... » Du haut de ses cinq ans, il comprenait le message réconfortant du conte : bien que les adultes puissent être expérimentés comme des géants effrayants, un petit garçon malin peut l'emporter sur eux.

Cette anecdote révèle l'une des sources de la répugnance qu'éprouvent les adultes à raconter des contes de fées : nous nous sentons mal à l'aise à l'idée que, de temps en temps, nous apparaissons à nos enfants comme des géants menaçants... ce que nous sommes bel et bien dans la réalité. De même, nous n'admettons pas volontiers qu'ils puissent penser qu'il est facile de nous berner, de nous traiter comme des imbéciles, et qu'ils puissent se complaire à cette idée. Mais, qu'on leur raconte ou non des contes de fées, nous sommes à leurs yeux — comme le montre l'histoire de ce petit garçon — des géants égoïstes qui désirent garder pour eux-mêmes toutes les choses merveilleuses qui nous donnent le pouvoir. Les contes de fées rassurent les enfants en leur montrant que, finalement, ils peuvent être plus forts que les géants, c'est-à-dire qu'ils peuvent grandir et être eux-mêmes comme des géants et acquérir les mêmes pouvoirs. Ces derniers sont « les puissantes espérances qui font de nous des hommes [5] ».

Chose beaucoup plus importante, si nous, les parents, racontons ces histoires à nos enfants, nous leur apportons en même temps le plus beau des réconforts : que nous les approuvons de jouer avec l'idée qu'ils sont capables de l'emporter sur les géants. Si l'enfant lisait l'histoire, au lieu de l'écouter, le résultat ne serait pas le même ; lorsqu'il lit tout seul, l'enfant peut penser qu'il n'y a au monde qu'une seule personne — l'étranger qui a écrit le livre ou qui l'a arrangé — qui approuve l'idée de rouler ou d'abattre le géant. Mais quand ce sont ses parents qui lui *racontent* l'histoire, l'enfant peut être sûr qu'ils approuvent les fantasmes qui lui permettent de se venger des menaces que fait peser sur lui la domination des adultes.

« Le Pêcheur et le Génie »

Le conte de fées et la fable

L'un des contes des *Mille et Une Nuits, Le Pêcheur et le Génie*, présente un tableau presque complet du thème de conte de fées qui met en scène un géant en conflit avec une personne normale [6]. Ce thème est commun à toutes les cultures, sous une forme ou sous une autre, étant donné que les enfants, partout dans le monde, tremblent et piaffent d'impatience sous le pouvoir que détiennent sur eux les adultes. Les enfants savent que, s'ils ne s'inclinent pas devant les exigences des adultes, ils n'ont qu'une façon d'échapper à leur colère : en étant plus malins qu'eux.

Le Pêcheur et le Génie raconte l'histoire d'un pauvre pêcheur qui jette quatre fois son filet dans la mer. La première fois, il ramène une carcasse d'âne ; la seconde, un panier plein de gravier et de fange. Sa troisième tentative n'est pas plus fructueuse : des pierres, des coquilles et des ordures. Au quatrième coup de filet, le pêcheur remonte un vase de cuivre jaune. Dès qu'il l'a ouvert, il s'en échappe un énorme nuage qui se matérialise sous la forme d'un Génie qui menace de le tuer malgré ses supplications. Le pêcheur doit son salut à une astuce : il défie le génie en lui disant qu'il ne pourra jamais croire que, grand comme il est, il ait jamais pu tenir dans un récipient aussi petit ; il pousse ainsi le génie à se réintroduire dans le vase pour prouver que c'est possible. Le pêcheur s'empresse de recouvrir le vase, de le sceller et de le rejeter dans la mer.

Dans d'autres cultures, le même thème peut se présenter dans une version où le personnage méchant prend les traits d'une énorme bête féroce menaçant de dévorer le héros qui, sans sa présence d'esprit, serait tout à fait incapable de lutter contre un pareil adversaire. Le héros dit alors à haute voix qu'il est bien facile pour un esprit aussi puissant de prendre la forme d'une créature gigantesque, mais qu'il ne pourrait certainement pas se transformer en un petit animal, comme un oiseau ou une souris. Ce défi à la vanité de l'esprit est pour lui un arrêt de mort. Pour bien montrer que rien ne lui est impossible, il se transforme en un petit animal que le héros n'a aucun mal à vaincre [7].

L'histoire du *Pêcheur et du Génie* est plus riche en messages cachés que les autres versions du même thème ; il contient en effet des détails importants qu'on ne trouve pas toujours dans les autres contes. On apprend, par exemple, pour quelle raison le génie a la cruauté de vouloir tuer l'homme qui lui rend la liberté ; on sait aussi que les trois tentatives infructueuses ont été récompensées par une quatrième.

Selon la moralité des adultes, plus l'emprisonnement est long, plus le prisonnier doit être reconnaissant envers la personne qui le libère. Mais ce n'est pas du tout ce que raconte le génie.

Au cours du premier siècle où il resta confiné dans le vase, le génie jura « que si quelqu'un l'en délivrait, il le rendrait riche, même après sa mort ; mais le siècle s'écoula et personne ne lui rendit ce bon office. Pendant le second siècle il fit le serment de donner accès à tous les trésors de la terre à quiconque le mettrait en liberté ; mais il ne fut pas plus heureux. Pendant le troisième, il promit de satisfaire chaque jour trois vœux de son libérateur, de quelque nature qu'ils pussent être ; mais ce siècle se passa comme les autres et il demeurait toujours dans le même état. Enfin, enragé de se voir prisonnier si longtemps, il jura que si quelqu'un le délivrait par la suite, il le tuerait impitoyablement... ».

C'est exactement ce qu'éprouve le petit enfant qui a été « abandonné ». Il se console d'abord en imaginant combien il sera heureux lorsque sa mère reviendra ; ou, s'il est consigné dans sa chambre, combien il sera content quand il aura la permission d'en sortir, et combien il en remerciera sa maman. Mais, à mesure que le temps s'écoule, la colère de l'enfant ne fait que croître, et il imagine les terribles revanches qu'il prendra contre ceux qui l'ont frustré. Le fait que, en réalité, il puisse être très heureux au moment du soulagement n'empêche pas ses pensées d'aller de la récompense à la punition envers ceux qui lui ont infligé un chagrin. C'est ainsi que l'évolution des pensées du génie constitue pour l'enfant une vérité psychologique.

Un petit garçon de trois ans dont les parents étaient partis au loin pour trois semaines donne un excellent exemple de cette progression des sentiments. Cet enfant, qui parlait très bien avant le départ de ses parents, continua de le faire avec la femme qui s'occupait de lui et avec d'autres personnes qu'il était amené à rencontrer. Mais, dès le retour de ses parents, il ne leur adressa plus la parole, ni à quiconque, pendant deux semaines. D'après ce qu'il avait dit à la personne qui s'occupait de lui, il est certain que pendant les premiers jours de leur absence il envisageait avec beaucoup de plaisir leur retour. A la fin de la première semaine, il commença à dire qu'il leur en voulait beaucoup de l'avoir laissé seul et qu'il se vengerait à leur retour. Une semaine plus tard, il renonçait même à parler de ses parents et se mettait violemment en colère contre quiconque faisait allusion à eux. Finalement, quand son père et sa mère furent de retour, il se détourna d'eux et se réfugia dans le mutisme. Malgré tous les efforts que faisaient ses parents pour l'atteindre, le petit garçon restait figé dans son refus. L'enfant ne redevint vraiment lui-même qu'après des semaines aù cours desquelles ses parents, avec beaucoup de sollicitude, essayèrent de comprendre la situation difficile où il se trouvait. Il semble évident que, à mesure que le temps passait, la colère de l'enfant s'était accrue jusqu'à devenir si violente, si envahissante, qu'il en eut peur : s'il se laissait aller, craignait-il, peut-être voudrait-il détruire ses parents, ou peut-être le détruiraient-ils par vengeance. En refusant de parler, il se défendait : c'était sa façon de se protéger lui-même et de protéger ses parents contre les conséquences de la rage qui le dominait.

Il est impossible de savoir si dans la langue originelle du *Pêcheur et du Génie* il existait quelque chose d'équivalent à l'expression anglaise « *bottled-up* » *feelings* (sentiments refoulés, littéralement, « comprimés dans une bouteille »). Mais cette image d'un confinement dans un vase clos devait être aussi valable à l'époque qu'elle l'est de nos jours. Sous une forme ou sous une autre, tout enfant connaît des expériences semblables à celles de notre petit garçon de trois ans, quoique, en général, d'une façon moins extrême et sans les réactions visibles qu'il a eues. L'enfant, de lui-même, ignore ce qui a bien pu lui arriver ; tout ce qu'il sait, c'est qu'il a été « obligé » de se conduire de cette façon. Tous les efforts tendant à essayer de faire comprendre rationnellement à l'enfant ce qui se passe ne peuvent avoir aucun effet sur lui et, par surcroît, le laisseront sur sa faim, car il ne pense pas encore d'une façon rationnelle.

Si vous racontez à un petit enfant qu'un garçon de son âge était si en colère contre ses parents qu'il cessa de leur parler pendant deux semaines, il réagira certainement en disant : « Il est bête ! » Si vous essayez de lui expliquer pourquoi le petit garçon s'est conduit ainsi, votre enfant attentif ressentira encore davantage qu'un tel comportement est stupide, non seulement parce qu'il considère l'action elle-même comme stupide, mais aussi parce que, pour lui, l'explication n'a aucun sens.

L'enfant est incapable d'admettre consciemment que sa colère puisse le rendre muet, ou qu'il puisse avoir envie de détruire ceux dont dépend son existence. Pour comprendre cela, il faudrait qu'il puisse admettre le fait que ses propres émotions peuvent l'envahir au point de lui enlever tout contrôle sur elles... ce qui serait pour lui une notion assez effrayante. L'idée qu'on puisse avoir en soi des forces incontrôlables a un aspect trop redoutable pour qu'on puisse s'y arrêter, et cela ne concerne pas seulement l'enfant *.

Chez l'enfant, l'action remplace la compréhension. Et cela est de plus en plus vrai à mesure que ses sentiments prennent de la force. L'enfant, guidé par des adultes, peut apprendre à *s'exprimer* autrement ; mais, d'après ce qu'il voit en réalité, les gens ne pleurent pas parce qu'ils sont tristes : ils pleurent, un point c'est tout. Les gens ne frappent pas, ne détruisent pas ou ne deviennent pas muets parce qu'ils sont en colère : c'est ce qu'ils font, et c'est tout. Un enfant peut avoir compris qu'il peut apaiser un adulte en expliquant une de ses actions de la façon suivante : « J'ai fait ça parce que je suis en colère ! » Mais cela ne change rien au fait que cet enfant n'expérimente pas sa colère en tant que telle, mais seulement comme une impulsion qui l'incite à frapper, à détruire, à se

---

* Un exemple montrera combien il peut être bouleversant pour l'enfant de penser que, à son insu, des forces puissantes s'agitent en lui. Il s'agit d'un garçon de sept ans à qui ses parents essayaient d'expliquer que ses émotions l'avaient détourné vers des actions qui étaient réprouvées par le père et la mère aussi bien que par l'enfant lui-même. L'enfant réagit ainsi : « Vous voulez dire que j'ai dans mon corps une machine qui n'arrête pas de faire tic tac et qui peut exploser d'un moment à l'autre ? » A partir de ce jour-là, et pendant un certain temps, le petit garçon fut terrorisé à l'idée qu'il vivait perpétuellement sous la menace d'une autodestruction.

taire. Ce n'est qu'à la puberté que nous commençons à identifier nos émotions pour ce qu'elles sont, sans agir immédiatement selon elles, sans même en avoir envie.

Les processus inconscients de l'enfant ne peuvent lui sembler plus clairs qu'à travers des images qui s'adressent directement à son inconscient. Les images évoquées par les contes de fées jouent ce rôle. De même que l'enfant ne pense pas : « Quand maman reviendra, je serai content », mais : « je lui donnerai quelque chose », de même le génie se dit : « Je rendrai riche celui qui me délivrera ! » De même que l'enfant ne pense pas : « Je suis si en colère que je serais capable de tuer cette personne ! » mais : « Quand je le reverrai, je le tuerai ! », de même le génie dit : « Si quelqu'un me délivre, je le tuerai ! » Si une personne *réelle* était censée penser ou agir de cette façon, cette idée serait trop angoissante pour qu'on puisse la comprendre. Mais l'enfant sait que le génie est un personnage imaginaire et il peut donc se permettre d'identifier ce qui le motive, sans être contraint d'en inférer directement à lui-même.

Tandis que l'enfant brode ses fantasmes tout autour de l'histoire — et s'il ne le fait pas, le conte de fées perd une bonne partie de son influence —, il se familiarise lentement avec la façon dont le génie réagit à l'incarcération et à la frustration et effectue en même temps un pas important vers les réactions parallèles qu'il peut avoir lui-même. Comme c'est un conte de fées, situé dans un pays imaginaire, qui lui présente ces modèles de comportement, l'enfant, dans sa tête, peut passer d'une conclusion à l'autre : « C'est vrai, c'est bien comme ça qu'on agit et qu'on réagit », ou : « Ce n'est absolument pas vrai, ce n'est qu'une histoire », selon qu'il est prêt ou non à reconnaître ces processus en lui-même.

Ce qui est beaucoup plus important, étant donné que le conte de fées garantit une conclusion heureuse, c'est que l'enfant n'a pas à avoir peur de permettre à son inconscient de prendre le dessus, en accord avec le contenu du conte : il sait que, quoi qu'il puisse découvrir, « il vivra heureux pendant de longues et longues années... ».

Les exagérations magiques de l'histoire (pouvoir être, par exemple, enfermé dans un vase pendant des siècles) rendent plausibles et acceptables des réactions qui, présentées de manière plus réaliste, par exemple l'absence des parents, ne le seraient pas. Pour l'enfant, l'absence des parents semble durer une éternité, sentiment qui demeure sans changement quand la mère explique sincèrement qu'elle n'est restée absente que pendant une demi-heure. Ainsi, les exagérations magiques du conte de fées donnent corps à la vérité psychologique, alors que les explications réalistes, tout en étant proches de la réalité des faits, semblent psychologiquement fausses.

Le Pêcheur et le Génie montre parfaitement comment le conte de fées perd toute valeur s'il est simplifié et édulcoré. A regarder l'histoire de très loin, il pourrait sembler inutile de relater la démarche de la pensée du génie, à partir du moment où il décide de récompenser la personne qui le libérera, jusqu'à ce qu'il décide de la punir. Il suffirait de raconter l'histoire d'un méchant et puissant génie qui voulait tuer son libérateur, lequel, tout en n'étant qu'un faible mortel, s'arrange pour le rouler. Mais sous cette forme simplifiée, nous n'avons plus qu'un conte à faire peur qui se termine bien, sans aucune vérité psychologique. C'est l'évolution du génie, qui passe du désir de récompenser au désir de punir, qui permet à l'enfant de se mettre au diapason du conte. Comme l'histoire décrit avec beaucoup de véracité ce qui s'est passé dans le crâne du génie, l'idée que le pêcheur soit capable d'être plus malin que lui gagne elle aussi en véracité. Débarrassés de ces éléments apparemment insignifiants, les contes de fées perdent leur signification profonde et cessent d'intéresser les enfants.

Sans qu'il en soit conscient, l'enfant se réjouit de voir qu'un conte de fées met en garde ceux qui détiennent le pouvoir de l' « enfermer dans un vase ». Il ne manque pas d'histoires modernes destinées aux petits où un enfant se montre plus malin qu'un adulte. Mais, parce qu'elles sont trop directes, ces histoires ne soulagent pas l'imagination de la contrainte que fait peser la domination du pouvoir adulte ; ou bien elles font peur à l'enfant dont toute la sécurité repose sur le fait que les adultes sont plus accomplis que lui et qu'ils sont capables de le protéger en toute sûreté.

J'insiste sur la différence : « rouler » un génie ou un géant, ce n'est pas la même chose que « rouler » un adulte. Si l'enfant apprend qu'il lui est possible de l'emporter sur les adultes que sont son père et sa mère, l'idée peut lui paraître agréable, mais, en même temps, elle est génératrice d'angoisse : s'il est capable d'être plus malin qu'eux, comment peut-il être convenablement protégé par des êtres aussi faciles à duper ? Mais comme le géant est un personnage imaginaire, l'enfant peut très bien rêver qu'il est plus malin que lui, au point de pouvoir non seulement le dominer, mais aussi le détruire, tout en continuant de compter sur les vrais adultes pour le protéger.

Le conte de fées *Le Pêcheur et le Génie* a plusieurs avantages sur ceux du cycle anglo-saxon de Jack (*Jack le tueur de géants, Jack et la tige de haricot*). Comme le pêcheur est non seulement un adulte, mais aussi, selon l'histoire, un père de famille, le jeune auditeur apprend implicitement par l'histoire que son père peut très bien se sentir menacé par des puissances qui lui sont supérieures, mais qu'il est assez intelligent pour les vaincre. Avec ce conte, l'enfant peut gagner sur les deux tableaux : il peut se projeter lui-même dans le rôle du pêcheur et imaginer qu'il l'emporte sur le géant ; il peut aussi projeter son père dans le même rôle et imaginer qu'il est lui-même un esprit qui peut menacer son père, tout en étant certain que ce même père l'emportera.

Le même conte contient un élément apparemment sans signification, mais très important : c'est le fait que le pêcheur doit connaître trois défaites avant de remonter le vase qui contient le génie. Alors qu'il serait beaucoup plus simple de commencer l'histoire au coup de filet qui fait apparaître le vase fatal, cet élément indique à l'enfant, sans intention moralisatrice, qu'on ne peut pas compter sur le succès du premier coup, ni même du deuxième ni du troisième. Les choses ne s'accomplissent pas aussi facilement qu'on pourrait l'imaginer ou le souhaiter. Si le pêcheur avait été moins tenace, ses trois premières prises l'auraient déterminé à abandonner, puisque ses efforts ne lui valaient que du rebut. De nombreuses fables, de nombreux contes de fées enseignent qu'il ne faut pas abandonner malgré les premiers échecs. Cette notion est si importante pour l'enfant que de nombreux contes de fées, de nombreuses fables contiennent ce message. Ce dernier peut atteindre son but à condition qu'il ne soit pas livré au nom de la morale, ou comme une exigence, mais d'une façon fortuite, qui indique bien que dans la vie il n'en va pas autrement. En outre, l'événement magique qui permit au pêcheur de vaincre le géant n'intervient pas sans efforts ni sans ruse ; nous avons de bonnes raisons d'aiguiser notre esprit et de continuer nos efforts, aussi pénibles soient-ils.

Il existe dans le même conte de fées un autre détail qui, tout en paraissant insignifiant, ne pourrait pas être supprimé sans que la portée de l'histoire en soit affaiblie ; je veux parler du parallèle qui est établi entre les quatre tentatives du pêcheur, qui sont finalement couronnées de succès, et les quatre degrés qui marquent la colère croissante du génie. Ainsi sont juxtaposées la maturité du pêcheur-père et l'immaturité du génie ; est posé en même temps le problème essentiel que tout être humain doit affronter dès le début de son existence : faut-il se laisser gouverner par ses émotions ou par la raison ?

Traduisons ce conflit en termes psychanalytiques : il symbolise la difficile bataille que nous avons tous à livrer ; faut-il céder au principe de plaisir, qui nous vaut la satisfaction immédiate de nos désirs ou qui nous conduit à nous venger violemment de nos frustrations, même contre ceux qui n'y sont pour rien — ou devons-nous renoncer à vivre au gré de ces pulsions, en choisissant une vie dominée par le principe de réalité qui veut que nous soyons prêts à accepter bien des frustrations pour bénéficier de récompenses durables ?

Cette décision concernant le principe de plaisir est si importante qu'un grand nombre de contes de fées et de mythes essaient de l'enseigner. Le mythe d'Hercule illustre très bien la façon directe et didactique dont le mythe traite ce choix crucial par comparaison avec la façon douce, indirecte, sans exigence, et donc psychologiquement plus efficace dont les contes de fées portent le même message [8].

Le mythe nous raconte que,

> « le temps étant venu pour Hercule de décider s'il se servirait de ses dons pour le bien ou pour le mal, il quitta les bergers et se rendit dans une région solitaire pour réfléchir à la direction que sa vie allait prendre. Tandis qu'il s'était arrêté pour méditer, deux femmes de haute stature s'avancèrent vers lui. L'une, d'aspect modeste, était belle et pleine de noblesse. L'autre, arrogante, offrait la séduction d'une poitrine abondante ».

La première femme, poursuit le mythe, est la Vertu ; la seconde, le Plaisir. Chacune d'elles fait des promesses pour l'avenir d'Hercule s'il suit le chemin qu'elle offre à sa vie.

Cette image d'Hercule à la croisée des chemins est exemplaire. Tous les humains, comme lui, sont tentés par la perspective du plaisir éternel et facile où « nous récoltons les fruits du travail des autres et ne refusons rien de tout ce qui peut nous procurer du profit », ainsi que le promettait « le Plaisir oisif » camouflé en « Bonheur permanent ». Mais nous sommes également sollicités par la Vertu et « son long et dur chemin de la satisfaction », qui nous dit « que l'homme n'obtient rien sans peine ni effort » et que « si on veut être tenu en estime dans la cité, il faut lui rendre service ; on récolte ce que l'on a semé ».

Toute la différence entre le mythe et le conte de fées est mise en évidence par le fait que le mythe nous déclare sans ambages que les deux femmes qui s'adressent à Hercule sont « le Plaisir oisif » et la « Vertu ». Semblables à des personnages de conte de fées, ces deux femmes personnifient les tendances conflictuelles internes du héros et ses pensées. Dans ce mythe, elles sont décrites comme équivalentes, bien qu'il soit nettement sous-entendu qu'en réalité elles ne le sont pas et qu'entre le Plaisir oisif et la Vertu il faut choisir cette dernière. Le conte de fées ne nous aborde jamais aussi directement, ne nous dit jamais tout à trac quel doit être notre choix. Au contraire, il aide l'enfant à développer son désir d'une conscience plus haute par le truchement de ce qui est impliqué dans l'histoire. Le conte de fées nous convainc par l'appel qu'il lance à notre imagination et par l'enchaînement séduisant des événements qui nous sollicitent.

Le conte de fées et le mythe

Optimisme contre pessimisme

Platon, qui a sans doute compris en quoi consiste l'esprit beaucoup mieux que ceux de nos contemporains qui ne veulent exposer leurs enfants qu'aux gens « réels » et aux faits quotidiens, Platon, donc, savait ce que les expériences psychologiques peuvent apporter à une véritable humanité. Il proposait que les futurs citoyens de sa république idéale fussent initiés à l'éducation littéraire par le récit des mythes, plutôt que par les faits bruts et les enseignements prétendument rationnels. Aristote lui-même, le maître de la raison pure, disait : « L'ami de la sagesse est également l'ami des mythes. »

Les penseurs contemporains qui ont étudié les mythes et les contes de fées à la lumière de la philosophie et de la psychologie parviennent à la même conclusion, quelle qu'ait été leur conviction initiale. Mircea Eliade, par exemple, définit ces histoires comme « des modèles de comportement humain, ce qui leur permet de donner, par le fait même, un sens et une valeur à la vie ». Traçant des parallèles anthropologiques, lui et bien d'autres suggèrent que les mythes et les contes de fées dérivent ou sont l'expression symbolique de rites d'initiation ou autres rites de passage, par exemple la mort métaphorique d'un ancien moi inadapté afin de renaître sur un plan d'existence supérieur. Eliade sent que c'est pour cette raison que ces contes répondent à un besoin fortement ressenti et sont riches d'une signification aussi profonde *.

D'autres chercheurs orientés vers la psychologie des profondeurs insistent sur les similitudes qu'ils observent entre les événements fantastiques des mythes et des contes de fées et ceux qui se présentent dans les rêves éveillés de l'adulte : l'accomplissement des désirs, la victoire remportée contre tous les rivaux, la destruction des ennemis ; et ils en concluent que l'un des agréments de cette littérature réside dans le fait qu'elle est l'expression de ce qui, normalement, est empêché d'accéder au conscient.

Il existe évidemment des différences très importantes entre les contes de fées et les rêves. Par exemple, dans les rêves, l'accomplissement des désirs est le plus souvent déguisé alors qu'il est ouvertement exprimé dans les contes de fées. Les rêves, à un degré considérable, sont le résultat de pressions intérieures qui n'ont pas trouvé à se soulager, de problèmes qui bouleversent l'individu, celui-ci ne sachant quelle solution leur donner et n'en trouvant aucune dans le rêve. Le

---

* Eliade, dont les idées, en l'occurrence, ont été influencées par Saintyves, écrit : « Il est impossible de nier que les épreuves et les aventures des héros et des héroïnes des contes de fées soient presque toujours traduites en termes initiatiques. Ceci me paraît de la plus grande importance : depuis l'époque — si difficile à déterminer — où les contes de fées ont pris forme en tant que tels, les hommes, qu'ils soient primitifs ou civilisés, les ont écoutés avec un plaisir qui permettait une répétition infinie. Cela revient à dire que les scénarios initiatiques — même camouflés comme ils le sont dans les contes de fées — sont l'expression d'un psychodrame qui répond chez l'être humain à un besoin profond. Tout homme désire vivre certaines situations périlleuses, affronter des épreuves exceptionnelles, faire son chemin dans l'autre monde, et il peut connaître tout cela, au niveau de sa vie imaginative, en écoutant ou en lisant des contes de fées [9]. »

conte de fées a l'effet contraire : il projette le soulagement de toutes les pressions et, sans se contenter de proposer des façons de résoudre le problème, il promet qu'une solution « heureuse » sera trouvée.

Il ne nous est pas possible de contrôler ce qui se passe dans nos rêves. Notre censure interne influence bien ce que nous pouvons rêver, mais ce contrôle ne s'exerce qu'à un niveau inconscient. Le conte de fées, lui, est essentiellement le résultat du conscient normal et d'un contenu inconscient mis en forme par l'esprit conscient, non pas d'une personne en particulier, mais du consensus du plus grand nombre à l'égard de ce qu'ils considèrent comme problèmes humains universels et de ce qu'ils acceptent comme solutions désirables. Si tous ces éléments n'étaient pas présents dans les contes de fées, ils ne seraient pas répétés de génération en génération. Ils ne sont redits, et écoutés avec le plus grand intérêt, que s'ils répondent aux exigences conscientes et inconscientes du plus grand nombre. Aucun rêve d'un individu ne peut éveiller un intérêt durable s'il n'est pas transformé en mythe, comme le furent les rêves du pharaon interprétés par Joseph dans la Bible.

Tout le monde est d'accord pour reconnaître que les mythes et les contes de fées s'adressent à nous dans un langage symbolique qui traduit un matériel inconscient. Ils font appel simultanément à notre esprit conscient et inconscient sous ses trois aspects : le *ça,* le *moi* et le *surmoi,* et également aux besoins d'idéaux de notre *moi.* C'est ce qui fait leur efficacité ; dans le conte, les phénomènes psychologiques internes sont matérialisés sous une forme symbolique.

Les psychanalystes freudiens s'appliquent à montrer quelle sorte de matériel inconscient, refoulé ou autre, est sous-jacent aux mythes et aux contes de fées, et comment ils se rattachent aux rêves et aux rêves éveillés [10].

Les psychanalystes jungiens insistent en outre sur l'idée que les personnages et les événements de ces histoires sont conformes aux archétypes psychologiques qu'ils représentent, et qu'ils évoquent symboliquement le besoin qu'a l'homme d'atteindre un stade supérieur d'intégration du *moi*, un renouvellement interne qui s'accomplit lorsque les forces inconscientes personnelles et raciales sont à la disposition de l'individu [11-12].

S'il y a des ressemblances importantes entre les mythes et les contes de fées, il existe également entre eux des différences inhérentes. On trouve dans les deux genres les mêmes personnages, les mêmes situations exemplaires et miraculeuses, mais il y a une différence essentielle dans la façon dont ils sont communiqués. Pour s'exprimer simplement, on peut dire que le sentiment dominant transmis par le mythe est le suivant : cette histoire est absolument unique ; jamais elle n'aurait pu arriver à quelqu'un d'autre ni ailleurs ; ces événements sont prodigieux, terrifiants et ne pourraient absolument pas s'appliquer à de simples mortels, comme vous et moi. S'il en est ainsi ce n'est pas tellement en raison du caractère miraculeux des événements, mais parce qu'ils sont relatés en tant que tels. Par opposition, bien que les événements qui surviennent dans les contes de fées soient généralement inhabituels et plus qu'improbables, ils sont toujours présentés comme quelque chose de tout à fait ordinaire, quelque chose qui peut arriver à n'importe qui, à vous, à moi ou au voisin, à l'occasion d'une promenade dans une forêt. Dans les contes de fées, les faits les plus extraordinaires sont racontés comme des événements banals, quotidiens.

Autre différence, encore plus significative : la conclusion, dans les mythes, est presque toujours tragique alors qu'elle est toujours heureuse dans les contes de fées. Pour cette raison, certaines histoires parmi les plus connues que l'on puisse trouver dans les recueils de contes de fées n'appartiennent pas vraiment à cette catégorie. Par exemple, *La Petite Fiancée* et *Le Vaillant Petit Soldat de plomb*, de Hans Christian Andersen sont très beaux mais extrêmement tristes ; ils n'apportent pas ce sentiment de réconfort qui est si caractéristique de la fin des contes de fées. Par contre, *La Reine des neiges*, du même auteur, n'est pas loin d'être un véritable conte de fées.

Le mythe est pessimiste, alors que le conte de fées est optimiste, aussi terrifiant que puissent être certains passages de l'histoire. C'est cette différence décisive qui sépare le conte de fées de certaines autres histoires où interviennent également des événements fantastiques, que la conclusion heureuse soit due aux vertus du héros, au hasard ou à l'intervention de personnages surnaturels.

Il est typique que les mythes impliquent les exigences du *surmoi* en conflit avec des actions motivées par le *ça* et avec les désirs d'autoconservation du *moi*. Le simple mortel est trop faible pour affronter les défis des dieux. Pâris, qui obéit aux ordres de Zeus, transmis par Hermès, et qui se soumet aux exigences des trois déesses en choisissant celle d'entre elles qui aura la pomme, est tué pour avoir obéi à ces ordres, comme l'aurait été n'importe quel mortel en présence de ce choix fatal.

Malgré tous nos efforts, nous ne pouvons jamais porter notre vie à la hauteur de ce que notre *surmoi*, tel qu'il est représenté dans les mythes par les dieux, semble exiger de nous. Plus nous essayons de leur plaire, plus implacables se font leurs exigences. Même si le héros ignore qu'il a cédé aux sollicitations de son *ça*, il est condamné à en souffrir horriblement. Quand un mortel encourt la disgrâce d'un dieu sans avoir rien fait de mal, il est détruit par cette représentation suprême du *surmoi*. Le pessimisme des mythes éclate dans l'histoire que la psychanalyse a rendue exemplaire, la tragédie d'Œdipe.

Le mythe d'Œdipe, surtout quand il est bien représenté sur une scène, éveille des réactions intellectuelles et émotives puissantes chez l'adulte, à tel point qu'il peut procurer une expérience cathartique, comme le font, suivant l'enseignement d'Aristote, toutes les tragédies. Après avoir vu *Œdipe,* le spectateur peut se demander pourquoi il éprouve une telle émotion ; et en réagissant à celle-ci, en réfléchissant aux événements mythiques et à ce qu'ils signifient pour lui, il peut parvenir à mettre de l'ordre dans ses pensées et ses sentiments. En même temps, certaines tensions internes, qui sont la conséquence d'événements très anciens, peuvent être soulagées ; du matériel jusqu'alors inconscient peut devenir conscient et être disponible pour un travail conscient. Cela peut se produire si le spectateur est profondément ému par le mythe et, en même temps, fortement motivé intellectuellement pour le comprendre.

En expérimentant indirectement ce qui est arrivé à Œdipe, ce qu'il a fait et ce qu'il a souffert, l'adulte peut soumettre à une compréhension mûre ce qui, jusqu'alors, était resté à l'état d'angoisses enfantines dans les profondeurs de son inconscient. Mais cette possibilité ne peut exister que parce que le mythe se rapporte à des événements très lointains ; les désirs et les angoisses œdipiens de l'adulte appartiennent en effet au passé le plus obscur de sa vie. Si la signification sous-jacente du mythe était exprimée clairement et représentée comme un événement qui aurait pu intervenir dans la vie consciente de l'adulte, cela ne ferait qu'accroître énormément les anciennes angoisses et aboutir à un refoulement encore plus profond.

Le mythe n'est pas un conte de mise en garde, comme l'est la fable qui, en suscitant l'angoisse, nous empêche d'agir d'une façon qui nous est décrite comme nocive. Le mythe d'Œdipe ne peut jamais être ressenti comme un avertissement à ne pas nous laisser prendre à un complexe œdipien. A partir du moment où on a été mis au monde et élevé par un père et une mère, les conflits œdipiens sont inévitables.

Le complexe d'Œdipe est le problème le plus important de l'enfance, à moins que l'enfant ne reste fixé à un stade de développement encore plus précoce, comme le stade oral. Le jeune enfant est complètement envahi par ses complexes œdipiens qui sont une des réalités inéluctables de sa vie. Plus tard, vers l'âge de cinq ans, il lutte pour s'en dégager, en partie en refoulant le conflit, en partie en le résolvant grâce aux liens affectifs qu'il se crée avec d'autres personnes que ses parents directs, et en partie en le sublimant. Il ne faut surtout pas que les conflits œdipiens de cet enfant soient activés par ce mythe. Supposons que l'enfant ait le désir actif — ou à peine refoulé — de se débarrasser de l'un de ses parents pour posséder l'autre en exclusivité ; s'il vient à connaître, même sous une forme symbolique, l'idée que l'on peut par hasard, sans le savoir, tuer l'un des parents et épouser l'autre, tout ce qui, jusque-là, a joué dans l'imagination de l'enfant devient une sinistre réalité. Il ne peut résulter de cette révélation qu'une angoisse accrue vis-à-vis de l'enfant lui-même et du monde qui l'entoure.

L'enfant ne se contente pas de rêver d'épouser celui de ses parents qui n'est pas de son sexe ; son imagination ne se lasse pas de broder sur ce thème. Le mythe d'Œdipe raconte ce qui se passerait si ce rêve devenait réalité ; mais l'enfant ne peut pas encore cesser d'imaginer qu'un jour ou l'autre, dans un avenir lointain, il épousera le parent en question. Après avoir entendu le mythe d'Œdipe, il ne peut que conclure que ces choses horribles — la mort de l'un de ses parents, et, pour lui, la mutilation — lui arriveront.

A cet âge, de quatre ans à la puberté, l'enfant a surtout besoin de connaître des images symboliques qui le rassurent en lui montrant qu'une solution heureuse attend ses problèmes œdipiens — bien qu'il puisse estimer que c'est difficile à croire — à condition qu'il parvienne à en sortir lentement. Mais il doit être d'abord rassuré sur la conclusion heureuse ; ce n'est qu'alors qu'il aura le courage d'œuvrer avec confiance pour s'extirper de sa condition œdipienne.

Pendant l'enfance, beaucoup plus qu'à tout autre

âge, tout est devenir. Tant que nous n'avons pas assuré en nous-mêmes une sécurité considérable, nous ne pouvons pas nous engager dans des luttes psychologiques difficiles à moins qu'une issue positive ne nous apparaisse comme certaine, quelles que soient les chances que nous ayons de l'atteindre en réalité. Le conte de fées alimente l'imagination avec des matériaux qui, sous une forme symbolique, suggèrent à l'enfant quel genre de batailles il aura à livrer pour se réaliser, tout en lui garantissant une issue heureuse.

Les héros mythiques offrent d'excellentes images favorables au développement du *surmoi,* mais les exigences qu'ils personnifient sont si rigoureuses qu'elles découragent l'enfant dans ses tentatives de novice tendant à accomplir l'intégration de sa personnalité. Tandis que le héros mythique connaît une transfiguration dans une vie éternelle céleste, le personnage principal du conte de fées est promis à une vie éternellement heureuse sur la terre, parmi nous. Certains contes de fées concluent même que si le héros, par aventure, n'est pas mort, « il est peut-être encore vivant ». C'est ainsi que les contes de fées présentent comme une existence heureuse et banale le résultat des épreuves et des tribulations qui sont impliquées dans tout processus normal de croissance.

A vrai dire, ces crises psychosociales de la croissance sont enjolivées par l'imagination et sont représentées symboliquement, dans les contes de fées, par des rencontres avec les fées, les sorcières, les animaux féroces ou des personnages d'une intelligence ou d'une ruse surhumaines ; mais l'humanité fondamentale du héros, malgré ses étranges aventures, s'affirme par l'idée, toujours présente, qu'un jour il devra mourir, comme chacun de nous. Le héros des contes de fées a beau vivre des événements extraordinaires, il n'en devient pas pour autant un surhomme, contrairement au héros mythique. Cette humanité authentique fait comprendre à l'enfant que, quel que soit le sujet du conte de fées, il n'est qu'une transposition imaginaire et exagérée des tâches qu'il aura à accomplir, de ses espoirs et de ses appréhensions.

Bien que le conte de fées présente des images symboliques fantastiques en ce qui concerne la solution des problèmes, ceux qu'il expose sont tout à fait ordinaires : c'est un enfant qui souffre de la jalousie de ses frères et sœurs et du sort plus enviable qui leur est réservé, comme nous le voyons dans *Cendrillon ;* c'est un enfant qui est considéré comme incapable par ses parents, comme il arrive dans de nombreux contes de fées, par exemple dans le conte des frères Grimm *L'esprit dans la bouteille.* En outre, le héros du conte de fées vient à bout de tous ces problèmes, en ce bas monde, et non par quelque récompense récoltée au ciel.

La sagesse psychologique des siècles veut que chaque mythe soit l'histoire d'un héros particulier : Thésée, Hercule, Beowulf, Brunhild. Non seulement ces personnages mythiques ont des noms, mais on nous cite aussi les noms de leurs parents et des autres personnages principaux de l'histoire. On ne s'est pas contenté d'appeler le mythe de Thésée « L'homme qui tua le Minotaure », ou celui de Niobé « La femme qui avait sept filles et sept fils ».

Le conte de fées, par contre, annonce clairement qu'il va nous raconter l'histoire de n'importe qui, de personnages qui nous ressemblent beaucoup. Voici quelques titres typiques : *Histoire d'un qui s'en alla pour apprendre à avoir peur, La Belle et la Bête.* Des histoires récemment inventées suivent elles-mêmes ce modèle : *Le Petit Prince, Le Vilain Petit Canard, Le Vaillant Petit Soldat de plomb.* Les protagonistes des contes de fées sont présentés, par exemple, comme « une petite fille », ou « le plus jeune frère ». Si des noms apparaissent, ce ne sont pas des noms propres, mais des termes généraux, ou descriptifs. On nous dit : « Comme elle était toujours souillée et salie, ses sœurs l'appelaient Cendrillon », et « le petit chaperon rouge lui seyait si bien, que partout on l'appelait le

Petit Chaperon Rouge ». Quand le héros a un nom, comme dans le cycle des histoires de Jack, ou dans *Jeannot et Margot*, ce sont des noms très courants qui pourraient s'appliquer à n'importe quel garçon ou à n'importe quelle fille.

C'est d'autant plus net que, dans les contes de fées, personne d'autre ne porte un nom ; les parents des personnages principaux sont anonymes. Ce sont le « père », la « mère », la « belle-mère », avec, parfois, une précision : « un pauvre pêcheur », « un pauvre bûcheron ». S'il s'agit d' « un roi » ou d' « une reine », c'est un faible déguisement pour le père ou la mère, comme « prince » et « princesse » tiennent lieu de fils et fille. Les fées et les sorcières, les géants et les marraines sont également sans nom, ce qui facilite les projections et les identifications.

Les héros mythiques ont de toute évidence des dimensions surhumaines, un aspect qui contribue à rendre leurs aventures acceptables pour l'enfant. Sinon, il se sentirait écrasé par la sollicitation implicite qui voudrait faire de lui un émule du héros. L'utilité des mythes est non pas de former l'ensemble de la personnalité, mais seulement le *surmoi*. L'enfant sait qu'il lui est impossible d'élever sa vie au niveau de celle du héros et d'égaler ses exploits. Tout ce qu'il peut espérer, c'est d'imiter le héros à un degré infime ; ainsi, l'enfant n'est pas découragé par la différence qui existe entre cet idéal et sa propre médiocrité.

Les héros en chair et en os de l'histoire, cependant, qui ont été des gens comme nous tous, persuadent l'enfant de sa propre insignifiance lorsqu'il se compare à eux. Essayer de se laisser guider et inspirer par un idéal qu'aucun humain ne peut atteindre n'a du moins rien de décourageant ; mais s'efforcer de reproduire les exploits de vraies grandes personnes laisse l'enfant sans espoir et ne peut qu'engendrer des sentiments d'infériorité : d'abord parce qu'on sait qu'on est incapable de le faire, ensuite parce qu'on redoute que d'autres le puissent.

Les mythes mettent en scène des personnalités idéales qui agissent selon les exigences du *surmoi*, tandis que les contes de fées dépeignent une intégration du *moi* qui permet une satisfaction convenable des désirs du *ça*. Cette différence souligne le contraste entre le pessimisme pénétrant des mythes et l'optimisme fondamental des contes de fées.

« Les Trois Petits Cochons »

Principe de plaisir et principe de réalité

Le mythe d'Hercule a trait à ce dilemme : faut-il suivre dans la vie le principe de plaisir ou le principe de réalité ? Le conte des *Trois Petits Cochons* pose le même problème [13].

Les histoires de ce type sont beaucoup plus appréciées des enfants que tous les contes « réalistes », surtout si le narrateur les raconte de façon vivante. Les enfants sont ravis d'entendre le loup haleter et souffler devant la porte du cochon. Ce conte, à l'âge de l'école maternelle, apprend à l'enfant, de la façon la plus captivante et la plus dramatique, que nous ne devons pas être paresseux ni prendre les choses à la légère, faute de quoi nous pouvons perdre la vie. Une prévision intelligente et de la prévoyance, liés à un dur labeur, nous permettront de vaincre jusqu'à notre pire ennemi, le loup ! L'histoire montre aussi les avantages que nous gagnons en grandissant, puisque le troisième petit cochon, le plus sage, est d'ordinaire présenté comme étant le plus gros et le plus âgé.

Les maisons que construisent les trois héros sont symboliques du progrès de l'homme au cours de son histoire : d'abord une hutte précaire, puis une cabane en bois et, finalement une maison faite de solides briques. Sur le plan interne, les actions des trois petits cochons montrent le progrès qui va de la personnalité dominée par le *ça* à une personnalité influencée par le *surmoi*, mais surtout contrôlée par le *moi*.

Le plus petit des trois héros construit sa maison en paille, sans le moindre soin ; le second utilise des bâtons ; ils édifient tous les deux leur abri aussi vite qu'ils le peuvent, et avec le minimum d'efforts, pour pouvoir jouer pendant tout le reste de la journée. Vivant selon le principe de plaisir, les plus jeunes cherchent des satisfactions immédiates sans penser une seconde à l'avenir ni aux dangers de la réalité, bien que le plus âgé des deux fasse preuve d'une certaine maturité en essayant de construire une maison quelque peu plus substantielle que celle de son cadet.

Seul le troisième, le plus âgé, a appris à se comporter en accord avec le principe de réalité : il est capable de remettre à plus tard son désir de jouer et agit conformément à son aptitude à prévoir ce qui peut arriver. Il est même capable de prédire correctement le comportement du loup, l'ennemi, ou l'étranger qui est en nous et qui essaie de nous séduire et de nous prendre à son piège ; le troisième petit cochon est donc capable de mettre en échec des êtres plus forts et plus féroces que lui. Le loup sauvage et destructeur représente toutes les puissances asociales, inconscientes et dévorantes, contre lesquelles on doit apprendre à se protéger et que l'on peut détruire par la force du *moi*.

Le conte *Les Trois Petits Cochons* fait sur les enfants une plus forte impression que la fable d'Esope *La Cigale et la Fourmi* *, tout à fait comparable, mais ouvertement moralisatrice. Dans cette fable, la cigale, affamée par l'hiver, va supplier une fourmi de lui

* Plus connue dans les pays de langue française, dans la version qu'en a donné La Fontaine (*Note de l'éditeur*, 1979).

accorder une petite partie de la nourriture qu'elle a patiemment accumulée pendant l'été. La fourmi demande à la cigale ce qu'elle faisait pendant l'été. Apprenant qu'elle a chanté, au lieu de travailler, la fourmi repousse sa supplique en disant : « Puisque vous avez chanté durant tout l'été, vous pouvez danser tout au long de l'hiver ! »

Cette conclusion est caractéristique des fables qui sont, elles aussi, des contes populaires qui se sont transmis de génération en génération.

« La fable semble être, sous sa forme première, un récit où des êtres irrationnels, et parfois des objets inanimés, sont censés, à des fins d'éducation morale, agir et parler au nom des intérêts et des passions de l'homme » (Samuel Johnson).

Souvent papelardes, parfois amusantes, les fables expriment toujours une vérité morale ; elles ne contiennent aucun sens caché ; rien n'est laissé à l'imagination.

Le conte de fées, lui, nous laisse tout le soin de la décision et ne nous incite même pas à la prendre. C'est à nous qu'il appartient de décider si nous l'appliquons à notre vie ou si nous nous contentons d'apprécier les événements qu'il nous raconte. C'est le plaisir que nous en tirons qui nous incite à réagir au moment de notre choix à ses messages secrets, s'ils se rapportent à notre expérience vitale et au stade de développement que nous avons atteint sur le moment.

Cette comparaison entre *Les Trois Petits Cochons* et *La Cigale et la Fourmi* souligne bien la différence qui existe entre le conte de fées et la fable. La cigale, comme les petits cochons et l'enfant lui-même, est encline à jouer sans se préoccuper de l'avenir. Dans les deux histoires, l'enfant s'identifie avec les animaux (quoiqu'un petit saint hypocrite puisse s'identifier avec la méchante fourmi et un enfant malade mental avec le loup) ; mais après s'être identifié avec la cigale, l'enfant, selon la fable, est laissé sans espoir.

La cigale, possédée par le principe de plaisir, est vouée à un sort funeste ; la situation est nette : « Agis de telle façon, sinon... » Le choix est fait une fois pour toutes.

Mais, en s'identifiant avec les petits cochons, l'enfant apprend qu'une évolution est possible, que l'on peut passer du principe de plaisir au principe de réalité qui, après tout, n'est qu'une modification du premier. L'histoire des trois petits cochons évoque une transformation qui permet un accroissement de plaisir, parce que la satisfaction est alors recherchée en tenant compte des exigences de la réalité. Le troisième petit cochon, intelligent et enjoué, roule plusieurs fois son ennemi : d'abord quand le loup essaie par trois fois de l'attirer hors de la maison où il est en sécurité, en faisant appel à son avidité orale, lui proposant des expéditions à des endroits où ils trouveront tous deux une nourriture délicieuse : le loup le tente avec des carottes, qui ont peut-être été volées, puis avec des pommes et enfin avec la perspective d'une visite à la foire.

Ce n'est qu'après ces tentatives inutiles que le loup passe à l'action meurtrière. Mais, pour l'attraper, il faut qu'il entre dans la maison du petit cochon, et une fois de plus, c'est ce dernier qui gagne, car le loup tombe dans la cheminée, plonge dans une marmite d'eau bouillante et fera un excellent plat de viande cuite pour le petit cochon. Justice est faite : le loup, qui a dévoré les deux autres petits cochons et qui voulait manger le troisième, sert lui-même de nourriture à son vainqueur.

L'enfant, qui, tout au long de l'histoire, a été invité à s'identifier avec l'un des protagonistes, non seulement est laissé avec de l'espoir, mais apprend que, en développant son intelligence, il peut venir à bout d'adversaires plus forts que lui.

Si on part de l'idée que, d'après le sens de la justice des primitifs (et de l'enfant), seuls ceux qui ont fait quelque chose de vraiment très mal doivent être détruits, la fable semble enseigner qu'il est très mal de jouir de la vie quand il fait beau, comme en été. Il y a pire : la fourmi de la fable est un animal odieux, sans aucune pitié envers la cigale qui meurt de faim, et c'est ce modèle que l'on demande à l'enfant de prendre en exemple.

Le loup, au contraire, est de toute évidence un animal méchant, qui cherche à détruire. La méchanceté du loup est quelque chose que le jeune enfant reconnaît en lui-même : son envie de manger goulûment, et sa conséquence, l'angoisse d'avoir peut-être à subir lui-même le sort du loup. Le loup est ainsi une personnification, une projection de la méchanceté de l'enfant, et l'histoire lui dit comment il peut se tirer d'affaire d'une façon constructive.

Les différentes sorties au cours desquelles l'aîné des cochons va chercher sa nourriture en toute sécurité sont une partie de l'histoire que l'on peut facilement négliger mais qui est très significative : elles montrent qu'il y a une différence immense entre dévorer et manger. L'enfant, dans son subconscient, comprend que c'est la même différence que celle qui existe entre le principe de plaisir incontrôlé, qui pousse à dévorer tout ce qui se présente, en ignorant les conséquences possibles, et le principe de réalité, sur lequel se conforme celui qui va intelligemment chercher sa nourriture. Le petit cochon le plus mûr se lève de bon matin pour pouvoir ramener à la maison les victuailles avant que le loup apparaisse. Est-il possible de démontrer la valeur de l'action fondée sur le principe de réalité, et sa nature même, mieux qu'en racontant cette histoire du petit cochon qui se lève à l'aube pour se procurer des provisions savoureuses, tout en s'offrant le luxe de déjouer les mauvais desseins du loup ?

Dans les contes de fées, c'est, d'une façon typique, le plus jeune enfant, qui est laissé de côté ou méprisé au début de l'histoire, qui, à la fin, remporte la victoire. *Les Trois Petits Cochons* échappent à la règle puisque c'est l'aîné des trois compagnons qui, d'un bout à l'autre du conte, se montre supérieur. Cela peut s'expliquer par le fait que les trois cochons sont « petits », donc immatures, comme l'est l'enfant lui-même. L'enfant s'identifie avec chacun d'eux tour à tour et reconnaît les différentes étapes de la route qui mène à l'identité. *Les Trois Petits Cochons* sont un conte de fées parce que la conclusion est heureuse et que le loup a le châtiment qu'il mérite.

Alors que le sens de la justice de l'enfant est offensé par le sort de la cigale qui est condamnée à mourir de faim sans avoir rien fait de mal, son esprit d'équité est satisfait par le châtiment du loup. Comme les trois petits cochons représentent les diverses étapes du développement humain, la disparition des deux premiers n'a rien de traumatisant ; l'enfant, dans son subconscient, comprend que nous devons passer par différentes formes précoces d'existence avant de parvenir aux formes supérieures. Quand on raconte *Les Trois Petits Cochons* à de jeunes enfants, ceux-ci ne se réjouissent que de la punition méritée du loup et de la victoire intelligente de l'aîné, et ils n'ont aucun chagrin au sujet du sort des deux plus jeunes. L'enfant, même tout petit, semble comprendre que les trois héros ne sont qu'un seul et même personnage à trois stades différents de sa vie ; comme semble le suggérer le fait qu'ils répondent tous les trois au loup avec exactement les mêmes mots : « Non, non ! Par le poil de mon tout petit menton ! » Si nous survivons dans la forme supérieure de notre identité, tout est parfait.

Les Trois Petits Cochons influencent la pensée de l'enfant quant à son propre développement, sans même lui dire ce qu'il doit faire, en lui permettant de tirer lui-même ses conclusions. Seul ce processus est à même d'apporter une véritable maturité ; si, par contre, on dit à l'enfant ce qu'il doit faire, on ne fait que remplacer les entraves de son immaturité par celles de sa servitude à l'égard des commandements des adultes.

Le besoin de magie chez l'enfant

Mythes et contes de fées répondent aux éternelles questions : « A quoi le monde ressemble-t-il vraiment ? Comment vais-je y vivre ? Comment faire pour être vraiment moi-même ? » Les mythes donnent des réponses précises, alors que les contes de fées ne font que suggérer ; leurs messages peuvent sous-entendre des solutions, elles ne sont jamais exprimées clairement. Les contes de fées laissent l'imagination de l'enfant décider si (et comment) il peut s'appliquer à lui-même ce que révèle l'histoire sur la vie et sur la nature humaine.

Le conte de fées procède d'une manière tout à fait adaptée à la façon dont l'enfant conçoit et expérimente le monde, et c'est pour cette raison que le conte lui paraît si convaincant. Il peut tirer beaucoup plus de soulagement du conte de fées que de toutes les idées et tous les raisonnements par lesquels l'adulte essaie de le rassurer. L'enfant fait confiance à ce que lui raconte le conte de fées parce qu'ils ont l'un et l'autre la même façon de concevoir le monde.

Quel que soit notre âge, nous ne pouvons être convaincus que par une histoire conforme aux principes qui sont à la base de nos pensées. S'il en est ainsi pour l'adulte, qui a appris à admettre qu'il dispose de plus d'un cadre de références pour comprendre le monde — bien qu'en réalité il soit difficile, sinon impossible, de penser à un autre monde que le nôtre — c'est spécifiquement vrai pour l'enfant. Sa pensée est animiste.

Comme tous les prélettrés et bien des lettrés, « l'enfant tient pour établi que ses relations avec le monde inanimé s'alignent sur le même modèle que celles qui le lient au monde animé des êtres humains : il câline, comme il le fait avec sa mère, les jolis objets qu'il aime ; il frappe la porte qui s'est refermée sur lui [14] ». On peut ajouter qu'il caresse ces objets parce qu'il est persuadé qu'ils aiment, comme lui, être caressés ; et il punit la porte parce qu'il est certain qu'elle a fait exprès de se refermer, par pure méchanceté.

Comme l'a montré Piaget, la pensée de l'enfant reste animiste jusqu'à l'âge de la puberté. Ses parents et ses maîtres lui disent que les choses ne peuvent ni ressentir ni agir ; il a beau faire semblant de le croire, pour plaire aux adultes, ou pour ne pas être tourné en ridicule, il sait, tout au fond de lui-même, à quoi s'en tenir. Soumis à l'enseignement rationnel des autres, l'enfant enterre profondément ses « vraies connaissances » dans son esprit, à l'abri de la rationalité ; mais il peut être formé et informé par ce que les contes de fées ont à lui dire.

Pour l'enfant de huit ans (pour citer les exemples de Piaget) le soleil est vivant parce qu'il donne la lumière (et on peut ajouter qu'il la donne de son plein gré). Pour l'esprit animiste de l'enfant, la pierre est vivante parce qu'elle est capable de mouvement, lorsque, par exemple, elle roule sur le flanc d'une colline. Même à douze ans passés l'enfant est convaincu qu'un torrent est vivant et doué de volonté parce que ses eaux coulent. Le soleil, la pierre et l'eau sont, croit l'enfant, habités par des esprits qui ressemblent beaucoup aux êtres humains et qui éprouvent et agissent comme eux [15].

Il n'existe pas, pour l'enfant, de ligne de démarcation bien nette entre ce qui est inanimé et ce qui vit ;

et ce qui vit possède une vie très proche de la nôtre. Si nous ne comprenons pas ce que les rochers, les arbres et les animaux ont à nous dire, c'est que nous ne sommes pas suffisamment en harmonie avec eux. Pour l'enfant, qui cherche à comprendre le monde, il paraît raisonnable d'espérer une réponse de la part de ces objets qui éveillent sa curiosité. Et comme l'enfant est égocentrique, il compte sur l'animal pour lui parler des choses qui, pour lui, ont une signification, comme le font les animaux dans les contes de fées et comme l'enfant lui-même parle à ses animaux vivants ou en peluche. L'enfant est persuadé que l'animal comprend et réagit affectivement, même s'il ne le manifeste pas ouvertement.

Etant donné que les animaux vagabondent librement dans le vaste monde, n'est-il pas naturel que, dans les contes de fées, ils soient capables de guider le héros au cours de sa quête qui l'entraîne vers des endroits très éloignés ? Puisque tout ce qui bouge est vivant, l'enfant est autorisé à croire que le vent peut parler et conduire le héros là où il veut aller, comme dans *A l'est du soleil et à l'ouest de la lune* [16]. Pour la pensée animiste, les animaux, non seulement ressentent et pensent comme nous, mais les pierres elles-mêmes sont vivantes ; être changé en pierre signifie simplement qu'on reste silencieux et immobile pendant un certain temps. En suivant le même raisonnement, il est tout à fait crédible que des objets, jusque-là silencieux, se mettent à parler, à donner des conseils et à accompagner le héros au cours de ses randonnées. Et comme tout ce qui est habité par un esprit semblable à tous les autres esprits (c'est-à-dire l'esprit de l'enfant que celui-ci a projeté dans toutes ces choses), et en raison de cette similitude inhérente, on peut croire que l'homme peut être changé en animal, ou inversement, comme dans *La Belle et la Bête* et *Le Roi-Grenouille* [17]. Puisqu'il n'y a aucune ligne de démarcation nette entre ce qui vit et ce qui est inanimé, ce qui est inanimé peut être appelé à vivre.

Lorsque les enfants, comme les grands philosophes, cherchent à répondre à toutes ces questions : « Qui suis-je ? Que dois-je faire vis-à-vis des problèmes posés par la vie ? Que vais-je devenir ? » ils le font sur la base de leur pensée animiste. Mais comme l'enfant ne sait pas très bien en quoi consiste l'existence, il se pose avant tout cette question : « Qui suis-je ? »

Dès que l'enfant commence à se déplacer et à explorer, il se met à s'interroger sur le problème de son identité. Tout en épiant sa propre image dans une glace, il se demande si ce qu'il voit est vraiment lui, ou un enfant qui lui ressemble et qui se trouve de l'autre côté du miroir. Il essaie de découvrir la vérité en cherchant si cet autre enfant lui est vraiment semblable sur tous les points. Il fait des grimaces, se tourne et se détourne, s'éloigne de la glace et revient d'un bon devant elle, pour voir si l'autre s'en est allé ou se trouve toujours là. Dès l'âge de trois ans l'enfant affronte déjà le difficile problème de l'identité personnelle.

Il se demande : « Qui suis-je ? D'où viens-je ? Comment le monde a-t-il été créé ? Qui a créé l'homme et les animaux ? Quel est le but de la vie ? » A vrai dire, il s'interroge sur ces questions vitales non pas dans l'abstrait, mais parce qu'elles le concernent. Il ne s'inquiète pas de savoir si la justice existe pour chaque individu en particulier, mais si, lui, sera traité de façon équitable. Il se demande qui ou quoi le plonge dans l'adversité et cherche à savoir ce qui pourrait le protéger. Existe-t-il des puissances tutélaires en dehors de ses parents ? Comment doit-il se former, et pourquoi ? Peut-il avoir de l'espoir, en dépit de ce qu'il a pu faire de mal ? Quelles seront les conséquences pour son avenir ? Les contes de fées fournissent des réponses à toutes ces questions pressantes et l'enfant en prend conscience à mesure qu'évolue l'histoire.

Si nous nous plaçons à un point de vue d'adulte, et dans les termes de la science moderne, les réponses fournies par les contes de fées sont plus fantastiques que réelles. Comme on peut s'y attendre, ces solutions semblent si incongrues aux yeux de nombreux adultes (qui sont devenus étrangers aux moyens par lesquels les enfants expérimentent le monde) qu'ils refusent de transmettre à l'enfant des informations aussi « fausses ». Cependant, les explications réalistes sont d'ordinaire incompréhensibles pour l'enfant qui est dépourvu de la faculté d'abstraction qui seule peut leur donner quelque sens. L'adulte, lorsqu'il donne une explication scientifiquement juste, croit clarifier les choses pour l'enfant alors que ces explications le laissent désemparé, dépassé et intellectuellement vaincu. L'enfant ne peut tirer un sentiment de sécurité que s'il est certain d'avoir compris ce qui, auparavant, le déconcertait ; il ne peut certainement pas obtenir le même résultat si on lui livre des faits qui engendrent de *nouvelles* incertitudes. Même s'il accepte une réponse de ce genre, l'enfant en vient à se demander s'il a posé la bonne question. Puisque l'explication, pour lui, ne peut avoir de signification, elle doit correspondre à quelque problème inconnu, et non à celui qu'il a énoncé.

Il est donc important de ne pas oublier que seules les affirmations que l'enfant peut comprendre dans les termes de ses connaissances du moment et de ses préoccupations affectives peuvent emporter sa conviction. Si on dit à l'enfant que la terre flotte dans l'espace, selon les lois de l'attraction universelle dans le mouvement qu'elle décrit autour du soleil, mais que la terre ne tombe pas sur le soleil comme lui, l'enfant, le fait, sur le sol, attiré par la pesanteur, on doit le dérouter énormément. L'enfant sait, par sa propre expérience, que tout doit nécessairement reposer sur quelque chose, ou être tenu par quelque chose. Seule une explication fondée sur cette certitude peut lui faire sentir qu'il comprend mieux le mouvement de la terre dans l'espace. Chose plus importante encore : pour se sentir en sécurité sur la terre, l'enfant a besoin de savoir que notre monde est solidement tenu en place. Il trouve donc une meilleure explication dans un mythe qui lui raconte que la terre repose sur le dos d'une tortue, ou qu'elle est tenue par un géant.

Si l'enfant tient pour vrai ce que lui disent ses parents, que la terre est une planète que la gravitation maintient solidement sur sa route, il peut alors à la rigueur imaginer que cette fameuse gravitation est une sorte de ficelle. L'explication des parents n'a donc pas abouti à une meilleure compréhension non plus qu'à un sentiment de sécurité. Il faut une maturité intellectuelle considérable pour croire que notre propre vie peut être stable alors que le sol sur lequel nous marchons (ce qui existe de plus solide autour de nous, sur quoi repose toute chose) tourne à une vitesse incroyable sur un axe invisible ; qu'au surplus la terre tourne autour du soleil ; et qu'elle est propulsée à travers l'espace avec l'ensemble du système solaire. Je n'ai jamais rencontré un enfant prépubère qui pût comprendre la combinaison de tous ces mouvements, mais j'en ai connu beaucoup qui pouvaient réciter toutes ces informations. Ces derniers répètent comme des perroquets des explications qui, selon l'expérience qu'ils ont du monde, sont des mensonges, mais qu'ils doivent tenir pour vraies parce que c'est un adulte qui a parlé. Il en résulte que ces enfants finissent par douter de leurs propres expériences, et donc d'eux-mêmes et de ce que leur esprit peut faire pour eux.

Au cours de l'automne 1973, la comète Kohoutek a défrayé la chronique. A cette époque, un professeur de sciences très compétent expliqua ce qu'était une comète à un petit groupe d'enfants remarquablement intelligents, de sept à neuf ans. Chaque enfant avait soigneusement découpé un cercle de papier et avait dessiné sur celui-ci la trajectoire des planètes autour du soleil ; une ellipse en papier, fixée dans une fente pratiquée dans le cercle, représentait la trajectoire de la comète. Les enfants me montrèrent la comète qui se déplaçait selon un certain angle par rapport aux planètes. Sur une question que je leur posai, les enfants répondirent qu'ils avaient en main la planète, et me montrèrent l'ellipse. Comme je leur demandais comment il pouvait se faire que ce qu'ils avaient en main pouvait en même temps être dans le ciel, ils demeurèrent tous perplexes.

Au plus fort de leur confusion, ils se tournèrent vers leur maître qui leur expliqua avec le plus grand soin que ce qu'ils avaient en main, et qu'ils avaient créé avec tant d'application, n'était qu'une représentation des planètes et de la comète. Les enfants convinrent tous ensemble qu'ils avaient compris et, si on les avait questionnés, ils auraient été capables de tout répéter. Mais alors que, un peu plus tôt, ils avaient regardé avec fierté l'ensemble cercle-ellipse qu'ils tenaient à la main, l'objet n'avait plus aucun intérêt pour eux. Certains en firent une boule, d'autres laissèrent tomber la maquette dans la corbeille à papiers. Tant que, pour eux, les morceaux de papier avaient été des comètes, ils avaient eu envie de les ramener chez eux pour les montrer à leurs parents ; maintenant, ils avaient, à leurs yeux, perdu toute signification.

Lorsqu'ils essaient de faire accepter à l'enfant des explications scientifiques correctes, les parents ne tiennent aucun compte des découvertes qui ont été faites sur les processus mentaux de l'enfant. Ces recherches, et en particulier celles de Piaget, prouvent de façon convaincante que le jeune enfant est incapable de comprendre les deux concepts abstraits essentiels de la permanence de la quantité et de la réversibilité : ils ne comprennent pas, par exemple, qu'une même quantité d'eau puisse atteindre un niveau plus élevé dans un récipient étroit que dans un autre plus large ; de même ils ne comprennent pas que la soustraction est le processus inverse de l'addition. Tant qu'il est incapable d'assimiler des concepts abstraits de ce genre, l'enfant ne peut avoir du monde qu'une expérience subjective [18].

Les explications scientifiques exigent une pensée

objective. La recherche théorique et l'exploration expérimentale ont montré qu'aucun enfant d'âge préscolaire n'est vraiment capable de saisir ces deux concepts sans lesquels toute compréhension abstraite est impossible. Au cours de ses premières années, jusqu'à l'âge de huit ou dix ans, l'enfant ne peut se former des concepts hautement personnalisés qu'à partir de ce qu'il expérimente. Il lui paraît donc naturel, puisque les plantes qui poussent sur cette terre le nourrissent comme le faisait sa mère avec son sein, de considérer la terre comme une mère, ou comme une déesse-femme, ou, tout au moins, comme la demeure de cette déesse.

L'enfant, même très jeune, sait qu'il a été créé par ses parents ; il lui paraît donc logique de penser que, comme lui-même, tous les êtres humains, et le cadre naturel où ils vivent, ont été créés par des personnages surhumains pas tellement différents de ses parents, par quelque dieu, homme ou femme. L'enfant qui sait, à la maison, que ses parents veillent sur lui et subviennent à ses besoins, en vient tout naturellement à croire que quelque chose qui leur ressemble, mais beaucoup plus puissant, plus intelligent et sûr — un ange gardien — remplira le même emploi dans le monde.

L'enfant expérimente ainsi l'ordre du monde à l'image de ses parents et de ce qui se passe à l'intérieur de la famille. Les anciens Egyptiens, comme l'enfant, considéraient le paradis et le ciel comme une figure maternelle (« Nut »), qui étendait sa protection sur la terre en l'enveloppant, ainsi qu'eux-mêmes [19]. Bien loin d'empêcher l'homme de former plus tard une explication plus rationnelle du monde, cette façon de voir assure la sécurité où (et au moment où) elle est la plus nécessaire ; sécurité qui, quand le temps est mûr, permet une vue vraiment rationnelle du monde. La vie sur une petite planète entourée d'un espace limité paraît à l'enfant affreusement froide et solitaire, à l'opposé, il le sait, de ce que devrait être la vie. C'est pour cela que nos ancêtres éprouvaient le besoin de se sentir abrités et réchauffés par une figure maternelle enveloppante. Déprécier cette imagerie tutélaire en la réduisant à des projections puériles issues d'un esprit immature, c'est dérober à l'enfant l'un des aspects de la sécurité et du réconfort durables dont il a tant besoin.

Il est vrai que cette notion d'une mère céleste protectrice peut avoir un effet restrictif si on s'y accroche trop longtemps. Ni les projections infantiles ni l'intervention de protecteurs imaginaires (un ange gardien, par exemple, qui veille sur l'enfant pendant son sommeil au cours d'une absence de la mère) n'offrent une véritable sécurité ; mais tant qu'on ne peut pas tirer de soi-même une sécurité totale, les fantasmes et les projections sont de beaucoup préférables à une absence de sécurité. C'est cette sécurité — en partie imaginaire — qui, lorsqu'il l'a expérimentée pendant un temps suffisant, permet à l'enfant de développer ce sentiment de confiance en la vie dont il a besoin pour avoir confiance en lui ; cette confiance est indispensable pour qu'il apprenne à résoudre les problèmes que lui posera la vie grâce au développement de ses propres capacités rationnelles. Finalement, l'enfant reconnaît que ce qu'il tenait littéralement pour vérité — la terre mère — n'est qu'un symbole.

L'enfant, par exemple, qui a appris par un conte de fées qu'un personnage à première vue repoussant et menaçant peut magiquement se muer en ami très secourable, est prêt à croire qu'un enfant qu'il rencontre pour la première fois et qui lui fait peur, peut, lui aussi, cesser brusquement d'être une menace pour devenir un compagnon désirable. La foi en la « vérité » du conte de fées donne à l'enfant le courage de ne pas se retirer en se fiant à la première impression que cet étranger avait faite sur lui. En se souvenant de ces héros de contes de fées qui réussissent dans la vie parce qu'ils ont osé se lier d'amitié avec un personnage apparemment déplaisant, l'enfant pense qu'il peut mettre en œuvre la même magie.

J'ai connu bien des cas où, en particulier au cours de la dernière période de l'adolescence, il a été nécessaire de faire appel à des années de croyance au magique pour compenser le fait que l'individu en avait été privé prématurément au cours de son enfance, après avoir vainement essayé de lui imposer la stricte réalité. Tout se passe comme si ces jeunes gens sentent qu'ils ont une dernière chance de compenser une grave déficience dans leur expérience de la vie ; ou que, faute d'avoir cru au magique pendant une certaine période, ils seront incapables d'affronter les rigueurs de la vie d'adulte. Bien des jeunes gens, de nos jours, se mettent soudain à chercher l'évasion dans les rêves procurés par la drogue, se font initier par un gourou, croient à l'astrologie, s'adonnent à la « magie noire » ou, de toute autre façon, fuient la réalité en se réfugiant dans des rêves éveillés relatifs à des expériences magiques qui sont censées améliorer leur vie ; ces jeunes, souvent, ont été prématurément contraints de connaître la réalité d'une façon adulte. Le fait qu'ils essaient d'échapper à la réalité par ces différents moyens a ses racines profondes dans des expériences formatrices précoces qui les ont empêchés de se convaincre personnellement que la vie doit être maîtrisée de façon réaliste.

Il semble que l'individu désire répéter tout au long de sa vie le processus historique qui est intervenu dans la genèse de la pensée scientifique. Pendant longtemps, au cours de son histoire, l'homme a utilisé des projections affectives — les dieux, par exemple — nées de ses espoirs et de ses angoisses immatures, pour expliquer l'homme, sa société et l'univers. Ces explications lui procuraient un sentiment de sécurité. Puis, lentement, par son propre progrès social, scientifique et technologique, l'homme s'est libéré de la crainte qu'il éprouvait pour son existence même. Se sentant plus en sécurité dans le monde, et aussi à l'intérieur de lui-même, il pouvait alors commencer à s'interroger sur la validité des images qu'il avait utilisées autrefois comme outils d'exploration. A partir de là, les projections « puériles «» de l'homme se sont dissipées et des explications plus rationnelles les ont remplacées. Ce processus, cependant, n'est pas sans caprices. En période de tension et de rareté, l'homme cherche de nouveau à se rassurer en se réfugiant dans la notion « puérile » qu'il est lui-même, ainsi que son site naturel, au centre de l'univers.

Si nous traduisons tout cela en termes de comportement humain, plus une personne se sentira en sécurité dans le monde, moins elle aura besoin de recourir aux projections « infantiles » (explications mythiques des éternels problèmes de la vie, ou solutions fournies par les contes de fées) et plus elle pourra se permettre de rechercher des explications rationnelles. Plus l'homme se sent en sécurité à l'intérieur de lui-même, plus il peut se permettre de croire que le monde où il vit n'a qu'une importance minime dans le cosmos. Dès que l'homme se sent à sa place dans son environnement humain, il se soucie peu de l'importance de sa planète dans l'univers. D'autre part, moins l'homme se sent en sécurité en lui-même et dans son environnement, plus il se replie sur lui-même parce qu'il a peur, ou plus il a envie d'aller conquérir, pour le seul plaisir de la conquête, ce qui est le contraire d'une recherche de sécurité qui libère notre curiosité.

Pour les mêmes raisons, l'enfant, tant qu'il n'est pas sûr que son environnement humain immédiat le protégera, a besoin de croire que des puissances supérieures — un ange gardien, par exemple — veillent sur lui, et que le monde et la place qu'il y occupe sont d'une importance primordiale. Nous avons ici une concordance entre la faculté qu'a la famille de fournir une sécurité fondamentale et l'empressement de l'enfant à s'engager dans des recherches rationnelles à mesure qu'il grandit.

Tant que les parents croyaient profondément que les histoires de la Bible apportaient une solution aux problèmes de l'existence et de ses fins, il était facile de donner à l'enfant un sentiment de sécurité. On pressentait que la Bible contenait les réponses à toutes les questions brûlantes : elle apprenait à l'homme tout ce qu'il avait besoin de savoir pour comprendre le monde : comment il était apparu et comment il convenait d'y vivre. Dans le monde occidental, la Bible fournissait également des prototypes à l'imagination humaine. Mais aussi riche en histoires que fût la Bible, ces histoires, même pendant les époques les plus religieuses, ne parvenaient pas à répondre à tous les besoins psychiques de l'homme.

Cela s'explique en partie parce que l'Ancien et le Nouveau Testament et la vie des saints, tout en fournissant des réponses à tous les problèmes cruciaux que pose le concept d'une vie vertueuse, n'offrent aucune solution aux problèmes posés par les aspects obscurs de nos personnalités. Les histoires de la Bible, avant tout, ne proposent qu'une solution aux aspects asociaux de l'inconscient : la répression de toutes les pulsions (inacceptables). Mais les enfants, qui ne contrôlent pas leur *ça* de façon consciente, ont besoin d'histoires qui autorisent au moins une satisfaction imaginative de ces « mauvaises » tendances, et ils ont également besoin de modèles spécifiques pour les sublimer.

Explicitement et implicitement, la Bible exprime les commandements que Dieu impose à l'homme. On nous dit d'un côté que nous devons nous réjouir davantage devant le pécheur repenti que devant l'homme qui n'a jamais péché, mais, d'autre part, le message insiste sur le fait que nous devons vivre saintement et nous garder, par exemple, de nous venger cruellement de ceux que nous haïssons. Ainsi que nous le montre l'histoire de Caïn et Abel, la Bible n'a aucune sympathie pour les horreurs nées de la rivalité des frères et sœurs ; elle nous avertit seulement des conséquences désastreuses qui nous attendent si nous cédons à cette jalousie.

Mais lorsqu'il est en proie à la jalousie à l'égard d'un frère ou d'une sœur, l'enfant a surtout besoin de savoir qu'il a le droit de sentir que ce qu'il vit est justifié par la situation où il se trouve. Pour résister aux aiguillons de sa jalousie, l'enfant a besoin d'être encouragé à imaginer qu'un jour il aura sa revanche ; il sera alors capable de supporter les épreuves du moment, étant convaincu que l'avenir remettra les choses d'aplomb. L'enfant, par-dessus tout, a besoin de voir renforcée, chez lui, une croyance encore très ténue : qu'en grandissant, en travaillant dur, en gagnant en maturité, il sera un jour victorieux. S'il sait que ses souffrances du moment seront récompensées plus tard, il ne se laissera pas mener par sa jalousie, comme le fit Caïn.

Comme les récits bibliques et les mythes, les contes de fées, pratiquement tout au long de l'existence humaine, ont constitué une littérature destinée à édifier tout le monde, les enfants comme les adultes. Mis à part la présence de Dieu comme personnage central, bien des récits bibliques peuvent être assimilés aux contes de fées. Dans l'histoire de Jonas et la baleine, par exemple, Jonas tente d'échapper aux ordres de son *surmoi* (de sa conscience) qui le pousse à lutter contre la perversité du peuple de Ninive. Sa fibre morale est soumise à une épreuve, et cette épreuve, comme dans tant de contes de fées, consiste à entreprendre un voyage plein de dangers qui lui donnera l'occasion de s'affirmer.

Le voyage de Jonas sur la mer se termine dans les entrailles d'un grand poisson. C'est là que Jonas, en grand danger, découvre un stade supérieur de sa moralité, et de son *moi ;* il renaît comme par magie, prêt, maintenant, à se soumettre aux exigences de son *surmoi.* Mais cette renaissance, à elle seule, ne suffit pas à lui procurer une humanité totale. Ce n'est pas en étant l'esclave du *ça* et du principe de plaisir (éviter les tâches ardues en essayant de leur échapper) ni du *surmoi* (en souhaitant la destruction de la ville dépravée) que l'on accède à la vraie liberté et à un *moi* supérieur. Jonas n'atteint sa pleine humanité qu'à partir du moment où il n'est plus subordonné aux deux institutions de son esprit et cesse d'obéir aveuglément au *ça* et au *surmoi* pour juger le peuple de Ninive selon la sagesse divine : non pas selon les structures rigides de son *surmoi*, mais en tenant compte de la fragilité humaine.

Satisfaction indirecte contre récognition consciente

Comme tout ce qui relève du grand art, les contes de fées séduisent et instruisent tout à la fois. Ils doivent à leur génie particulier de remplir ce double rôle dans des termes qui s'adressent directement aux enfants. A l'âge où ces histoires ont pour lui le maximum de signification, l'enfant doit affronter le plus important de ses problèmes : mettre de l'ordre dans le chaos interne de son esprit afin de pouvoir se comprendre mieux — opération préliminaire qui lui permettra d'accorder ses perceptions au monde extérieur.

Les histoires « vraies » qui se rapportent au monde « réel » peuvent apporter des informations intéressantes, et souvent utiles. Mais la façon dont ces histoires se développent est aussi étrangère au mécanisme de l'esprit de l'enfant prépubère que le sont les événements surnaturels des contes de fées vis-à-vis de la manière dont l'intelligence mûre appréhende le monde.

Les histoires strictement réalistes vont à l'encontre des expériences internes de l'enfant ; certes, il les écoutera et, peut-être, en sortira quelque chose, mais il ne peut guère en extraire une signification personnelle susceptible de transcender un contenu évident. Ces histoires informent sans enrichir, ce qui est également vrai, hélas ! de la plus grande partie de l'enseignement scolaire. La connaissance factuelle ne peut profiter à la totalité de la personnalité que si elle est transformée en « connaissance personnelle * ». Interdire les histoires réalistes aux enfants serait aussi absurde que de leur refuser les contes de fées ; il y a dans la vie de l'enfant largement place pour les deux. Mais il faut condamner tout usage exclusif des histoires réalistes. Quand ces dernières sont mélangées à une présentation abondante et psychologiquement juste de contes de fées, l'enfant peut alors recevoir une information qui s'adresse aux deux parties de sa personnalité en herbe : à la partie rationnelle comme à la partie affective.

Les contes de fées présentent certains traits comparables au rêve, mais ils sont plus proches de ce qui se passe dans les rêves des adolescents et des adultes que des rêves d'enfant. Aussi surprenants et incompréhensibles que puissent être les rêves d'adulte, tous leurs détails prennent un sens quand ils sont analysés et permettent au rêveur de comprendre ce qui préoccupe la partie inconsciente de son esprit. Par l'analyse de ses rêves, l'individu peut accéder à une meilleure compréhension de lui-même en saisissant des aspects de sa vie mentale qui, jusqu'alors, avaient échappé à son attention, avaient été déformés ou reniés et, en tout cas, jamais admis. Etant donné le rôle important que ces désirs, ces besoins, ces pressions et ces angoisses inconscients jouent dans le

* Michaël Polanyi a écrit : « L'acte de connaître suppose une approbation, un coefficient personnel qui donnent forme à toute connaissance factuelle. » Si les plus grands savants doivent s'appuyer sur un degré considérable de « connaissance personnelle », il paraît évident que les enfants ne peuvent acquérir une connaissance qui ait pour eux une véritable signification s'ils n'ont pas commencé par lui donner forme en faisant intervenir leur coefficient personnel [20].

comportement, l'individu, en voyant à partir de ses rêves de nouveaux aspects de lui-même, peut disposer de sa vie avec plus de succès.

Les rêves de l'enfant sont très simples : ses désirs sont comblés, ses angoisses prennent une forme tangible. L'enfant, par exemple, rêve qu'il est malmené par un animal, ou qu'un autre dévore quelqu'un. Les rêves d'enfant ont un contenu inconscient qui n'est pratiquement pas modelé par le *moi ;* les fonctions mentales supérieures pénètrent à peine cette production onirique. Le *moi* de l'enfant, encore faible, est en cours de construction. Avant l'âge scolaire, en particulier, l'enfant doit lutter continuellement pour empêcher les pressions de ses désirs d'envahir l'ensemble de sa personnalité ; c'est une bataille qu'il livre contre les forces de l'inconscient et dans laquelle, le plus souvent, il joue le rôle de perdant.

Cette lutte — qui n'est jamais totalement absente de nos vies d'adultes — reste à l'état de combat douteux jusqu'à un âge avancé de l'adolescence, bien que, à mesure que nous prenons de l'âge, nous ayons aussi à lutter contre les tendances irrationnelles du *surmoi.* A mesure que nous prenons de la maturité, les trois institutions de l'esprit — le *ça,* le *moi* et le *surmoi* — deviennent de plus en plus articulées et séparées les unes des autres, chacune étant capable d'interagir avec les deux autres sans que l'inconscient l'emporte sur le conscient. Le répertoire du *moi,* dans ses démêlés avec le *ça* et le *surmoi,* devient plus varié, et l'individu mentalement sain exerce un contrôle effectif sur leur interaction.

Chez l'enfant, cependant, l'inconscient, chaque fois qu'il vient au premier plan, submerge la totalité de sa personnalité. Loin d'être affermi par l'expérience de son *moi* qui prend conscience du contenu chaotique de l'inconscient, le *moi* de l'enfant est affaibli par ce contact direct, et cela parce qu'il est totalement envahi. C'est pourquoi l'enfant, pour avoir quelque prise sur ses processus internes (tout contrôle étant exclu), est contraint de les extérioriser. Pour parvenir à un semblant de maîtrise sur le contenu de son inconscient, l'enfant doit mettre quelque distance entre lui-même et ce contenu et le considérer comme quelque chose qui lui est extérieur.

Dans le jeu normal, des objets tels que des poupées ou des animaux en peluche sont utilisés pour personnifier différents aspects de la personnalité de l'enfant qui sont trop complexes, trop inacceptables et contradictoires pour qu'il puisse les maîtriser. Cela permet au *moi* de l'enfant de gagner une certaine maîtrise sur ces éléments, ce qu'il est incapable de faire si les circonstances lui demandent de (ou le contraignent à) les identifier comme étant des projections de ses propres processus internes.

L'enfant peut extérioriser par le jeu certaines pressions de son inconscient. Mais beaucoup d'enfants ne s'y prêtent pas parce que ces pressions sont trop complexes, trop contradictoires, ou trop dangereuses et désapprouvées par la société. Par exemple, les sentiments éprouvés par le génie tandis qu'il est enfermé dans le vase, ainsi que nous l'avons vu plus haut, sont si ambigus, si violents et ont un tel potentiel de destructivité que l'enfant serait incapable de les extérioriser de lui-même par le jeu ; il ne pourrait pas, en effet, comprendre ces sentiments de telle manière qu'il puisse les projeter hors de lui en jouant et il s'en abstiendrait également parce que les conséquences pourraient être trop dangereuses. C'est ici que l'on peut voir que les contes de fées aident énormément les enfants, comme le montre le fait qu'ils les « jouent », les vivent, une fois que l'histoire leur est devenue familière, histoire qu'ils n'auraient jamais pu inventer tout seuls.

Beaucoup d'enfants, par exemple, sont ravis de jouer *Cendrillon* sous une forme dramatique, mais pas avant que le conte soit intégré à leur monde imaginaire, y compris, surtout, son heureux dénouement qui apporte une solution à une rivalité intense entre sœurs. L'enfant est incapable d'imaginer de lui-même qu'il sera secouru, que ceux qui, selon sa conviction, le méprisent et exercent sur lui leur pouvoir, reconnaîtront un jour sa supériorité. Un grand nombre de petites filles sont tellement convaincues par moments que leur méchante belle-mère (ou mère) est à l'origine de tous leurs maux que, d'elles-mêmes, elles n'ont aucune chance d'imaginer que la situation pourrait changer. Mais quand l'idée est présentée à leur pensée par l'intermédiaire de *Cendrillon*, elles peuvent croire que d'un moment à l'autre une bonne (fée) mère peut venir à leur secours, puisque le conte de fées leur dit d'une façon très convaincante que c'est ce qui adviendra.

L'enfant peut donner corps à de profonds désirs (par exemple le désir œdipien d'avoir un enfant du père ou de la mère) d'une façon indirecte en entourant de sollicitude un animal réel ou un animal jouet comme s'il s'agissait d'un vrai bébé. Ce faisant, en extériorisant son désir, l'enfant satisfait un besoin profondément ressenti. Si l'on aidait l'enfant à prendre conscience de ce que la poupée ou l'animal représente pour lui et de ce qu'il manifeste par ses jeux (et c'est ce qui se passe lorsqu'on psychanalyse le matériel des rêves d'un adulte), on plongerait l'enfant, avant l'heure, dans une confusion profonde. Il en serait ainsi parce que l'enfant ne possède pas encore un sentiment solide de son identité. Avant qu'une identité, masculine ou féminine, soit bien établie, elle peut être facilement ébranlée ou détruite par la prise de conscience de désirs compliqués, destructifs, ou de désirs œdipiens, qui sont contraires à une identité solide.

En jouant avec une poupée ou un animal, l'enfant peut satisfaire indirectement son désir de concevoir et de porter un bébé, et cela est aussi vrai pour le garçon que pour la fille. Mais, contrairement à la fille, le garçon ne peut tirer un réconfort psychologique de cette sorte de jeu que tant qu'il n'est pas poussé à identifier ce que sont les désirs inconscients qu'il satisfait ainsi.

Certains diront peut-être qu'il serait bon que les garçons prennent conscience de ce désir de porter un enfant. Pour ma part, je suis persuadé que le fait, pour le garçon, de pouvoir extérioriser son désir inconscient en jouant à la poupée ne peut que lui être favorable et qu'il convient de l'accepter sans hésiter. Cette extériorisation des pressions inconscientes peut avoir sa valeur, mais elle devient dangereuse si la prise de conscience de la signification inconsciente du comportement intervient avant qu'une maturité suffisante at été atteinte et permette de sublimer les désirs qui ne peuvent être satisfaits dans la réalité.

De nombreuses petites filles d'un groupe d'âge plus avancé sont très intéressées par les chevaux ; elles jouent avec des chevaux-jouets et tissent autour d'eux des fantasmes compliqués. Lorsqu'elles sont plus âgées, si elles en ont l'occasion, leur vie semble tourner autour des vrais chevaux ; elles s'en occupent très bien et semblent incapables de s'en passer. Des recherches psychanalytiques ont révélé que cet engouement excessif pour les chevaux peut compenser certains besoins affectifs que la fille essaie de satisfaire. Par exemple, en contrôlant cet animal puissant, elle peut parvenir au sentiment qu'elle contrôle le mâle, ou l'animalité qui est en elle. Il est facile d'imaginer ce que ressentirait une jeune fille qui prend un grand plaisir à monter à cheval, et ce qu'elle ressentirait dans son amour-propre, si on la rendait consciente du désir qu'elle extériorise en s'adonnant à l'équitation. Elle serait accablée, dépossédée d'une sublimation innocente et agréable, et passerait à ses propres yeux pour un être dépravé. En même temps, elle serait fortement poussée à rechercher pour ces pressions internes un autre exutoire, tout aussi efficace, qu'elle ne serait pas forcément capable de maîtriser.

Pour en revenir aux contes de fées, on peut dire que

l'enfant à qui cette littérature est refusée se trouve aussi frustré que le serait la fille qui, fort désireuse de décharger ses pressions intérieures en montant à cheval ou en s'occupant des chevaux, se verrait privée de ce plaisir innocent. L'enfant qui serait rendu conscient de la véritable place que tiennent les personnages de contes de fées dans sa propre psychologie, serait frustré d'un dérivatif dont il a le plus grand besoin et serait anéanti en comprenant les désirs, les angoisses et les sentiments de vengeance qui le ravagent. Comme le cheval, les contes de fées peuvent et doivent aider — et ils le font très bien — les enfants, et ils peuvent même rendre acceptable une vie insupportable, tant que l'enfant ne sait pas ce qu'ils signifient pour lui sur le plan psychologique.

Alors que le conte de fées peut contenir bien des éléments proches du rêve, son grand avantage sur le rêve est qu'il dispose d'une structure consistante, avec un début et une intrigue, qui s'achemine vers la solution satisfaisante. Le conte de fées a d'autres avantages importants si on les compare aux productions de l'imagination personnelle. Tout d'abord, quelle que soit l'histoire qu'il raconte — histoire qui peut être analogue aux fantasmes individuels de l'enfant, qu'ils soient œdipiens, lourds de vengeance sadique, ou nés du mépris de l'un des parents — le conte de fées peut être ouvertement commenté, car l'enfant n'éprouve pas le besoin de tenir secrets les sentiments qu'il ressent à propos de l'intrigue et n'éprouve aucun sentiment de culpabilité à leur égard.

Le héros de conte de fées possède un corps capable d'effectuer des exploits miraculeux. En s'identifiant à lui, l'enfant peut compenser par l'imagination et par cette identification même toutes les imperfections, réelles ou imaginaires, de son propre corps. Il peut imaginer que, comme le héros, il peut s'élever jusqu'au ciel, défier les géants, changer d'apparence, devenir le plus puissant, le plus beau de tous les êtres humains ; en bref, son corps peut être ou faire tout ce qu'il peut désirer. Une fois que ses désirs les plus grandioses ont été ainsi satisfaits par l'imagination, l'enfant se sentira beaucoup plus en paix avec son corps tel qu'il existe dans la réalité. On peut même dire que le conte de fées projette cette acceptation de la réalité par l'enfant ; en effet, après avoir connu dans son corps de merveilleuses transfigurations, tout au long de l'histoire, le héros, dès que la lutte est terminée, redevient un simple mortel. A la fin du conte, nous n'entendons plus parler de la beauté ni de la force surhumaine du héros. Nous avons ici quelque chose de tout à fait différent de ce qui se passe dans le mythe, où le héros garde à jamais ses caractéristiques de surhomme. A la fin de l'histoire, lorsqu'il a accompli sa véritable personnalité (et qu'il se sent en même temps en sécurité dans son corps, dans sa vie et dans sa position sociale), le héros est heureux d'être ce qu'il est, c'est-à-dire un être humain comme tous les autres.

Pour que le conte de fées produise son effet bénéfique d'extériorisation, il faut que l'enfant reste étranger aux pressions inconscientes auxquelles il réagit en faisant siennes les solutions proposées par l'histoire.

Le conte de fées aborde l'enfant tel qu'il est à une époque précise de sa vie, et tel qu'il resterait figé sans l'aide de l'histoire : persuadé qu'il est négligé, repoussé, avili. Puis, se servant de ses propres processus de pensée — très différents de la rationalité de l'adulte —, l'histoire ouvre des perspectives resplendissantes qui permettent à l'enfant de surmonter ses sentiments momentanés de profond désespoir. Pour qu'il puisse croire en elle, pour qu'il puisse intégrer dans sa propre expérience du monde son aspect optimiste, l'enfant doit écouter plus d'une fois l'histoire. Si, par surcroît, il l'extériorise activement, il la rend encore plus « vraie », plus « réelle ».

L'enfant *sent*, parmi toutes les histoires qu'il peut entendre, celles qui sont vraies pour sa situation intérieure du moment (situation qu'il est incapable de maîtriser tout seul) et il sent également à quel instant l'histoire lui fournit une prise qui lui permettra d'empoigner un problème difficile. Mais il est rare que cette prise de conscience soit immédiate, qu'elle survienne dès la première audition du conte. Certains éléments du conte de fées sont trop étranges pour cela, et il faut qu'ils le soient pour pouvoir atteindre les émotions les plus profondément cachées.

Ce n'est qu'après avoir écouté de multiples fois le conte, après avoir eu tout le temps et l'occasion de s'attarder sur lui, que l'enfant est à même de profiter pleinement de ce que l'histoire lui offre en ce qui concerne la compréhension de lui-même et sa propre expérience du monde. Ce n'est qu'à partir de là, par ses associations libres, dérivées de l'histoire, que l'enfant tirera du conte son sens le plus personnel et sera ainsi aidé à régler les problèmes qui l'oppressent. Lorsqu'il entend pour la première fois un conte de fées, l'enfant, par exemple, ne peut se projeter dans le rôle d'un personnage d'un autre sexe que le sien. La petite fille ne pourra s'identifier à Jack (dans *Jack et la tige de haricot*) et le petit garçon à Raiponce que lorsqu'ils auront pris quelque distance et eu le temps de se livrer à des élaborations personnelles *.

---

* Ici encore, les contes de fées peuvent être comparés aux rêves, mais avec la plus grande prudence, et certaines précisions ; le rêve, en effet, est l'expression la plus personnelle de l'inconscient et de l'expérience d'un individu en particulier, tandis que le conte de fées est la forme imaginaire que des problèmes plus ou moins universels ont pris à mesure que l'histoire se transmettait de génération en génération.

Tout rêve qui va au-delà de la satisfaction directe d'un désir imaginaire ne peut pratiquement jamais être compris du premier coup. Les rêves qui résultent de processus internes complexes doivent être longtemps ruminés avant que l'on puisse atteindre leur sens caché. Il faut reprendre fréquemment et tout à loisir la contemplation de tous les éléments du rêve ; il faut arranger ces éléments dans un ordre différent de celui qui s'imposait au départ ; il faut faire varier l'importance

J'ai connu des parents qui, entendant leur enfant dire « J'aime bien cette histoire », après avoir écouté un conte de fées, s'empressent d'en raconter un autre, espérant ainsi augmenter son plaisir. Mais il y a beaucoup de chances pour que la remarque de l'enfant exprime le sentiment encore vague que ce premier conte avait quelque chose d'important à lui dire ; quelque chose qui sera perdu si l'histoire n'est pas répétée à l'enfant et si on ne lui donne pas le temps de l'assimiler. En orientant prématurément les pensées de l'enfant sur une seconde histoire, on peut anéantir l'effet de la première ; si on le fait plus tard, cet effet peut être accru.

Quand on raconte des contes de fées aux enfants en classe ou pendant leurs heures de loisirs, ils semblent fascinés. Mais, le plus souvent, on ne leur donne pas l'occasion de ruminer l'histoire ni de réagir d'une façon ou d'une autre. On les dirige aussitôt sur une autre activité ou on leur raconte une autre histoire d'un genre différent ; et tout cela dilue ou détruit

---

qu'on leur accorde ; il faut tout cela, et bien d'autres choses encore, avant de pouvoir attribuer une signification profonde à ce qui, au début, semblait dénué de sens, ou tout à fait simple. Si on revient sans relâche sur le même matériel, sur des traits qui, pendant un certain temps, pouvaient sembler simplement amusants, absurdes, impossibles, et de toute façon incompréhensibles, on finit à la longue par trouver des indices importants qui permettent de saisir tout l'objet du rêve. Le plus souvent, pour pouvoir tirer du rêve toute sa signification profonde, il faut faire appel à d'autres matériaux imaginatifs qui enrichissent sa compréhension. C'est ainsi que Freud dut avoir recours aux contes de fées pour élucider les rêves de l'Homme aux loups [21].

Les associations libres, en psychanalyse, sont l'une des méthodes qui permettent d'obtenir des indices supplémentaires menant à la signification de tel ou tel détail. Dans les contes de fées, également, les associations de l'enfant lui permettent de tirer de l'histoire toute son importance personnelle. On peut ajouter ici que d'autres contes de fées entendus par l'enfant peuvent fournir à son imagination des matériaux supplémentaires qui, à leur tour, auront une signification plus riche.

l'impression créée par le conte de fées. Si on parle à l'enfant après une expérience de cet ordre, il apparaît qu'il n'a rien tiré de bon de l'histoire et qu'on aurait aussi bien fait de ne pas la lui raconter. Mais quand le narrateur donne aux enfants tout le temps de réfléchir, de se baigner dans l'atmosphère que l'audition a créée en eux, et quand ils sont encouragés à en parler, on peut alors constater que le conte apporte beaucoup à certains de ces enfants, sur le plan intellectuel comme sur le plan affectif.

Comme les malades des guérisseurs hindous qui devaient trouver dans le conte de fées le moyen de sortir de l'obscurité interne qui assombrissait leur esprit, l'enfant devrait avoir l'opportunité d'assimiler lentement le conte de fées en lui apportant ses propres associations.

C'est la raison pour laquelle, soit dit en passant, les livres illustrés qui ont aujourd'hui la faveur des adultes et des enfants ne répondent pas aux plus vifs besoins des petits. Les illustrations sont distrayantes ; elles n'apportent rien à l'enfant. Une étude sérieuse des livres illustrés montre que les images détournent l'enfant du processus éducatif, au lieu de le renforcer, et cela parce qu'elles empêchent l'enfant d'expérimenter l'histoire à sa façon. En étant illustré, le conte est privé d'une grande partie de la signification personnelle qu'il peut avoir ; on impose à l'enfant les associations visuelles de l'illustrateur et on l'empêche d'avoir les siennes propres [22].

J. R. R. Tolkien est du même avis :

« Quelles que soient leurs qualités, les illustrations n'ajoutent rien de bon aux contes de fées... Si l'histoire raconte : « Il grimpa au sommet d'une colline et, de là, vit « une rivière qui coulait au fond de la vallée », l'illustrateur peut reproduire, avec une fidélité plus ou moins grande, sa propre vision de la scène ; mais chacun des individus qui entendront les mêmes mots verra sa propre image, qui sera faite de toutes les collines, les rivières, les vallées qu'il a vues et tout particulièrement de la Colline, de la Rivière, de la Vallée qui furent pour lui la première matérialisation du mot[23]. »

C'est pourquoi le conte de fées perd beaucoup de sa signification personnelle quand ses personnages et ses événements prennent substance non pas dans l'imagination de l'enfant, mais dans celle de l'illustrateur. Les détails uniques, issus de sa propre vie, avec lesquels un individu se représente les scènes qu'on lui raconte ou qu'il lit, font de l'histoire une expérience beaucoup plus personnelle. Les adultes, comme les enfants, préfèrent souvent la solution de facilité qui consiste à laisser à un tiers la tâche difficile d'imaginer telle ou telle scène de l'histoire. Mais si nous laissons à l'illustrateur le soin de déterminer notre imagination, elle cesse de nous appartenir en propre, et l'histoire perd la plus grande part de sa signification personnelle.

Le fait de demander aux enfants, par exemple, à quoi peut ressembler tel monstre d'un conte de fées, permet une gamme illimitée de représentations : l'enfant verra de gigantesques personnages d'apparence humaine, ou d'autres d'apparence animale, ou d'autres encore qui mélangent les traits humains et animaux, etc., et chacun de ces détails a une signification importante aux yeux de la personne qui a tiré de son imagination cette réalisation graphique particulière. D'autre part, en voyant le monstre tel que l'a dessiné l'artiste à sa façon particulière, en se conformant à *son* imagination, qui est beaucoup plus achevée que notre propre image, vague et mouvante, on se prive de sa signification. Cette image préfabriquée du monstre peut nous laisser totalement froids, parce qu'elle n'a rien d'important à nous dire ; ou bien elle peut nous faire peur, sans évoquer en nous, au-delà de notre angoisse, une profonde signification.

Importance de l'extériorisation

Personnages et événements fantastiques

L'esprit du jeune enfant contient une collection (qui s'enrichit rapidement) d'impressions mal assorties et intégrées d'une manière seulement partielle : certains aspects, correctement observés, de la réalité, mais aussi un nombre beaucoup plus important d'éléments complètement dominés par l'imagination. Cette dernière comble les vides immenses qui existent dans la compréhension de l'enfant, vides qui sont dus à l'immaturité de sa pensée et à son manque d'informations judicieuses. D'autres déformations résultent des pressions intérieures qui conduisent l'enfant à mal interpréter ses perceptions.

L'enfant normal commence à élaborer ses fantasmes à partir de fragments de réalité plus ou moins bien observés ; ces fantasmes peuvent éveiller en lui des besoins et des angoisses si puissants qu'il peut se laisser emporter par eux. Les choses, dans son esprit, peuvent souvent s'embrouiller au point de le rendre incapable d'y mettre de l'ordre. Pour que l'enfant puisse revenir à la réalité sans se sentir affaibli ou vaincu, mais au contraire renforcé par ces incursions dans le monde de ses fantasmes, un certain ordre est indispensable.

Les contes de fées, qui procèdent de la même façon que l'esprit de l'enfant, aident celui-ci en lui montrant comment une plus grande clarté peut (et doit) émerger de tous ces fantasmes. Ces contes, comme tout ce qui sort de l'imagination de l'enfant, débutent en général d'une manière très réaliste : une mère qui dit à sa petite fille d'aller toute seule voir sa grand-mère (*Le Petit Chaperon Rouge*) ; un couple pauvre qui ne parvient pas à nourrir ses enfants (*Jeannot et Margot*) ; un pêcheur qui ne ramène pas un poisson dans son filet (*Le Pêcheur et le Génie*). L'histoire, donc, s'ouvre sur une situation réelle mais quelque peu problématique.

L'enfant, qui doit faire face chaque jour à des problèmes et à des événements déconcertants, est incité, à l'école, à comprendre le pourquoi et le comment de ces situations, et à chercher des solutions. Mais comme sa rationalité n'a encore qu'un très faible contrôle sur son inconscient, il se laisse emporter par son imagination, sous la pression de ses émotions et de ses conflits non résolus. La faculté de raisonnement de l'enfant, à peine naissante, est bientôt écrasée par les angoisses, les espoirs, les peurs, les désirs, les amours et les haines qui se mêlent intimement à tout ce qui prenait forme dans sa pensée.

Le conte de fées, bien qu'il puisse commencer avec l'état d'esprit psychologique de l'enfant (le sentiment, par exemple, d'être rejeté au bénéfice de ses frères et sœurs, comme dans *Cendrillon*) ne s'ouvre jamais sur sa réalité physique. Aucun enfant n'est contraint de se coucher dans les cendres, comme Cendrillon, ou n'est volontairement abandonné dans une forêt épaisse, comme Jeannot et Margot ; une similitude physique ferait trop peur à l'enfant et toute situation trop proche de ce qu'il voit autour de lui n'aurait rien de rassurant, alors que l'un des buts des contes de fées est justement de rassurer.

L'enfant qui est familiarisé avec les contes de fées comprend qu'ils s'adressent à lui dans un langage symbolique, loin de la réalité quotidienne. Le conte de fées laisse entendre dès son début, tout au long de l'intrigue, et dans sa conclusion, qu'il ne nous parle pas de faits tangibles, ni de personnes et d'endroits réels. Quant à l'enfant lui-même, les événements réels ne prennent pour lui de l'importance qu'à travers la signification symbolique qu'il leur prête ou qu'il trouve en eux.

« Il était une fois... », « Dans un certain pays... », « Il y a de cela mille ans ou plus... », « Du temps où les bêtes parlaient... », « Il était une fois dans un vieux château, au milieu d'une grande forêt touffue... », ces débuts laissent entendre que ce qui va suivre échappe aux réalités immédiates que nous connaissons. Cette imprécision voulue exprime de façon symbolique que nous quittons le monde concret de la réalité quotidienne. Les vieux châteaux, les cavernes profondes, les chambres closes où il est interdit d'entrer, les forêts impénétrables suggèrent qu'on va nous révéler quelque chose qui, normalement, nous est caché, tandis que le « Il y a de cela bien longtemps » implique que nous allons connaître des événements des plus archaïques.

Les frères Grimm ne pouvaient pas ouvrir leur recueil de contes avec une phrase plus révélatrice que celle qui introduit leur première histoire : *Le Roi-Grenouille.* Elle commence ainsi :

> « Dans l'ancien temps, quand les désirs s'exauçaient encore, vivait un roi dont les filles étaient toutes très jolies ; mais la cadette était si belle que le soleil, qui a pourtant vu tant de choses, s'émerveillait aussi souvent qu'il lui éclairait le visage. »

Ce commencement situe l'histoire à une époque qui n'appartient qu'aux contes de fées : une période archaïque où nous pensions tous que nos désirs pouvaient, sinon soulever des montagnes, du moins changer notre destin ; et où, dans notre vue animiste du monde, le soleil s'intéressait à nous et réagissait aux événements. La beauté surnaturelle de l'enfant, l'efficacité du désir, l'étonnement du soleil expriment l'unicité absolue de l'événement. Telles sont les coordonnées qui situent l'histoire non pas dans l'espace et dans le temps d'une réalité extérieure, mais dans un état d'esprit : celui d'un jeune esprit. Comme c'est là qu'il est situé, le conte de fées peut cultiver ce jeune esprit beaucoup mieux que ne peut le faire tout autre genre de littérature.

Bientôt surviennent des événements qui montrent que la logique et la causalité sont suspendues, comme il est vrai pour nos processus inconscients où n'arrivent que les événements les plus anciens, les plus uniques, les plus surprenants. Le contenu de l'inconscient est à la fois le plus caché et le plus familier, le plus obscur et le plus contraignant ; et il engendre l'angoisse la plus farouche aussi bien que le plus grand espoir. Il n'est pas limité par un temps ou par un lieu spécifiques, ou par une suite logique d'événements, tels que les définit notre rationalité. Sans que nous nous en rendions compte, l'inconscient nous ramène aux temps les plus reculés de notre vie. Les localisations étranges, très lointaines dans le temps et l'espace et pourtant si familières, dont nous parlent les contes de fées, nous font penser à un voyage dans les abîmes de notre esprit, au royaume de l'inconscient.

Le conte de fées, à partir de faits terre à terre, extrêmement simples, se lance dans des événements fantastiques. Mais malgré de longs détours — contrairement à ce qui se passe dans l'esprit naïf de l'enfant, ou dans les rêves — on ne perd pas le fil de l'histoire. L'enfant, après s'être laissé emmener dans un voyage merveilleux, revient à la réalité à la fin du conte, d'une façon tout à fait rassurante. Il apprend ainsi ce qu'il a tant besoin de savoir au stade de développement qu'il a atteint : que l'on peut sans dommage se laisser emporter par son imagination à condition de ne pas en rester éternellement prisonnier. A la fin de l'histoire, le héros revient à la réalité, une réalité heureuse, dénuée de magie.

De même que nous sortons rafraîchis de nos rêves, mieux à même d'affronter les tâches réelles, de même, à la fin du conte, le héros revient de lui-même, ou par un fait magique, au monde réel, mieux à même de maîtriser sa vie. Des recherches récentes sur le rêve ont montré que l'individu que l'on empêche de rêver — mais non de dormir — a de grandes difficultés à contrôler la réalité. Ne pouvant plus se libérer par le rêve des problèmes inconscients qui l'assaillent, il devient la proie de troubles affectifs [24]. Peut-être serons-nous capables un jour de démontrer expérimentalement qu'il en est de même pour les contes de fées : que les problèmes de l'enfant ne font qu'empirer s'il est privé de ce que ces histoires peuvent lui apporter, c'est-à-dire une aide qui lui permettra de se libérer par l'imagination de ses pressions inconscientes.

Si les rêves de l'enfant étaient aussi complexes que ceux d'un adulte normal et intelligent, dont le contenu latent est plus riche, l'enfant aurait beaucoup moins besoin des contes de fées. D'autre part, si l'adulte n'avait pas pratiqué les contes de fées durant son enfance, ses rêves auraient un contenu et une signification moins riches et l'aideraient donc moins à acquérir la capacité de maîtriser sa vie.

L'enfant, qui se sent beaucoup moins en sécurité que l'adulte, a besoin de savoir avec certitude que son besoin de s'engager dans un monde de fantasmes et l'impossibilité où il est de s'en empêcher ne constituent pas une faiblesse. En racontant des contes de fées à leur enfant, les parents lui apportent la preuve, très importante, qu'ils considèrent comme appréciable, légitime et même, d'une certaine façon, « réel », le fait que l'enfant projette dans les contes de fées ses expériences intérieures. L'enfant a ainsi le sentiment que, du moment que ses parents acceptent ses expériences intérieures comme quelque chose de réel, d'important, lui-même, par déduction, est réel et important. Cet enfant, plus tard, pensera comme Chesterton lorsqu'il écrit :

« C'est à l'école enfantine que j'ai appris l'essentiel de ma philosophie, en laquelle je crois avec une certitude inébranlable... Ce que je croyais le plus à l'époque, ce que je crois le plus encore aujourd'hui, cela s'appelle le conte de fées. »

Cette philosophie que Chesterton, et n'importe quel enfant, peut tirer des contes de fées, dit que « la vie n'est pas seulement un plaisir, mais une sorte de privilège excentrique ». C'est là une façon de voir la vie très différente de celle qui est transmise par les histoires conformes à la « vérité vraie » et beaucoup plus capable de soutenir l'intrépide qui affronte les épreuves de la vie.

Dans le chapitre d'*Orthodoxy* intitulé « The Ethics of Elflands » (« L'éthique du royaume des elfes »), d'où sont extraites les lignes précédentes, Chesterton souligne la morale intrinsèque des contes de fées :

« Il y a la leçon chevaleresque de *Jack, le tueur de géants,* qui veut que les géants soient tués en raison même de leur gigantisme. C'est une révolte virile contre l'orgueil en tant que tel... Il y a la leçon de *Cendrillon,* qui est la même que celle du *Magnificat : « exaltavit humiles »* (les humbles seront élevés). Il y a la grande leçon de *La Belle et la Bête,* qui veut qu'une chose soit aimée avant d'être aimable... j'ai adopté une certaine façon de concevoir la vie, qui a été créée en moi par les contes de fées. »

Quand il dit que « les contes de fées sont des choses tout à fait raisonnables », Chesterton veut parler d'eux comme d'expériences, de miroirs de l'expérience intérieure, en marge de la réalité ; et c'est ainsi que l'enfant les comprend [25].

Aucun enfant normal, quand il atteint l'âge de cinq ans environ (l'âge où les contes de fées prennent tout leur sens), ne croit que ces histoires sont conformes à la réalité. La petite fille se plaît à imaginer qu'elle est une princesse vivant dans un château et elle ne se lasse pas de broder des fantasmes autour de ce thème ; mais quand sa mère l'appelle pour se mettre à table, elle sait fort bien qu'elle n'est pas une princesse. Alors qu'il peut croire par moments qu'un bosquet, dans un parc, est une forêt profonde et noire qui cache des secrets, l'enfant sait très bien ce qu'est ce bouquet d'arbres dans la réalité, comme la petite fille sait parfaitement que sa poupée n'est pas vraiment son bébé, bien qu'elle l'appelle ainsi et la traite en conséquence.

Les histoires qui serrent de près la réalité et qui commencent dans la salle de séjour ou dans la cour du jeune héros, et non pas dans la cabane d'un pauvre bûcheron, près d'une grande forêt ; les histoires dont les personnages ressemblent aux parents de l'enfant au lieu d'être des bûcherons faméliques, des rois ou des reines ; les histoires qui mélangent ces éléments réalistes aux mécanismes magiques et fantastiques ne peuvent qu'embrouiller le réel et l'irréel dans l'esprit de l'enfant. Faute de s'accorder aux réalités intérieures de l'enfant, aussi conformes qu'elles soient à la réalité extérieure, ces histoires ne font que creuser davantage le gouffre qui sépare les expériences intérieures et extérieures du petit. Elles l'éloignent également de ses parents, car il en vient à penser qu'ils vivent dans un monde spirituel différent du sien. Bien qu'ils « collent » étroitement à l'espace réel, sur le plan affectif, ils semblent vivre par moments dans un monde différent. Tout cela favorise la rupture entre les générations, qui est aussi pénible pour les parents que pour les enfants.

Si on ne raconte à l'enfant que des histoires conformes à la réalité (et donc fausses pour une part importante de sa réalité intérieure), il peut en conclure que ses parents ne l'acceptent pas tel qu'il est. Beaucoup d'enfants, en conséquence, vivent à l'écart de leur vie intérieure et, partant, s'appauvrissent. Ils peuvent ainsi, plus tard, au cours de l'adolescence, alors qu'ils échappent à l'emprise affective de leurs parents, prendre en haine le monde rationnel et s'évader totalement dans un univers de fantasmes, comme pour rattraper ce qu'ils ont perdu du temps de leur enfance. Plus tard encore, ils pourront finalement se couper gravement de la réalité, avec toutes les suites dangereuses que cela peut comporter pour l'individu comme pour la société. Ou bien, au mieux, ils pourront poursuivre cet étouffement du moi intime pendant toute leur vie et ne se sentir jamais totalement satisfaits dans le monde ; éloignés des processus inconscients, ils sont incapables de s'en servir pour enrichir leur vie dans la réalité. La vie, alors, n'est ni un « plaisir » ni « une sorte de privilège excentrique ». Avec une telle cassure, tout ce qui se passe dans la réalité est incapable de satisfaire convenablement les besoins inconscients. Il en résulte que l'individu a toujours l'impression que sa vie est incomplète.

Si, à certaines périodes, l'enfant n'est pas dominé par ses processus mentaux internes, et s'il est entouré de soins à tous égards, il est capable de mener sa vie d'une manière adaptée à son âge. Il peut, au cours de ces périodes, résoudre les problèmes qui se posent à lui. Mais il suffit d'observer de jeunes enfants dans une cour de récréation, par exemple, pour constater que ces périodes sont très limitées.

Lorsque les pressions internes de l'enfant prennent le dessus — ce qui arrive fréquemment — la seule chance qu'il ait d'avoir quelque prise sur elles est de les extérioriser. Mais le problème est de savoir comment cela peut se faire sans que les extériorisations prennent à leur tour le dessus. L'enfant a la plus grande peine à mettre de l'ordre dans les multiples aspects de son expérience intérieure ; à moins d'être aidé, il n'y parviendra pas dès que les expériences extérieures se seront mélangées aux expériences intérieures. L'enfant n'est pas encore capable de mettre tout seul de l'ordre dans ses expériences extérieures et de les comprendre. Les contes de fées offrent des personnages sur lesquels l'enfant peut extérioriser ce qui se passe dans sa tête, et d'une façon contrôlable. Ils montrent à l'enfant comment il peut matérialiser ses désirs destructifs dans tel personnage, tirer d'un autre les satisfactions qu'il souhaite, s'identifier avec un troisième, s'attacher à un quatrième dont il fait son idéal, et ainsi de suite, selon ses besoins du moment.

Lorsque les désirs les plus ardents de l'enfant sont personnifiés par une bonne fée, lorsque toutes ses pulsions destructives le sont par une méchante sorcière, toutes ses peurs par un loup vorace, toutes les exigences de sa conscience par un sage rencontré par aventure, tous ses accès de jalousie par un animal qui crible de coups de bec les yeux de ses rivaux détestés, l'enfant peut alors commencer enfin à mettre de l'ordre dans ses tendances contradictoires. Et, à partir de là, il sera de moins en moins submergé par un chaos irréductible.

Métamorphoses

Le fantasme de la méchante marâtre

Il existe une époque privilégiée pour certaines expériences de croissance, et l'enfance est celle où on apprend à franchir l'énorme fossé qui sépare les expériences intérieures du monde réel. Les contes de fées peuvent paraître absurdes, fantastiques, épouvantables et parfaitement incroyables à l'adulte qui a été privé pendant sa propre enfance du matériel imaginatif des contes de fées ou qui en a refoulé le souvenir. L'adulte qui n'a pas encore accompli une intégration satisfaisante des deux mondes de la réalité et de l'imagination est déconcerté par ces contes. Mais l'adulte qui, dans sa propre vie, est capable de concilier l'ordre rationnel avec l'illogisme de son inconscient, comprendra très bien comment les contes de fées aident l'enfant à réaliser cette conciliation. Pour l'enfant et pour l'adulte qui, comme Socrate, sait qu'il subsiste un enfant dans la partie la plus sage de notre être, les contes de fées révèlent des vérités sur l'espèce humaine et sur l'homme lui-même.

Dans *Le Petit Chaperon Rouge*, la bonne grand-mère se transforme subitement en un loup sanguinaire qui veut tuer l'enfant. Combien cette métamorphose, si on la considère objectivement, peut paraître saugrenue ! Combien elle peut sembler effrayante, et même inutilement effrayante et contraire à toutes les formes possibles de la réalité ! Mais si on considère cette transformation dans les termes de l'expérience propre à l'enfant, est-elle vraiment plus effrayante que la transformation brutale de sa propre grand-mère, si gentille, qui devient un personnage qui le menace au cœur de son moi lorsqu'elle l'accable de honte pour avoir accidentellement mouillé sa culotte ? Pour l'enfant, Bonne-Maman n'est plus la personne qu'elle était quelques secondes plus tôt. Elle s'est transformée en ogre. Comment cet être si bon, qui faisait des cadeaux, qui était même plus compréhensif, plus tolérant et moins critique que maman, a-t-il pu soudain agir d'une façon aussi radicalement différente ?

Incapable d'établir un rapport entre deux manifestations aussi opposées, l'enfant voit sincèrement dans sa grand-mère deux entités distinctes : celle qui aime, et celle qui menace. Elle est bel et bien « Mère-Grand » *et* « le loup ». En la coupant en deux, pour ainsi dire, l'enfant peut protéger son image de la grand-mère bonne. Si elle se change en loup, elle lui fait très peur, bien sûr, mais il n'est pas obligé pour autant de remettre en question son idée d'une grand-mère bienveillante. Et, de toute façon, comme le raconte l'histoire, il ne s'agit que d'un avatar passager : grand-mère reviendra, triomphante.

De même, la mère, qui est le plus souvent la protectrice infiniment généreuse, peut se muer en une marâtre cruelle si elle a la méchanceté de refuser au bambin ce dont il a envie.

Loin d'être un artifice utilisé seulement dans les contes de fées, ce dédoublement de personnalité qui permet à l'enfant de garder intacte l'image favorable, est utilisé par beaucoup d'enfants pour apporter une solution à un problème de relation trop difficile pour qu'il puisse le régler ou le comprendre. Grâce à cet artifice, toutes les contradictions sont résolues comme par miracle. C'est ce qui arriva à une étudiante qui m'a raconté un incident qui eut lieu alors qu'elle n'avait pas encore cinq ans.

Un jour, dans un supermarché, sa mère se mit brusquement en colère contre elle. La petite fille se sentit profondément blessée à l'idée que sa mère pût agir de la sorte avec elle. Sur le chemin du retour, sa mère, toujours en colère, continua de la gronder et lui dit qu'elle était très méchante. L'enfant se mit en tête que cette méchante femme n'avait que l'*apparence* de sa mère et qu'elle était en réalité un odieux Martien, un imposteur parfaitement ressemblant qui avait enlevé la mère et pris sa place pour la torturer comme la vraie mère ne l'aurait jamais fait...

Ce fantasme continua pendant deux ans, jusqu'au moment où, alors qu'elle avait sept ans, la petite fille eut le courager d'essayer de tendre un piège au Martien. Chaque fois que le Martien prenait la place de la mère pour recommencer ses pratiques infâmes et pour la torturer, l'enfant lui posait adroitement une question à propos de ce qui s'était passé entre elle et la vraie mère. A son grand étonnement, le Martien savait tout... ce qui ne fit que confirmer la petite fille dans l'idée que le Martien était vraiment très malin ! Mais, après deux ou trois expériences de ce genre, la petite fille fut prise d'un doute ; elle se mit alors à interroger sa mère sur des événements qui étaient intervenus entre elle et le Martien. Quand il devint évident que sa maman n'ignorait rien de ces événements, le fantasme du Martien s'évanouit...

Pendant la période où la sécurité de la petite fille exigeait que la mère fût toute bonté — jamais en colère contre elle, ne la repoussant jamais — l'enfant avait déguisé la réalité pour se procurer ce dont elle avait besoin. Quand, ayant pris de l'âge, elle se sentit plus en sécurité, les colères et les critiques de la mère lui parurent beaucoup moins dévastatrices. Comme sa propre intégration s'était solidement établie, elle pouvait se dispenser du fantasme sécurisant du Martien et refondre la double image de sa mère en une seule, et cela après avoir testé la réalité de son fantasme.

Tous les jeunes enfants peuvent, un jour ou l'autre, scinder l'image du père ou de la mère, en mettant d'un côté les aspects bienveillants et de l'autre les aspects menaçants, pour se sentir pleinement protégés par les premiers ; mais la majorité d'entre eux le fait moins intelligemment, moins consciemment que cette petite fille. La plupart des enfants sont incapables de trouver leur propre solution à l'impasse qui se présente à eux au moment où leur mère se change brusquement en un « imposteur parfaitement ressemblant ». Les contes de fées, où apparaissent soudain de bonnes fées qui aident l'enfant à trouver le bonheur, malgré l' « imposteur » ou la « marâtre », permettent à l'enfant de ne pas se laisser détruire par cet « imposteur ». Ces contes de fées indiquent que, cachée quelque part, la marraine-bonne-fée veille sur la destinée de l'enfant, toujours prête à faire intervenir sa puissance aux moments les plus critiques. Le conte de fées dit à l'enfant : « N'oublie pas que, bien qu'il y ait des sorcières, il existe aussi de bonnes fées, qui sont beaucoup plus puissantes ! » Les mêmes contes affirment que le féroce géant peut toujours trouver plus malin que lui dans la personne d'un petit homme, un être dont la faiblesse rejoint celle qu'éprouve l'enfant. Il est très vraisemblable que cette petite fille ait eu le courage d'essayer de confondre le Martien après avoir lu une histoire qui racontait comment un enfant avait intelligemment berné un esprit malfaisant.

L'universalité de ces fantasmes est suggérée par ce qu'on appelle, en psychanalyse, le « roman familial » de l'enfant pubère [26]. Il s'agit de fantasmes ou de rêves éveillés que le jeune normal tient en partie pour tels, tout en y croyant vraiment dans une certaine mesure. Ces enfants se concentrent sur l'idée que leurs parents ne sont pas réellement leurs parents, mais qu'ils sont nés de grands personnages et que, à la suite de circonstances malheureuses, ils ont été contraints de vivre avec ces gens qui *prétendent* être leurs parents. Ces rêves éveillés prennent différentes formes : ce n'est souvent que l'un des parents qui est censé être un imposteur — situation que l'on retrouve dans les contes de fées où l'un des parents est vrai, l'autre étant un beau-père ou une belle-mère. Le plus grand espoir de l'enfant est que, un jour ou l'autre, par hasard ou à la suite de circonstances voulues, le (ou les) parent réel fera son apparition et que lui, l'enfant, sera rétabli à la haute place qui lui revient et vivra toujours heureux.

Ces fantasmes aident l'enfant ; ils lui permettent de se sentir vraiment en colère contre l'usurpateur « martien », ou contre les « faux » parents, sans avoir l'impression qu'il est coupable. C'est ainsi que la division de la mère en deux personnages (si caractéristique des contes de fées) : une mère bonne — le plus souvent décédée — et une méchante marâtre, rend un grand service à l'enfant. C'est non seulement pour lui une façon de préserver en lui-même l'image d'une mère toujours bonne, quand la vraie mère ne l'est pas, c'est aussi pour l'enfant la possibilité d'être en colère contre cette méchante « marâtre » sans entacher la bienveillance de la vraie mère, qu'il considère comme une autre personne. Ainsi, le conte de fées indique comment l'enfant peut venir à bout de sentiments contradictoires qui, autrement, l'écraseraient à une période de sa vie où il commence à peine à pouvoir intégrer de tels sentiments. Le fantasme de la méchante marâtre, non seulement laisse intacte la gentille maman, mais empêche également l'enfant de se sentir coupable lorsqu'il est en colère contre elle — sentiment de culpabilité qui compromettrait sérieusement les relations mère-enfant.

Tandis que le fantasme de la méchante marâtre laisse intacte l'image de la mère foncièrement bonne, le conte de fées aide aussi l'enfant à ne pas se sentir anéanti lorsqu'il voit dans sa mère quelqu'un de méchant. De même que le Martien du fantasme de la petite fille disparaît dès que la maman est contente de son enfant, de même, dans le conte de fées, un esprit bienveillant peut annuler en une seconde tous les méfaits d'un mauvais génie. Chez la bonne fée, les qualités positives de la mère sont aussi exagérées que le sont les mauvaises chez la sorcière. Mais c'est ainsi que l'enfant interprète le monde : tout est paradis, ou tout est enfer.

Lorsque l'enfant éprouve le besoin affectif de le faire, il divise son père ou sa mère en deux personnages ; mais ce n'est pas tout : il peut se diviser lui-même en deux êtres qui, selon son idée bien arrêtée, n'ont rien en commun. J'ai connu de jeunes enfants qui parvenaient à rester propres pendant la journée mais qui souillaient leur lit au cours de la nuit. Lorsqu'ils se réveillaient, ils se retiraient dans un coin avec dégoût et disaient sur un ton convaincu : « Quelqu'un a mouillé mon lit ! » Contrairement à ce que peuvent penser les parents, l'enfant n'agit pas ainsi pour faire porter à un autre la responsabilité de ce qu'il a fait ; et il n'a d'ailleurs jamais cessé de penser que c'est lui, et pas un autre, qui a mouillé son lit. Le « quelqu'un » dont il parle est cette partie de lui-même dont il vient de se séparer ; cet aspect de sa personnalité lui est vraiment devenu étranger. Insister pour que l'enfant reconnaisse qu'il est le seul coupable, c'est essayer de lui imposer prématurément le concept de l'intégrité de la personne humaine, et cette insistance ne ferait que retarder son développement. Pour parvenir à un sentiment solide de son propre *moi*, l'enfant a besoin de le limiter pendant un certain temps à ce qu'il approuve et désire totalement de lui-même. Ayant ainsi acquis un *moi* dont il peut être fier sans équivoque, il peut commencer lentement à accepter l'idée que son *moi* peut également contenir certains aspects d'une nature plus douteuse.

De même que les parents, dans les contes de fées, se divisent en deux personnages, qui expriment l'un l'amour, l'autre l'aversion, de même l'enfant extériorise et projette sur « quelqu'un » toutes les mauvaises choses, trop effrayantes pour qu'il puisse voir en elles une partie de lui-même.

La littérature des contes de fées ne manque pas de souligner qu'il peut être parfois dangereux pour l'enfant de voir dans sa mère une méchante marâtre ; à sa manière, le conte de fées dit qu'il ne faut pas se laisser emporter trop vite ni trop loin par la colère. L'enfant se fâche facilement contre quelqu'un qui lui est cher ; il s'impatiente vite si on le fait attendre ; il a tendance à remâcher ses colères et à souhaiter le pire à ses « adversaires » sans se soucier des conséquences que pourraient entraîner ces souhaits s'ils se réalisaient. Nombreux sont les contes de fées qui racontent la suite tragique de ces souhaits irréfléchis que l'on formule parce qu'on désire excessivement certaines choses ou parce qu'on est incapable d'attendre qu'elles viennent à leur heure : deux états d'esprit qui sont typiques de l'enfant. Deux contes des frères Grimm peuvent servir d'exemple.

Dans *Hans, mon hérisson,* un homme, qui désire vivement avoir un enfant, est furieux contre sa femme qui ne peut lui en donner. Finalement, il s'emporte au point de s'écrier : « Je veux un enfant ! Même s'il devait être un hérisson ! » Son désir est exaucé : sa femme met au monde un enfant qui est un hérisson par le haut du corps et un garçon par le bas *.

---

* Le thème des parents qui, désirant trop vivement un enfant, sont punis en donnant le jour à un monstre moitié être humain moitié animal, est très ancien et très répandu. C'est ainsi qu'il est le sujet d'un conte turc où Salomon rend à un enfant son apparence humaine. Dans ces histoires, si les parents traitent bien leur enfant anormal et avec une grande patience, il finit par prendre l'apparence d'un être humain séduisant.

La sagesse psychologique de ces contes est remarquable : si

Dans *Les Sept Corbeaux* une petite fille qui vient de naître accapare tellement les sentiments de son père que celui-ci tourne sa colère contre ses autres enfants. Il envoie l'un de ses sept fils chercher de l'eau pour le baptême de l'enfant. Le garçon et ses six frères, qui l'ont accompagné, tardent à revenir. Furieux qu'on le fasse attendre, le père se met en colère et s'écrie : « Je voudrais les voir tous transformés en corbeaux ! » Son souhait est aussitôt exaucé.

Si ces contes de fées, où les souhaits prononcés dans la colère deviennent réalité, s'arrêtaient là, ils se contenteraient d'être des contes de mise en garde nous conseillant de ne pas nous laisser emporter par nos sentiments négatifs — ce que l'enfant est incapable d'éviter. Mais le conte de fées sait fort bien qu'il ne faut pas demander l'impossible à l'enfant, et qu'il ne faut pas l'angoisser avec des souhaits de ce genre qu'il formule dans un accès de rage contre lequel il ne peut rien. Tout en avertissant, d'une façon très réaliste, que la colère et l'impatience conduisent à de graves ennuis, le conte de fées rassure en montrant

---

les parents contrôlent mal leurs émotions, ils font de leur enfant un raté. Dans les contes de fées et dans les rêves, la malformation physique prend la place d'un mauvais développement psychologique. Dans ces histoires, la partie supérieure du corps, y compris la tête, est d'ordinaire celle d'un animal, tandis que la partie inférieure est celle d'un humain normal. Cela indique que c'est dans la tête de l'enfant que les choses vont mal (c'est-à-dire dans son esprit — et non dans son corps). Ces histoires disent aussi que les dommages causés à l'enfant par des sentiments négatifs peuvent être corrigés si ses parents sont suffisamment patients et s'ils ne cessent de l'entourer de sentiments positifs. Les enfants de parents colériques se comportent souvent comme des hérissons ou des porcs-épics : ils semblent bardés d'épines ; l'image de l'enfant qui est en partie hérisson est donc tout à fait appropriée.

Certains contes de mise en garde disent : « Ne concevez pas les enfants dans la colère ; ne les accueillez pas dans la colère et n'attendez pas avec impatience leur venue. » Mais, comme tous les bons contes de fées, ces histoires indiquent également les remèdes convenables, et ces prescriptions sont en accord avec les meilleures idées de la psychologie d'aujourd'hui.

que les conséquences ne sont que passagères et que la bonne volonté et les bonnes actions peuvent tout réparer. Hans le hérisson conduit jusqu'à son château un roi qui s'est perdu dans la forêt. Pour le remercier, le roi promet à Hans de lui donner la première chose qu'ils rencontreront en chemin, et il se trouve que c'est sa fille unique. Malgré l'apparence physique de Hans, la princesse tient la promesse de son père et épouse le garçon à tête de hérisson. Après le mariage, dans le lit conjugal, Hans prend enfin forme humaine et, plus tard, il héritera du royaume *. Dans *Les Sept Corbeaux,* la petite fille, qui a été la cause involontaire de la transformation de ses frères en corbeaux, voyage jusqu'au bout du monde et fait un grand sacrifice pour conjurer le sort qui leur a été jeté. Les corbeaux reprennent forme humaine, et le bonheur est rétabli.

Ces histoires disent que, malgré les conséquences désastreuses que peuvent entraîner des souhaits négatifs, tout peut rentrer dans l'ordre avec des efforts et de la bonne volonté. D'autres contes vont beaucoup plus loin et disent à l'enfant qu'il ne doit pas s'alarmer s'il a de tels désirs, malgré les conséquences momentanées, car rien n'est changé de façon permanente. Tout réintègre l'état premier. Des histoires de ce genre existent, avec bien des variantes, dans toutes les régions du globe.

Dans le monde occidental, *Les Trois Souhaits* sont probablement l'histoire de ce type la plus connue. Dans la forme la plus simple de ce thème, un homme ou une femme a droit à plusieurs vœux, en général trois ; ils lui sont accordés par un étranger ou par un animal, comme récompense pour une bonne action. Dans le conte *Les Trois Vœux,* un homme reçoit cette faveur, mais il s'empresse de l'oublier. De retour à

---

* Cette conclusion est caractéristique du thème du fiancé moitié homme moitié bête et sera développée plus loin à propos du conte *La Belle et la Bête* (p. 492).

sa maison, sa femme, le soir, lui présente la soupe quotidienne. « Encore de la soupe ! s'écrie-t-il, si je pouvais avoir du pudding pour changer ! » Au même instant, le pudding apparaît sur la table. Sa femme lui demande comment cela a pu se produire, et il lui raconte son aventure. Furieuse de voir le premier vœu gâché pour une baliverne, elle s'exclame : « Tu mériterais de recevoir le pudding en pleine figure ! » Aussitôt dit, aussitôt fait... « Et voilà deux souhaits envolés ! dit l'homme. Je voudrais quand même bien ne plus avoir ce pudding sur la figure ! » Et c'en fut fini des trois vœux [27] !

Tous ces contes mettent l'enfant en garde contre les suites indésirables possibles d'un souhait irréfléchi et le rassurent en même temps en lui disant que les conséquences ne sont pas très importantes, surtout si on s'efforce sincèrement d'effacer les suites fâcheuses. Je crois qu'il y a quelque chose d'encore plus important : je ne parviens pas à me rappeler un seul conte de fées où un souhait négatif d'enfant aurait une conséquence quelconque. Seuls ceux des adultes en ont. Le conte sous-entend que les adultes sont responsables de ce qu'ils font par colère ou par sottise, alors que les enfants ne le sont pas. Si les enfants, dans les contes de fées, formulent un souhait, il s'agit toujours de bonnes choses ; et la chance, ou un bon génie, comble leur vœu, souvent au-delà de tout ce qu'ils pouvaient espérer.

Tout se passe comme si le conte de fées, tout en admettant que la colère est foncièrement humaine, considérait que seuls les adultes ont suffisamment de maîtrise sur eux-mêmes pour ne pas se laisser emporter ; en effet, les souhaits saugrenus qu'ils formulent dans la colère deviennent réalité. Mais les contes de fées insistent sur les résultats merveilleux qu'obtient l'enfant qui s'engage dans des pensées ou des désirs *positifs*. L'affliction n'entraîne pas l'enfant du conte de fées à se lancer dans des vœux de vengeance. L'enfant ne souhaite que des choses agréables, même s'il a de bonnes raisons d'espérer que ceux qui le persécutent soient victimes d'événements détestables. Blanche-Neige ne souhaite rien de mal à la méchante reine. Cendrillon, qui serait tout à fait en droit de souhaiter un châtiment pour ses demi-sœurs, espère, au contraire, qu'elles iront au grand bal.

Lorsqu'il est abandonné, ne serait-ce que pour quelques heures, l'enfant peut se sentir aussi maltraité que s'il avait souffert toute sa vie de se voir négligé et repoussé. Puis, comme par enchantement, il se sent au paradis dès que sa mère franchit la porte, toute souriante, peut-être chargée d'un petit cadeau. Que peut-il y avoir de plus magique que cette apparition ? Comment un fait aussi simple pourrait-il avoir le pouvoir de changer sa vie s'il n'y avait pas de la magie derrière ?

L'enfant voit partout autour de lui des transformations radicales s'opérer dans la nature même des choses, et cela sans même que nous nous rendions compte de ses perceptions. Mais observez le comportement de l'enfant à l'égard des objets inanimés : n'importe quoi, un lacet de soulier ou un jouet, peut décevoir terriblement l'enfant, au point de le rendre malheureux. Puis, tout à coup, comme par miracle, l'objet devient obéissant et se plie à tous ses caprices ; après avoir été l'enfant le plus malheureux du monde, il devient le plus heureux. Cela ne prouve-t-il pas le caractère magique de l'objet ? De très nombreux contes de fées racontent comment le héros a vu sa vie changer du jour où il a découvert un objet magique ; avec son aide, le simplet devient plus intelligent que les demi-sœurs ou frères qu'on lui préférait. L'enfant qui se sent condamné à être le vilain petit canard n'a pas à se désespérer : il se transformera un jour en un cygne merveilleux.

Le petit enfant ne peut pas faire grand-chose tout seul et il en est découragé, au point, parfois, de se laisser aller au désespoir. Le conte de fées lui évite cette mauvaise passe en accordant une importance extraordinaire au moindre progrès et en suggérant que ce progrès peut engendrer des résultats merveilleux. Trouver une bouteille ou une jarre (comme dans le conte des frères Grimm *L'Esprit dans la bouteille*) ; secourir un animal ou être secouru par lui (*Le Chat botté*) ; partager un morceau de pain avec un étranger (*L'Oie d'or*, un autre conte des frères Grimm), tous ces petits événements quotidiens conduisent à de grandes choses. Ainsi, le conte de fées montre à l'enfant que ces petits faits réels sont importants, bien qu'il ne s'en rende pas compte sur le moment, et il s'en trouve encouragé.

L'enfant, pour accepter ses déceptions sans pour cela se sentir vaincu, a besoin de croire en de telles possibilités. Il peut également s'habituer à penser avec confiance qu'il peut vivre loin de la maison familiale. L'exemple du conte de fées enseigne à l'enfant qu'il ne sera pas sans aide lorsqu'il se lancera dans le monde extérieur et que la réussite pourra couronner ses efforts. En même temps, le conte de fées insiste sur le fait que les événements qu'il relate se sont passés « jadis », sur une terre lointaine ; et tout en alimentant l'espoir de l'enfant, il ne décrit absolument pas le monde réel qui l'entoure.

L'enfant comprend intuitivement que, tout en étant *irréelles*, ces histoires sont *vraies* ; que tous ces événements n'existent pas dans la réalité, mais qu'ils existent bel et bien en tant qu'expérience intérieure et en tant que développement personnel ; que les contes de fées décrivent sous une forme imaginaire et symbolique les étapes essentielles de la croissance et de l'accession à une vie indépendante.

Tout en désignant invariablement le chemin d'un avenir meilleur, les contes de fées se concentrent sur le processus du changement au lieu de décrire les détails précis du bonheur qu'on finit par obtenir. Les contes, à leur début, prennent l'enfant tel qu'il est au moment où il les écoute et lui montrent où il doit aller, en insistant sur le processus lui-même. Les contes de fées peuvent même montrer à l'enfant la route qu'il doit suivre à travers les fourrés les plus épineux : la période œdipienne.

Du chaos à l'ordre

Bien avant la période œdipienne (en gros, entre trois et six, sept ans) l'expérience que l'enfant a du monde est chaotique, mais cela n'est vrai que d'un point de vue d'adulte, car le chaos implique qu'on a conscience de ce genre d'affaires. Si la façon « chaotique » d'expérimenter le monde est tout ce que nous connaissons, on est bien obligé de l'accepter comme la seule forme du monde possible.

Dans le langage de la Bible, qui exprime les sentiments et les idées les plus profonds de l'homme, « au commencement, le monde était informe et vide ». La Bible nous dit aussi comment on vient à bout du chaos : « Dieu sépara la lumière d'avec les ténèbres. » Au cours des luttes œdipiennes, et à cause d'elles, le monde extérieur commence à avoir plus de sens pour l'enfant et il essaie d'y voir de plus en plus clair. Il cesse de tenir pour acquis que sa façon confuse de voir le monde est la seule possible, la seule convenable. Il n'y parviendra que d'une manière : en divisant toute chose en éléments opposés.

Pendant la dernière période de l'âge œdipien et à l'âge postœdipien, cette scission s'étend à l'enfant lui-même. Comme chacun de nous, l'enfant, à tout instant, est plongé dans un tumulte de sentiments contradictoires. Mais tandis que l'adulte a appris à les intégrer, l'enfant, lui, est dominé par les ambivalences qui grouillent en lui. Pour lui, ce mélange d'amour et de haine, de désirs et de peurs, forme un chaos incompréhensible. Il ne parvient pas à se sentir au même moment à la fois bon et obéissant et méchant et révolté, bien qu'il en soit ainsi. Comme il ne peut pas comprendre qu'il existe des stades intermédiaires de degré et d'intensité, tout est lumière ou ténèbres, sans nuance. Il est tout courage ou toute peur ; le plus heureux ou le plus malheureux des êtres ; le plus beau ou le plus laid ; le plus intelligent ou le plus stupide ; il est aimé ou détesté. Entre tous ces extrêmes, il n'y a que le néant.

C'est de la même façon que le conte de fées décrit le monde : les personnages sont ou bien la férocité incarnée, ou la bienveillance la plus désintéressée. L'animal ne pense qu'à dévorer ou à porter secours. Chaque personnage est essentiellement unidimensionnel, ce qui permet à l'enfant de comprendre facilement ses actions et ses réactions. Grâce à des images simples et directes, le conte de fées aide l'enfant à mettre de l'ordre dans ses sentiments complexes et ambivalents qui, ainsi, se classent d'eux-mêmes à des endroits distincts au lieu de ne former qu'un immense chaos.

Tandis qu'il écoute un conte de fées, l'enfant commence à avoir une idée de la façon dont il peut mettre de l'ordre dans la confusion de sa vie intérieure. Le conte de fées ne se contente pas d'indiquer comment l'enfant peut isoler et séparer en contraires les aspects disparates et déroutants de son expérience, il montre aussi comment il peut projeter ses contraires sur différents personnages. Freud lui-même, pour nous aider à donner un sens à l'incroyable mélange des contradictions qui coexistent dans notre esprit et dans notre vie intérieure, n'a pas trouvé mieux que de créer des symboles correspondant aux aspects isolés de la personnalité. Il les a appelés le *ça*, le *moi* et le *surmoi*. Si nous autres, les adultes, pour parvenir à mettre un peu d'ordre dans le chaos de nos expériences intérieures, nous devons avoir recours à la création d'entités distinctes les unes des autres, il est évident que l'enfant doit en avoir encore plus besoin que nous. De nos jours, les adultes se servent de concepts tels que le *ça*, le *moi*, le *surmoi*, et d'un *idéal du moi* pour séparer leurs expériences internes et avoir plus de prise sur elles. Malheureusement, en procédant ainsi, ils ont perdu quelque chose qui fait partie intégrante des contes de fées : le sentiment que ces extériorisations sont des fictions qui ne servent qu'à trier et à comprendre les processus mentaux *.

Quand son héros est le plus jeune enfant de la famille, ou quand il est appelé explicitement « le Niais » ou « Simplet » au début de l'histoire, le conte de fées traduit ainsi l'état de faiblesse originelle du

* Donner aux processus intérieurs des noms distincts — le *ça*, le *moi* et le *surmoi* — c'est faire d'eux des entités dont chacune a ses tendances propres. Si nous considérons les associations affectives que ces termes de psychanalyse ont pour la plupart des personnes qui s'en servent, nous commençons à voir que ces abstractions ne sont pas tellement différentes des personnifications des contes de fées. Quand nous parlons du *ça* asocial et irrationnel qui bouscule le faible *moi*, ou du *moi* qui obéit aux ordres du *surmoi*, ces images scientifiques sont très proches des allégories des contes de fées. Dans ces derniers, l'enfant pauvre et faible affronte la puissante sorcière qui ne connaît que ses propres désirs et leur obéit, sans se soucier des conséquences. Quand l'humble artisan du conte des frères Grimm *Le Hardi Petit Tailleur* s'arrange pour vaincre deux énormes géants en les amenant à se battre l'un contre l'autre, n'agit-il pas comme le fait le faible *moi* en opposant le *ça* et le *surmoi*, ce qui lui permet, en neutralisant leurs énergies opposées, d'obtenir la maîtrise rationnelle de ces deux forces irrationnelles ?

L'homme moderne éviterait bien des erreurs dans la compréhension du mécanisme de son esprit s'il ne perdait pas de vue que ces concepts abstraits ne sont rien d'autre que des leviers pratiques qui permettent de manipuler des idées qui, sans de telles extériorisations, ne seraient que très difficilement compréhensibles. Evidemment, dans la réalité, il n'existe pas de séparation entre ces catégories, de même qu'il n'y a pas de coupure entre le corps et l'esprit.

moi, au moment où il commence à lutter avec le monde des pulsions intérieures et avec les problèmes difficiles que pose le monde extérieur.

Le *ça* (et c'est là une idée pas tellement étrangère à la psychanalyse) est souvent décrit, dans les contes de fées, sous la forme d'une bête, qui représente notre nature animale. Les animaux apparaissent sous deux aspects : ou bien ils sont dangereux et destructifs (le loup du *Petit Chaperon Rouge,* ou le dragon qui dévaste tout un pays si on ne lui sacrifie pas une vierge chaque année, dans le conte des frères Grimm *Les Deux Frères*) ; ou bien ils sont des animaux sages et secourables qui guident et sauvent le héros : dans le même conte, *Les Deux Frères,* tout un groupe d'animaux compatissants rendent la vie au héros et lui font obtenir, en juste récompense, la main de la princesse et son royaume. Les animaux des deux catégories représentent notre nature animale, nos pulsions instinctives. Ceux qui sont dangereux symbolisent le *ça* indompté, pas encore soumis au contrôle du *moi* et du *surmoi,* encore plein de sa redoutable énergie. Les autres représentent notre énergie naturelle — de nouveau le *ça* — mais prête maintenant à servir les meilleurs intérêts de l'ensemble de la personnalité. D'autres animaux (le plus souvent des oiseaux blancs, des colombes par exemple) symbolisent le *surmoi.*

« La Reine des abeilles »

ou comment intégrer le « ça »

Aucun conte de fées ne peut à lui seul donner une idée de la richesse des images qui personnifient les processus internes les plus complexes ; mais une histoire peu connue des frères Grimm, *La Reine des abeilles,* peut illustrer la lutte symbolique de l'intégration de la personnalité contre la désintégration anarchique. L'abeille est particulièrement bien choisie comme image pour représenter les deux aspects de notre nature ; l'enfant sait en effet qu'elle produit le miel, symbole de douceur, mais il sait aussi que ses piqûres sont douloureuses. Il sait également que l'abeille travaille dur pour accomplir ses tendances positives : elle récolte le pollen dont elle tirera le miel.

Dans *La Reine des abeilles,* les deux fils aînés d'un roi partent chercher l'aventure ; ils mènent une vie déréglée, dissolue, qui les tient éloignés de chez eux. Bref, leur existence est dominée par le *ça,* sans souci des exigences de la réalité ni des critiques, des impératifs justifiés du *surmoi.* Le troisième et plus jeune fils, qu'on appelle « le Benêt », part à leur recherche et, à force de persévérer, finit par les trouver. Ils se moquent de lui parce qu'il prétendait, dans sa naïveté, réussir là où eux-mêmes, qui étaient beaucoup plus malins, avaient échoué. Apparemment, les deux frères ont raison : au cours de l'histoire, le Benêt paraît bien incapable de maîtriser la vie, représentée par les épreuves difficiles qu'on leur demande d'accomplir ; et de fait, il n'y parviendrait pas s'il ne faisait appel à ses ressources intérieures, représentées par des animaux secourables.

Pendant leur voyage à travers le monde, les trois frères arrivent devant une fourmilière. Les deux aînés veulent la détruire, pour le plaisir de voir la détresse des insectes. « Laissez ces petites bêtes tranquilles ! dit le Benêt. Elles ne vous ont rien fait et je ne supporterai pas que vous y touchiez ! » Puis ils arrivèrent près d'un lac où nageaient des canards. Les aînés, ne pensant qu'à leur plaisir et à la satisfaction de leurs désirs oraux, veulent attraper quelques canards et les rôtir. Le Benêt s'y oppose également. Ils poursuivent leur chemin et aperçoivent un nid d'abeilles ; les deux aînés veulent mettre le feu à l'arbre où se trouve le nid, pour recueillir le miel. Une fois de plus, le Benêt s'interpose, en soutenant qu'il ne faut ni déranger ni tuer les bêtes.

Enfin, les trois frères arrivent à un château où tout est changé en pierre ou plongé dans un sommeil pareil à la mort, à l'exception d'un petit homme tout gris qui les fait entrer, les fait manger et donne à chacun une chambre pour la nuit. Le lendemain matin le petit homme propose à l'aîné trois épreuves qui doivent toutes être accomplies en un jour. S'il les réussissait, le château serait désenchanté, ainsi que ses habitants. La première épreuve consiste à chercher dans la forêt mille perles qui sont éparpillées dans la mousse. Mais l'aîné est mis en garde : s'il échoue, il sera à son tour changé en pierre. Il essaie, et échoue, et il en est de même pour le second.

Quand vient le tour du Benêt, il se rend vite compte qu'il ne réussira pas davantage. Désespéré, il s'assoit sur une pierre et se met à pleurer. Aussitôt, les cinq mille fourmis dont il a sauvé la vie viennent à son secours et rassemblent les perles à sa place. La seconde épreuve consiste à aller chercher au fond du lac la clef de la chambre de la fille du roi. Cette fois, ce sont les canards que le Benêt a protégés qui arrivent ; ils plongent dans l'eau et lui donnent la clef. Pour la troisième épreuve, il faut choisir, parmi trois princesses endormies, la plus jeune et la plus jolie. La reine des abeilles que le Benêt a défendues contre ses frères vient elle aussi à son secours. Elle se pose sur les lèvres de la princesse que le Benêt doit choisir. Les trois épreuves étant réussies, « l'enchantement qui pesait sur le château se trouva aussitôt levé et tout sortit de son sommeil », y compris les frères du Benêt. Ce dernier épousa la plus jeune des princesses et finit par hériter du royaume.

Les deux frères qui restaient insensibles aux exigences de l'intégration de la personnalité ne surent pas accomplir les tâches de la réalité. Incapables de résister aux stimulations du *ça,* ils furent changés en pierre. Comme dans beaucoup d'autres contes de fées, cette métamorphose ne symbolise pas la mort ; elle représente plutôt une absence de véritable humanité, une incapacité à réagir aux valeurs les plus élevées, de telle sorte que l'individu, étant mort à tout ce qui fait vraiment la vie, pourrait tout aussi bien être de pierre. Le Benêt (qui, lui, représente le *moi*), malgré ses qualités évidentes et bien qu'il obéisse aux commandements de son *surmoi* qui lui dit qu'il est mal de déranger et de tuer les bêtes par plaisir, le Benêt, donc, est par lui-même aussi incapable que ses frères de satisfaire aux exigences de la réalité (symbolisées par les trois épreuves qu'ils ont à accomplir). Ce n'est que quand la nature animale est devenue familière et reconnue pour quelque chose d'important, et qu'elle a été mise en accord avec le *moi* et le *surmoi,* qu'elle cède tout son pouvoir à l'ensemble de la personnalité. Après avoir acquis de la sorte une personnalité intégrée, on peut accomplir de vrais miracles.

Bien loin de suggérer que nous pouvons soumettre notre nature animale à notre *moi* ou à notre *surmoi*, le conte de fées montre que chaque élément doit avoir son dû ; si le Benêt n'avait pas obéi à ce que lui conseillait sa bonté foncière (lisez son *surmoi*) et n'avait pas protégé les animaux, ces derniers, qui symbolisent le *ça*, ne seraient jamais venus à son secours. Les trois groupes d'animaux, soit dit en passant, représentent trois différents éléments : la terre pour les fourmis, l'eau pour les canards et l'air pour les abeilles. Ici encore, le succès n'est possible que grâce à la coopération de ces trois éléments, c'est-à-dire les trois aspects de notre nature. Après avoir accompli son intégration totale, exprimée symboliquement par les trois épreuves qu'il réussit, il peut devenir maître de sa destinée, ce que le conte de fées exprime à sa façon : il devient roi.

« Frérot et Sœurette »

ou comment unifier sa personnalité

Dans cette histoire des frères Grimm, comme dans beaucoup d'autres contes de fées qui mettent en scène les aventures de deux enfants nés des mêmes parents, les protagonistes symbolisent les natures disparates du *ça,* du *moi* et du *surmoi ;* le principal message de ce conte est le suivant : si l'homme veut être heureux, qu'il commence par intégrer ces trois niveaux de la personnalité. Ce type de contes de fées présente cette intégration autrement que ne le fait *La Reine des abeilles.* Ici, un esprit méchant change le frère en animal, tandis que la sœur garde son apparence humaine. Il est difficile de concevoir une image plus brillante, plus succincte, plus directement convaincante de nos tendances contradictoires. Les philosophes les plus anciens voyaient déjà dans l'homme une nature animale et une nature humaine.

Pendant la plus grande partie de notre vie, quand nous ne parvenons pas à réaliser ou à maintenir notre intégration intérieure, ces deux aspects de notre psyché se font la guerre. Toute l'existence de l'enfant est envahie par ce qu'il ressent sur le moment. Il est dérouté lorsqu'il se rend compte qu'il éprouve deux sentiments à la fois, par exemple qu'il veut attraper les bonbons et, en même temps, obéir à sa mère. Pour comprendre ce dualisme, il faut connaître les processus intérieurs, ce qui est grandement facilité par les contes de fées qui illustrent notre double nature.

Au début de ces contes, les deux enfants ne sont pas différenciés : ils vivent ensemble et partagent les mêmes émotions. Bref, ils sont inséparables. Mais tandis qu'ils grandissent, l'un d'eux, à un moment donné, contrairement à l'autre, commence une vie animale. A la fin du conte, l'animal reprend forme humaine ; les deux enfants sont réunis et ne seront jamais plus séparés. L'essentiel du développement de la personnalité humaine est ainsi symbolisé : la personnalité de l'enfant est d'abord indifférenciée ; puis le *ça*, le *moi* et le *surmoi* se développent à partir du stade indifférencié. Ils s'intègrent dans un processus de maturation, malgré les pulsions contraires.

Dans ce conte des frères Grimm, Frérot prend Sœurette par la main et lui dit :

> « Viens-t'en, que nous allions ensemble courir le vaste monde », pour échapper à leur maison qui est devenue frustrante. Tout le jour, main dans la main, ils marchèrent à travers champs, à travers prés, ou encore parmi les pierres et les cailloux ; et quand il se mit à pleuvoir, Frérot dit à Sœurette : « Dieu pleure en même temps que nos cœurs. »

Dans ce conte, comme dans beaucoup d'autres, le fait de devoir quitter la maison équivaut à la nécessité de devenir soi-même. La réalisation de soi exige la rupture d'avec le foyer, expérience terriblement douloureuse, lourde de multiples dangers psychologiques. Le processus de développement est inévitable ; sa douleur est ici exprimée par la tristesse des deux enfants qui ont été obligés de quitter leur maison. Les risques psychologiques, comme dans tous les contes de fées, sont symbolisés par les périls que les héros rencontrent au cours de leur voyage. Frérot représente l'aspect menacé d'une unité essentiellement inséparable, et Sœurette, symbole de la sollicitude maternelle après la perte du foyer, vient à son secours.

Le conte de fées ne laisse aucun doute dans l'esprit de l'enfant sur la peine qu'il faut endurer et les risques qu'il faut prendre : chacun doit accomplir son identité personnelle. Et, malgré toutes les angoisses, la conclusion heureuse ne fait aucun doute. Évidemment, l'enfant n'héritera pas d'un royaume, mais s'il comprend et intègre le message du conte, il trouvera le royaume réel de son monde intérieur. Il en deviendra maître en apprenant à connaître son esprit qui, de son côté, le servira bien.

Mais revenons à notre histoire. Le lendemain, les deux enfants arrivent à une source, et Frérot veut y boire ; mais sa sœur, qui, elle, n'est pas animée par le *ça* (les pressions instinctuelles), comprend que la source murmure : « Le premier qui s'y désaltère est changé en panthère. » Malgré sa grande soif, Frérot, sur les vives instances de sa sœur, s'abstient de boire.

Sœurette, qui représente les instances mentales supérieures (le *moi* et le *surmoi*), met en garde son frère qui, dominé par le *ça*, est prêt à se laisser entraîner par son envie d'une satisfaction immédiate (sa soif) sans tenir compte de ce que ça lui coûtera. S'il cédait à la pression du *ça*, il deviendrait un asocial, violent comme un tigre.

Ils rencontrent une autre source qui les prévient qu'elle a le pouvoir de changer en loup quiconque boira de son eau. De nouveau Sœurette prend conscience du danger qu'il y a à chercher une satisfaction immédiate et convainc son frère de résister à sa soif. Finalement, ils arrivent à une troisième source qui murmure une troisième menace : celui qui cédera aux désirs du *ça* sera changé en faon, un animal beaucoup plus docile. En obéissant partiellement aux aspects restrictifs de notre appareil mental, nous obtenons le même effet d'atténuation. Mais la pression du *ça* (sa soif), en augmentant, l'emporte sur les contraintes du *moi* et du *surmoi ;* les supplications de la sœur perdent leur pouvoir de contrôle ; Frérot boit à la source et est changé en faon * [28].

Sœurette promet qu'elle n'abandonnera jamais son frère-faon. Elle symbolise le contrôle exercé par le *moi :* malgré sa soif, elle a été capable de s'abstenir de boire. Elle ôte sa jarretière d'or et l'attache autour du cou du faon ; puis elle tresse une laisse d'osier fin pour mener à la main le petit animal. Seul un lien personnel très positif — la jarretière d'or — peut nous permettre de résister à nos désirs asociaux et nous conduire à une plus haute humanité.

Frérot et Sœurette poursuivent leur chemin. Ils s'enfoncent dans la forêt, découvrent une maisonnette abandonnée (que l'on trouve souvent dans les contes) et ils s'y installent. Sœurette va chercher des feuilles et de la mousse et en fait une litière pour le faon ; chaque matin, elle ramasse pour elle-même des baies sauvages, des racines et des noisettes et, pour le faon, de l'herbe tendre. Le *moi* pourvoit aux besoins de l'individu. Tout va bien tant que le *ça* exécute ce que lui commande le *moi.* « Ah ! si seulement Frérot avait gardé sa forme humaine, qu'ils eussent donc été heureux ! »

Mais tant que nous n'avons pas réussi une intégration totale de notre personnalité, notre *ça* (nos pressions instinctuelles, notre nature animale) vit en mauvaise compagnie avec notre *moi.* Le conte de fées montre comment, lorsque les instincts animaux sont

---

* Une comparaison entre *Frérot et Sœurette* et *Le Pêcheur et le Génie* montrera que l'enfant ne peut accéder à toute la richesse des contes de fées qu'en en entendant un grand nombre et en les assimilant tour à tour. Le génie, emporté par les pressions du *ça,* veut tuer son sauveur ; il s'ensuit qu'il se retrouve à jamais prisonnier du vase. *Frérot et Sœurette,* au contraire, raconte qu'il est très bénéfique de pouvoir contrôler les pressions du *ça.* Même si on n'y parvient pas tout à fait, ce qui est le cas de l'enfant, un contrôle même limité du *ça* permet un haut degré d'humanisation, ainsi que le symbolise l'atténuation de sa sauvagerie animale, à travers la panthère, le loup et le faon.

vivement éveillés, les contrôles rationnels perdent tout pouvoir.

Quand Frérot et Sœurette eurent ainsi vécu quelque temps dans cette solitude sauvage, le roi de la contrée mena dans les parages une grande chasse à courre. Dès que le faon entend le son du cor, les aboiements des chiens de la meute et les appels joyeux des chasseurs, il dit à sa sœur : « Ah ! laisse-moi aller, Sœurette, laisse-moi libre d'y courir ! » Il la supplie si bien qu'elle finit par céder.

Tout se passe bien le premier jour de la chasse ; à la tombée de la nuit, le faon rejoint sa sœur et la sécurité de leur cabane. Le lendemain matin, il entend de nouveau les bruits tentateurs de la chasse, s'impatiente et finit par bondir dans la forêt. Vers le soir, il est légèrement blessé à la jambe et rentre à la maisonnette en boitant ; mais, cette fois, plusieurs chasseurs remarquent le collier d'or et racontent tout au roi. Celui-ci comprend la signification du collier et donne ses ordres : le lendemain, le faon sera poursuivi, attrapé, mais il ne faudra pas lui faire de mal.

A la maison, Sœurette soigne la blessure de son frère. Le lendemain, elle a beau pleurer, supplier, le faon l'oblige à le laisser partir. Et le soir, quand le faon rentre à la maison, il est suivi par le roi jusqu'à la cabane. Séduit par la beauté de la jeune fille, le roi lui demande de l'épouser. Elle y consent, à condition que le faon reste avec eux.

Ils vivent dans le bonheur tous ensemble. Mais, comme il arrive souvent dans les contes de fées, trois répétitions de la même épreuve (les trois jours où le faon a été chassé) ne suffisent pas à amener la conclusion. Alors que le frère s'est soumis aux épreuves qui l'ont initié à une forme supérieure d'existence, la sœur, elle, ne l'a pas fait.

Tout se passa bien jusqu'au jour où, le roi étant à la chasse *, la jeune reine mit au monde un petit garçon.

---

* Dans les termes du conte de fées, la chasse ne doit pas

L'absence du roi au moment de l'accouchement de sa femme indique qu'il y a une autre transition — le plus grand miracle de la vie — où les autres, même le mari, ne peuvent être d'aucun secours. La naissance représente une transformation intérieure qui change en mère la femme-enfant. Comme toutes les transformations importantes, elle s'accompagne de grands dangers. Ceux-ci, de nos jours, sont surtout psychologiques ; jadis, il est évident que l'existence même de la mère était menacée. Les dangers, dans ce conte, sont personnifiés par la marâtre des enfants, une sorcière qui, après la naissance de l'enfant, s'insinue dans la vie de la reine en se faisant passer pour une femme de chambre. Au cours des relevailles, elle décide Sœurette à prendre un bain et s'arrange pour qu'elle meure dans la baignoire. Puis la vieille sorcière met sa propre fille, laide et borgne, dans le lit du roi.

A minuit, la reine morte apparaît dans la chambre du bébé. Elle prend son enfant dans ses bras et lui donne le sein. Elle n'oublie pas non plus le petit faon qui dort dans un coin. Tout cela est observé par la nourrice qui n'en parle à personne. Après un certain temps, la reine, près de son enfant, parle à haute voix dans la nuit. Elle dit :

Comment va mon enfant ? Et comment va mon faon ?
Deux fois encore je reviendrai, puis plus jamais.

La nourrice va tout raconter au roi ; le soir même, celui-ci peut observer en personne les mêmes événements ; seule différence, la reine dit qu'elle ne reviendra qu'une fois. La troisième nuit, quand elle dit qu'elle ne reviendra plus jamais, le roi ne peut se

---

être comprise comme un massacre inutile ; elle symbolise plutôt une vie proche de la nature et accordée à elle ; une vie dans la ligne de notre être le plus primitif. Dans de nombreux contes de fées, les chasseurs sont des hommes qui ont bon cœur et qui ne demandent qu'à aider, comme dans *Le Petit Chaperon Rouge*. Néanmoins, le fait que le roi est allé à la chasse signifie qu'il a cédé à ses tendances les plus primitives.

contenir et s'écrie : « Tu ne peux être que ma femme chérie, et pas une autre ! » Au même instant, la reine revient à la vie.

Par trois fois, Frérot a voulu boire l'eau des sources ; par trois fois, le faon a bondi vers les chasseurs ; et par trois fois la reine morte est allée voir son enfant et a prononcé les vers. La reine, revenue à la vie, a retrouvé le roi, mais son frère garde encore sa forme animale. La sorcière est mise au bûcher. Ce n'est qu'après sa mort que le faon retrouve son apparence humaine. « Et Frérot et Sœurette vécurent désormais et furent heureux ensemble jusqu'à la fin de leurs jours. »

Rien n'est dit, à la fin du conte, sur la présence, auprès de la reine, du roi et de son enfant ; ces deux personnages n'ont que peu d'importance. La véritable conclusion de *Frérot et Sœurette* est que l'animal dans l'homme (le faon) et les tendances asociales (représentées par la sorcière) ont été éliminés, ce qui permet aux qualités humaines de s'épanouir.

A la fin de l'histoire, deux fils de pensée s'entremêlent : l'intégration des aspects contradictoires de notre personnalité ne peut être obtenue qu'après l'élimination de tout ce qui, en nous, est asocial, destructif et injuste ; et cela ne peut être accompli que lorsque nous avons atteint notre pleine maturité, comme le symbolisent ici l'accouchement de la sœur et l'éclosion de ses attitudes maternelles. L'histoire suggère également les deux grands bouleversements de la vie : l'abandon de la maison familiale et la création de sa propre famille. C'est au cours de ces deux périodes de notre vie que nous sommes le plus exposés à la désintégration car il faut renoncer à un ancien genre de vie pour en réaliser un nouveau. Le frère est emporté par le premier grand tournant, la sœur par le deuxième.

Il n'est jamais question dans le conte d'évolution intérieure, mais sa nature est sous-entendue : ce qui nous rachète, nous autres êtres humains, et ce qui nous rend notre humanité, c'est notre sollicitude envers ceux que nous aimons. La reine, au cours de ses visites nocturnes, n'essaie de satisfaire aucun de ses propres désirs, mais s'inquiète de ceux qui dépendent d'elle : son enfant et le faon. Cela nous montre qu'elle est passée avec succès de son état de femme à celui de mère et qu'elle renaît ainsi à un palier supérieur de son existence. Le contraste entre le frère qui s'abandonne aux sollicitations de ses désirs instinctuels et la sœur qui, motivée par son *moi* et son *surmoi*, est consciente de ses obligations envers les autres, indique clairement en quoi consiste la bataille pour l'intégration et ce qu'il faut faire pour remporter la victoire.

« Sindbad le Marin et Sindbad le Portefaix »

L'imaginaire et la réalité

Il existe de nombreux contes de fées où les aspects disparates de notre personnalité sont projetés en différents personnages ; tel est l'un des contes des *Mille et Une Nuits, Sindbad le Marin, et Sindbad le Portefaix* [29]. Souvent appelée simplement *Sindbad le Marin* ou *Les merveilleux voyages de Sindbad,* cette histoire montre combien ceux qui la privent de son titre d'origine comprennent peu ce qu'elle a d'essentiel. Le changement de titre souligne la matière fantastique du conte au détriment de sa signification psychologique. Le vrai titre suggère immédiatement qu'il s'agit des deux aspects opposés d'une seule et même personne : celui qui le pousse à s'échapper dans un monde lointain d'aventures fantastiques, et l'autre qui le tient attaché au caractère pratique de la vie quotidienne ; son *ça* et son *moi,* la manifestation du principe de réalité et du principe de plaisir.

Au début de l'histoire, Sindbad, un pauvre portefaix, se repose devant une belle maison. Réfléchissant à son sort, il dit : « Le propriétaire de cette demeure profite de toutes les joies de la vie et s'enivre de parfums agréables, de viandes délicieuses et de vins exquis... tandis que d'autres, comme moi, souffrent tous les jours mille fatigues et mille maux. » Il oppose ainsi une existence fondée sur des satisfactions agréables à une autre, fondée sur la réalité. Pour que nous comprenions bien que ces réflexions concernent deux aspects d'une seule et même personne, Sindbad dit à propos de lui-même et du propriétaire du palais qu'il ne connaît pas encore : « Ton origine est mienne, et mon origine est tienne. »

Le porteur est alors invité à entrer dans le palais où, pendant sept jours consécutifs, le maître de céans racontera ses sept voyages fabuleux. Au cours de ces périples, il affronte des périls effroyables dont il réchappe à chaque fois dans des circonstances miraculeuses pour rentrer chez lui avec d'immenses fortunes. Pendant ces récits, pour mieux souligner l'identité du pauvre portefaix et du voyageur fabuleusement riche, ce dernier dit : « Sache, ô porteur, que ton nom est l'égal du mien et que nous sommes frères. » Le voyageur appelle cette force qui l'a poussé à chercher l'aventure « le vieil homme méchant qui est en moi » et « l'homme charnel ». Ces images conviennent parfaitement à une personne qui cède aux sollicitations de son *ça*.

Pourquoi ce conte comporte-t-il sept parties et pourquoi les deux protagonistes se séparent-ils chaque soir pour se retrouver le lendemain ? Sept est le nombre des jours de la semaine ; dans les contes de fées, le chiffre sept se rapporte à la semaine et symbolise également chaque jour de notre vie. L'histoire semble ainsi nous dire que, tant que nous vivons, notre existence a deux aspects différents, de même que les deux Sindbad sont à la fois identiques et différents : le portefaix a dans la réalité une vie quotidienne pénible tandis que le marin a une vie d'aventures fantastiques. On peut interpréter d'une façon différente en disant que ces existences opposées représentent le monde diurne et le monde nocturne de notre vie : l'éveil et le sommeil, la réalité et les fantasmes, le domaine conscient et le domaine inconscient de notre être. L'histoire, si on la considère de cette façon, nous dit surtout combien peut être différente notre vie, selon qu'on l'envisage dans la perspective du *moi* ou dans celle du *ça*.

Dès les premières phrases de l'histoire, nous apprenons que Sindbad le Portefaix « un jour qu'il faisait une chaleur excessive, portait une charge très pesante ». Attristé par les rigueurs de son existence, il se prend à rêver sur la vie que peut mener un riche. Les histoires de Sindbad le Marin peuvent être considérées comme des fantasmes auxquels le pauvre portefaix recourt pour échapper à sa vie harassante. Le *moi*, fatigué de ses tâches, se laisse envahir par le *ça*. Celui-ci, par opposition au *moi* orienté vers la réalité, est le siège de nos désirs les plus impétueux, désirs qui peuvent conduire à la satisfaction ou aux dangers les plus extrêmes. Tout cela prend corps dans les sept histoires des voyages de Sindbad le Marin. Emporté par ce qu'il appelle « le mauvais homme qui est en lui », il désire ardemment vivre des aventures fantastiques et rencontre d'horribles dangers qui ressemblent à des cauchemars : des géants qui embrochent des êtres humains et qui les font rôtir avant de les manger ; de méchantes créatures qui chevauchent Sindbad comme s'il était un cheval ; des serpents qui menacent de le dévorer vivant ; d'immenses oiseaux qui l'emportent dans le ciel. Finalement, les fantasmes qui satisfont les désirs l'emportent sur ceux qui sont dominés par l'angoisse : Sindbad rentre chez lui sain et sauf avec d'immenses trésors pour vivre une vie de loisirs, pleine de satisfactions. Mais chaque journée ramène les exigences de la réalité. Le *ça* ayant eu le champ libre pendant quelque temps, le *moi* s'affirme, et Sindbad le Portefaix retourne à ses durs travaux quotidiens.

Le conte de fées nous aide à nous mieux comprendre : dans l'histoire, les deux aspects de nos ambivalences sont isolés et projetés dans l'un ou l'autre personnage. Nous pouvons nous faire beaucoup plus facilement une image de ces ambivalences quand les pressions instinctuelles du *ça* sont projetées dans le voyageur intrépide et immensément riche qui survit alors que tous ses compagnons de voyage périssent, tandis qu'à l'opposé les tendances du *moi* orientées vers la réalité sont personnifiées par le pauvre portefaix et ses durs labeurs. Ce qui manque à Sindbad le Portefaix (qui représente notre *moi*), c'est-à-dire l'imagination, la faculté de voir au-delà de l'environnement immédiat, existe en excès chez Sindbad le Marin qui s'avoue incapable de se contenter d'une vie normale, « confortable et reposante ».

Lorsqu'il indique que ces deux personnages si différents sont « frères jusqu'à la moelle des os », le conte guide l'enfant vers la compréhension préconsciente qu'il ne s'agit en fait que d'un seul et même individu ; que le *ça* et le *moi* font tous deux partie intégrante de notre personnalité. L'un des grands mérites de ce conte est que les deux Sindbad sont aussi sympathiques l'un que l'autre ; aucun de ces deux aspects de notre nature n'est dépourvu d'attrait, d'importance, de valeur.

Tant que, dans une certaine mesure, une séparation de nos tendances internes complexes n'a pas été accomplie, nous ne pouvons pas comprendre l'origine de la confusion qui existe en nous ; nous ne pouvons pas comprendre que nous sommes déchirés entre nos sentiments contradictoires et notre besoin de les intégrer. Cette intégration suppose que nous comprenions qu'il existe des aspects discordants de notre personnalité et que nous les identifiions. *Sindbad le Marin et Sindbad le Portefaix* proposent le clivage des aspects contradictoires de notre psyché et montrent que ces aspects appartiennent tous deux à notre nature et doivent être intégrés : les deux Sindbad se séparent chaque soir, mais se retrouvent le lendemain.

A première vue, ce conte semble comporter un point faible : sa conclusion oublie d'exprimer symboliquement la nécessité de l'intégration des aspects disparates de notre personnalité qui ont été projetés dans les deux Sindbad. S'il s'agissait d'un conte du monde occidental, on verrait à la fin les deux héros réunis pour une longue vie heureuse. Ici, le lecteur reste un peu sur sa faim et se demande pourquoi ces deux frères continuent de vivre séparément. Le conte serait plus satisfaisant, semble-t-il, si les deux Sindbad se mettaient à vivre ensemble en parfaite harmonie, conclusion qui exprimerait symboliquement que le héros a accompli l'intégration de sa personnalité.

Mais ce conte fait partie d'un ensemble et ne doit donc pas être considéré isolément. Si l'histoire se terminait ainsi, Schéhérazade n'aurait aucune raison de continuer ses récits la nuit suivante. Dans le découpage des *Mille et Une Nuit* * les sept voyages de Sindbad le Marin sont en réalité racontés en plus de trente nuits.

---

* Le recueil de contes de fées connu sous l'appellation des *Mille et Une Nuits,* ou, dans la traduction anglaise de Burton, *The Arabian Nights' Entertainments,* est d'origine indienne et persane et remonte au xe siècle. Le nombre « 1001 » ne doit pas être pris au sens propre. Au contraire, « mille », en Arabie, signifie « innombrable » et 1001 évoque un nombre infini. Plus tard, des compilateurs et des traducteurs ont pris très au sérieux ce nombre et, en subdivisant les contes et en en ajoutant d'autres, ils ont composé des recueils contenant le nombre de nuits fatidique [30].

Le thème conducteur des « Mille et Une Nuits »

Etant donné que les histoires des deux Sindbad font partie d'un cycle aussi long, la conclusion — ou l'intégration — n'intervient qu'aux dernières lignes des *Mille et Une Nuits*. Nous allons donc considérer maintenant l'histoire qui commence et termine tout le cycle [31].

Le roi Schahriar est profondément déçu par les femmes ; il est très en colère parce qu'il vient de découvrir non seulement que sa femme le trompe avec ses esclaves noirs, mais que le même malheur est arrivé à son frère, le roi Schahzénan ; et que, par surcroît, un génie particulièrement puissant et rusé est perpétuellement trompé par une femme qu'il croit enfermée en toute sécurité.

Le roi Schahriar a été mis au courant de son infortune par son frère, le roi Schahzénan. Le conte nous dit, à propos de ce dernier : « Il était incapable d'oublier la trahison de son épouse et son chagrin était tel qu'il perdait ses couleurs et allait s'affaiblissant. » Questionné par son frère sur les raisons de son déclin, le roi Schahzénan répond : « O mon frère, je porte une blessure au plus profond de moi ! » Comme Schahzénan semble être le double de Schahriar, on peut supposer qu'il souffre de la même blessure : l'idée que personne ne peut vraiment l'aimer.

Le roi Schahriar, ayant perdu toute confiance en l'humanité entière, décide que dorénavant il ne donnera à aucune femme une chance de le tromper et qu'il ne vivra que pour le plaisir. A partir de ce jour-là, il couche chaque nuit avec une vierge qu'il fait exécuter le lendemain. Finalement, il ne reste plus une seule vierge nubile dans le royaume, sauf Schéhérazade, la fille du vizir du roi. Le vizir n'a pas la moindre envie de sacrifier sa fille, mais elle insiste en disant qu'elle a décidé d'arrêter le cours de la tyrannie que le roi exerce sur les familles du royaume. Elle y parviendra en racontant chaque soir, pendant mille et une nuits, une histoire qui passionne tellement le roi qu'il s'abstient de la tuer pour pouvoir entendre la suite du récit la nuit suivante.

Le cycle des Mille et Une Nuits commence donc par une histoire où quelqu'un échappe à la mort en racontant des contes de fées ; c'est un thème que l'on retrouve tout au long du recueil et qui réapparaît à la fin. Par exemple, dans le premier des mille et un contes, *L'histoire des trois cheiks*, un génie menace de mort un marchand, mais il est tellement captivé par l'histoire que lui raconte le marchand qu'il décide de lui laisser la vie sauve. A la fin du cycle, le roi, qui est sûr de la fidélité de Schéhérazade, lui déclare son amour ; son propre amour l'a guéri à jamais de sa haine pour les femmes et on nous fait comprendre qu'ils vivront heureux jusqu'à la fin de leurs jours.

Selon l'histoire qui ouvre le cycle, deux protagonistes, un homme et une femme, se rencontrent à un moment où chacun d'eux vit la grande crise de sa vie : le roi, plein de sa haine pour les femmes, n'a plus envie de vivre ; Schéhérazade a peur de mourir, mais elle est résolue à accomplir sa propre délivrance et celle du roi. Elle atteint son but en racontant une longue série d'histoires ; un seul conte ne suffirait pas, car nos problèmes psychologiques sont beaucoup trop complexes, et leur solution beaucoup trop difficile. Seule une grande variété de contes de fées est capable de déclencher une telle catharsis. Il faut près de trois ans de récits ininterrompus pour que le roi se libère de sa profonde dépression, pour qu'il achève sa cure. Il doit écouter attentivement un millier de contes avant de restaurer complètement sa personnalité désintégrée. (Rappelons ici que dans la médecine hindoue — les *Mille et Une Nuits* sont d'origine indo-persane — l'individu mentalement perturbé est invité à méditer sur un conte de fées qui doit l'aider à surmonter ses problèmes psychologiques.)

La signification des contes de fées se situe à des niveaux différents. A un autre niveau, en ce qui concerne l'histoire qui nous intéresse, les deux protagonistes représentent nos tendances agressives qui, si nous ne les intégrons pas, ne manqueront pas de nous détruire. Le roi symbolise un individu totalement dominé par son *ça* et cela parce que son *moi*, à la suite de graves déceptions, a perdu son pouvoir de contrôle. Après tout, le *moi* a pour rôle de nous protéger des frustrations dévastatrices qui, dans l'histoire, sont symbolisées par les trahisons sexuelles subies par le roi. Si le *moi* n'accomplit pas sa tâche, il devient incapable de guider notre vie.

L'autre personnage de l'histoire qui sert de prétexte, Schéhérazade, représente le *moi*, ce qui est clairement suggéré quand on nous dit : « Elle avait beaucoup de lecture et une mémoire si prodigieuse, que rien ne lui avait échappé de tout ce qu'elle avait lu. Elle s'était heureusement appliquée à la philosophie, à la médecine, à l'histoire et aux arts et connaissait les vers et les histoires populaires ainsi que les maximes des rois et des sages ; et elle était vertueuse, spirituelle et distinguée... », toutes qualités qui appartiennent au *moi*. Ainsi, le *ça* incontrôlé (le roi) après un long processus, finit enfin par se civiliser par l'intermédiaire d'un *moi* personnalisé (Schéhérazade). Mais il s'agit d'un *moi* très dominé par le *surmoi*, à tel point que

Schéhérazade est résolue à risquer sa vie. Elle dit : « Ou je sauverai du massacre les filles du pays, ou je périrai comme elles, et ma mort sera glorieuse. » Son père tente de la dissuader : « Ne risque pas ainsi ta vie ! » Mais rien ne peut la détourner de son dessein, et elle insiste : « Il faut qu'il en soit ainsi. »

Nous observons donc, chez Schéhérazade, un *moi* dominé par le *surmoi* qui s'est tellement détaché du *ça* égoïste qu'il est prêt à risquer la vie de la jeune femme pour obéir à une obligation morale ; et chez le roi, un *ça* qui a rompu ses liens avec le *moi* et le *surmoi*. Forte d'un *moi* puissant, Schéhérazade entreprend sa mission morale avec un plan : elle s'arrangera pour raconter au roi une histoire si captivante qu'il voudra en écouter la suite et, pour cette raison, épargnera la vie de la jeune femme. Et en effet, quand pointe l'aube, elle interrompt son récit et le roi se dit en lui-même : « Je ne la tuerai pas tant que je n'aurai pas entendu le reste de l'histoire ! » Et sa mort est ainsi repoussée de jour en jour. Schéhérazade a accompli sa mission en ce qui concerne la « délivrance » ; mais il en faut davantage.

Seule une personne dont le *moi* a appris à puiser dans l'énergie du *ça* pour réaliser ses desseins constructifs peut charger ce *moi* de contrôler et de civiliser les penchants destructifs du *ça*. Un peu plus tard, quand l'amour de Schéhérazade pour le roi inspire ses récits, c'est-à-dire quand le *surmoi* (le désir de délivrer ses sœurs) et le *ça* (son amour pour le roi qu'elle veut délivrer lui aussi de sa haine et de son état dépressif) sont conciliés, c'est alors, seulement, qu'elle devient une personne totalement intégrée. Une telle personne, raconte l'histoire qui sert de prétexte au recueil de contes, est capable de délivrer le monde du mal, et elle atteint le bonheur, pour elle-même et pour les autres qui, restés dans l'ombre, croyaient qu'ils ne seraient jamais heureux. Elle déclare donc son amour au roi, et il lui avoue le sien. Ce conte de fées (l'histoire-prétexte) à lui tout seul, porte témoignage du pouvoir qu'ont tous les contes de fées de changer notre personnalité : à la fin des *Mille et Une Nuits,* la haine meurtrière a été changée en amour solide.

Un autre élément mérite d'être mentionné. Schéhérazade, dès le début, exprime l'espoir que ses contes feront perdre au roi sa néfaste habitude, mais, pour cela, elle a besoin de l'aide de sa petite sœur, Dinarzade, et elle lui dit ce qu'elle devra faire :

« Quand j'irai vers le sultan, je t'enverrai chercher ; et quand tu viendras vers moi, voyant que le sultan a usé de moi selon sa volonté, tu me diras : « O ma sœur ! si « vous ne dormez pas, je vous supplie, en attendant le « jour qui paraîtra bientôt, de me raconter un des beaux « contes que vous savez. »

Ainsi, d'une certaine manière, Schéhérazade et le sultan sont comme mari et femme, et Dinarzade tient la place de leur enfant. C'est en exprimant le désir d'entendre des contes de fées qu'elle crée le premier lien entre le sultan et sa sœur. A la fin du cycle, Dinarzade est remplacée par le propre fils du sultan et de Schéhérazade ; cette dernière présente l'enfant à son époux et lui déclare son amour. L'intégration de la personnalité du sultan est scellée par le fait qu'il devient père.

Mais avant de pouvoir achever mûrement l'intégration de notre personnalité, telle qu'elle est projetée dans le personnage du sultan à la fin des *Mille et Une Nuits,* nous devons lutter pour traverser bien des crises de croissance dont deux, étroitement liées, sont parmi les plus difficiles à maîtriser.

La première est centrée sur le problème de l'intégration de la personnalité. Qui suis-je réellement ? Etant donné les tendances contradictoires qui sont en moi, à laquelle dois-je réagir ? La réponse du conte de fées est la même que celle que nous propose la psychanalyse : si nous voulons éviter d'être tirés à hue et à dia — et, à la limite, déchirés — par nos ambivalences, nous devons obligatoirement les intégrer. C'est la seule façon de pouvoir réaliser une personnalité unifiée capable d'affronter avec succès, en toute sécurité intérieure, ses difficultés. L'intégration intérieure n'est pas quelque chose que l'on réalise une fois pour toutes ; c'est une tâche qui nous attend tout au long de notre vie, sous des formes et à des degrés différents. Les contes de fées ne présentent pas cette intégration comme l'œuvre de toute une existence ; ce serait trop décourageant pour l'enfant qui trouve déjà difficile d'accomplir une intégration même momentanée de ses ambivalences. Au contraire, chaque conte projette au moment de sa conclusion « heureuse » l'intégration d'un conflit intérieur. Comme les contes de fées sont innombrables et que chacun d'eux a pour thème un conflit fondamental plus ou moins différent des autres, ces histoires, en se combinant, démontrent que, dans la vie, nous rencontrons bien des conflits que nous devons surmonter, les uns après les autres.

La seconde crise de croissance très difficile est le conflit œdipien. C'est une série d'expériences douloureuses et déroutantes que l'enfant doit traverser pour devenir vraiment lui-même, à condition qu'il réussisse à se séparer de ses parents. Pour que cette séparation ait lieu, il faut que l'enfant se libère du pouvoir que ses parents détiennent sur lui et — ce qui est beaucoup plus difficile — du pouvoir qu'il leur a donné en raison de ses angoisses et de son besoin de protection, et de son désir qu'ils n'appartiennent qu'à lui à jamais, comme il sent qu'il leur a appartenu.

La plupart des contes de fées dont il est question dans la première partie de ce livre expriment le besoin d'une intégration intérieure, alors que ceux de la deuxième partie ont trait, en outre, aux problèmes œdipiens. En les étudiant, nous allons passer du cycle de contes de fées le plus célèbre du monde oriental à la tragédie en germe du drame occidental et — selon Freud — à la tragédie de la vie que nous vivons tous.

Le thème des « Deux Frères »

Contrairement à *Frérot et Sœurette,* dans d'autres contes de fées où deux protagonistes — le plus souvent deux frères — représentent des aspects apparemment incompatibles de la personnalité humaine, les deux héros, en général, se séparent après avoir été unis au début pendant un certain temps, et connaissent des destins différents. Dans ces contes de fées — qui, très peu connus de nos jours, sont pourtant parmi les plus anciens et les plus répandus — le frère qui reste à la maison et celui qui va chercher l'aventure restent en contact par un artifice magique. Quand le frère aventureux meurt, parce qu'il s'est permis de vivre selon ses désirs ou de mépriser les dangers, son frère part à son secours, réussit sa mission, après quoi ils vivent à jamais unis dans le même bonheur. Les détails varient ; parfois — quoique rarement — au lieu de deux frères, il s'agit de deux sœurs ou d'un frère et d'une sœur. Ce que toutes ces histoires ont en commun, ce sont des traits qui suggèrent l'identité des deux héros ; l'un d'eux est prudent et raisonnable, mais prêt à risquer sa vie pour sauver l'autre qui s'expose follement à de terribles dangers ; ils ont également en commun quelque objet magique, un gage de vie qui, en général, se désintègre dès que l'un des deux héros est mort ou en grand danger, ce qui détermine l'autre à partir à son secours.

Le thème des deux frères constitue le sujet principal du plus ancien des contes de fées, qui a été découvert dans un papyrus égyptien de 1250 avant Jésus-Christ [32]. Puis, pendant plus de trois mille ans, il a souvent changé de forme. Un chercheur a pu dénombrer sept cent soixante-dix versions différentes, mais il est probable qu'il y en a eu davantage. Dans certaines versions, telle signification prend de l'importance, dans d'autres, c'en est une autre. Si on veut tirer d'un conte de fées tout son suc, il faut non seulement le répéter ou le réentendre plusieurs fois (certains détails, qui sont passés inaperçus, peuvent alors prendre plus de sens ou apparaître sous un autre éclairage), mais également se familiariser avec des variantes qui proposent le même thème.

Les histoires qui reposent sur le thème des « deux frères » ajoutent à ce dialogue intérieur entre le *ça*, le *moi* et le *surmoi* une autre dichotomie : la tendance à l'indépendance et à l'affirmation de soi, et son contraire, la tendance à rester en toute sécurité à la maison, attaché à ses parents. Depuis leurs versions les plus anciennes, ces histoires soulignent que ces deux tendances résident en chacun de nous et qu'il est impossible de survivre si l'une d'elles vient à manquer : le désir de rester attaché au passé, et celui de tendre vers un nouvel avenir. Les péripéties de l'histoire enseignent le plus souvent que si on se coupe totalement de son passé on va droit au désastre, mais que l'on se dessèche à vouloir s'accrocher à son passé : c'est plus sûr, mais on ne peut en faire naître une vie personnelle. On ne peut réussir son existence qu'en intégrant ces deux tendances contraires.

Dans la plupart des contes de fées qui reposent sur ce thème [33], c'est le frère aventureux qui est arraché aux dangers par celui qui était resté à la maison ; mais quelques autres, dont l'antique version égyptienne, expriment le contraire : le frère qui reste à la maison se désintègre. Ces contes de fées semblent nous dire : « Si nous ne déployons pas nos ailes pour quitter le nid, nous ne rompons pas le lien œdipien qui, alors, nous détruit. » Le vieux conte égyptien paraît s'être développé à partir du thème central de la nature destructive des liens œdipiens et de la rivalité fraternelle, c'est-à-dire le besoin de se détacher de la maison de son enfance et de se créer une existence indépendante. Pour que tout se termine bien, il faut que les frères se libèrent de la jalousie (œdipienne et fraternelle) et qu'ils s'appuient l'un sur l'autre.

Dans le conte égyptien, le plus jeune des deux frères, qui est célibataire, résiste aux tentatives de séduction de la femme de son frère. Craignant d'être dénoncée, elle le déshonore en affirmant à son mari qu'il a essayé de la violer *. Fou de jalousie, le frère aîné tente de tuer son cadet. Les dieux interviennent et la vérité éclate ; la réputation du jeune frère est sauve, mais il s'est enfui pour échapper à la vengeance de son frère. Il meurt, et son frère l'apprend lorsqu'il constate que ses boissons deviennent imbuvables. Il vole au secours de son frère et réussit à lui rendre la vie.

Dans cet ancien conte égyptien, l'un des personnages est accusé de ce que l'accusateur lui-même avait l'intention de faire : l'épouse accuse le jeune frère, qu'elle essayait de séduire, d'avoir voulu la violer. Ainsi, l'intrigue raconte la projection d'une tendance inacceptable d'une personne sur une autre ; cela nous montre que ce genre de projection est aussi ancien que l'homme. Comme l'histoire est racontée du point de vue de l'aîné, on peut également admettre que le frère cadet projetait ses désirs sur sa belle-sœur, l'ac-

* L'histoire biblique de Joseph et de Putiphar, qui est située dans un cadre égyptien, remonte sans doute à ce passage de l'ancien conte.

cusant d'un crime qu'il n'osait pas commettre lui-même.

Dans l'histoire, le frère marié est le maître d'une grande maison où il héberge son jeune frère. La femme du maître est, dans un certain sens, la « mère » des plus jeunes de la famille, y compris le cadet. A partir de là, nous pouvons interpréter l'histoire de deux façons différentes : elle nous raconte soit l'histoire d'une figure maternelle qui cède aux désirs œdipiens qu'elle éprouve pour un jeune homme qui joue le rôle de son fils, soit l'histoire d'un fils accusant un personnage maternel d'entretenir les désir œdipiens qu'il éprouve lui-même à son égard.

Quoi qu'il en soit, le conte affirme clairement que, à cette époque de sa vie, pour son propre bien et pour se protéger des problèmes œdipiens, le jeune n'a rien de mieux à faire que de quitter la maison.

Dans cette ancienne version du thème des « deux frères », l'histoire ne fait qu'effleurer la nécessité de se transformer intérieurement si l'on veut aboutir à une conclusion heureuse, et cela à travers les profonds remords du frère aîné lorsqu'il apprend que sa femme a injustement accusé son jeune frère qu'il voulait tuer. Sous cette forme, le conte est essentiellement destiné à nous mettre en garde ; il nous prévient que nous devons nous libérer de nos attaches œdipiennes et nous apprend que la meilleure façon d'y parvenir est de se ménager une existence indépendante, loin de la maison familiale. La rivalité fraternelle est, elle aussi, présentée dans ce conte comme un mobile puissant : la première réaction de l'aîné est de tuer son frère par jalousie. La meilleure partie de sa nature lutte contre ses bas instincts et finit par l'emporter.

Dans les histoires du type *Les Deux Frères,* les héros sont à l'âge de l'adolescence, à cette période de la vie où la tranquillité affective toute relative de l'enfant prépubère est remplacée par la tension et le tumulte de l'adolescence, à la suite de l'évolution psychologique. Lorsqu'il entend un conte de ce genre, l'enfant comprend (tout au moins inconsciemment) que ces histoires, tout en racontant des conflits d'adolescents, présentent des problèmes qui sont propres à toutes les situations difficiles que nous devons affronter chaque fois que nous devons passer d'un stade de développement à un autre. Ce conflit est aussi caractéristique de l'enfant œdipien que de l'adolescent ; il intervient chaque fois que nous décidons de passer à un état d'esprit et de personnalité plus différencié que le précédent, ce qui suppose que nous détendions d'anciens liens avant d'en former de nouveaux.

Dans les versions plus modernes, celle des frères Grimm, par exemple, *Les Deux Frères* (c'est le titre du conte) au début, ne sont pas distincts l'un de l'autre :

« Ils s'enfoncèrent ensemble dans la forêt pour se consulter et discuter de ce qu'ils allaient faire. Ils se mirent d'accord et le soir, quand ils revinrent à la maison pour le dîner, ils s'adressèrent solennellement à leur père adoptif et lui dirent : « Nous ne voulons toucher à « rien de ce qu'il y a sur la table ni manger la moindre « bouchée de nourriture avant que vous n'ayez répondu « à notre demande. »

Et voici ce qu'ils demandent :

« Nous devons terminer notre compagnonnage en parcourant le vaste monde ; nous vous demandons donc de partir pour accomplir notre voyage. »

La forêt, où ils s'enfoncent pour décider d'avoir une vie à eux, symbolise l'endroit où l'obscurité intérieure est affrontée et vaincue ; où on cesse d'être incertain sur ce que l'on est vraiment et où on commence à comprendre ce qu'on veut être.

Dans la plupart des histoires de deux frères, l'un, comme Sindbad le Marin, se précipite dans le monde et affronte mille dangers, tandis que l'autre, comme Sindbad le Portefaix, se contente de rester à la maison.

Dans de nombreux contes européens, le frère qui s'en va se retrouve bientôt dans l'obscurité d'une forêt profonde où il se sent perdu : il a laissé derrière lui la vie organisée que lui procurait la maison familiale et n'a pas encore construit les structures intérieures qui ne peuvent se développer que par l'impact des expériences de la vie que nous devons plus ou moins maîtriser par nos propres moyens. Depuis les temps les plus reculés la forêt pratiquement impénétrable où nous nous perdons symbolise le monde obscur, caché, pratiquement impénétrable de notre inconscient. Si, après avoir perdu le cadre qui servait de structure à notre vie passée, nous devons chercher seuls à devenir nous-mêmes, et nous engager dans ce monde hostile avec une personnalité qui n'est pas encore développée totalement, le jour où nous parvenons à trouver notre route, nous émergeons avec une humanité hautement épanouie *.

Le héros de conte de fées, dans cette forêt obscure, rencontre souvent le produit de nos désirs et de nos angoisses — la sorcière — comme le font les deux frères du conte des Grimm. Qui n'aimerait détenir le pouvoir d'une sorcière ou d'une fée et s'en servir pour satisfaire tous ses désirs, pour se procurer tout ce qui est désirable et pour punir ses ennemis ? Et qui ne tremble à l'idée que d'autres pourraient détenir ce pouvoir et l'utiliser contre lui ? La sorcière (plus que tout autre personnage que notre imagination a investi, de pouvoirs magiques, la fée et l'ogre, par exemple) dans son aspect opposé, est la réincarnation de la mère tutélaire de l'enfance et de la mère néfaste de la crise œdipienne. Mais elle n'est plus présentée,

* C'est cette image très ancienne qu'évoque Dante au début de la *Divine comédie :* « Au milieu du voyage de notre vie, je me retrouvai dans une sombre forêt où j'avais perdu mon chemin. » Là, il trouve, lui aussi, un sauveur « magique », Virgile, qui lui propose de le guider au cours de ses célèbres pérégrinations. Virgile lui fait d'abord traverser l'enfer, puis le purgatoire, et enfin, au terme du voyage, le paradis.

sous ses deux aspects réalistes, comme la mère bonne ou, à l'opposé, comme une marâtre qui repousse par ses exigences, mais, d'une façon tout à fait irréelle, comme un être surhumainement tutélaire ou inhumainement destructif.

Ces deux aspects de la sorcière sont nettement délimités dans les contes de fées où le héros, perdu dans la forêt, rencontre une sorcière au charme irrésistible qui, tout d'abord, satisfait tous ses désirs tant que durent leurs relations. C'est la mère tutélaire de notre enfance, que nous avons tous l'espoir de retrouver dans notre vie. Préconsciemment ou inconsciemment, c'est cet espoir qui nous donne la force de quitter la maison. Ainsi, le conte de fées, à sa manière, nous fait comprendre que nous nous laissons leurrer par de faux espoirs lorsque nous imaginons à tort que notre seul but est d'accéder à une existence indépendante.

Après avoir comblé les désirs du héros, la sorcière, à un certain moment — en général quand le héros cesse de lui obéir — se retourne contre lui et le change en animal ou en pierre. C'est-à-dire qu'elle le prive de toute humanité. Dans ces histoires, la sorcière représente la façon dont la mère pré-œdipienne apparaît à l'enfant ; tutélaire, prête à satisfaire ses désirs, tant qu'il ne prétend pas agir à sa façon et reste symboliquement attaché à elle. Mais à mesure que l'enfant s'affirme, ses « non » deviennent naturellement de plus en plus nombreux. L'enfant qui a mis toute sa confiance en cette femme, qui a lié son sort au sien — ou qui sent que son sort est lié au sien — connaît maintenant une profonde désillusion ; l'être qui lui a donné le pain, semble-t-il, est devenu de pierre.

Quelles que soient les péripéties, dans ces histoires de « deux frères », le moment vient où les deux héros se différencient, de même que tout enfant est appelé à s'éloigner du stade de non-différenciation. Ce qui se produit alors symbolise aussi bien le conflit interne (représenté par les actions des deux frères) que la nécessité d'abandonner une forme d'existence pour en aborder une autre d'un niveau plus élevé. Quel que soit l'âge de l'individu, quand vient le moment où il doit décider s'il quittera ses parents (ce que nous faisons tous à des degrés différents, à différentes périodes de nos vies), il existe toujours un désir de mener une existence totalement détachée d'eux et de ce qu'ils représentent dans sa psyché, et, en même temps, le désir contraire de leur rester attaché étroitement. Il en est ainsi, de façon très vive, au cours de la période qui précède immédiatement l'âge scolaire et également pendant celle qui le termine. Le premier sépare la première enfance de l'enfance ; le second l'enfance du premier âge adulte.

Le conte des frères Grimm, *Les Deux Frères*, commence par imposer à l'auditeur l'idée que le drame est inévitable si les deux frères (c'est-à-dire les deux aspects divergents de notre personnalité) ne sont pas intégrés. Voici le début :

« Il y avait une fois deux frères : un riche et un pauvre. Le riche, qui était orfèvre, avait la méchanceté dans le cœur ; et le pauvre, qui gagnait sa vie en fabriquant des balais, était honnête et bon. Or celui-ci, le pauvre, avait deux fils qui étaient jumeaux et qui se ressemblaient comme deux gouttes d'eau. »

Le pauvre trouve un oiseau d'or et, après bien des péripéties, ses jumeaux, en mangeant le cœur et le foie de l'oiseau, acquièrent le pouvoir de trouver chaque matin une pièce d'or sous leur oreiller. Le méchant frère, dévoré par l'envie, persuade le père des jumeaux qu'il s'agit d'un pacte avec le diable et que, pour son salut, il doit se débarrasser de ses enfants. C'est ce que fait le frère pauvre. Heureusement, un chasseur découvre les enfants et les adopte. Lorsqu'ils sont grands, comme je l'ai dit plus haut, ils se retirent dans la forêt et décident de courir le monde. Leur père adoptif est tout à fait d'accord avec eux et, au moment des adieux, leur donne un couteau qui sera l'objet magique de l'histoire.

Ainsi que je l'ai dit au début de l'étude du thème des « deux frères », l'un des traits caractéristiques de ces histoires est qu'un signe magique de vie, qui symbolise l'identité des deux frères, indique à l'un que l'autre est en danger et le détermine à voler à son secours. Les deux frères, comme je l'ai dit, symbolisent les processus psychologiques qui, pour que nous existions, doivent fonctionner de concert ; la mort ou la désintégration de l'objet magique suggère la désintégration de notre personnalité qui survient si tous ses aspects cessent de coopérer. Dans *Les Deux Frères*, l'objet magique est un couteau « neuf et tout brillant » ; en le leur donnant, le père adoptif dit aux jumeaux :

« Si un jour vous vous séparez, plantez-le dans un arbre à l'endroit de votre séparation ; en y revenant, l'un de vous deux pourra toujours savoir ce qu'il est advenu de l'autre, car s'il meurt, le côté de la lame tourné dans la direction qu'il aura prise se rouillera, et s'il vit, la lame restera toujours brillante de son côté. »

Les deux frères se séparent (après avoir planté le couteau dans un arbre) et chacun mène sa vie comme il l'entend. Après bien des aventures, l'un d'eux est transformé en pierre par une sorcière. L'autre revient à l'endroit de leur séparation et voit que la lame, du côté de son frère, est rouillée ; comprenant qu'il est mort, il part à son secours et parvient à lui rendre forme humaine. Après s'être retrouvés — symbole de l'intégration des tendances contraires qui s'agitent en nous — les deux frères mènent ensemble une vie éternellement heureuse.

En juxtaposant ce qui arrive au bon et au mauvais frère et aux jumeaux du premier, l'histoire sous-entend que, si les aspects contradictoires de la personnalité demeurent séparés, il ne peut en résulter que des malheurs : le frère pauvre lui-même, malgré sa bonté, est frustré par la vie. Il perd ses fils, faute d'avoir compris les mauvais penchants de notre nature

— représentés par son frère — et se trouve donc incapable d'échapper aux conséquences. Les jumeaux, par opposition, après avoir vécu des vies très différentes, vont au secours l'un de l'autre, ce qui symbolise qu'ils ont accompli leur intégration intérieure et qu'ils peuvent donc vivre heureux *.

---

* L'identité des jumeaux est sans cesse soulignée, quoique de façon symbolique. Par exemple, ils rencontrent, chacun de son côté, un lièvre, un renard, un loup, un ours et, pour finir, un lion. Ils épargnent leur vie et, en échange, chaque animal leur offre une paire de petits de son espèce qui deviendront leurs fidèles compagnons. Les animaux œuvrent ensemble et, à plusieurs reprises, sauvent leurs maîtres de graves dangers. Cela nous montre une fois de plus, à la façon des contes de fées, que si l'on veut réussir sa vie il faut que les différents aspects de la personnalité — symbolisés ici par ce qui différencie le lièvre, le renard, le loup, l'ours et le lion — travaillent ensemble et soient intégrés.

« Les Trois Langages »

ou comment réaliser l'intégration

Pour comprendre son vrai *moi,* il faut se familiariser avec les mécanismes internes de l'esprit. Pour bien fonctionner, il faut intégrer les tendances contradictoires inhérentes à notre être. L'une des façons dont les contes de fées nous aident à voir et, ainsi, à mieux appréhender ce qui se passe en nous, consiste à isoler ces tendances et à les projeter dans des personnages différents, comme le font *Frérot et Sœurette* et *Les Deux Frères.*

Une autre approche des contes de fées, qui montre la nécessité de cette intégration, est symbolisée par un héros qui rencontre l'une après l'autre ces différentes tendances et les incorpore à sa personnalité jusqu'à ce qu'elles se coalisent en lui, ce qui est nécessaire si on veut atteindre une indépendance et une humanité totales. Le conte des frères Grimm *Les Trois Langages* est une histoire de ce type. Il s'agit d'un thème dont l'origine est très lointaine et dont on peut trouver des versions dans de nombreux pays occidentaux et dans quelques régions de l'Asie. Malgré sa grande ancienneté, ce conte éternel se lit comme s'il avait été écrit pour l'adolescent d'aujourd'hui à propos de ses conflits avec ses parents, ou à propos de l'incapacité des parents à comprendre ce qui motive leurs enfants adolescents.

L'histoire commence ainsi :

« En Suisse, il y avait une fois un comte assez âgé qui n'avait qu'un fils ; mais ce fils était stupide et ne savait rien apprendre. « Ecoute, mon fils, lui dit son père, je « n'arrive à rien avec toi et je suis incapable, quoi que je « fasse, de te mettre la moindre chose dans la tête. Tu « vas donc partir d'ici et je vais te confier à un maître « fameux qui tentera de faire quelque chose de toi [34]. »

Le fils étudia pendant un an avec ce maître. Quand il revint chez lui, le père fut horrifié de l'entendre dire : « J'ai appris ce que disent les chiens quand ils aboient. » Renvoyé pour une deuxième année d'études avec un maître différent, l'enfant revient pour dire qu' « il a appris ce que disent les petits oiseaux ». Furieux de constater que son fils avait une fois de plus perdu son temps, le père se mit en colère : « Tu iras chez un troisième maître, menaça-t-il, mais si cette fois tu n'y apprends rien, moi je ne veux plus être ton père ! » Quand l'année s'acheva, le fils rentra à la maison et son père lui demanda : « Mon fils, qu'as-tu appris ? » « Mon cher père, cette année-ci j'ai appris ce que coassent les grenouilles. » Le père entra dans une telle fureur qu'il chassa son fils et ordonna à ses domestiques de l'emmener dans la forêt pour lui ôter la vie. Mais les serviteurs eurent pitié de l'enfant et se contentèrent de l'abandonner dans la forêt.

Au début de nombreux contes de fées, des enfants sont chassés de chez eux ; cet événement se présente sous deux formes principales : ou bien il s'agit d'enfants prépubères contraints de quitter leur maison (*Frérot et Sœurette*) ou abandonnés à un endroit à partir duquel ils sont incapables de retrouver leur chemin (*Jeannot et Margot*) ; ou bien il s'agit d'enfants pubères ou de jeunes adolescents, que des domestiques ont reçu l'ordre de tuer mais qui, par pitié, ne font qu'un simulacre de sacrifice (*Les Trois*

Langages, *Blanche-Neige*). Sous la première forme s'exprime la peur d'être abandonné ; sous la deuxième la peur d'une vengeance.

Le fait d'être chassé de la maison peut être inconsciemment ressenti par l'enfant soit comme le désir d'être débarrassé de ses parents, soit comme l'idée que ses parents veulent se débarrasser de lui. L'enfant lâché dans le monde, ou abandonné dans une forêt, symbolise à la fois le désir des parents de voir l'enfant devenir indépendant et le désir de l'enfant, ou son angoisse, vis-à-vis de cette indépendance.

Le jeune enfant, dans ces contes, est simplement abandonné (comme Jeannot et Margot) ; l'angoisse dominante de l'âge prépubertaire est la suivante : « Si je ne suis pas un enfant gentil et obéissant, si je donne des soucis à mes parents, ils ne s'occuperont plus de moi ; peut-être, même, m'abandonneront-ils. » L'enfant pubère, qui se sait davantage capable de se débrouiller tout seul, est moins angoissé par l'idée d'être abandonné et a donc davantage le courage de tenir tête à ses parents. Dans les histoires où l'enfant est condamné à être tué par des serviteurs, il a menacé la position dominante et l'amour-propre des parents, comme le fait Blanche-Neige en étant plus belle que la reine. Dans *Les Trois Langages*, l'autorité paternelle est mise en question par le fils qui, de toute évidence, s'obstine à ne pas vouloir étudier comme le voudrait son père.

Comme le père (ou la mère) ne tue pas l'enfant de ses propres mains et fait exécuter le crime par des domestiques, on peut en déduire que, sur un certain plan, le conflit ne se situe pas entre l'enfant et les adultes en général, mais uniquement entre l'enfant et ses parents. Les autres adultes sont aussi compatissants qu'ils peuvent se permettre de l'être sans entrer en conflit avec les parents. Sur un autre plan, on peut dire que l'adolescent est angoissé à tort par l'idée du pouvoir que ses parents détiennent sur sa vie : aussi furieux que soit le père (ou la mère) il ne fait pas tomber sa colère directement sur l'enfant mais fait appel à un intermédiaire. Comme le projet criminel du père ne se réalise pas, il faut comprendre que le père qui essaie d'abuser de son autorité se met inévitablement dans une position d'impuissance.

Si nos adolescents avaient été élevés en plus grand nombre dans l'ambiance des contes de fées, ils sentiraient peut-être (inconsciemment) que leur conflit ne les oppose pas au monde adulte, ni à la société, mais en réalité à leurs seuls parents. En outre, aussi menaçants que puissent se montrer les parents à certains moments, c'est toujours l'enfant, à la longue, qui finit par gagner, comme le montre clairement la conclusion de tous ces contes de fées. Non seulement l'enfant survit à ses parents, mais il les surpasse. Cette conviction, dès qu'elle est ancrée dans l'inconscient, permet à l'adolescent de se sentir en sécurité, malgré toutes ses difficultés de croissance, parce qu'il a confiance en la victoire finale.

Evidemment, si les adultes, dans leur enfance, avaient été familiarisés avec les messages des contes de fées, et s'ils en avaient tiré parti, ils pourraient se rendre compte plus ou moins clairement de l'inconséquence du père (ou de la mère) qui croit savoir ce qui doit intéresser l'enfant dans ses études et qui se sent menacé si l'adolescent, à cet égard, s'oppose à sa volonté. Par ironie, dans *Les Trois Langages*, c'est le père lui-même qui envoie l'enfant au loin pour étudier, qui choisit ses maîtres et qui, chaque fois, est furieux de constater ce qu'il a appris. Cela nous montre que les parents modernes, qui envoient leur fils au collège et qui se mettent en colère à cause de ce que celui-ci y apprend ou à cause des changements intervenus chez lui, ne sont absolument pas des nouveaux venus sur la scène de l'histoire !...

L'enfant est partagé entre le désir et la crainte de voir ses parents ignorer son besoin d'indépendance et prendre leur revanche. S'il le désire, c'est parce qu'il aurait alors la preuve que ses parents tiennent à lui, ce qui lui donnerait de l'importance. Avant d'être un homme ou une femme, il faut d'abord cesser vraiment d'être un enfant, idée qui ne vient pas à l'esprit de l'enfant prépubère, mais que comprend l'adolescent. Si l'enfant désire que ses parents cessent d'exercer sur lui leur pouvoir parental, il sent également dans son inconscient qu'il a détruit ses parents (puisqu'il veut leur enlever leurs pouvoirs) ou qu'il se prépare à le faire. Il est donc tout naturel qu'il pense que ses parents cherchent à se venger.

Dans *Les Trois Langages,* un fils brave à plusieurs reprises l'autorité paternelle et, ce faisant, il s'affirme. En même temps, en agissant ainsi, il détruit le pouvoir paternel. Cela l'amène à redouter une vengeance.

Donc, le héros des *Trois Langages* part explorer le monde. Au cours de ses pérégrinations, il parcourt un pays affligé par des chiens sauvages dont les aboiements furieux empêchent les gens de dormir et qui, à certaines heures, veulent qu'on leur livre un homme qu'ils dévorent instantanément. Comme le héros comprend le langage des chiens, ceux-ci lui expliquent pourquoi ils sont si féroces et ce qu'il faut faire pour les apaiser. Dès que le jeune homme a fait le nécessaire, les chiens quittent le pays et le héros y séjourne quelque temps.

Quelques années plus tard, il décide d'aller à Rome. En chemin, des grenouilles, par leurs coassements, lui révèlent un avenir fabuleux, ce qui le rend tout pensif. Arrivé à Rome, il apprend que le pape vient de mourir et que les cardinaux ne parviennent pas à se mettre d'accord sur le nom de son successeur. Au moment même où les cardinaux décident que le futur pape sera désigné par un signe miraculeux, deux colombes blanches viennent se poser sur les épaules du héros. Quand on lui demande s'il accepterait de devenir pape, il hésite, ne sachant pas s'il en est digne ; mais les colombes lui conseillent d'accepter. Il est donc consacré, comme l'avaient prédit les grenouilles. Mais il doit chanter la messe, et comme il n'en sait pas le premier mot, les colombes, qui n'ont pas quitté ses épaules, lui soufflent tout dans l'oreille.

Telle est l'histoire d'un adolescent dont le père ignore les besoins et qui pense que son fils est stupide... Celui-ci ne se développera pas comme l'espérait le père mais s'entêtera à vouloir apprendre ce qu'il estime lui-même valable. Avant de s'accomplir totalement en tant que personne, le jeune homme doit d'abord se familiariser avec son être intérieur, processus qu'aucun père ne peut prescrire à son fils, même s'il se rend compte de la valeur de cet être intérieur — ce que ne fait d'ailleurs pas le père de l'histoire.

Le fils de ce conte symbolise la jeunesse en quête d'elle-même. Les trois maîtres différents que le fils va chercher très loin pour apprendre le monde et lui-même sont les aspects, jusqu'ici inconnus, du monde et de lui-même qu'il a besoin d'explorer, ce qu'il ne pouvait faire tant qu'il était attaché trop étroitement à la maison.

Pourquoi le héros apprend-il d'abord le langage des chiens, puis celui des oiseaux, et finalement, celui des grenouilles ? Nous retrouvons ici, sous un autre aspect, l'importance du chiffre trois. L'eau, la terre et l'air sont les trois éléments où notre vie se déroule. L'homme est un animal terrestre, comme l'est le chien. Les chiens vivent très près de l'homme. Pour l'enfant, ils sont les animaux qui se rapprochent le plus de l'homme, mais ils représentent aussi la liberté instinctuelle, la liberté de mordre, de déféquer d'une façon incontrôlée et de satisfaire sans contrainte les besoins sexuels ; et, en même temps, ils représentent des valeurs plus nobles, comme la fidélité et l'amitié. On peut dresser les chiens à contrôler leurs coups de dents agressifs et à être propres. Il paraît donc tout naturel que le langage des chiens soit le premier et le plus facile à apprendre. Il semblerait que les chiens de l'histoire représentent le *moi* humain, cet aspect de la personnalité la plus proche de la surface de l'esprit puisqu'il a pour fonction de régler les relations de l'homme avec son prochain et le monde extérieur. Les chiens, depuis la préhistoire, ont servi quelque peu cette fonction en aidant l'homme à éloigner ses ennemis et en lui montrant de nouvelles façons d'établir des relations avec les bêtes sauvages et les autres.

Les oiseaux, qui peuvent voler haut dans le ciel, symbolisent une liberté toute différente : la liberté, pour l'âme, de prendre son essor, de s'élever loin de ce qui nous rattache à notre existence terrestre, à juste titre représentée par les chiens et les grenouilles. Les oiseaux, dans cette histoire, représentent le *surmoi*, avec tout ce qu'il contient de buts élevés et d'idéaux, ses envolées vers une perfection plus ou moins imaginaire.

De même que les oiseaux symbolisent le *surmoi* et les chiens le *moi*, les grenouilles, elles, symbolisent la partie la plus ancienne de la personnalité humaine, le *ça*. Ce serait peut-être remonter un peu trop loin que de rappeler que les grenouilles représentent le processus d'évolution où les animaux terrestres, y compris les ancêtres de l'homme, quittèrent, il y a bien longtemps, l'élément liquide pour la terre ferme. Mais, même aujourd'hui, nous commençons tous à vivre entourés d'un élément liquide que nous ne quittons qu'à notre naissance. Les grenouilles vivent d'abord dans l'eau à l'état de têtards pour vivre ensuite dans les deux éléments. Leur forme de vie, dans l'évolution de la vie animale, s'est développée avant celle des chiens et des oiseaux, de même que le *ça* est la partie de la personnalité qui existe bien avant le *moi* et le *surmoi*.

Tandis que les grenouilles, au niveau le plus profond, peuvent symboliser notre existence la plus ancienne, elles représentent ainsi, à un niveau plus accessible, notre capacité de passer d'un stade inférieur à un stade supérieur de vie. Avec de l'imagination, on peut dire que le fait d'apprendre le langage des chiens et des oiseaux est la condition préalable de l'accession à la plus importante des capacités : passer à un stade supérieur d'existence. Les grenouilles peuvent symboliser à la fois l'état le plus inférieur, le plus primitif et le plus ancien de notre être, et l'évolution qui nous en éloigne. On peut comparer cette idée à l'évolution qui part des pulsions archaïques destinées aux satisfactions les plus élémentaires, pour aboutir à un *moi* mûr capable d'utiliser les immenses ressources de notre planète pour sa satisfaction.

Cette histoire implique également qu'il ne nous suffit pas d'apprendre à comprendre tous les aspects du monde, de l'existence que nous y menons (la terre, l'air, l'eau) et de notre vie intérieure (le *ça*, le *moi*, le *surmoi*). Nous ne pouvons profiter de cette compréhension d'une façon significative que si nous l'appliquons à nos rapports avec le monde. Il ne suffit pas de connaître le langage des chiens. Nous devons également être capables de faire face à ce que représentent les chiens. Les chiens féroces de l'histoire, dont le héros doit apprendre le langage avant de pouvoir accéder à un stade supérieur d'humanité, symbolisent les pulsions violentes, agressives et destructives de l'homme. Si nous restons prisonniers de ces pulsions, elles peuvent nous détruire, comme les chiens du conte détruisent des humains.

Les chiens sont étroitement reliés à la possessivité anale parce qu'ils veillent sur un grand trésor qui explique leur férocité. Une fois qu'il a compris ces violentes pressions et qu'il s'est familiarisé avec elles (ce qui est symbolisé par le fait qu'il a appris le langage des chiens), le héros peut les apprivoiser et en tirer un bénéfice immédiat : le trésor que gardaient si sauvagement les chiens devient disponible. Si l'inconscient est apprivoisé et s'il reçoit son dû — le héros nourrit les chiens — ce qui restait si férocement caché (c'est-à-dire le matériel refoulé) devient accessible et, de destructif, devient bénéfique.

L'étude du langage des oiseaux suit naturellement

celui des chiens. Les oiseaux symbolisent les plus hautes aspirations du *surmoi* et des idéaux du *moi*. Lorsque la sauvagerie du *ça* et la possessivité de l'analité ont été surmontées, et quand son *surmoi* a été établi (le langage des oiseaux) le héros est prêt à affronter les amphibies anciens et primitifs. En même temps, on nous laisse entendre que le héros maîtrise le sexe, ce qui, dans le langage propre aux contes de fées, est exprimé par le fait qu'il maîtrise le langage des grenouilles. (Nous verrons plus loin, à propos du *Roi-Grenouille* pourquoi les grenouilles, les crapauds, etc., représentent la sexualité dans les contes de fées.) Il est également significatif que les grenouilles qui, dans leur propre cycle de vie, passent d'une forme inférieure à une forme supérieure, apprennent au héros qu'il est sur le point de passer à une existence plus élevée : il sera pape.

Les blanches colombes — qui, dans le symbolisme religieux, représentent l'Esprit saint — inspirent le héros et le rendent capable d'assumer les fonctions les plus élevées qui soient sur la terre ; il les obtient parce qu'il connaît le langage des colombes et qu'il se conforme à leurs directives. Il a réussi l'intégration de sa personnalité, après avoir appris à comprendre et à maîtriser son *ça* (les chiens féroces), à écouter son *surmoi* (les oiseaux) sans se soumettre complètement à son pouvoir, et à tenir compte des précieuses informations qu'il tient des grenouilles (le sexe).

Je ne connais aucun autre conte de fées où le processus qui mène l'enfant vers la réalisation la plus totale de lui-même, dans son être et dans le monde, soit présenté d'une façon aussi concise. Dès qu'il a accompli son intégration, le héros devient l'homme le plus apte à remplir les plus hautes fonctions qui soient.

« Les Trois Plumes » :

« Simplet », le benjamin de la famille

Le chiffre trois, dans les contes de fées, est souvent en relation avec ce que la psychanalyse considère comme les trois aspects de l'esprit : le *ça,* le *moi* et le *surmoi.* Cela est en partie confirmé par un autre conte des frères Grimm : *Les Trois Plumes.*

Dans cette histoire, ce n'est pas tellement la division tripartite de l'esprit humain qui se trouve symbolisée, mais plutôt la nécessité de sa familiariser avec l'inconscient, d'apprendre à estimer ses pouvoirs et à utiliser ses ressources. Le héros de ce conte, bien qu'il soit considéré comme un idiot, remporte la victoire parce qu'il s'appuie sur son inconscient, et ce sont ses rivaux, qui comptent sur leur « intelligence » et restent fixés à la surface des choses, qui font figure d'imbéciles. Leurs moqueries à l'égard de « Simplet », leur petit frère qui demeure très proche de sa base naturelle, puis la victoire que Simplet remporte sur eux montrent que la conscience qui s'est séparée de ses sources inconscientes ne peut que nous mener à la dérive.

Le thème de l'enfant maltraité et repoussé par ses aînés (frères ou sœurs) est présent à travers toute l'histoire des contes de fées, surtout sous la forme de

Cendrillon. Mais les histoires centrées sur un enfant stupide, dont *Les Trois Langages* et *Les Trois Plumes* sont des exemples, racontent quelque chose de tout à fait différent. Aucune allusion n'est faite au malheur de l'enfant « idiot » que le reste de la famille tient en piètre estime. La sottise est présentée comme une réalité de la vie qui ne semble pas tellement inquiéter. On a parfois l'impression que « Simplet » est indifférent à sa condition, puisque les autres n'attendent rien de lui. Les histoires de ce type commencent au moment où la vie sans relief de l' « idiot » est interrompue par une tâche qui lui est imposée (dans l'histoire précédente, par exemple, le comte envoie son fils faire son éducation loin de la maison). Les contes innombrables où le héros est d'abord dépeint comme un idiot appellent une explication sur la tendance qui pousse l'enfant à s'identifier à lui bien avant qu'il ne se révèle supérieur à ceux qui le méprisaient.

Le petit enfant, aussi intelligent qu'il soit, se sent stupide et maladroit quand il se trouve confronté à la complexité du monde qui l'entoure. Tout le monde paraît en savoir plus que lui, être plus capable qu'il ne l'est. C'est pourquoi tant de contes de fées commencent par le portrait d'un héros avili et considéré comme simple d'esprit. C'est ce que l'enfant éprouve vis-à-vis de lui-même et qu'il projette moins sur le monde en général que sur ses parents et ses frères ou sœurs aînés.

Même quand on nous dit dans certains contes de fées, comme *Cendrillon,* que l'enfant a vécu heureux avant que les malheurs ne s'abattent sur lui, on ne nous précise pas que cet enfant, à cette époque heureuse, était un être capable. Il était heureux parce qu'on n'attendait rien de lui, parce que sa vie était prévue par les autres dans les moindres détails. Ce n'est pas la faute de l'enfant si son incapacité lui fait craindre d'être stupide ; et le conte de fées a psychologiquement raison de ne jamais expliquer pourquoi l'enfant est considéré comme un idiot.

Dans la mesure où le conscient de l'enfant est concerné, il ne se passe rien pendant ses premières années parce que, dans le cours normal des événements, l'enfant ne se souvient d'aucun conflit intérieur avant que ses parents ne commencent à formuler des exigences précises qui vont à l'encontre de ses désirs. C'est en partie à cause de ces exigences que l'enfant expérimente des conflits avec le monde, et l'intériorisation de ces exigences contribue à l'élaboration du *surmoi* et à la prise de conscience des conflits intérieurs. Pour toutes ces raisons, dans la mémoire de l'enfant, ces années sont exemptes de conflits ; elles sont heureuses mais vides. De même, dans les contes de fées, il ne se passe rien dans la vie de l'enfant jusqu'au moment où il s'éveille aux conflits qui l'opposent à ses parents et à ceux qui s'agitent en lui-même. Etre « idiot », cela évoque un stade indifférencié d'existence qui précède les luttes entre le *ça*, le *moi* et le *surmoi* de la personnalité complexe de l'enfant.

A un niveau plus simple, plus direct, les contes de fées où le héros est le plus jeune et le plus sot offrent à l'enfant les consolations et les espoirs dont il a le plus besoin. Alors que l'enfant a une piètre opinion de lui-même — façon de voir qu'il projette sur l'opinion que les autres ont de lui — et qu'il redoute de ne jamais arriver à rien, le conte lui montre qu'il s'est déjà engagé dans le processus qui l'amènera à réaliser ses possibilités. Dans *Les Trois Langages*, l'enfant qui a appris à comprendre les animaux passe aux yeux de son père pour un être stupide, alors qu'en réalité il s'est approché à grands pas de sa véritable personnalité. Le dénouement de ces histoires apprend à l'enfant que, bien qu'il ait été considéré, par lui-même et par les autres, comme le moins capable, il n'en surpassera pas moins tout le monde.

Ce message ne peut être vraiment convaincant que si le conte est répété à l'enfant. La première fois qu'il écoute une histoire dont le héros est « idiot », l'enfant peut ne pas s'identifier à lui, tant il a l'impression d'être lui-même stupide. Ce serait trop menaçant, trop contraire à son amour-propre. Ce n'est que lorsqu'il se sent persuadé de la supériorité affirmée finalement par le héros que l'enfant peut se permettre de s'identifier à ce qu'il est au début de l'histoire. Et sur la base de cette identification, l'enfant peut être encouragé à penser que la mauvaise opinion qu'il a de lui-même est fausse. Avant que n'intervienne l'identification, l'histoire n'a guère de sens pour l'enfant en tant que personne ; c'est seulement plus tard qu'il peut commencer à réaliser ses possibilités.

Le conte d'Andersen *Le Vilain Petit Canard* est l'histoire d'un caneton qui, après avoir été méprisé par ses frères, finit par prouver sa supériorité à tous ceux qui se sont moqués de lui. L'histoire contient même l'élément du héros qui est le dernier-né, puisque tous les autres canetons sont sortis de l'œuf avant lui. Cette histoire, aussi charmante soit-elle, est, comme presque tous les contes d'Andersen, un récit pour adultes. Les enfants l'apprécient, bien sûr, mais elle ne leur est d'aucun secours ; bien qu'elle leur plaise, elle fait faire fausse route à leur imagination. L'enfant qui se sent incompris et déprécié peut avoir envie d'appartenir à une autre espèce, mais il sait très bien que c'est impossible. Sa chance de réussir dans la vie *n'est pas* de passer d'une espèce à une autre, comme le vilain petit canard qui devient cygne, mais d'améliorer ses qualités et de faire mieux que ce que les autres attendent de lui, tout en conservant la même nature que ses parents et ses frères et sœurs. Nous trouvons tout cela dans les contes de fées, quelles que soient les transformations subies par le héros ; il peut être transformé en animal, ou même en pierre, mais, à la fin, il est toujours un être humain, comme il l'était au début.

Encourager l'enfant à croire qu'il est d'une espèce différente, même si cette idée le séduit, c'est risquer de le conduire dans une direction opposée à celle que proposent les contes de fées, c'est-à-dire qu'il doit faire quelque chose pour réaliser sa supériorité. *Le Vilain Petit Canard* n'exprime absolument pas la nécessité d'accomplir quelque chose. Tout est réglé par le destin et l'histoire s'achemine vers sa conclusion, que le héros agisse ou pas, alors que dans les contes de fées, ce sont les actes du héros qui changent sa vie.

L'inexorabilité du destin — optique dépressive répandue dans le monde entier — apparaît aussi clairement dans *Le Vilain Petit Canard* et son dénouement heureux que dans un autre conte d'Andersen, *La Petite Fiancée ;* cette histoire émouvante, qui se termine, elle, tristement, n'apporte rien à l'identification de l'enfant. *La Petite Fiancée* est un conte réaliste sur la cruauté du monde ; il éveille la compassion envers les opprimés. Mais l'enfant qui se sent opprimé a moins besoin de s'apitoyer sur le sort de ceux qui sont dans la même situation que lui que d'être persuadé qu'il peut échapper à son destin.

Quand le héros d'un conte de fées n'est pas enfant unique et quand il est le moins doué et le plus maltraité (bien qu'à la fin de l'histoire il surpasse de loin ceux qui lui étaient supérieurs), il s'agit presque toujours du troisième-né. Cette constante ne représente pas forcément la jalousie fraternelle du plus jeune enfant. Mais comme chaque enfant, par moments, se sent le plus méprisé de la famille, le conte de fées exprime ce sentiment en l'attribuant soit au plus jeune, soit au plus délaissé, ou à l'enfant qui remplit ces deux conditions. Mais pourquoi s'agit-il si souvent du troisième ?

Pour en comprendre la raison, il convient de considérer une fois de plus la signification du chiffre trois dans les contes de fées. Cendrillon est maltraitée par ses deux demi-sœurs qui, non seulement lui attribuent la position la plus basse, mais la placent au troisième rang ; c'est également vrai pour le héros des *Trois Plumes* et d'une quantité d'autres contes où, au début de l'histoire, le héros se trouve au pied du mât totem.

Une autre caractéristique de ces contes est que les deux autres frères (ou sœurs) sont à peine différenciés l'un de l'autre ; ils se ressemblent et agissent de concert.

Dans l'inconscient comme dans le conscient, les nombres représentent les personnes : les membres de la famille et les relations. Nous sommes très conscients que « un » nous représente nous-mêmes, par rapport au monde. « Deux » représente le couple, marié ou non. « Deux contre un » fait penser à un individu qui est injustement éliminé d'une compétition. Dans l'inconscient et dans les rêves, « un » peut représenter l'individu lui-même, comme dans le conscient, ou bien, particulièrement chez les enfants, celui des parents qui tient la position dominante. Pour les adultes, « un » se rapporte aussi à la personne qui détient le pouvoir, le « patron » par exemple. Dans l'esprit de l'enfant, « deux » représente généralement les parents et « trois », l'enfant lui-même par rapport à ses parents et non à ses frères et sœurs. C'est pourquoi, quelle que soit la position de l'enfant parmi la descendance, le chiffre trois se réfère à l'enfant lui-même. Quand, dans un conte de fées, l'enfant est le troisième, le jeune auditeur s'identifie facilement avec lui parce que, dans la constellation familiale la plus fondamentale (le père, la mère, l'enfant), il est lui-même le troisième vers le bas, quelle que soit sa place parmi ses frères et sœurs.

Surpasser les deux autres frères (ou sœurs), c'est, dans l'inconscient, surpasser les deux parents. En ce qui concerne ses parents, l'enfant se sent maltraité, insignifiant, négligé ; les surpasser, c'est se réaliser soi-même, beaucoup mieux qu'il ne le ferait en triomphant de ses frères ou sœurs. Mais comme il est difficile pour l'enfant de reconnaître combien il désire surpasser ses parents, le conte de fées camoufle cette notion en faisant triompher le héros de ses aînés qui le méprisent.

Ce n'est que relativement aux parents que prend

tout son sens le fait que « le troisième », c'est-à-dire l'enfant, est au début de l'histoire si incapable, paresseux ou stupide ; et ce n'est que par rapport à eux qu'il se rattrape si magistralement en prenant de l'âge. L'enfant ne peut y arriver que s'il est aidé, instruit et encouragé par une personne plus âgée que lui ; de même, l'enfant ne peut atteindre ou dépasser le niveau de ses parents que s'il est aidé par un maître adulte. Dans *Les Trois Langages*, les trois maîtres lointains jouent ce rôle ; dans *Les Trois Plumes*, c'est une vieille grenouille, jouant un peu un rôle de grand-mère, qui aide le plus jeune des trois fils.

Les Trois Plumes commencent ainsi :

« Il était une fois un roi qui avait trois fils : deux qui étaient intelligents et instruits, alors que le troisième ne parlait guère : il était simple d'esprit et tout le monde l'appelait Simplet. Le roi, en vieillissant, sentant ses forces décliner et songeant à sa mort, ne savait pas auquel de ses trois fils il devait laisser le royaume en héritage. Il leur dit à chacun : « Partez, et celui qui me rapportera le plus fin tapis, ce sera lui le roi après ma mort. » Afin d'éviter toute dispute et toute contestation entre ses fils, il les conduisit lui-même tous les trois devant la porte du château, où il leur dit : « Je vais souffler trois plumes en l'air, une pour chacun de vous, et dans la direction que sa plume aura prise, chacun de vous ira. » La première plume s'envola vers l'est, la seconde vers l'ouest, et la troisième resta entre les deux et ne vola pas loin, retombant presque tout de suite par terre. L'un des frères partit donc à droite, l'autre à gauche, non sans se moquer de Simplet qui devait rester où sa plume était retombée, c'est-à-dire tout près. Simplet alla s'asseoir à côté de sa plume, et il se sentait bien triste. Mais voilà tout à coup qu'il s'aperçut de l'existence d'une trappe, juste à côté de sa plume ; il leva cette trappe, découvrit un escalier et descendit les marches sous la terre. »

Souffler une plume en l'air et la suivre quand on ne sait quelle direction prendre est une vieille coutume allemande. Plusieurs versions de cette histoire (d'origines grecque, slave, finnoise et indienne) parlent de trois flèches qui sont tirées en l'air pour déterminer la direction que prendront les trois frères [35].

Il peut sembler ridicule de nos jours que le roi accorde son trône à celui de ses fils qui lui rapportera le plus beau tapis, mais autrefois les tapis pouvaient être des tissages très compliqués et les Parques tissaient le réseau qui décidait du destin de chacun. En s'exprimant ainsi, le roi disait en quelque sorte que les Parques décideraient.

Descendre dans l'obscurité de la terre, c'est descendre aux enfers. Simplet entreprend ce voyage intérieur alors que ses frères demeurent à la surface. On peut dire sans exagérer que, dans le conte, Simplet part explorer son inconscient. Cette possibilité est avancée dès le début de l'histoire qui oppose l'intelligence des frères à la simplicité d'esprit du cadet et à son mutisme. L'inconscient, pour nous parler, se sert d'images plus que de mots et son langage est simple si on le compare aux produits de l'intellect. Il est considéré — tel Simplet — comme la partie inférieure de notre esprit, en dessous du *moi* et du *surmoi,* mais, bien utilisé, il fait partie de notre personnalité et nous permet d'atteindre le maximum de notre force.

Au bas des marches, Simplet rencontre une porte qui s'ouvre toute seule. Il voit « une grosse grasse grenouille entourée de tout un monde de petites grenouilles sautillantes ». La grosse grenouille lui demande ce qu'il veut. Simplet demande le plus beau tapis du monde, qui lui est aussitôt donné. Dans des versions différentes, il s'agit d'un autre animal que la grenouille, mais c'est toujours un animal, ce qui laisse entendre que ce qui rend Simplet capable de triompher, c'est sa confiance en sa nature animale, c'est-à-dire les forces simples et primitives que nous portons en nous. La grenouille est ressentie comme un animal inapprivoisable, quelque chose dont on ne peut normalement pas attendre un produit raffiné. Mais cette nature terrestre, bien utilisée et à des fins élevées, se montre de beaucoup supérieure à l'intelligence superficielle des deux frères qui choisissent la solution de facilité en restant à la surface des choses.

Comme toujours dans les contes de ce genre, les deux frères aînés ne sont absolument pas différenciés. Ils agissent de façon si semblable qu'on peut se demander pourquoi le conte, pour arriver à ses fins, fait appel à deux personnages. Il semble que leur similitude soit essentielle ; elle symbolise le fait que leurs personnalités sont elles-mêmes indifférenciées. Pour que l'auditeur le comprenne, un seul frère ne suffit pas. Les deux frères agissent sur la base d'un moi atrophié, puisqu'il est coupé de la source qui peut lui fournir force et richesse : le *ça*. Et ils n'ont pas de *surmoi ;* ils n'ont aucune notion des choses supérieures et se contentent de solutions de facilité. L'histoire raconte :

« Les deux autres frères étaient convaincus que leur cadet, qu'ils tenaient pour un complet idiot, ne trouverait rien de rien et ne pourrait rien rapporter. « A quoi bon nous fatiguer à chercher ? » se dirent-ils ; et ils se contentèrent d'enlever à la première bergère qu'ils rencontrèrent les tissus grossiers qu'elle avait sur le corps pour revenir au château les apporter à leur père. »

Au même moment, Simplet revient avec son magnifique tapis et le roi, étonné, dit que le royaume lui revient de droit. Les deux autres s'y opposent et exigent une autre épreuve. Cette fois, le vainqueur sera celui qui ramènera la plus belle bague. De nouveau le roi souffle les trois plumes qui prennent exactement les mêmes directions. Simplet reçoit de la grenouille une bague étincelante de pierres rares, et il gagne :

« A l'idée que leur Simplet de frère eût à chercher un anneau d'or, les deux aînés se moquèrent et se rirent, estimant une fois de plus qu'il n'était pas utile qu'ils se fatiguassent à chercher. Ils se contentèrent d'arracher les vieux clous d'une vieille jante de roue à une vieille charrette et apportèrent chacun son clou au roi leur père. »

Les deux aînés tourmentent leur père qui finit par accorder une troisième épreuve ; cette fois, le vainqueur doit revenir avec la plus belle des femmes. Tout se passe comme les deux premières fois, mais avec une différence en ce qui concerne Simplet. La grosse grenouille ne lui donne pas immédiatement ce qu'il demande. Elle lui présente une carotte creusée à laquelle six petites souris sont attelées. Simplet, tout triste, lui demande ce qu'il doit en faire. « Tu n'as qu'à y installer l'une de mes petites rainettes », répondit la grosse mère grenouille. Il attrappe la première petit grenouille venue et la met dans la carotte creusée ; aussitôt elle devient une merveilleuse jeune fille, la carotte se transforme en carrosse et les souris en chevaux. Simplet embrasse la belle, fouette les chevaux et se présente au roi.

« Ses frères, pendant ce temps, ne s'étaient donné aucun mal, se contentant de ramener avec eux les deux premières paysannes venues. « Elles seront toujours plus belles que la femme qu'il pourra trouver ! » se dirent-ils. Mais quand le roi les vit, ce fut pour leur dire que le royaume reviendrait à leur cadet. »

Les deux frères protestent une fois de plus et proposent que les trois femmes sautent à travers un grand anneau de fer suspendu au plafond ; ils pensent que l'élégante demoiselle de Simplet ne réussira pas l'exercice. Les deux paysannes sont si maladroites qu'elles se brisent les os ; la belle de Simplet, légère comme une biche, passe à travers le gros anneau de fer.

« Il ne pouvait plus y avoir de résistance ni d'opposition après cela, et ce fut ainsi qu'il hérita de la couronne et qu'il régna longtemps dans sa sagesse. »

Le fait que les deux frères ne rapportent de la surface de la terre que des choses grossières fait allusion aux limites d'un intellect qui ne repose pas sur les pouvoirs de l'inconscient (le *ça* et le *surmoi*) et qui n'est pas renforcé par eux.

J'ai déjà parlé de la fréquence extraordinaire avec laquelle le chiffre trois revient dans les contes de fées et de sa signification possible. Dans cette histoire, il revient avec plus d'insistance encore que dans les autres. Il y a trois plumes, trois frères, trois épreuves (et une variante pour la troisième). J'ai déjà avancé une hypothèse sur la signification du « plus beau des tapis ». L'histoire raconte que le tapis rapporté par Simplet « était si merveilleusement fin qu'on ne pouvait pas en tisser un pareil, en haut, dans le monde » et « que la bague était si finement montée qu'aucun orfèvre sur la terre n'en pourrait travailler une pareille ». Simplet reçoit donc non pas des objets ordinaires, mais des œuvres d'art.

En nous appuyant une fois de plus sur les données de la psychanalyse, on peut dire que l'inconscient est la source première de l'art, que les idées du *surmoi* lui prêtent forme ; et que ce sont les forces du *moi* qui exécutent les idées conscientes et inconscientes qui entrent dans la création d'une œuvre d'art. Ainsi, d'une certaine façon, les objets d'art signifient l'intégration de la personnalité. La grossièreté de ce que rapportent les deux frères amplifie par contraste la valeur artistique des objets que trouve Simplet en s'efforçant d'accomplir les épreuves.

L'enfant qui réfléchit à cette histoire ne peut pas s'empêcher de se demander pourquoi les frères qui, à la fin de la première épreuve, constatent qu'ils ne devraient pas sous-estimer Simplet, ne font pas plus d'efforts la seconde et la troisième fois. Mais l'enfant comprend vite que, tout en étant intelligents, les deux frères sont incapables de tirer les leçons de leurs expériences. Coupés de leur inconscient, ils ne peuvent progresser, ne peuvent apprécier les belles choses offertes par la vie, ne peuvent pas voir les différences qualitatives des choses. Leurs choix sont aussi indifférenciés qu'ils le sont eux-mêmes. Le fait que, malgré leur intelligence, ils sont incapables de faire mieux que la première fois, exprime symboliquement qu'ils resteront à la surface, où on ne peut rien trouver qui ait une grande valeur.

Par deux fois, la grosse grenouille donne à Simplet ce qu'il lui demande. Descendre dans l'inconscient et remonter avec ce qu'on y a déterré vaut mieux que de rester à la surface, mais ça ne suffit pas. C'est la raison pour laquelle il ne suffit pas d'une épreuve. Il est nécessaire de se familiariser avec l'inconscient, avec les puissances obscures qui demeurent sous la surface, mais ça ne suffit pas. Il faut aussi agir à la lumière de ces voyages intérieurs ; il faut affiner et sublimer le contenu de l'inconscient. C'est pourquoi, la troisième et dernière fois, Simplet doit choisir lui-même l'une des petites grenouilles. Sous ses mains, la carotte devient carrosse, les souris deviennent chevaux. Et, comme dans tant d'autres contes de fées, le héros embrasse, c'est-à-dire aime la grenouille qui se transforme en « merveilleuse demoiselle ». En dernière analyse, c'est l'amour qui rend beau ce qui est laid. Nous seuls pouvons transformer le contenu primordial, sauvage, et le plus ordinaire de notre inconscient — les carottes, les souris, les grenouilles — en ce que notre esprit peut produire de plus raffiné.

Finalement, le conte suggère qu'il ne suffit pas de répéter simplement les mêmes choses avec des variantes. C'est pourquoi, après les trois épreuves similaires où les trois plumes volent dans des directions différentes — ce qui représente le rôle que la chance joue dans notre vie —, il faut accomplir quelque chose de nouveau et de différent où la chance ne joue aucun rôle. Sauter à travers l'anneau requiert du talent ; c'est quelque chose que l'on doit accomplir personnellement ; c'est très différent de ce que l'on peut trouver en cherchant. Il ne suffit pas de se borner à développer sa personnalité dans toutes ses richesses ni de faire bénéficier le *moi* des sources vitales de l'inconscient ; il faut encore être capable de se servir à dessein de ses possibilités. La merveilleuse jeune fille qui sait si bien sauter à travers l'anneau n'est qu'un autre aspect de Simplet, tandis que les femmes grossières et maladroites représentent les frères. Cette idée est corroborée par le fait qu'on ne parle plus d'elle : Simplet ne l'épouse pas ou, tout au moins, l'histoire ne le dit pas. Les derniers mots du conte opposent la sagesse du règne de Simplet à l'intelligence des deux frères dont il est question au début de l'histoire. L'intelligence peut être un don de la nature ; il s'agit alors de l'intellect considéré comme indépendant du caractère. La sagesse vient de la profondeur intérieure, des expériences significatives qui ont enrichi la vie : le reflet d'une personnalité riche et bien intégrée.

L'enfant fait les premiers pas vers cette personnalité bien intégrée lorsqu'il commence à lutter contre son attachement profond et ambivalent à ses parents, c'est-à-dire contre ses conflits œdipiens. En ce qui concerne ces derniers, les contes de fées aident aussi l'enfant à mieux comprendre la nature de ses situations difficiles et présentent des idées qui lui donnent le courage de lutter contre ses difficultés et qui renforcent son espoir de parvenir à une solution heureuse.

Les conflits œdipiens et leur solution

Le chevalier en armure étincelante et la demoiselle en détresse

Le jeune garçon, dans les affres de son conflit œdipien, en veut à son père qui, en s'interposant, l'empêche de jouir de l'attention exclusive de sa mère. Il veut que sa mère l'admire, lui, le plus grand des héros ; cela signifie que, d'une façon ou d'une autre, il doit se débarrasser du père. Cette idée, cependant, crée de l'angoisse chez l'enfant : sans le père qui est là pour protéger les siens et prendre soin d'eux, qu'adviendrait-il de la famille ? Et qu'arriverait-il si le père apprenait que son petit garçon désire l'éliminer ? Ne se vengerait-il pas de façon terrible ?

Rien ne sert de répéter au petit garçon qu'un jour il sera grand, qu'il se mariera et qu'il sera comme son père. Ces discours réalistes n'apportent aucun soulagement aux pressions que subit l'enfant sur le moment. Mais le conte de fées dit à l'enfant comment il peut vivre avec ses conflits : il lui suggère des fantasmes qu'il serait incapable de trouver tout seul.

Le conte de fées, par exemple, propose l'histoire du petit garçon qui passe inaperçu et qui, un jour, parcourt le monde et fait de sa vie un grand succès. Les détails peuvent différer, mais le thème central est toujours le même : le héros sur lequel personne ne compte fait ses preuves en massacrant des dragons, en résolvant des énigmes, vit honnêtement à son gré jusqu'au jour où il délivre une belle princesse, l'épouse et, à partir de là, vit éternellement heureux.

Quel est le petit garçon qui refuserait de se mettre dans la peau de ce personnage vedette ? L'histoire sous-entend : ce n'est pas la jalousie de ton père qui t'empêche d'avoir ta mère pour toi tout seul, c'est un méchant dragon ; ce que tu as vraiment en tête, c'est l'idée de tuer ce dragon. En outre, l'histoire donne du poids à un sentiment qu'éprouve le garçon : que la femme la plus désirable est prisonnière d'un personnage néfaste et que ce n'est pas sa mère que l'enfant veut pour lui seul, mais une femme merveilleuse qu'il ne connaît pas encore mais qu'il rencontrera un jour. L'histoire exprime plus de choses que l'enfant n'en peut entendre et croire : que ce n'est pas de son plein gré que cette femme merveilleuse (c'est-à-dire la mère) demeure en compagnie de ce méchant personnage mâle. Au contraire, si elle le pouvait, elle préférerait de beaucoup être près d'un jeune héros (comme l'enfant). Le tueur de dragons doit toujours être jeune, comme l'enfant, et innocent. L'innocence du héros avec lequel l'enfant s'identifie prouve, par personne interposée, l'innocence de l'enfant, et ainsi, loin de se sentir coupable à propos de ces fantasmes, le petit garçon peut se sentir aussi fier de lui-même que l'est le héros.

Toutes ces histoires ont un trait commun, très caractéristique : une fois que le dragon est tué (ou toute autre prouesse qui délivre la princesse) et que le héros est uni à sa bien-aimée, le conte ne nous donne aucun détail sur ce qu'ils deviennent par la suite ; ils se contentent de nous dire « qu'ils vécurent pendant très longtemps un bonheur parfait ». Si le conte ajoute qu' « ils eurent beaucoup d'enfants », il s'agit à coup sûr d'une mention apportée tardivement par quelqu'un qui pensait rendre l'histoire plus plaisante et plus réaliste. Mais le fait d'introduire des enfants à la fin du conte dénote une incompréhension de l'idée que l'enfant se fait d'une existence paradisiaque. Il n'a pas la moindre envie d'imaginer ce que peut impliquer le fait d'être mari et père et en est d'ailleurs incapable. Cela signifierait, par exemple, qu'il devrait laisser la mère s'occuper de ses travaux pendant la plus grande partie de la journée, alors que le fantasme œdipien est une situation où l'enfant et la mère ne sont jamais séparés, ne serait-ce que l'espace d'une seconde. Le petit garçon ne désire certainement pas voir la mère (sa princesse) se livrer aux soins du ménage et s'occuper d'autres enfants. Il ne désire pas davantage avoir avec elle des relations sexuelles, car il s'agit là, à supposer qu'il en ait conscience, d'un domaine encore lourd de conflits. Comme dans la plupart des contes de fées, le petit garçon borne son idéal à lui-même et à sa princesse, à la satisfaction de leurs besoins et de leurs désirs et à une existence commune où ils se dévoueront l'un à l'autre éternellement.

Les problèmes œdipiens de la petite fille sont différents, et les contes de fées qui l'aident à les résoudre ont eux-mêmes un caractère différent. Ce qui empêche la petite fille de vivre sans interruption une vie de bonheur parfait avec le père, c'est une femme plus âgée qu'elle et malveillante (c'est-à-dire la mère). Mais comme la petite fille, en même temps, désire ardemment continuer de bénéficier des tendres soins de la mère, il existe également une femme bienveillante dans le passé ou à l'arrière-plan du conte de fées, dont le souvenir est gardé intact, bien qu'elle soit inopérante. La petite fille désire se voir sous les traits d'une belle jeune fille (par exemple une princesse) prisonnière d'un personnage de sexe féminin, égoïste et méchant, qui met une barrière infranchissable entre elle et l'amant. Le vrai père de la princesse captive est présenté comme un personnage plein de bonnes intentions mais incapable de se porter au secours de sa ravissante fille. Dans *Raiponce,* c'est un sortilège qui l'a réduit à l'impuissance. Dans *Cendrillon* et dans *Blanche-Neige,* il semble incapable de s'affirmer face à une marâtre toute-puissante.

Le petit garçon œdipien qui, à cause de son désir de le remplacer dans le cœur de la mère, se sent menacé par le père, projette le père dans le rôle du monstre redoutable. Cela tend à prouver au petit garçon qu'il est un dangereux rival pour son père ; sinon, pourquoi ce personnage qui représente le père serait-il si menaçant ? Comme la femme désirable est prisonnière du vieux dragon, le petit garçon peut croire que seule une force brutale empêche cet être adorable (la mère) de le rejoindre, lui, le jeune héros préféré entre tous. Dans les contes de fées qui aident la petite fille œdipienne à comprendre ses sentiments et à trouver des satisfactions de remplacement, c'est l'intense jalousie de la mère (ou de la marâtre), ou celle de l'ensorceleuse qui empêche l'amant de trouver la princesse. Cette jalousie prouve que la femme âgée sait que la jeune fille est préférable à elle, qu'elle est plus digne d'être aimée et plus « aimable ».

Alors que le petit garçon œdipien ne désire absolument pas que d'autres enfants viennent l'empêcher de jouir seul des attentions de la mère, il en va tout autrement avec la petite fille œdipienne. Elle désire donner à son père une grande preuve d'amour : être la mère de ses enfants. Il est difficile de déterminer s'il s'agit d'un besoin d'entrer à cet égard en compétition avec la mère, ou d'une vague anticipation des maternités à venir. Mais ce désir de donner un enfant au père exclut toute idée d'avoir des relations sexuelles avec lui : la petite fille, comme le petit garçon, ne pense pas en termes aussi concrets. La petite fille sait que ce sont les enfants qui lient le plus solidement l'homme à la femme. C'est pourquoi, dans les contes de fées qui ont trait sous une forme symbolique aux désirs, aux problèmes et aux épreuves œdipiens de la petite fille, les enfants interviennent parfois parmi les événements heureux du dénouement.

Dans la version que nous donnent les frères Grimm de *Raiponce*, on nous dit que le fils du roi, après avoir longtemps erré, parvint enfin « dans la solitude où Raiponce vivait elle-même misérablement avec les deux jumeaux qu'elle avait mis au monde : un garçon et une fille », alors que, jusque-là, il n'avait jamais été question d'enfants. Au moment où elle embrassa le prince, Raiponce laissa tomber deux larmes sur ses yeux (qui avaient été crevés par des épines) et lui rendit aussitôt la vue. « Et il ramena sa bien-aimée dans son royaume où ils furent accueillis avec des transports de joie et vécurent heureux désormais pendant de longues, longues années de bonheur. » Dès qu'ils sont réunis on ne nous parle plus des enfants. Ils ne sont, dans l'histoire, que le symbole du lien qui unit Raiponce et le prince pendant leur séparation. Comme on ne nous parle pas de mariage et qu'il n'est pas question, sous quelque forme que ce soit, de relations sexuelles, cette mention des enfants, dans les contes de fées, renforce l'idée qu'ils peuvent être obtenus sans rapports sexuels, par la seule force de l'amour.

Dans la vie quotidienne de la famille, le père est souvent absent de la maison, tandis que la mère, après avoir mis au monde un enfant et l'avoir nourri, continue de l'entourer de tous ses soins. Il en résulte que le petit garçon peut très bien croire que son père occupe moins de place dans sa vie qu'on ne le dit, tandis que la petite fille ne peut pas imaginer aussi facilement qu'elle peut se passer des soins de sa mère. C'est pourquoi il est très rare que, dans les contes de fées, le père « bon » soit remplacé par un méchant beau-père, alors qu'on voit souvent intervenir la méchante marâtre. Comme les pères, d'une manière typique, ont accordé beaucoup moins d'attention à leurs enfants, la déception est beaucoup moins radicale quand ce père se met en travers du chemin de l'enfant et lui impose ses exigences. Ainsi, le père qui bloque les désirs œdipiens de son fils n'est pas considéré à la maison comme un personnage mauvais et n'est pas davantage scindé en deux personnages, l'un bon et l'autre méchant, comme l'est souvent la mère. Au lieu de cela, le petit garçon œdipien projette ses frustrations et ses angoisses sur un géant, un monstre ou un dragon.

Dans le fantasme œdipien de la petite fille, la mère se scinde en deux personnages : la mère pré-œdipienne, merveilleusement bonne, et la méchante marâtre œdipienne. (On trouve parfois une méchante marâtre dans les contes de fées dont le héros est un garçon, comme dans *Jeannot et Margot*, mais ces contes ont trait à des problèmes qui ne relèvent pas d'une situation œdipienne.) La gentille mère, selon le fantasme, n'aurait jamais pu être jalouse de sa fille et n'aurait jamais empêché le prince (le père) et la fille de vivre éternellement ensemble dans le bonheur. Ainsi, pour la petite fille œdipienne, la croyance et la confiance qu'elle a en la bonté de la mère pré-œdipienne et sa profonde loyauté envers elle tendent à réduire le sentiment de culpabilité qu'elle peut éprouver lorsqu'elle souhaite le pire à la (belle-) mère qui se met en travers de sa route.

Grâce au conte de fées, la petite fille et le petit garçon œdipiens peuvent gagner sur les deux tableaux : ils peuvent, grâce au fantasme, jouir des satisfactions œdipiennes tout en restant, dans la réalité, en bons termes avec leurs parents.

Le petit garçon œdipien, s'il est déçu par sa mère, a, tout au fond de son esprit, l'image de la princesse féerique, cette femme merveilleuse qui, un jour, compensera toutes ses épreuves actuelles et qui, en attendant, l'aide par la pensée à les supporter. Si le père est moins attentif à sa petite fille qu'elle ne le désire, elle peut supporter cette adversité parce que, un jour, viendra le prince qui la préférera à toutes ses rivales. Puisque tout se passe dans des pays qui n'existent pas, l'enfant ne se sent ni coupable ni angoissé lorsqu'il projette le père dans le rôle du dragon ou du méchant géant, ou la mère dans le rôle d'une marâtre ou d'une sorcière cruelle. La petite fille peut aimer son vrai père d'autant plus qu'on lui explique que s'il lui préfère sa mère c'est parce qu'il est malheureusement incapable d'agir (comme les pères des contes de fées) ; personne ne peut reprocher au père cette inefficacité, puisqu'elle est due à des puissances supérieures ; en outre, cela ne l'empêchera pas d'avoir un jour son prince charmant. La même petite fille peut aimer davantage sa mère parce qu'elle reporte toute sa colère sur la mère-rivale qui n'a que ce qu'elle mérite — dans *Blanche-Neige*, la marâtre est contrainte de chausser des escarpins de fer rougi au feu et de danser jusqu'à ce que mort s'ensuive. Et Blanche-Neige (et avec elle la petite fille) ne se sent pas coupable parce qu'elle n'a jamais cessé d'aimer sa vraie mère, qui précédait l'autre. Le petit garçon, lui, peut aimer beaucoup mieux son vrai père lorsqu'il cesse d'être en colère contre lui en s'imaginant qu'il tue le dragon ou le méchant géant.

Ces fantasmes procurés par les contes de fées — et que la plupart des enfants auraient grand-peine à inventer d'une façon aussi achevée et satisfaisante, aident énormément l'enfant à surmonter ses angoisses œdipiennes.

Le conte de fées a une autre façon, tout aussi appréciable, d'aider l'enfant sur ce point. Une mère ne peut pas approuver son petit garçon lorsqu'il a envie d'éliminer papa pour épouser maman... Mais elle peut l'encourager avec plaisir quand il se met dans la peau du tueur de dragons qui s'empare de la belle princesse. De même, une mère peut favoriser pleinement les fantasmes de sa petite fille qui rêve du prince charmant qui la prendra un jour dans ses bras, l'aidant ainsi à croire en une solution heureuse malgré ses déceptions du moment. Ainsi, loin de perdre la mère à cause de l'attachement œdipien au père, la petite fille se rend compte que la mère ne se contente pas d'approuver ces désirs d'une façon déguisée, mais souhaite même qu'ils se réalisent. Grâce aux contes de fées, les parents peuvent suivre les voyages imaginaires de l'enfant tout en remplissant dans la réalité leurs fonctions parentales essentielles.

L'enfant peut donc, je le répète, gagner sur les deux tableaux, sans quoi il serait incapable d'accéder en toute sécurité à l'état adulte. Par le fantasme, la petite fille peut l'emporter sur la (belle-) mère qui n'arrivera pas à l'empêcher d'être heureuse avec son prince charmant, le petit garçon peut tuer le monstre et obtenir ce qu'il désire dans un pays lointain. En même temps, les petites filles comme les petits garçons peuvent conserver à la maison le vrai père, comme protecteur, et la vraie mère qui dispense tous les soins et toutes les satisfactions dont l'enfant a besoin. Comme il est évident, d'un bout à l'autre des contes de fées, que le fait de tuer le dragon et d'épouser la princesse captive, ou d'être découverte par le prince charmant et de punir la vilaine sorcière, ne se passe que dans des pays et des temps très lointains, l'enfant normal ne confond jamais tous ces fantasmes avec la réalité.

Les histoires fondées sur le thème du conflit œdipien sont caractéristiques d'une vaste catégorie de contes de fées qui élargissent l'intérêt que l'enfant porte au monde qui déborde le cercle de famille. Avant de faire ses premiers pas vers sa maturité, l'enfant doit commencer par envisager le monde extérieur. Si ses parents ne l'aident pas dans ses investigations réelles ou imaginaires, le développement de sa personnalité risque d'en être appauvri.

Il n'est pas sage d'accabler l'enfant de paroles pour commencer à élargir son horizon, ni de lui préciser jusqu'où doit aller son exploration du monde, ni d'essayer de mettre de l'ordre dans les sentiments qu'il éprouve à l'égard de ses parents. Si le père (ou la mère) encourage verbalement l'enfant à « mûrir », à évoluer psychologiquement ou géographiquement, l'enfant interprète ces efforts en se disant : « Ils veulent se débarrasser de moi ! » Le résultat est à l'opposé de ce qu'on espérait : l'enfant se sent indésirable et insignifiant, et rien ne peut nuire davantage à ses facultés d'adaptation à un monde élargi.

L'apprentissage de l'enfant veut précisément qu'il décide lui-même de ses démarches vers le monde extérieur, au moment qu'il jugera opportun et dans des zones de vie qu'il choisira lui-même. Le conte de fées favorise ce processus parce qu'il se contente de faire signe ; il n'insinue pas, n'exige pas et n'exprime rien explicitement. Tout est dit implicitement, sous une forme symbolique : quelles sont les tâches que doit accomplir l'enfant à l'âge qu'il a atteint ; ce qu'il doit faire à l'égard des sentiments ambivalents qu'il éprouve pour ses parents ; comment il peut maîtriser le tumulte de ses émotions. Le conte de fées avertit aussi l'enfant des pièges qu'il peut rencontrer et peut-être éviter et lui promet toujours une issue favorable.

La peur de l'imaginaire

Pourquoi les contes de fées sont-ils mal vus ?

Pourquoi tant de parents intelligents, bien intentionnés, modernes et appartenant aux classes aisées, soucieux du bon développement de leurs enfants, dévaluent-ils les contes de fées et privent-ils leurs enfants de ce que ces histoires pourraient leur apporter ? Nos aïeux de l'époque victorienne eux-mêmes, malgré l'importance qu'ils accordaient à la discipline morale, malgré leur pesant mode de vie, non seulement autorisaient, mais encourageaient leurs enfants à faire travailler leur imagination sur les contes de fées et à en tirer du plaisir. Le plus simple serait de mettre cet interdit sur le compte de l'étroitesse d'esprit, mais ce n'est pas le cas.

Certains disent que les contes de fées sont malsains parce qu'ils ne présentent pas le tableau « vrai » de la vie réelle. Il ne vient pas à l'esprit de ces personnes que le « vrai », dans la vie d'un enfant, peut être tout différent de ce qu'il est pour l'adulte. Ils ne comprennent pas que les contes de fées n'essaient pas de décrire le monde extérieur et la « réalité ». Ils ne se rendent pas compte que l'enfant sain d'esprit ne croit jamais que ces histoires décrivent le monde d'une façon réaliste.

Certains parents ont peur de « mentir » à leurs enfants en leur racontant les événements fantastiques contenus dans les contes de fées. Ils sont renforcés dans cette idée par cette question que leur pose l'enfant : « Est-ce que c'est vrai ? » De nombreux contes de fées, dès leurs premiers mots, répondent à cette question avant même qu'elle puisse être formulée. Par exemple, *Ali Baba et les Quarante Voleurs* commence ainsi : « A une époque qui remonte très très loin dans la nuit des temps... » L'histoire des frères Grimm, *Le Roi-Grenouille* ou *Henri le Ferré* s'ouvre par ces mots : « Dans l'ancien temps, quand les désirs s'exauçaient encore... » Des débuts de ce genre marquent clairement que l'histoire se situe à un niveau très différent de la « réalité » d'aujourd'hui. Certains contes de fées commencent d'une façon très réaliste : « Il était une fois un homme et une femme qui souhaitaient en vain, depuis très longtemps, avoir un enfant. » Mais pour l'enfant qui est familiarisé avec le conte de fées, « il était une fois » a le même sens que « dans la nuit des temps ». Cela montre qu'en racontant toujours la même histoire au détriment des autres, on affaiblit la valeur que les contes de fées ont pour l'enfant tout en soulevant des problèmes qui sont tout naturellement résolus si l'enfant en connaît un grand nombre.

La « vérité » des contes de fées est celle de notre imagination et non pas d'une causalité normale. Tolkien, à propos de la question « Est-ce que c'est vrai ? » remarque : « Il ne faut pas y répondre à la légère, de façon inconsidérée. » Il ajoute que la question suivante a beaucoup plus d'importance pour l'enfant : « Est-ce qu'il est gentil ? est-ce qu'il est méchant ? » C'est-à-dire que l'enfant veut avant tout distinguer ce qui est mal de ce qui est bien.

Avant d'être à même d'appréhender la réalité, l'enfant, pour l'apprécier, doit disposer d'un cadre de référence. En demandant si telle ou telle histoire est vraie, il veut savoir si cette histoire fournit quelque chose d'important à son entendement, et si elle a quelque chose de significatif à lui dire en ce qui concerne *ses* préoccupations les plus importantes.

Citons Tolkien une fois de plus :

« Le plus souvent, ce que veut dire l'enfant quand il demande « Est-ce que c'est vrai ? » c'est « J'aime bien « cette histoire, mais est-ce qu'elle se passe aujourd'hui ? « Est-ce que je suis en sécurité dans mon lit ? » La seule réponse qu'il souhaite entendre est la suivante : « Il n'y a « certainement plus de dragons en Angleterre aujour- « d'hui ! » Et Tolkien continue : « Les contes de fées se « rapportent essentiellement non pas à une « possibilité », « mais à la « désirabilité ». »

Voilà quelque chose que l'enfant comprend très bien : pour lui, rien n'est plus vrai que ce qu'il désire.

Parlant de son enfance, Tolkien raconte :

« Je ne désirais pas du tout avoir les mêmes rêves et les mêmes aventures qu'*Alice*, et quand on me les racontait, j'étais amusé, c'est tout. Je n'avais guère envie de chercher des trésors enfouis et de me battre avec des pirates, et *L'Ile au trésor* me laissait froid. Mais le pays de Merlin et du roi Arthur valait beaucoup mieux que cela, et, par-dessus tout, le Nord indéterminé de Sigurd et du prince de tous les dragons. Ces contrées étaient éminemment désirables. Je n'ai jamais imaginé que le dragon pût appartenir à la même espèce que le cheval. Le dragon portait visiblement le label « Conte de Fées ». Le pays où il vivait appartenait à « l'autre monde »... J'avais un désir très profond de dragons. Evidemment, dans ma peau d'enfant timide, je n'avais pas la moindre envie d'en avoir dans le voisinage, ni de les voir envahir mon petit monde où je me sentais plus ou moins en sécurité [36]. »

Lorsque l'enfant demande si le conte dit la vérité, la réponse devrait tenir compte non pas des faits réels, pris à la lettre, mais du souci momentané de l'enfant, que ce soit sa peur d'être ensorcelé ou ses sentiments de jalousie œdipienne. Pour le reste, il suffit en général de lui expliquer que ces histoires ne se passent pas de nos jours, dans le monde où nous vivons, mais dans un pays inaccessible. Les parents qui, d'après les expériences de leur propre enfance, sont convaincus de l'importance des contes de fées, n'auront aucune peine à répondre aux questions de leurs enfants. Mais l'adulte qui pense que toutes ces histoires ne sont que des tissus de mensonges ferait mieux de s'abstenir de les raconter. Il serait incapable de les dire d'une façon qui pourrait enrichir la vie de leurs enfants.

Certains parents redoutent que leurs enfants se laissent emporter par leurs fantasmes ; que, mis en contact avec les contes de fées, ils puissent croire au magique. Mais tous les enfants croient au magique, et ils ne cessent de le faire qu'en grandissant (à l'exception de ceux qui ont été trop déçus par la réalité pour en attendre des récompenses). J'ai connu des enfants perturbés qui n'avaient jamais entendu de contes de fées mais qui investissaient un ventilateur électrique ou un moteur quelconque d'un pouvoir magique ou destructeur qu'aucun conte de fées n'a jamais prêté au plus puissant et au plus néfaste de ses personnages [37].

D'autres parents craignent que l'esprit de l'enfant puisse être saturé de fantasmes féeriques au point de ne plus pouvoir apprendre à faire face à la réalité. C'est le contraire qui est vrai. Aussi complexe qu'elle soit (bourrée de conflits, ambivalente, pleine de contradictions), la personnalité humaine est indivisible. Toute expérience, quelle qu'elle soit, affecte toujours les divers aspects de la personnalité d'une façon globale. Et l'ensemble de la personnalité pour pouvoir affronter les tâches de la vie, a besoin d'être soutenue par une riche imagination mêlée à un conscient solide et à une compréhension claire de la réalité.

La personnalité commence à se développer de façon défectueuse dès que l'un de ses composants (le *ça*, le *moi* ou le *surmoi*, le conscient ou l'inconscient) domine l'un des autres et prive l'ensemble de la personnalité de ses ressources particulières. Parce que certains individus se retirent du monde et passent la plus grande partie de leur temps dans leur royaume imaginaire, on a supposé à tort qu'une vie trop riche en imagination nous empêche de venir à bout de la réalité. Mais c'est le contraire qui est vrai : ceux qui vivent totalement dans leurs fantasmes sont en proie aux ruminations compulsives qui tournent éternellement autour de quelques thèmes étroits et stéréotypés. Loin d'avoir une vie imaginative riche, ces personnes sont emprisonnées et sont incapables de s'échapper de leurs rêves éveillés qui sont lourds d'angoisses et de désirs inassouvis. Mais le fantasme qui flotte librement, qui contient sous une forme imaginaire une large variété d'éléments qui existent dans la réalité, fournit au *moi* un abondant matériel sur lequel il peut travailler. Cette vie imaginative, riche et variée, est fournie à l'enfant par les contes de fées qui peuvent éviter à son imagination de se laisser emprisonner dans les limites étroites de quelques rêves éveillés axés sur des préoccupations sans envergure.

Freud disait que la pensée est une exploration des possibilités qui nous évite tous les dangers attachés à une véritable expérimentation. La pensée ne demande qu'une faible dépense d'énergie, si bien qu'il nous en reste pour agir dès que nos décisions sont prises, lorsque nous avons soupesé nos chances de succès et la meilleure façon de l'atteindre. Cela est vrai pour les adultes : le savant, par exemple, « joue avec les idées » avant de commencer à les explorer plus systématiquement. Mais les pensées du jeune enfant ne procèdent pas de façon ordonnée, comme le font celles de l'adulte : les fantasmes de l'enfant sont ses pensées. Quand il essaie de comprendre les autres et lui-même ou de se faire une idée des conséquences particulières d'une action, l'enfant brode des fantasmes autour de ces notions. C'est sa façon de « jouer avec les idées ». Si on offre à l'enfant la pensée rationnelle comme moyen principal de mettre de l'ordre dans ses sentiments, et de comprendre le monde, on ne peut que le dérouter et le limiter.

Cela reste vrai même quand l'enfant semble demander des informations factuelles. Piaget raconte qu'un jour une petite fille qui n'avait pas encore quatre ans lui posa des questions sur les ailes des éléphants. Il lui répondit que les éléphants ne volaient pas. Sur quoi, la petite fille insista : « Mais si ! Ils volent. Je les ai vus ! » Il se contenta de répondre qu'elle disait ça pour rire [38]. Cet exemple montre les limites du fantasme enfantin. Il est évident que cette petite fille se débattait avec un problème quelconque et on ne l'aidait certainement pas en lui fournissant des explications factuelles qui n'avaient rien à voir avec ce problème.

Si Piaget avait poursuivi la conversation en lui demandant vers quel endroit l'éléphant volait à tire-d'aile, ou à quels dangers il essayait d'échapper, les problèmes qui tourmentaient la petite fille auraient pu apparaître ; Piaget lui aurait alors prouvé qu'il était prêt à accepter sa façon d'explorer ces problèmes. Mais il essayait de comprendre comment travaillait l'esprit de l'enfant sur la base de son propre cadre de référence, tandis que la petite fille, de son côté, s'entêtait à comprendre le monde à sa façon : à travers une élaboration issue de son imagination, c'est-à-dire tel qu'*elle* le voyait.

Tel est le drame de tant de « psychologies infantiles » : leurs découvertes sont pertinentes et importantes, mais n'apportent aucun bénéfice à l'enfant. Ces trouvailles psychologiques aident l'adulte à comprendre l'enfant à partir d'un cadre adulte de référence. Mais cette compréhension adulte des rouages de l'esprit de l'enfant ne fait souvent qu'élargir le fossé qui les sépare : ils considèrent le même phénomène d'un point de vue si différent que chacun d'eux observe quelque chose de tout à fait différent. Si l'adulte insiste en disant que seule sa façon de voir les choses est correcte, ce qui est sans doute objectivement vrai, étant donné ce qu'il sait, l'enfant a l'impression décourageante que ce n'est pas la peine d'essayer d'aboutir à une compréhension normale. Sachant qui est le plus fort, l'enfant, pour éviter les ennuis et avoir la paix, finit par dire qu'il est d'accord avec l'adulte et il n'a plus qu'à se débrouiller tout seul.

Les contes de fées subirent de sévères critiques lorsque les nouvelles découvertes de la psychanalyse et de la psychologie infantile révélèrent combien l'imagination de l'enfant peut être violente, angoissée, destructive et même sadique. Le jeune enfant, par exemple, aime ses parents avec une intensité incroyable de sentiment et, en même temps, les déteste. Sachant cela, il aurait été facile de comprendre que les contes de fées parlent à la vie mentale intérieure de l'enfant. Au contraire, les sceptiques proclamèrent que ces histoires créaient, ou tout au moins favorisaient grandement ces sentiments perturbants.

Ceux qui ont mis les contes de fées traditionnels à l'index décidèrent que, s'il devait y avoir des monstres dans les histoires qu'on raconte aux enfants, ces monstres devaient être présentés sous un aspect sympathique ; mais ils oubliaient le monstre qui est le mieux connu de l'enfant et qui le concerne au premier degré : le monstre qu'il sent en lui-même ou qu'il a peur de découvrir et qui, parfois, le persécute. Les adultes, en ne parlant pas de ce monstre, en le laissant caché dans son inconscient, empêchent l'enfant de broder des fantasmes autour de lui à partir des contes de fées qu'il pourrait connaître. Sans ces fantasmes, l'enfant est empêché de connaître mieux ce monstre et il est privé de suggestions qui lui permettraient d'apprendre à le maîtriser. En conséquence, l'enfant est livré sans défense aux pires de ses angoisses. Si notre peur d'être dévoré se matérialise sous la forme d'une sorcière, il est facile de s'en débarrasser en la faisant rôtir dans un four ! Mais de telles considérations ne sont jamais venues à l'esprit de ceux qui ont mis les contes de fées à l'index.

Les enfants sont invités à accepter comme la seule correcte une image étrangement limitée et partiale de l'adulte et de la vie. En cessant d'alimenter l'imagination de l'enfant, on espérait étouffer les géants et les ogres des contes de fées, c'est-à-dire les monstres obscurs qui résident dans l'inconscient, pour les empêcher de s'opposer au développement de l'esprit rationnel de l'enfant. On espérait faire régner en maître le *moi* rationnel dès le biberon ! Ce résultat ne devait pas être obtenu à travers la conquête par le *moi* des forces obscures du *ça,* mais en empêchant l'enfant de prêter attention à son inconscient ou d'entendre des histoires qui s'adresseraient à lui. Bref, l'enfant était supposé refouler ses fantasmes désagréables pour n'en avoir que d'agréables *.

Mais ces théories répressives du *ça* sont incapables de fonctionner. Un exemple extrême nous montre très bien ce qui peut arriver à l'enfant qui est contraint de refouler le contenu de son inconscient : à la suite d'un long travail thérapeutique, un petit garçon qui était devenu muet à la fin de sa période de latence expliqua l'origine de son mutisme. Il dit : « Ma mère me lavait la bouche avec du savon à cause de tous les mauvais mots dont je me servais, et je dois reconnaître qu'ils n'étaient pas beaux du tout ! Mais ce qu'elle ne savait pas, c'est qu'en lavant tous ces mauvais

---

* Tout se passe comme si le précepte freudien qui veut que l'essence de l'évolution vers une humanité supérieure consiste « à trouver le *moi* là où se trouvait le *ça* » était transformé en son contraire : « Là où se trouvait le *ça,* il ne doit rien en rester. » Mais Freud voulait dire clairement que seul le *ça* peut fournir au *moi* l'énergie qui lui permet de modeler les tendances inconscientes et de se servir d'elles d'une façon constructive. Bien que des théories psychanalytiques plus récentes avancent que le *moi* est, lui aussi, pourvu dès la naissance de sa propre énergie, le *moi* qui, par surcroît, ne pourrait pas faire appel aux sources énergétiques beaucoup plus importantes du *ça* ne pourrait être que très faible. En outre, le *moi* qui serait obligé de dépenser sa quantité limitée d'énergie pour réprimer l'énergie du *ça* serait doublement appauvri.

mots, elle lavait aussi tous les bons. » La thérapie permit de libérer tous ces mauvais mots et, avec eux, réapparurent tous les autres. Bien d'autres choses étaient allées de travers au premier stade de la vie de ce garçon ; le fait de laver sa bouche au savon n'était pas la cause principale de son mutisme mais y avait contribué.

L'inconscient est la source du matériel brut et la base sur laquelle le *moi* édifie notre personnalité. En poussant plus loin cette comparaison, on peut dire que nos fantasmes sont les ressources naturelles qui alimentent et modèlent ce matériel brut, ce qui les rend utiles au *moi* en train de construire la personnalité. Si nous sommes privés de ces ressources naturelles, notre vie reste limitée ; sans les fantasmes qui nous donnent de l'espoir, nous n'avons pas la force d'affronter les adversités de la vie. L'enfance est l'époque où ces fantasmes ont besoin d'être entretenus.

Nous ne manquons pas d'encourager les fantasmes de nos enfants ; nous leur disons de peindre ce qu'ils ont envie de peindre et d'inventer des histoires. Mais s'il n'est pas nourri par notre patrimoine imaginatif, le conte de fées folklorique, l'enfant est incapable d'inventer tout seul des histoires qui l'aideraient à résoudre les problèmes de la vie. Les histoires qu'il peut inventer ne sont que le reflet de ses désirs et de ses angoisses. S'il ne peut compter que sur ses propres ressources, l'enfant en est réduit à imaginer des élaborations à partir de ce qu'il est présentement, puisqu'il ne peut pas savoir où il a besoin d'aller et, à plus forte raison, n'en connaît pas le chemin. C'est ici que le conte de fées fournit à l'enfant ce dont il a le plus besoin : à son début, il prend l'enfant exactement où il en est sur le plan affectif, lui montre où il doit aller et comment il doit s'y prendre. Mais le conte de fées réalise cela par implication, sous forme d'un matériel imaginatif où l'enfant peut puiser ce qui lui convient le mieux et au moyen d'images qui lui permettent de saisir facilement tout ce qu'il doit nécessairement comprendre.

Les rationalisations qui permettent de perpétuer l'interdiction des contes de fées malgré ce que la psychanalyse a révélé sur l'inconscient, et particulièrement sur celui des enfants, prennent des formes multiples. Quand il fut impossible de nier plus longtemps que l'enfant est assailli par des conflits profonds, des angoisses, des désirs violents et qu'il est inexorablement bousculé par toutes sortes de processus irrationnels, on décida que, comme l'enfant a déjà peur de tant de choses, il fallait le détourner de tout ce qui pourrait lui paraître effrayant. Tel conte précis peut en effet angoisser l'enfant, mais à mesure qu'il se familiarise avec les contes de fées, les aspects effrayants tendent à disparaître, tandis que les traits rassurants gagnent en importance. *Le déplaisir initial de l'angoisse devient alors le grand plaisir de l'angoisse affrontée avec succès et maîtrisée.*

Les parents qui ne veulent pas croire que leur enfant a des désirs de meurtre et a envie de mettre en morceaux choses et gens croient que leur petit doit être mis à l'abri de telles pensées (comme si c'était possible !). En interdisant à l'enfant de connaître des histoires qui lui diraient implicitement que d'autres enfants que lui ont les mêmes fantasmes, on lui laisse croire qu'il est le seul être au monde à imaginer de telles choses. Il en résulte que ses fantasmes prennent pour lui un aspect effrayant. En outre, en apprenant que d'autres que lui ont les mêmes fantasmes l'enfant sent qu'il appartient à l'humanité et cesse de craindre que ses idées destructives ne le mettent au ban de la société.

On peut relever une étrange contradiction : au moment même où des parents d'un bon niveau d'instruction interdisaient les contes de fées à leurs enfants, les progrès de la psychanalyse leur apprenaient que, loin d'être innocent, l'esprit de leurs jeunes enfants était plein de chimères angoissées, coléreuses et destructives *. Il est également remarquable que les mêmes parents, tout en étant très soucieux de ne pas augmenter l'angoisse de leurs enfants, oubliaient les innombrables messages rassurants des contes de fées.

On peut expliquer cette contradiction par le fait que la psychanalyse a également révélé les sentiments ambivalents qu'éprouve l'enfant à l'égard de ses parents. Ceux-ci sont gênés d'apprendre que l'esprit de l'enfant n'est pas seulement plein d'un amour profond, mais aussi d'une haine solide à leur égard. Étant avant tout désireux d'être aimés de leurs enfants, les parents appréhendent de leur faire connaître des histoires qui pourraient les encourager à les repousser ou à les considérer comme méchants.

Les parents ne demandent qu'à croire que si leurs enfants les considèrent comme des marâtres, des sorcières ou des ogres, cela n'a rien à voir avec eux ni avec l'apparence qu'ils revêtent par moments pour leurs enfants, mais résulte uniquement des contes de

---

* Comme les parents se fondent souvent sur les épisodes violents et effrayants des contes de fées pour les interdire à leurs enfants, il n'est pas inutile de citer une étude expérimentale qui a été pratiquée sur des enfants d'âge scolaire ; cette enquête prouve que l'enfant doué d'une vie imaginative riche (qui peut être stimulée, entre autres, par les contes de fées) réagit avec un bas niveau de comportement agressif quand on lui présente un matériel de nature agressive (en l'occurrence, un film de violence). Lorsqu'il n'était pas encouragé à avoir des fantasmes agressifs on n'observait aucune diminution de son comportement agressif. (Ephraïm Biblow, « Jeu imaginatif et comportement agressif », *in* Jerome L. Singer, *The child's world of make-Believe*, New York, Academic Press, 1973.)

Comme les contes de fées stimulent fortement la vie imaginative de l'enfant, il peut être intéressant de citer les deux dernières phrases qui concluent cette enquête : « L'enfant peu imaginatif, d'après ce qui a été observé pendant ses activités de jeu, se présentait comme principalement orienté vers la motricité ; il se montrait beaucoup plus actif que réfléchi. L'enfant très imaginatif et créatif tendait à être plus agressif par le verbe que par l'action physique. »

fées qu'ils ont lus ou entendus. Ils se trompent du tout au tout : si les enfants aiment les contes de fées, ce n'est pas parce que l'imagerie qu'ils y trouvent correspond à ce qui se passe en eux, mais parce que, malgré toutes les pensées coléreuses, anxieuses, auxquelles le conte, en les matérialisant, donne un contenu spécifique, ces histoires se terminent toujours bien, issue que l'enfant est incapable de trouver tout seul.

Transcender l'enfance à l'aide de l'imagination

Si l'on croit que la vie humaine n'est pas le résultat du hasard, on ne peut qu'admirer la sagesse avec laquelle des événements psychologiques très variés ont été calculés pour coïncider en se renforçant mutuellement afin que le jeune humain s'arrache de la première enfance pour entrer dans l'enfance. Au moment même où l'enfant commence à être tenté de réagir à l'appel du monde extérieur pour sortir du cercle étroit où il est enfermé avec ses parents, ses déceptions œdipiennes l'incitent à se détacher un peu de son père et de sa mère qui, jusque-là, étaient la seule source à alimenter ses besoins physiques et psychologiques.

Il se trouve que l'enfant devient alors capable de tirer des satisfactions affectives de personnes qui ne font pas partie du cercle de famille, satisfactions qui compensent à un faible degré les désillusions qui lui viennent de ses parents. On peut également considérer que ce n'est pas par hasard si l'enfant, au moment où il est profondément et douloureusement déçu par ses parents qui cessent de répondre à ses attentes infantiles, devient physiquement et psychiquement capable de satisfaire lui-même certains de ces besoins.

Tous ces changements importants, et bien d'autres, surviennent au même moment ou se suivent de très près ; ils sont en interrelation, chacun étant fonction des autres.

A mesure que l'enfant est capable de faire face, il peut multiplier ses contacts avec les autres et avec de plus larges aspects du monde. Comme il est capable d'en faire davantage, ses parents sentent que le moment est venu de relâcher leurs attentions. Ce changement dans leurs relations déçoit énormément l'enfant qui, jusque-là, espérait que ces attentions dureraient éternellement ; c'est même la plus grave déception de sa jeune vie, d'autant plus pénible qu'elle lui est infligée par des êtres qui, croit-il, lui sont totalement dévoués. Mais cet événement est également fonction des contacts que l'enfant établit de plus en plus avec le monde extérieur, dont il tire tout au moins quelques satisfactions affectives, et de sa capacité croissante à satisfaire plus ou moins ses propres besoins. En raison de ses nouvelles expériences avec le monde extérieur, l'enfant peut se permettre de constater les « limites » de ses parents, c'est-à-dire leurs imperfections, vues sous l'optique de ses attentes irréalistes. En conséquence, il est si déçu par ses parents qu'il s'aventure à chercher ailleurs satisfaction.

Le moment venu, il est tellement dépassé par les épreuves qui l'accablent et il a si peu de chances de résoudre les problèmes qui se posent à chaque pas qu'il fait vers son indépendance, que, pour ne pas s'abandonner au désespoir, il doit avoir recours aux ressources de son imagination. Aussi importants que soient ses progrès, ils ne sont rien à côté de ses échecs, ne serait-ce que parce qu'il ne se rend pas compte de ce qui est vraiment possible. Cette déception peut conduire l'enfant à perdre toute confiance en lui et, abandonnant tout effort, à se replier totalement sur lui-même, loin du monde, à moins que les fantasmes ne viennent à son secours.

Si l'une de ces différentes démarches de l'enfant grandissant pouvait être prise séparément, on pourrait dire que la faculté de broder des fantasmes au-delà du présent constitue un nouveau progrès qui rend tous les autres possibles, parce qu'il rend supportables les frustrations subies dans la réalité. Nous comprendrions facilement pourquoi l'enfant se met si souvent dans la peau d'un hors-la-loi, d'un « Simplet », si seulement nous pouvions nous rappeler ce que nous éprouvions quand nous étions petits ; ou si nous pouvions imaginer combien l'enfant peut se sentir frustré quand ses compagnons de jeu, ou ses frères et sœurs, le rejettent momentanément et font visiblement les choses mieux que lui ; ou quand les adultes (pire que cela : ses parents !) se moquent de lui et le rabaissent. Seuls des espoirs exagérés et des fantasmes tournant autour de progrès à venir peuvent rétablir l'équilibre de telle sorte que l'enfant puisse continuer de vivre et de faire des efforts.

On peut se rendre compte de l'énormité de la frustration, de la déception et du désespoir de l'enfant aux moments où il se sent irrémédiablement vaincu si l'on songe à ses colères, à ses rages, qui expriment sa conviction qu'il ne peut rien faire pour améliorer ses conditions de vie « intolérables ». Dès que l'enfant est capable d'imaginer (c'est-à-dire grâce aux fantasmes) la fin de ses misères, ses rages disparaissent : ayant retrouvé l'espoir en l'avenir, il peut supporter les difficultés du moment. La décharge physique qu'il obtient à l'occasion par ses coups de pied et ses cris est alors remplacée par des pensées ou des activités destinées à atteindre un but désiré à une date plus ou moins rapprochée. Ainsi, les problèmes que rencontre l'enfant et qu'il ne peut pas résoudre sur le moment deviennent maniables : la déception du présent est atténuée par la perspective des victoires à venir.

Si l'enfant, pour une raison ou pour une autre, est incapable d'imaginer son avenir avec optimisme, il cesse de se développer, comme le prouve, à l'extrême, le comportement de l'enfant qui souffre d'autisme infantile. Il ne fait rien, ou, par intermittence, manifeste de violents accès de rage ; mais, dans les deux cas, il exige que rien ne soit changé dans son environnement et dans ses conditions de vie. Tout cela résulte de son incapacité totale à envisager tout changement dans le sens d'une amélioration. Le jour où une fillette, après une longue thérapie, émergea de son retrait autistique total, et réfléchit à ce qui pouvait caractériser les bons parents, elle dit : « Ce sont ceux qui espèrent pour vous. » Elle voulait dire par là que ses parents avaient été de mauvais parents parce qu'ils n'avaient pas su avoir de l'espoir pour elle ni lui donner l'occasion d'avoir personnellement de l'espoir, pour elle-même et pour sa vie à venir dans le monde.

Nous savons que, plus nous sommes malheureux et désespérés, plus nous avons besoin de pouvoir nous engager dans des fantasmes optimistes. Mais nous sommes incapables de le faire de nous-mêmes lorsque nous sommes petits. Pendant l'enfance, plus qu'à toute autre époque, nous avons besoin des autres pour qu'ils nous soutiennent en mettant de l'espoir en nous et en notre avenir. Le conte de fées, à lui seul, ne peut rendre ce service à l'enfant ; comme nous le rappelait cette petite fille autistique, nous avons d'abord besoin de nous laisser pénétrer d'espoir par l'intermédiaire de nos parents. Sur cette base réelle et solide — la façon positive dont nos parents nous considèrent, nous et notre avenir — nous pouvons alors construire des châteaux en Espagne, à demi conscients qu'ils ne sont rien de plus, mais quand même profondément rassurés. Alors que le fantasme est *irréel*, les sentiments réconfortants qu'il nous procure sur nous-mêmes et notre avenir, eux, sont *réels*, et nous avons besoin d'eux pour nous soutenir.

Lorsqu'ils réagissent au profond découragement de leur enfant, les parents lui disent que tout finira bien par s'arranger. Mais le désespoir de l'enfant est envahissant — il est incapable de faire des nuances :

il est ou bien en enfer ou bien au paradis — et seul l'espoir d'un éternel bonheur peut venir à bout de sa peur momentanée d'être anéanti. Aucun parent ne peut raisonnablement promettre à son enfant qu'il peut atteindre le bonheur parfait dans la réalité. Mais, en lui racontant des contes de fées, il peut l'encourager à emprunter pour son usage personnel des espoirs imaginaires pour son avenir, sans le tromper en lui laissant croire qu'il y a de la réalité dans ces chimères *.

---

* Raconter à une enfant l'histoire de Cendrillon en la laissant s'imaginer dans le rôle de l'héroïne et utiliser le conte pour bâtir le fantasme de sa propre délivrance, c'est tout autre chose que de lui faire vivre ce fantasme dans la réalité. C'est, d'une part, encourager l'espoir, et, d'autre part, préparer des désillusions.

Un père, au lieu de raconter des contes de fées à sa petite fille, décida un jour, poussé par ses propres besoins affectifs et pour échapper par le fantasme à ses difficultés conjugales, qu'il avait des histoires bien plus intéressantes à lui présenter. Chaque soir, il broda pour sa fille un fantasme sur le thème de Cendrillon. C'était lui, le prince charmant qui devinait à travers ses haillons et malgré les cendres qu'elle était la plus belle fille du monde et qui allait lui assurer une vie de princesse de conte de fées. Le père ne lui présentait pas l'histoire comme un conte de fées, mais comme s'il s'agissait de quelque chose qui se passait entre eux dans la réalité et comme la promesse solide de ce qui arriverait dans l'avenir. Il ne comprenait pas qu'en dépeignant à sa fille sa propre condition sous le jour de celle de Cendrillon il faisait de sa mère, sa femme, une mégère capable de la trahir. Comme ce n'était pas un prince de conte de fées, dans un pays imaginaire, mais lui, son père, qui choisissait Cendrillon pour sa bien-aimée, ces récits nocturnes fixaient la petite fille dans sa situation œdipienne vis-à-vis de son père.

Cet homme mettait certainement tous ses espoirs en sa fille, mais d'une façon radicalement irréaliste. Il en résulta que, à mesure qu'elle grandissait, la fillette tirait tant de satisfactions de ses voyages nocturnes avec son père qu'elle ne voulut pas abandonner ses fantasmes pour prendre contact avec la réalité. Pour cette raison, et d'autres qui lui étaient liées, elle ne se comporta pas en accord avec son âge. Un psychiatre l'examina et diagnostiqua qu'elle avait perdu tout contact avec la réalité. En fait, elle n'avait pas « perdu » contact avec la réalité, mais avait refusé de l'établir, pour protéger son monde

Sentant avec acuité les désagréments que lui vaut le fait d'être dominé par les adultes et dépossédé de son petit royaume personnel où on n'exigeait rien de lui, et où tous ses désirs semblaient être comblés par ses parents, l'enfant ne peut pas s'empêcher de désirer un royaume bien à lui. Les déclarations réalistes sur ce que l'enfant peut accomplir en grandissant sont incapables de satisfaire des désirs aussi extravagants et ne peuvent même pas leur être comparés.

Quel est donc ce royaume que tant de héros de contes de fées finissent par posséder ? Sa principale caractéristique est qu'on ne nous dit rien de lui ; on ne nous en dit pas davantage sur les occupations du roi ou de la reine. Il ne sert à rien d'être roi ou reine de ce royaume, sauf qu'on commande au lieu d'être commandé. Le fait qu'il devient roi (ou reine) au dénouement de l'histoire symbolise un état de véritable *indépendance* où le héros se sent en sécurité, satisfait et heureux comme l'était l'enfant lorsqu'il se trouvait dans son état le plus *dépendant*, dans le royaume de son berceau, où on s'occupait merveilleusement de lui.

---

imaginaire. Elle n'avait aucune envie d'entrer en rapport avec le monde quotidien, puisque le comportement de son père lui indiquait qu'il ne le désirait pas et que, de son côté, elle n'en avait pas besoin. A force de vivre à longueur de journée avec ses fantasmes, elle sombra dans la schizophrénie.

Son histoire illustre la différence qui existe entre le fantasme situé dans un pays imaginaire et les prédictions, fondées sur des bases fausses, concernant ce qui est censé se passer un jour dans la réalité quotidienne. Les promesses des contes de fées sont une chose ; les espoirs que nous entretenons pour nos enfants en sont une autre, et nous devons les laisser enracinés dans la réalité. Il faut savoir que les frustrations de l'enfant, les difficultés qu'il doit vaincre ne sont pas plus redoutables que ce que nous devons tous affronter dans des circonstances normales. Mais parce que, dans l'esprit de l'enfant, ces difficultés sont les plus grandes que l'on puisse imaginer, il a besoin d'être encouragé par des fantasmes où le héros, avec lequel il peut s'identifier, parvient à sortir avec succès de situations incroyablement difficiles.

Au début du conte de fées, le héros est à la merci de ceux qui ont une piètre opinion de lui et de ses possibilités, qui le maltraitent et menacent même sa vie, comme la méchante reine de *Blanche-Neige*. Au cours de l'histoire, le héros est souvent obligé de compter sur des amis secourables : des créatures d'un autre monde, comme les nains de *Blanche-Neige* ou des animaux magiques, comme les oiseaux de *Cendrillon*. A la fin du conte, le héros a triomphé de toutes les épreuves ; ou bien, malgré elles, il est resté fidèle à lui-même, ou bien encore, en les subissant, il a atteint sa vraie personnalité. Il est devenu un autocrate, dans le meilleur sens du terme, un individu qui sait se gouverner, vraiment autonome, et non pas une personne qui règne sur les autres. Dans les contes de fées, contrairement aux mythes, la victoire n'est pas remportée sur les autres, mais uniquement sur soi-même et sur les méchants (surtout le méchant qu'on porte en soi et que le héros projette sur ses adversaires). Si on ne nous dit rien du règne de ces rois et de ces reines, c'est qu'ils gouvernent sagement et pacifiquement et qu'ils vivent heureux. C'est en cela que doit consister la maturité : se gouverner sagement et, par là, jouir d'une vie heureuse.

Les enfants comprennent tout cela très bien. Aucun d'eux ne pense qu'il gouvernera un royaume autre que celui de sa propre vie. Le conte de fées lui affirme qu'un jour ce royaume sera le sien, mais non sans lutte. La façon dont l'enfant imagine le « royaume » dépend de son âge et de son stade de développement, mais il ne prend jamais le mot littéralement. Pour l'enfant tout jeune, il signifie simplement que personne ne lui imposera sa volonté et que ses désirs seront satisfaits. L'enfant plus âgé y ajoutera l'obligation de s'imposer une discipline, c'est-à-dire de vivre et d'agir sagement. Mais à tout âge, l'enfant comprend que devenir roi ou reine, c'est atteindre la maturité de l'adulte.

Comme la maturité exige une solution positive des

conflits œdipiens de l'enfant, envisageons comment le héros obtient ce royaume dans les contes de fées. Dans le mythe grec, Œdipe devient roi en tuant son père et en épousant sa mère, après avoir résolu l'énigme du Sphynx qui, aussitôt, se donne la mort. L'énigme consistait à deviner les trois âges de l'homme. Pour l'enfant, la plus grande énigme est le mystère du sexe ; c'est un secret d'adultes qu'il désire découvrir. Etant donné qu'en résolvant l'énigme, Œdipe accède au trône en épousant sa mère, on peut supposer que cette énigme a quelque chose à voir avec la connaissance sexuelle, tout au moins au niveau de l'inconscient.

Dans de nombreux contes de fées, également, résoudre l' « énigme », c'est pouvoir se marier et accéder au trône. Par exemple, dans le conte des frères Grimm *L'Intelligent Petit Tailleur*, seul le héros est capable de deviner les deux couleurs des cheveux de la princesse, à la suite de quoi il peut l'épouser. De même, l'histoire de la princesse Turandot raconte que celle-ci ne sera donnée qu'à celui qui trouvera la solution de trois devinettes. Le fait de résoudre une énigme posée par une femme représente l'énigme de la femme en général, et comme le mariage suit de près la solution exacte, ce n'est pas s'avancer bien loin que de supposer que cette énigme est de nature sexuelle : celui qui a compris le secret de l'autre sexe atteint la maturité. Mais alors que dans le mythe d'Œdipe le personnage dont l'énigme a été découverte se tue et que le mariage du héros tourne à la tragédie, la découverte du secret dans les contes de fées conduit au bonheur du héros et de la personne qui a posé l'énigme.

Œdipe épouse sa mère, ce qui signifie, bien sûr, qu'elle est plus âgée que lui. Le héros du conte de fées, lui, épouse une femme à peu près du même âge que lui. Cela signifie que le héros du conte, quel que soit l'attachement qu'il ait pu éprouver envers ses parents, a réussi à le transférer à un partenaire non œdipien et donc plus approprié. Encore et toujours, dans les contes de fées, les relations décevantes avec l'un des parents (caractéristique des relations œdipiennes), comme le lien qui unit Cendrillon à un père faible et inefficace, sont remplacées par des relations heureuses avec le mari.

Le père (ou la mère), dans ces contes de fées, bien loin de reprocher à l'enfant d'avoir transféré son attachement œdipien, est ravi d'y avoir participé. Par exemple, dans *Hans, mon hérisson* et *La Belle et la Bête,* le père (de bon ou de mauvais gré) provoque le mariage de sa fille en renonçant à son propre attachement œdipien et, en la poussant à renoncer au sien, il s'achemine en même temps qu'elle vers une solution satisfaisante.

Dans les contes de fées, jamais un fils ne prend de force le royaume de son père ; si celui-ci le lui cède, c'est toujours en raison de son grand âge, comme dans *Les Trois Plumes.* Cette histoire fait apparaître clairement que le fait d'accéder au trône est l'équivalent de l'accession à la maturité morale et sexuelle. Avant d'hériter du royaume, le héros doit satisfaire à une épreuve. Le héros réussit, mais ce n'est pas suffisant. Tout se passe de la même façon à la seconde épreuve. La troisième consiste à ramener celle qui sera l'épouse, et, quand c'est fait, le royaume appartient au héros. Ainsi, loin de faire apparaître que le fils est jaloux du père, ou que le père réprouve les tentatives sexuelles de son fils, le conte de fées exprime exactement le contraire : quand l'enfant a atteint l'âge convenable et la maturité, le père désire qu'il assume sa sexualité ; alors, et pas avant, il le jugera digne de lui succéder.

Dans de nombreux contes de fées, un roi donne sa fille en mariage au héros, puis partage avec lui son royaume ou le désigne comme successeur. C'est là un fantasme fait pour plaire à l'enfant. Mais comme l'histoire lui dit que c'est bien ce qui va se passer, et comme, dans l'inconscient, le roi tient la place de son propre père, le conte de fées promet la plus haute récompense possible (une vie heureuse et un royaume) au fils qui, grâce à ses luttes, a réussi à régler ses conflits œdipiens : transférer l'amour qu'il éprouve pour sa mère à une partenaire qui convient à son âge, et reconnaître que son père (loin d'être un rival menaçant) est en réalité un protecteur bienveillant qui est heureux de voir que son fils est devenu un adulte à part entière.

Gagner son royaume en faisant un mariage d'amour avec la plus appropriée et la plus désirable des partenaires (union que les parents approuvent sans réserve et qui conduit tout le monde au bonheur, à l'exception des méchants) est le symbole de la solution idéale des conflits œdipiens et également de l'accession à la véritable indépendance et à l'intégration totale de la personnalité. Est-il tellement irréaliste de dire que cette réalisation suprême a pour cadre un royaume ?

On comprendra alors pourquoi les prouesses des héros des histoires « réalistes » pour enfants paraissent banales et vulgaires par comparaison. Ces histoires donnent aussi à l'enfant l'assurance qu'il pourra résoudre les problèmes importants qu'il rencontrera dans sa vie « réelle » (problèmes qui sont définis par des adultes). Ce faisant, ces histoires modernes ont des mérites indéniables, mais très limités. Quels problèmes, pour l'enfant, sont plus difficiles à résoudre et plus « réels » que ses conflits œdipiens, l'intégration de sa personnalité et l'accession à la maturité, y compris la maturité sexuelle (en quoi elle consiste et comment l'obtenir) ? Si on entrait dans les détails de ces problèmes, on ne ferait qu'accabler et troubler l'enfant ; c'est pourquoi le conte de fées utilise des symboles universels qui permettent à l'enfant de choisir, de négliger ou d'interpréter le conte selon le stade de développement intellectuel et psychologique qu'il a atteint. Quel que soit ce stade, le conte de fées indique à l'enfant comment il peut le transcender et ce qu'il peut être amené à faire pour parvenir à la prochaine étape de sa progression vers l'intégration de sa maturité.

Une comparaison entre le conte de fées et deux histoires pour enfants très connues illustrera les insuffisances des contes modernes réalistes.

Un grand nombre de ces histoires, comme *La Petite Locomotive qui pouvait*, encouragent l'enfant à croire que, s'il fait assez d'efforts et n'abandonne pas, il finira par réussir dans la vie [39]. Une jeune adulte m'a raconté combien elle avait été impressionnée quand sa mère lui avait raconté cette histoire. Elle finit par se convaincre que notre attitude conditionnait nos réalisations ; que si elle abordait une tâche avec la conviction de la réussir, rien ne lui serait difficile. Quelques jours plus tard, l'enfant se trouva en classe dans une situation critique : elle essayait de construire une maison de papier en collant l'assemblage. Mais la maison s'obstinait à s'effondrer. Se sentant frustrée, elle commença à se demander si cette maison de papier était vraiment réalisable. C'est alors qu'elle se rappela l'histoire de *La Petite Locomotive qui pouvait ;* vingt ans plus tard, elle se voyait encore en train de se chanter la formule magique : « Je crois que je peux, je crois que je peux, je crois que je peux... » Elle se remit donc à l'ouvrage, mais la maison tombait toujours. Tout se termina par un désastre total ; la petite fille était convaincue qu'elle avait échoué là où n'importe qui, comme la petite locomotive, aurait réussi.

Comme cette histoire est située dans le monde où nous vivons, et que son décor nous est familier, cette petite fille avait essayé d'appliquer directement sa leçon à sa vie quotidienne, sans élaborer aucun fantasme, et avait connu un échec qui la travaillait encore vingt ans plus tard.

Le Robinson Suisse eut un effet très différent sur un autre enfant. C'est l'histoire d'une famille de naufragés qui vit sur une île déserte une vie aventureuse, idyllique, constructive et fort agréable... une vie très différente de ce qu'était celle de l'enfant dont je vais vous parler. Son père était obligé de s'absenter très souvent de la maison et sa mère, une malade mentale, faisait des séjours prolongés dans des maisons de repos. La petite fille fut donc ballottée entre la maison d'une tante, puis celle d'une grand-mère, et la sienne quand l'occasion s'en présentait. Pendant toutes ces années, elle ne se lassa pas de relire l'histoire de cette famille heureuse qui, sur sa petite île, ne risquait pas d'être démantelée. Bien des années plus tard, elle se souvenait encore de la sensation chaude, confortable, qu'elle éprouvait quand, bien calée dans ses oreillers, elle oubliait tous ses malheurs présents en lisant son livre préféré. Les heures heureuses qu'elle passait avec les naufragés suisses sur cette terre imaginaire lui permettaient de ne pas se laisser abattre par les difficultés que lui présentait la réalité. Les encouragements de son imagination lui permettaient de réagir. Mais comme l'histoire n'était pas un conte de fées, elle ne contenait aucune promesse d'une vie meilleure, ce qui la privait d'un espoir qui lui aurait rendu la vie encore plus supportable.

« Quand j'étais enfant, m'a raconté une étudiante, j'étais une passionnée des contes de fées, qu'ils fussent traditionnels ou de ma propre création. Mais c'est *Raiponce* qui dominait mes pensées. » Cette étudiante était encore une toute petite fille, quand sa mère mourut dans un accident d'automobile. Le père, bouleversé par ce qui était arrivé à sa femme (il était au volant) se replia totalement sur lui-même et confia son enfant à une nurse qui s'intéressait peu à elle. Quand la petite fille eut sept ans, son père se remaria, et ce fut à peu près à cette époque que, d'après ses souvenirs, *Raiponce* prit pour elle de l'importance. Sa belle-mère était nettement la sorcière, et elle la jeune fille enfermée dans la tour. Elle se rappelait qu'elle se sentait très proche de Raiponce ; comme elle, une méchante sorcière était entrée de force dans sa vie. Elle se sentait emprisonnée dans sa nouvelle maison où elle se sentait livrée à elle-même, avec une nurse qui ne s'occupait pas d'elle. Pour elle, les longs cheveux de Raiponce étaient la clef de l'histoire. Elle voulait laisser pousser ses cheveux, mais sa belle-mère l'en empêchait. Les cheveux longs étaient pour elle le symbole de la liberté et du bonheur. Devenue adulte, elle comprenait que le prince pour lequel elle se languissait n'était personne d'autre que son père. L'histoire la persuada qu'il viendrait un jour la libérer et elle se sentit soutenue par cette conviction. Lorsque sa vie devenait trop pénible, il lui suffisait de se mettre dans la peau de Raiponce, ses cheveux avaient poussé et le prince aimant venait la délivrer. Elle se plaisait à vivre par l'imagination le dénouement heureux de *Raiponce.* Dans l'histoire, le prince est momentanément rendu aveugle par la sorcière, ce qui, pour elle, signifiait que son père avait été aveuglé par la « « sorcière » avec laquelle il vivait, alors qu'il aurait dû préférer vivre avec sa petite fille ; et, finalement, ses cheveux que sa belle-mère avait coupés court repoussaient et elle pouvait vivre éternellement heureuse avec son prince charmant.

Si l'on compare *Raiponce* au *Robinson Suisse,* on comprend pourquoi les contes de fées apportent beaucoup plus à l'enfant que n'importe quelle histoire « réaliste », fût-elle aussi belle que celle-là. *Le Robinson Suisse* n'offre pas à l'enfant une sorcière sur laquelle il peut, grâce au fantasme, se soulager de sa colère et qu'il peut rendre responsable de l'indifférence du père. *Le Robinson Suisse* permet à l'imagination de s'évader et il est certain que ce livre a aidé cette petite fille à oublier momentanément les duretés de sa vie. Mais il n'offrait aucun espoir précis pour l'avenir. *Raiponce,* de son côté, donnait à la petite fille l'occasion de se rendre compte que sa belle-mère était finalement moins méchante que la sorcière de l'histoire. *Raiponce* lui promettait aussi qu'elle serait délivrée par son propre corps, lorsque ses cheveux auraient repoussé. Et surtout, le conte promettait que le « prince » recouvrerait la vue et viendrait libérer sa princesse. Ce fantasme continua de soutenir la fillette, à un degré de moins en moins intense, jusqu'au moment où elle fut amoureuse d'un jeune homme et se maria ; à partir de là, elle n'eut plus besoin de *Raiponce*...

Il est facile d'imaginer que, si la belle-mère avait su comment la petite fille interprétait *Raiponce,* elle aurait jugé que les contes de fées sont très mauvais pour les enfants ! Elle n'aurait sans doute pas compris que, sans les satisfactions que lui apportaient ses fantasmes, sa belle-fille aurait tout fait pour briser le remariage de son père, et que, privée de l'espoir que lui fournissait le conte, sa vie serait allée à la dérive.

Certains diront que, quand une histoire suscite des espoirs irréalistes, l'enfant connaîtra nécessairement des déceptions et n'en souffrira que davantage. Mais le fait de suggérer à l'enfant des espoirs raisonnables — c'est-à-dire limités et provisoires — à l'égard de ce que lui réserve l'avenir ne peut atténuer ses énormes angoisses. Ses appréhensions irréalistes appellent des espoirs irréalistes. Par comparaison avec ses désirs, les promesses réalistes et limitées entraînent de profondes déceptions et ne consolent pas. Toute histoire plus ou moins réaliste ne peut rien offrir de plus.

Les promesses extravagantes contenues dans le dénouement des contes de fées pourraient, elles aussi, conduire au désenchantement si elles concluaient une histoire réaliste ou si elles étaient présentées comme quelque chose qui se passera dans l'environnement de l'enfant. Mais le conte commence et se termine au pays des fées, un domaine où l'on ne peut pénétrer que par l'imagination.

Le conte de fées fait espérer à l'enfant qu'un jour le royaume lui appartiendra. Comme c'est exactement ce qu'espère l'enfant mais qu'il ne peut pas se croire capable d'atteindre tout seul ce royaume, le conte lui dit que des forces magiques viendront l'aider. Cela ranime ses espoirs qui, sans le secours des fantasmes, seraient étouffés par les dures réalités de la vie. En promettant à l'enfant le genre de triomphe auquel il aspire le plus, le conte de fées est psychologiquement beaucoup plus convaincant que ne peut l'être le conte « réaliste ». Et parce qu'ils garantissent que le royaume sera à lui, l'enfant est disposé à croire tout ce que les contes de fées lui apprennent par surcroît : que pour trouver son royaume, il faut quitter sa maison ; qu'il n'est pas immédiatement accessible ; qu'il faut prendre des risques et se soumettre à des épreuves ; qu'on ne peut pas y arriver tout seul et qu'on a besoin d'auxiliaires ; et que pour bénéficier de leur aide, il faut se plier à leurs exigences. L'ultime promesse coïncide avec les désirs de revanche de l'enfant et son aspiration à une vie radieuse, et c'est pour cela que le conte de fées enrichit son imagination au-delà de toute comparaison.

L'ennui de ce qu'il est convenu d'appeler « la bonne littérature pour enfants », c'est que la plupart de ces histoires fixent l'imagination des petits au niveau qu'ils ont atteint d'eux-mêmes. Les enfants aiment ces histoires, mais ils n'en tirent qu'un plaisir momentané. Ils n'y trouvent ni réconfort ni consolation à l'égard de leurs problèmes obsédants ; ils ne s'en évadent que momentanément.

Par exemple, dans certaines de ces histoires « réalistes », un enfant prend sa revanche sur ses parents. C'est lorsqu'il émerge de son stade œdipien et cesse d'être totalement dépendant que le jeune enfant ressent le plus vivement ce désir de revanche. A cette période de leur vie, tous les enfants brodent des fantasmes autour de cette idée ; mais à leurs moments de plus grande lucidité, ils se rendent compte qu'ils sont extrêmement injustes : ils savent que leurs parents leur procurent tout ce qu'il faut pour survivre et peinent pour y arriver. Les idées de revanche provoquent toujours un sentiment de culpabilité et la peur du châtiment. Ces derniers sont immanquablement accrus par toute histoire qui encourage l'envie de revanche, et l'enfant, de lui-même, ne peut que les refouler. Il résulte souvent de ce refoulement que, une dizaine d'années plus tard, l'adolescent vit dans la réalité ces fantasmes enfantins de vengeance.

Or, l'enfant n'a absolument pas à refouler ces fantasmes ; au contraire, il peut en jouir au maximum s'il est subtilement guidé pour les orienter vers un objectif qui n'est pas ses parents, tout en étant très proche d'eux. Est-il possible d'imaginer un objectif plus approprié que le personnage qui a pris la place du père ou de la mère : le beau-père (ou la belle-mère) du conte de fées ? Si on rumine des fantasmes de revanche haineux contre ce méchant usurpateur, il n'y a aucune raison de se sentir coupable ni d'appréhender un châtiment, puisque ce personnage n'a que ce qu'il mérite ! A ceux qui objecteraient que les désirs de vengeance sont immoraux et que les enfants ne devraient pas en avoir, on pourrait répondre que l'interdiction de certains fantasmes n'a jamais empêché personne d'en avoir ; ils sont exilés dans l'inconscient, où l'impact produit sur la vie mentale des ravages beaucoup plus importants. Le conte de fées permet à l'enfant de gagner sur les deux tableaux : il peut entretenir des fantasmes de revanche contre la marâtre de l'histoire, et en tirer plaisir, sans par ailleurs se sentir coupable ni craintif à l'égard de ses vrais parents.

Le poème de Milne où James Morrison met en garde sa mère de ne pas aller sans lui au bout de la ville, faute de quoi elle ne retrouverait pas le chemin du retour et disparaîtrait à jamais (ce qui, dans l'histoire, arrive effectivement) est certainement une histoire délicieuse et très amusante... pour les adultes [40]. Pour l'enfant, elle donne corps à son cauchemar le plus effrayant, qui est la peur d'être abandonné. Ce qui amuse les adultes, c'est que les rôles de protecteur et de protégé sont inversés. Bien qu'il puisse désirer qu'il en soit ainsi, l'enfant ne peut pas entretenir cette idée quand elle implique la perte définitive de la mère. Ce qui plaît à l'enfant, dans ce poème, c'est l'idée que ses parents ne devraient pas s'en aller sans lui. Mais il doit en même temps refouler sa profonde angoisse de se voir abandonné à jamais, ce qui, selon l'histoire, finira par se produire.

Il existe une foule d'histoires modernes analogues où l'enfant est plus compétent et plus intelligent que ses parents, non pas au pays des fées, mais dans la réalité quotidienne. L'enfant aime ce genre d'histoires qui lui racontent ce qu'il ne demande qu'à croire ; mais il finit par perdre confiance en ses parents, sur lesquels il doit encore compter, et par être profondément déçu parce que, contrairement à ce que veut lui faire croire l'histoire, ses parents continueront, pendant longtemps encore, de lui être supérieurs.

Aucun conte de fées ne peut enlever à l'enfant le sentiment de sécurité, ni nécessaire, qu'il éprouve à l'idée que ses parents en savent plus que lui, à une exception près, très importante : quand le père ou la mère se trompe sur les capacités de l'enfant. Les parents, dans de nombreux contes, méprisent l'un de de leurs enfants (qui s'appelle « Simplet », ou « Le Niais ») et celui-ci, au cours de l'histoire, prouve que ses parents s'étaient trompés à son égard. Ici encore, le conte de fées se montre très pertinent sur le plan psychologique. La plupart des enfants sont convaincus que leurs parents en savent plus long qu'eux dans tous les domaines, sauf un : ils ne l'apprécient pas comme il le mérite. Il est bon d'encourager cette idée qui pousse l'enfant à développer ses possibilités, non pas pour dépasser ses parents, mais pour corriger la mauvaise opinion qu'ils ont de lui.

A propos du dépassement des parents par l'enfant, le conte de fées utilise un artifice qui consiste à diviser l'un des parents en deux personnages : celui qui n'a aucune considération pour son enfant, et un vieillard plein de sagesse, ou un animal, que rencontre le héros et qui lui donne des conseils pertinents sur ce qu'il doit faire pour l'emporter, non sur ses parents, ce qui serait trop redoutable, mais sur un frère ou une sœur qui lui est préféré. Parfois cet autre personnage aide le héros à accomplir un exploit presque impossible, ce qui prouvera aux parents que la mauvaise opinion qu'ils avaient de leur enfant était fausse. Le père (ou la mère) est ainsi présenté sous deux aspects : celui qui doute et celui qui aide, et c'est ce dernier qui, finalement, l'emporte.

Le conte de fées a une façon bien à lui de représenter le conflit des générations, c'est-à-dire le désir qu'a l'enfant de surpasser ses parents : quand les parents sentent que le moment est venu, ils envoient leur enfant (ou leurs enfants) dans le monde pour y faire ses preuves et démontrer ainsi qu'il est capable et digne de prendre la relève. Les exploits extraordinaires qu'accomplit le héros au cours de ses pérégrinations, et qui, objectivement, sont invraisemblables, ne sont au fond pas plus fantastiques aux yeux de l'enfant que l'idée qu'il pourrait un jour être supérieur à ses parents et par conséquent capable de les remplacer.

Les contes de ce genre (qui, sous des formes différentes, existent dans les folklores du monde entier) commencent d'une façon très réaliste avec un père vieillissant qui est sur le point de décider lequel de ses enfants est digne d'hériter de ses richesses, ou de le remplacer d'une autre façon. Quand il est mis en présence de l'exploit qu'il doit accomplir, le héros de l'histoire se trouve exactement dans la même situation que l'enfant : il se sent incapable de réussir. Malgré cette conviction, le conte montre qu'il peut accomplir sa tâche, mais seulement grâce à l'intervention de puissances surhumaines ou de tout autre intermédiaire. Et, de fait, seul un exploit extraordinaire peut donner à l'enfant l'impression qu'il est supérieur à ses parents ; y croire sans une preuve de ce genre serait de la pure mégalomanie.

« La Gardeuse d'oies »

ou comment conquérir l'autonomie

L'accession à l'autonomie par rapport aux parents est le thème d'un conte des frères Grimm, autrefois célèbre mais très peu connu de nos jours : *La Gardeuse d'oies.* On peut trouver cette histoire, avec des variantes, dans presque tous les pays d'Europe, comme dans d'autres continents. Dans la version des frère Grimm, le conte commence ainsi :

« Il était une fois une vieille reine qui avait depuis longtemps perdu son mari, le roi. Elle avait une fille qui était très jolie... Le temps du mariage étant venu, comme la jeune fille devait partir pour un royaume étranger, sa vieille mère mit dans ses bagages quantité de joyaux et de vaisselle précieuse. »

Une servante fut désignée pour l'accompagner. Les deux femmes reçurent chacune un cheval pour le voyage ; celui de la princesse savait parler et s'appelait Fallada [41]. A l'heure des adieux, la vieille reine monta dans sa chambre, prit un canif et s'entailla le doigt pour le faire saigner ; elle prit alors un chiffon blanc et fit tomber dessus trois gouttes de sang, puis elle donna le chiffon à sa fille, en lui montrant les trois gouttes et lui disant : « Garde-les bien, ma chère enfant, elles te seront précieuses et tu en auras grand besoin en cours de route. » Après avoir chevauché pendant une heure, la princesse eut soif et demanda à sa servante de descendre de cheval et d'aller remplir sa coupe d'or à un ruisseau. La servante refusa et, saisissant la coupe de la princesse, lui dit d'aller elle-même se pencher sur le ruisseau pour boire. Elle ne voulait plus être sa domestique.

Un peu plus loin, la princesse eut de nouveau soif ; mais cette fois, en se penchant pour boire, elle laissa tomber le chiffon taché de trois gouttes de sang qui s'en alla au fil de l'eau ; au même moment la princesse perdit toute force et tomba sous la coupe de sa servante. Celle-ci en prit aussitôt avantage et obligea la princesse à échanger chevaux et vêtements, lui faisant jurer de n'en rien dire à la cour du roi. A l'arrivée au château, la servante fut prise pour la fiancée du prince. Interrogée par le vieux roi sur sa compagne, elle répondit qu'il pouvait lui donner quelque besogne, et la vraie princesse dut aller garder les oies avec un jeune garçon. Peu de temps après, la fausse fiancée demanda au jeune prince, son bien-aimé, la faveur de faire couper le cou de Fallada ; elle craignait en effet que le cheval ne révélât son méfait. Ce fut fait, mais la tête du cheval, à la demande de la vraie princesse, fut clouée sous la voûte sombre d'une poterne qu'elle devait franchir chaque jour pour aller garder les oies.

Chaque matin, quand la princesse et le petit garçon qui gardait les oies avec elle passaient par là, elle saluait la tête de Fallada avec un grand chagrin, et la tête répondait :

O Majesté qui passez là,
si votre mère savait ça,
son cœur volerait en éclats !

Un jour, dans le pré, la princesse dénoua ses cheveux. Comme ils semblaient être d'or pur, son compagnon voulut en arracher quelques-uns, mais la princesse l'en empêcha en déchaînant un grand vent qui emporta le bonnet du garçon ; celui-ci dut courir très loin pour le rattraper. Les mêmes événements se reproduisirent les deux jours suivants, ce qui fâcha tellement l'enfant qu'il alla se plaindre au vieux roi. Celui-ci, le lendemain, se cacha sous la poterne et il put tout observer. Le même soir, quand la gardeuse d'oies fut rentrée au château, le vieux roi lui demanda ce que signifiaient toutes ces choses. Elle lui répondit qu'elle était liée par un vœu qui l'empêchait de s'ouvrir de sa peine à un être vivant. Elle refusa de lui raconter son histoire, malgré son insistance, mais, finalement, quand le roi lui conseilla de confier son secret à l'âtre, elle accepta. Le vieux roi, caché derrière l'âtre, écouta tout ce qu'elle disait.

Après cela, la gardeuse d'oies fut revêtue d'habits royaux et tout le monde fut convié à une grande fête. La vraie fiancée fut placée à côté du prince, et la fausse, qui n'avait pas reconnu sa maîtresse sous sa magnificence, de l'autre côté. A la fin du repas, le vieux roi demanda à l'usurpatrice quel traitement mériterait quelqu'un qui aurait agi d'une certaine façon... et il lui raconta à peu près ce qu'elle avait fait elle-même. Ignorant qu'elle était découverte, la fille répondit :

« Une telle personne ne mérite pas mieux que d'être enfermée nue dans un tonneau tout hérissé de clous pointus à l'intérieur, et traîné ainsi par deux chevaux blancs, de rue en rue, jusqu'à ce que mort s'ensuive. » « Tu es celle-là, dit alors le vieux roi, et c'est ta propre sentence que tu viens de prononcer. Il sera fait de toi ce que tu as voulu. »

Après l'exécution, le jeune roi célébra ses noces avec sa vraie fiancée, et ensuite ils régnèrent tous deux dans la paix et le plus grand bonheur.

Dès le début du conte, le problème de la succession des générations se trouve posé par le fait que la vieille reine envoie sa fille épouser un prince lointain, c'est-à-dire qu'elle se fera une vie bien à elle, indépendamment de ses parents. Malgré ses dures épreuves, la princesse tient la promesse qu'elle a faite de ne révéler à aucun être humain ce qui lui est arrivé ; elle fait ainsi la preuve de son courage moral qui, finalement, lui vaut une récompense, sous la forme du dénouement heureux. Ici, les dangers que doit affronter l'héroïne sont intérieurs : elle ne doit pas céder à la tentation de livrer son secret. Mais le thème principal de ce conte est l'usurpation de la place de l'héroïne par une simulatrice.

La raison pour laquelle cette histoire et ce thème se retrouvent dans toutes les cultures se situe dans leur signification œdipienne. Le personnage principal est généralement de sexe féminin, mais l'histoire peut présenter un héros masculin, comme dans la version anglaise la plus répandue *Roswal and Lillian*, où un jeune garçon est envoyé à la cour d'un roi pour recevoir son éducation, ce qui fait apparaître encore plus clairement que le thème concerne les progrès de la croissance, la maturation et l'accession à l'indépendance[42]. Comme dans *La Gardeuse d'oies*, au cours du voyage, le serviteur oblige le jeune homme à inverser les rôles. Quand ils arrivent à la cour étrangère, l'usurpateur est pris pour le prince qui, dégradé à l'état de valet, n'en conquiert pas moins le cœur de la princesse. Grâce à l'aide de personnages bienveillants, l'usurpateur est démasqué et, à la fin, sévèrement puni, tandis que le prince retrouve la place qui lui revient. Comme l'usurpateur de ce conte essaie aussi de supplanter le héros dans le mariage, le thème est essentiellement le même ; seul le sexe du héros est changé, ce qui semble dire que cette question de sexe n'a aucune importance. Il en est ainsi parce que les deux histoires ont trait au problème œdipien, qui concerne les filles aussi bien que les garçons.

La Gardeuse d'oies donne une forme symbolique aux deux facettes opposées de l'évolution œdipienne. Au cours d'un premier stade, l'enfant croit que celui de ses parents qui est du même sexe que lui est un usurpateur qui a pris sa place dans le cœur de l'autre qui, de son côté, aurait de beaucoup préféré avoir l'enfant lui-même comme compagnon conjugal. L'enfant suspecte celui des parents qui est de son sexe d'avoir, par sa ruse (il rôdait dans les parages avant l'arrivée de l'enfant), volé ce qui lui revenait de droit de par sa naissance ; et il espère que les choses seront justement rétablies grâce à quelque intervention supérieure et qu'il deviendra le partenaire de sa mère (ou, si c'est une fille, de son père).

Ce conte de fées guide aussi l'enfant au cours de son passage du stade œdipien précoce au stade supérieur quand son idée, fondée sur ses désirs, est remplacée par une vue un peu plus juste de sa véritable situation au cours de la phase œdipienne. A mesure qu'il grandit en compréhension et en maturité, l'enfant commence à se rendre compte que son idée, suivant laquelle celui des parents qui est du même sexe que lui se serait attribué la place qui lui revenait de droit, n'est pas du tout conforme à la réalité. Il commence donc à comprendre que c'est *lui*, l'enfant, qui désire être l'usurpateur et prendre la place de l'époux du même sexe que lui. *La Gardeuse d'oies* avertit l'enfant qu'il doit abandonner ces idées à cause du terrible châtiment qui attend ceux qui, pour un moment, réussissent à remplacer le partenaire conjugal de droit. L'histoire montre qu'il vaut mieux assumer sa place d'enfant plutôt que d'essayer de prendre celle de l'un des parents, même si on le désire vivement.

Comme ce thème apparaît surtout dans des versions qui mettent en scène des héroïnes, certains peuvent se demander s'ils peuvent intéresser les garçons. A cela on peut répondre que, indépendamment du sexe de l'enfant, cette histoire impressionne vivement les petits garçons qui, à un niveau préconscient, comprennent que le conte se rapporte à des problèmes œdipiens qu'ils connaissent très bien. Dans un de ses plus célèbres poèmes, *Allemagne, conte d'hiver* (*Deutschland, ein Wintermärchen*), Henri Heine raconte combien il avait été impressionné par *La Gardeuse d'oies* :

Comme mon cœur battait quand ma vieille nourrice
[me racontait comment
la fille du roi, au temps jadis,
était assise, solitaire, au coin du feu
qui faisait briller ses tresses d'or !
Son travail était de soigner les oies.
Oui, elle était gardeuse d'oies, et quand, à la tombée
[de la nuit,
elle franchissait la poterne pour ramener ses oies,
infiniment triste, elle laissait couler ses larmes[43].

La Gardeuse d'oies comporte une autre leçon, très importante : la mère, même si elle est aussi puissante qu'une reine, est incapable d'assurer l'évolution de son enfant vers la maturité. Pour devenir lui-même, l'enfant doit affronter seul les épreuves de la vie ; il ne peut pas compter sur ses parents pour l'aider à surmonter les conséquences de sa faiblesse. Le fait que le trésor et les bijoux que la princesse reçoit de sa vieille mère ne lui sont d'aucun secours montre bien que tous les biens terrestres que les parents peuvent donner à leur enfant ne lui servent pas à grand-chose s'il ne sait pas les utiliser convenablement. Le dernier présent de la vieille reine à sa fille, et le plus important, est le chiffon taché de sang. Mais la princesse le perd par négligence.

Nous reparlerons plus loin, à propos de *Blanche-Neige* et de *La Belle au Bois Dormant*, des trois gouttes de sang, en tant que symbole de la maturité sexuelle. Comme la princesse part pour se marier (elle passera donc de l'état de vierge à celui de femme et d'épouse) et comme sa mère insiste sur l'importance du mouchoir taché de sang beaucoup plus que sur le cheval qui parle, il n'est pas exagéré de penser que ces gouttes de sang répandues sur un morceau de linge blanc sont le symbole de la maturité sexuelle et constituent un lien spécial établi par la mère qui prépare sa fille à devenir sexuellement active *.

Ainsi donc, quand la princesse perd le gage fatidique qui pourrait la protéger des manigances de l'usurpatrice, il faut comprendre que tout au fond d'elle-même elle n'est pas assez mûre pour devenir femme. On peut penser que la perte du chiffon, par inadvertance, est un lapsus freudien par lequel la princesse se serait débarrassée d'un objet qui lui aurait rappelé quelque chose qu'elle ne désirait pas : la perte de sa virginité. La jeune fille promise au mariage redevient, en tant que gardeuse d'oies, une adolescente célibataire et cette immaturité est encore accusée par le fait qu'elle rejoint le clan des enfants : le petit garçon qui garde les oies avec elle. Mais l'histoire dit que, quand on s'accroche à son immaturité alors que le moment est venu de passer à la maturité, on ne peut que provoquer la tragédie pour soi-même et pour les êtres les plus proches, comme Fallada, le fidèle cheval.

Les vers que Fallada répète par trois fois pour répondre aux lamentations de la gardeuse d'oies quand elle passe devant sa tête : « O majesté qui passez là... » sont moins faits pour déplorer le sort de la jeune fille que pour exprimer le chagrin de sa mère. Fallada essaie de lui faire comprendre que, pour son propre bien, mais aussi pour sa mère, la princesse devrait cesser d'accepter passivement ce qui lui arrive. Il laisse également entendre à la princesse que si elle n'avait pas agi aussi immaturément, en laissant tomber le chiffon et en se laissant mener par la servante, lui, Fallada, n'aurait pas eu la tête coupée. Tous les désastres sont de la faute de la jeune fille, qui n'a pas su s'affirmer. Le cheval qui parle est lui-même

---

* On se rendra compte de l'importance de ces trois gouttes de sang quand on saura qu'une version allemande de ce conte, trouvée en Lorraine, est intitulée *Le Linge aux trois taches de sang*. Dans une version française, le présent chargé de puissance magique est une pomme d'or, ce qui rappelle la pomme donnée à Eve au paradis, symbole de la connaissance sexuelle [44].

incapable de la tirer de sa malheureuse situation.

L'histoire insiste sur les difficultés que l'on rencontre sur les chemins de la vie : entrer dans la maturité sexuelle, atteindre l'indépendance et se réaliser soi-même. Il faut surmonter les dangers, endurer les épreuves, prendre des décisions ; mais l'histoire dit que si l'on reste fidèle à soi-même et à ses propres valeurs, tout finira bien, aussi désespérées que puissent paraître les choses. Et, bien sûr, dans la ligne de la résolution de la situation œdipienne, l'histoire dit avec insistance que celui qui cède à son désir de prendre la place d'un autre va irrémédiablement à sa perte. Avant de s'installer dans son *moi*, il faut d'abord l'édifier.

On pourrait une fois de plus comparer la profondeur de ce petit conte de fées (il ne fait pas plus de huit pages) à une histoire moderne déjà citée, *La Petite Locomotive qui pouvait*, qui, elle aussi, encourage l'enfant à croire qu'à force de faire des efforts, il finira par réussir. Cette histoire moderne, et d'autres qui lui ressemblent, en donnant de l'espoir à l'enfant, joue un rôle très utile ; mais elle est très limitée. Elle n'atteint pas les désirs et les angoisses les plus profondément inconscients de l'enfant ; en dernière analyse, ce sont ces éléments inconscients qui empêchent l'enfant d'avoir confiance en lui. Que ce soit directement ou indirectement, les histoires de ce type ne révèlent pas à l'enfant ses angoisses les plus profondes et ne lui apportent aucun soulagement au niveau de ces sentiments oppressants. Contrairement à ce qu'affirme le message de *La Petite Locomotive*, le succès est incapable, de lui-même, de venir à bout des difficultés intimes. S'il en était autrement, il y aurait beaucoup moins d'adultes qui finissent par réussir extérieurement, à force de s'acharner, mais que ce « succès » ne soulage pas de leurs difficultés intérieures.

L'enfant n'a pas simplement peur de l'échec, en tant que tel, bien que cela fasse partie de son angoisse.

Mais c'est ce que semblent croire les auteurs de ces histoires, peut-être parce que cette peur se trouve au centre des appréhensions de l'adulte : c'est-à-dire la peur des désavantages qu'entraîne l'échec dans la réalité. L'angoisse de l'échec, chez l'enfant, est axée sur l'idée que, s'il ne réussit pas, il sera repoussé, abandonné et totalement anéanti. Seules les histoires où un ogre, ou tout autre personnage méchant, essaie de tuer le héros, s'il ne se montre pas assez fort pour tenir tête à l'usurpateur, sont dans le vrai en accordant à l'enfant la perspective psychologique qui est la sienne en ce qui concerne les conséquences de l'échec.

L'enfant n'attribue aucune signification au succès final si, en même temps, il n'est pas débarrassé de ses angoisses inconscientes. C'est ce que symbolise le conte de fées par la mise à mort du méchant. Sans cela, la victoire finale du héros resterait incomplète, puisqu'il continuerait d'être menacé par son ennemi.

Les adultes croient souvent que le châtiment cruel du méchant dans les contes de fées perturbe et terrorise inutilement l'enfant. C'est exactement le contraire qui est vrai ; l'enfant est rassuré de savoir que le châtiment suit le crime. Il se sent souvent traité injustement par les adultes et par le monde en général et il lui semble que personne n'essaie d'y remédier. Se fondant uniquement sur ces expériences, il veut que ceux qui le trompent et qui le rabaissent — comme la servante trompe la princesse dans l'histoire — soient très sévèrement châtiés. S'ils ne le sont pas, l'enfant pense que personne ne le protège sérieusement ; plus dur sera le châtiment infligé aux méchants, plus l'enfant se sentira en sécurité.

Il est important ici de noter que l'usurpatrice prononce sa propre condamnation. Après avoir choisi de prendre la place de sa maîtresse, la servante choisit les modalités de sa propre mort ; ces deux choix sont la conséquence de sa méchanceté qui lui fait inventer un châtiment atroce ; cette punition ne lui est donc pas infligée de l'extérieur. Ce message veut dire que les mauvaises intentions conduisent le méchant à sa perte. En choisissant deux chevaux blancs comme exécuteurs, l'usurpatrice révèle son sentiment inconscient de culpabilité pour avoir fait tuer Fallada : comme il était le cheval qui portait une fiancée vers la cérémonie nuptiale, on peut supposer qu'il était blanc, la couleur qui symbolise la pureté, ce qui semble expliquer pourquoi ce sont des chevaux blancs qui vengent Fallada. L'enfant apprécie tout cela à un niveau préconscient.

J'ai dit un peu plus haut que les succès remportés à l'extérieur ne suffisent pas à calmer les angoisses intérieures. L'enfant a donc besoin de savoir qu'il ne lui suffit pas de persévérer dans ses efforts. Apparemment, il semble que la gardeuse d'oies ne fasse rien pour changer son destin et qu'elle ne réintègre sa place que grâce à l'intervention de puissances bienveillantes, ou simplement par hasard. Mais ce qui peut paraître négligeable à un adulte prend des proportions beaucoup plus importantes chez l'enfant qui, lui aussi, ne peut pas faire grand-chose sur le moment pour modifier son destin. L'histoire montre que ce sont moins les exploits spectaculaires qui comptent que le développement intérieur, qui permettra au héros d'atteindre son entière autonomie. Conquérir son indépendance et transcender l'enfance exige une évolution : on n'y parvient pas en excellant dans une tâche particulière ni en se battant contre les difficultés extérieures.

J'ai déjà dit comment *La Gardeuse d'oies* projette les deux aspects de la situation œdipienne : se sentir dépossédé par un usurpateur, puis reconnaître qu'on est soi-même l'usurpateur. L'histoire met aussi en relief les dangers que court l'enfant en s'accrochant trop longtemps à sa dépendance infantile. L'héroïne transfère d'abord sa dépendance vis-à-vis de sa mère à sa servante et lui obéit sans se servir de son propre jugement. De même que l'enfant ne désire pas abandonner sa dépendance, de même la princesse s'abstient de réagir pour modifier sa situation ; c'est là, dit l'histoire, qu'elle va à sa perte. En maintenant sa dépendance, elle s'interdit de passer à un stade supérieur d'humanité. Si elle s'en va dans le monde — ce qui est symbolisé dans l'histoire par le départ de la princesse qui quitte sa maison pour aller gagner ailleurs son royaume — elle doit devenir indépendante. Telle est la leçon qu'apprend la princesse tandis qu'elle garde les oies.

Le petit garçon qui garde les oies avec elle essaie de la commander, comme l'a fait plus tôt la servante. Motivé par ses propres désirs, il méprise l'autonomie de la princesse. Au cours du voyage qui l'éloignait de la maison de son enfance, elle a laissé la servante lui prendre sa coupe d'or. Et maintenant qu'elle est assise dans le pré et dénoue sa chevelure (les « tresses d'or » dont parle Heine) le garçon veut lui prendre ses cheveux, pour usurper, pour ainsi dire, une partie de son corps. Elle ne le permet pas ; cette fois, elle sait comment l'en empêcher. Alors qu'elle avait trop peur de la colère de la servante pour oser lui résister, elle se garde bien de se laisser malmener par le garçon, bien qu'il se mette en colère parce qu'elle lui résiste. L'histoire, en parlant d'une coupe d'or et de cheveux d'or, attire l'attention de l'auditeur sur l'importance des réactions *différentes* de la jeune fille en présence de situations semblables.

C'est sa colère qui pousse le garçon à aller se plaindre au roi de la gardeuse d'oies, ce qui amène le dénouement. L'héroïne, en s'affirmant, aborde le grand tournant de sa vie. Alors qu'elle n'avait pas osé s'opposer à la servante qui l'avilissait, elle a fini par apprendre ce qu'il fallait faire pour atteindre son autonomie. Cela est confirmé par le fait qu'elle refuse de se parjurer, bien que sa promesse ait été arrachée de force. Elle sait maintenant qu'elle n'aurait jamais dû faire cette promesse, mais elle s'estime obligée de la tenir. Cela ne l'empêche pas de confier son secret à un objet, comme l'enfant qui, pour se libérer, confie ses chagrins à un jouet. L'âtre, qui représente le sanctuaire de la maison, est tout à fait désigné pour recevoir sa triste confession. Mais l'essentiel est qu'en affirmant sa dignité et l'inviolabilité de son corps — en refusant au garçon quelques cheveux qu'il veut lui prendre contre son gré — elle s'achemine vers une conclusion heureuse. La méchante servante ne pouvait songer qu'à essayer d'être — ou de sembler être — différente de ce qu'elle était en réalité. La gardeuse d'oies, elle, a appris qu'il est beaucoup plus difficile d'être vraiment soi-même, mais que ce n'est que grâce à cela qu'elle gagnera sa véritable autonomie et changera le cours de son destin.

Imagination, guérison, délivrance et réconfort

Les insuffisances des contes de fées modernes mettent en valeur les éléments les plus stables des contes de fées traditionnels. Pour Tolkien, ces éléments sont au nombre de quatre : l'imagination, la guérison, la délivrance et le réconfort... Guérison d'un profond désespoir, délivrance d'un grand danger et, par-dessus tout, le réconfort. Parlant du dénouement heureux, Tolkien souligne que, pour être complets, tous les contes de fées doivent en avoir un.

« Les choses prennent soudain une tournure joyeuse... Quelque fantastique et terrible qu'ait pu être l'aventure, l'auditeur, qu'il soit enfant ou adulte, retient son souffle quand vient ce virage, son cœur se met à battre, est soulevé, et il n'est pas loin des larmes [45]. »

Combien il est facile de comprendre, alors, que les enfants, lorsqu'on leur demande les contes de fées qu'ils préfèrent, citent rarement des contes modernes [46]. La plupart de ces histoires ont une fin triste qui n'apporte pas la délivrance ni le réconfort que les événements terrifiants du conte de fées rendent nécessaires et qui donnent à l'enfant la force d'affronter les hasards de la vie. En l'absence de ces conclusions encourageantes, l'enfant, après avoir écouté l'histoire, a l'impression qu'il n'a aucune chance d'échapper aux tragédies de sa vie.

Dans le conte de fées traditionnel, le héros est récompensé et le méchant subit un sort bien mérité, ce qui satisfait l'enfant, qui a profondément besoin de voir triompher la justice. Autrement, comment l'enfant, qui se sent si souvent traité de façon inique, pourrait-il espérer qu'on lui fera justice ? Et comment pourrait-il se convaincre qu'il doit agir correctement, alors qu'il est si fortement tenté de céder aux tendances asociales de ses désirs ? Chesterton raconte que des enfants avec qui il avait vu *L'Oiseau Bleu* de Maeterlinck étaient insatisfaits « parce que la pièce ne se terminait pas par un « jugement dernier » et qu'elle laissait le héros et l'héroïne ignorants de la fidélité du chien et de l'infidélité du chat. Car les enfants sont innocents et aiment la justice, tandis que nous sommes pour la plupart méchants et que nous estimons qu'il est tout naturel de pardonner [47] ».

On peut, à juste titre, se demander si Chesterton a raison de croire à l'innocence des enfants, mais il ne se trompe certainement pas quand il estime que le pardon du méchant, si apprécié de l'esprit mûr, déconcerte l'enfant. En outre, le réconfort exige que justice soit faite (ou que la pitié s'exerce, dans le cas de l'adulte) et il en est le résultat direct.

L'enfant trouve normal que le méchant subisse le sort qu'il réservait lui-même au héros, comme la sorcière de *Jeannot et Margot*, qui est poussée dans le four où elle voulait rôtir les enfants, ou comme l'usurpatrice de *La Gardeuse d'oies* qui prononce son propre châtiment et qui finit par le subir. Le réconfort exige que l'ordre normal des choses soit rétabli ; il faut donc que le méchant soit puni, autrement dit, qu'il soit éliminé du monde du héros, et que plus rien n'empêche ce dernier de vivre heureux jusqu'à la fin de ses jours.

On pourrait ajouter un élément de plus à l'énumération de Tolkien : pour qu'il y ait conte de fées, il faut, je pense, qu'il y ait menace ; une menace dirigée contre l'existence physique du héros, ou contre son existence morale (l'avilissement de la gardeuse d'oies est considéré comme tel par l'enfant).

Si on y réfléchit, il est étonnant de constater avec quelle facilité le héros de conte de fées accepte d'être menacé. Il subit son sort, c'est tout. La fée en colère de *La Belle au Bois Dormant* jette un mauvais sort et rien ne peut l'empêcher de se réaliser, du moins jusqu'à un certain point. Blanche-Neige ne se demande pas pourquoi la reine la poursuit de sa jalousie mortelle, les nains ne se le demandent pas non plus, bien qu'ils conseillent à Blanche-Neige d'éviter la reine. Personne ne s'inquiète de savoir pourquoi la sorcière de *Raiponce* veut arracher l'enfant à ses parents ; tel est le sort de Raiponce, c'est tout... Les rares exceptions concernent la belle-mère qui veut favoriser ses propres enfants aux dépens de l'héroïne, comme dans *Cendrillon*, mais on ne nous dit pas pour autant pourquoi le père de Cendrillon laisse faire la marâtre.

De toute façon, dès que l'histoire commence, le héros est précipité dans de graves dangers. Et c'est ainsi que l'enfant voit la vie, même si, en apparence, il vit dans des conditions tout à fait favorables. Il semble que pour l'enfant l'existence soit une série de périodes sereines, brusquement interrompues, et d'une façon incompréhensible, quand il se trouve projeté dans une situation très dangereuse. Il s'est senti en sécurité, sans l'ombre d'une inquiétude, et, en un instant, tout est changé, et le monde, si amical, devient un cauchemar hérissé de périls. C'est ce qui se produit quand l'un des parents, jusque-là tout amour, émet des exigences qui paraissent déraisonnables et des menaces terrifiantes. L'enfant est convaincu qu'il n'y a rien de raisonnable à l'origine de ces choses. Il constate simplement qu'elles existent. C'est la conséquence d'un destin inexorable. L'enfant n'a alors que deux solutions : ou bien il s'abandonne au désespoir (et c'est exactement ce que font certains héros de contes de fées, ils pleurent jusqu'au moment où un ami magique survient pour leur dire ce qu'ils doivent faire pour lutter contre la menace) ; ou bien, comme Blanche-Neige, il essaie d'échapper à son horrible destin par la fuite, « la malheureuse fillette était désespérément seule dans la vaste forêt et tellement apeurée... qu'elle ne savait que faire et que devenir. Elle commença à courir, s'écorchant aux épines et sur les pierres pointues ».

Il n'est pas dans la vie de plus grande menace que d'être abandonné, de rester seul au monde. La psychanalyse a appelé cette grande peur de l'homme « l'angoisse de séparation » ; et plus nous sommes jeunes, plus atroce est notre angoisse quand nous nous sentons abandonnés, car le jeune enfant risque vraiment de perdre la vie lorsqu'il n'est pas convenablement protégé et soigné. Notre plus grand réconfort est donc de savoir que nous ne serons jamais abandonnés. Dans un cycle de contes de fées turcs, le héros se trouve sans cesse plongé dans les pires situations, mais il réussit à s'échapper ou à surmonter le danger dès qu'il s'est fait un ami. Par exemple, dans le plus connu de ces contes, le héros, Iskander, s'attire l'inimitié de sa mère qui oblige le père à mettre l'enfant dans un petit coffre et à l'abandonner sur la mer. Iskander est sauvé par un oiseau vert qui le tire par la suite d'innombrables périls, de plus en plus redoutables. Chaque fois, l'oiseau affirme à Iskander : « Sache que tu ne seras jamais abandonné[48]. » Puis vient l'ultime réconfort que l'on trouve dans l'immense majorité des contes de fées : « Et ils vécurent heureux jusqu'à la fin des temps. »

Ce bonheur parfait peut être interprété de deux façons. Par exemple, l'union permanente d'un prince et d'une princesse symbolise l'intégration des aspects disparates de la personnalité — en psychanalyse, le *ça*, le *moi* et le *surmoi* — et symbolise également l'accession à une harmonie des tendances jusqu'alors discordantes des principes masculin et féminin, comme je l'ai déjà dit à propos de la conclusion de *Cendrillon.*

Sur le plan moral, cette union symbolise, par l'élimination et le châtiment du méchant, l'unité morale et, en même temps, elle signifie que l'angoisse de séparation est à jamais sublimée quand on a trouvé le partenaire idéal avec lequel on peut établir les relations personnelles les plus satisfaisantes. Les formes apparentes peuvent varier selon le conte de fées lui-même, selon les problèmes psychologiques et le niveau de développement auxquels il s'adresse, mais la signification profonde est toujours la même

Par exemple, dans *Frérot et Sœurette,* pendant la plus grande partie de l'histoire, les deux héros ne se séparent pas. Ils représentent les aspects animal et spirituel de notre personnalité qui, pour que l'homme soit heureux, doivent se scinder tout en étant intégrés. La plus grande menace survient quand Sœurette, après avoir épousé son roi, donne le jour à un enfant et est alors remplacée par une usurpatrice. Sa délivrance est ainsi racontée :

« Le roi ne put se contenir ; il s'élança vers elle et lui dit : « Tu ne peux être que ma femme chérie, et pas une « autre. » A quoi elle répondit : « Oui, je suis ta femme « chérie », en retrouvant au même instant, par la grâce de Dieu, la vie et la jeunesse, et ses couleurs et sa santé. »

L'ultime réconfort doit attendre que le mal soit puni :

« La sorcière... fut mise au bûcher et périt dans les flammes très misérablement. Mais lorsqu'elle eut été complètement brûlée et fut réduite en cendres, le jeune faon fut aussitôt métamorphosé et retrouva sa forme humaine. Et ce fut ainsi que Sœurette et Frérot vécurent désormais et furent heureux ensemble jusqu'à la fin de leurs jours. »

Ainsi, la *happy end,* le réconfort final se résume

à l'intégration de la personnalité et à l'établissement d'une relation permanente.

Apparemment, les choses sont différentes dans *Jeannot et Margot*. Les deux enfants atteignent leur plus haute humanité dès que la sorcière périt dans les flammes, ce qui est symbolisé par les trésors qui leur reviennent. Mais comme ils n'ont atteint ni l'un ni l'autre l'âge nubile, l'établissement des relations humaines qui banniront à jamais l'angoisse de séparation est symbolisé non pas par leur mariage, mais par leur retour joyeux à la maison de leur père où l'autre personnage méchant, la mère, a cessé de vivre. Et le conte se termine ainsi : « De leurs soucis, dès lors, ils ne surent plus rien ; et ils vécurent ensemble en perpétuelle joie. »

Comparées à ce que ces dénouements réconfortants et justes nous disent du développement du héros, les souffrances de ce dernier, dans de nombreux contes modernes, tout en étant profondément émouvantes, semblent beaucoup moins justifiées parce qu'elles ne conduisent pas à la forme ultime de l'expérience humaine. (Aussi naïf que cela puisse paraître, le prince et la princesse, en se mariant et en héritant du royaume qu'ils gouvernent dans la paix et dans le bonheur, représentent pour l'enfant la plus haute forme possible d'existence, parce que c'est exactement ce qu'il désire pour lui-même : gouverner son royaume — sa propre vie — avec succès, pacifiquement, et être uni dans le bonheur avec le partenaire le plus désirable et qui ne l'abandonnera jamais.)

Il est certain que, dans la réalité, on ne réussit pas toujours à connaître la délivrance et le réconfort ; mais cela n'encourage guère l'enfant à affronter la vie avec la fermeté qui lui permettrait d'accepter l'idée qu'en passant par de dures épreuves il peut finir par vivre sur un plan supérieur. Le réconfort est le plus grand service que le conte de fées puisse rendre à l'enfant : la certitude que, malgré toutes ses tribulations (comme la menace de l'abandon des parents dans *Jeannot et Margot*, la jalousie de la mère, dans *Blanche-Neige*, ou des sœurs, dans *Cendrillon ;* la colère dévastatrice du géant dans *Jack et la tige de haricot*, la méchanceté des puissances mauvaises dans *La Belle au Bois Dormant*), non seulement il réussira, mais qu'il sera débarrassé des puissances malveillantes et qu'elles ne reviendront plus jamais menacer la paix de son esprit.

Les contes de fées enjolivés et expurgés sont à juste titre rejetés par l'enfant s'il les a entendus dans leur forme originale. Il estime anormal que les méchantes sœurs de Cendrillon sortent indemnes de l'histoire et à plus forte raison que leur rang soit élevé par Cendrillon. L'enfant n'est pas favorablement impressionné par une telle magnanimité ; et ses parents ne lui apprendront pas le pardon en expurgeant le conte de telle sorte que les bons et les méchants soient également récompensés. L'enfant sait très bien ce qu'il a envie d'entendre. Un adulte, désireux de ne pas troubler l'esprit d'un enfant de sept ans à qui il racontait *Blanche-Neige*, conclut l'histoire sur le mariage de l'héroïne. L'enfant, qui connaissait le conte par cœur, lui demanda aussitôt : « Et les souliers de fer rouge qui ont tué la vilaine reine ? » L'enfant sent très bien que, pour que tout aille bien dans son monde et qu'il s'y trouve en sécurité, il faut que les méchants soient punis à la fin de l'histoire.

Cela ne signifie pas que le conte de fées ne tienne pas compte de l'immense différence qui existe entre le mal en tant que tel et les conséquences déplorables d'un comportement égoïste. C'est ce qu'illustre parfaitement *Raiponce*. Bien que la sorcière finisse par contraindre Raiponce à vivre dans un désert « où elle l'abandonne à une existence misérable et pleine de détresse », elle n'est pas punie pour son méfait. Cette absence de châtiment découle clairement des péripéties de l'histoire. La raiponce, dont l'héroïne porte le nom (*Rapunzel* dans le conte des frères Grimm) est une plante des pays européens que l'on mange en salade. Ce nom est la clef qui permet de comprendre ce qui se passe. La mère de Raiponce, alors qu'elle était enceinte, fut prise d'une immense envie de manger la raiponce qui poussait dans le jardin clos de la sorcière. Elle persuada son mari de pénétrer dans le jardin défendu et de lui rapporter de la raiponce. Le jour où il le fait pour la seconde fois, il est surpris par la sorcière qui menace de le punir pour son larcin. Il plaide sa cause : sa femme est enceinte et a un désir incontrôlable de raiponce. La sorcière, émue par sa plaidoirie, lui permet de prendre autant de raiponce qu'il le veut, mais à une condition : « C'est que tu me donnes l'enfant que ta femme va mettre au monde. Tout ira bien pour lui et j'en prendrai soin comme une mère. » Le père accepte ces conditions. Ainsi, la sorcière obtient le droit de s'occuper de Raiponce, d'abord parce que les parents de la petite fille ont violé le domaine interdit, ensuite parce qu'ils ont consenti à lui abandonner leur fille. Tout se passe donc comme si la la sorcière désirait l'enfant plus que ne le faisaient les parents.

Tout se passe bien jusqu'au moment où Raiponce a douze ans, c'est-à-dire, si on comprend bien l'histoire, l'âge où elle atteint sa maturité sexuelle. A partir de là, sa mère adoptive craint de la voir partir. Par égoïsme, à vrai dire, la sorcière essaie de retenir Raiponce à tout prix et l'enferme dans une chambre inaccessible, au haut d'une tour. Bien que la sorcière agisse mal en privant Raiponce de liberté, son désir intense de la garder n'apparaît pas comme un crime grave aux yeux des enfants qui ne demandent qu'une chose : ne pas quitter leurs parents.

La sorcière visite Raiponce dans sa tour en grimpant le long de ses tresses, ces tresses qui, plus tard, permettront à la jeune fille d'établir des relations avec le prince. C'est ainsi qu'est symbolisé le transfert des relations établies avec les parents aux relations avec l'amant. Raiponce doit savoir à quel point elle est importante pour la sorcière qui s'est substituée à ses parents, car, dans cette histoire, intervient l'un des rares lapsus « freudiens » qu'on puisse trouver dans les contes de fées : se sentant de toute évidence coupable à propos de ses rendez-vous clandestins avec le prince, Raiponce dévoile son secret en demandant à la sorcière qui ne se doute de rien : « Dites-moi, mère-marraine, comment se fait-il que vous soyez si lourde à monter, alors que le fils du roi, lui, est en haut en un clin d'œil ? »

Même l'enfant sait que rien ne met plus en colère que l'amour trahi, et Raiponce, tout en pensant à son prince, sait très bien que la sorcière l'aime. Bien qu'un amour égoïste, comme celui de la sorcière, soit une erreur, et bien qu'il soit voué à l'échec, Raiponce comprend très bien que, quand on aime exclusivement quelqu'un, on ne peut pas tolérer que cette personne s'attache à un tiers. Cet amour fou et égoïste est erroné, mais il n'est pas mauvais en soi. La sorcière ne tue pas le prince ; elle se contente de ricaner lorsqu'il se trouve privé de Raiponce, comme elle l'est elle-même. Le prince est le propre auteur de sa tragédie : désespéré de constater que Raiponce a disparu, il saute du haut de la tour et tombe dans des épines qui lui crèvent les yeux. La sorcière, ayant agi inconsidérément et égoïstement, a perdu Raiponce, mais comme elle a été poussée par l'amour et non par la méchanceté, aucun mal ne retombera sur elle.

J'ai dit plus haut combien il est réconfortant pour l'enfant de s'entendre dire, d'une manière symbolique, qu'il possède dans son propre corps le moyen d'obtenir ce qu'il désire — comme Raiponce qui prête ses cheveux au prince pour qu'il puisse la rejoindre. Le dénouement heureux du conte est également amené par le corps de Raiponce : ce sont ses larmes qui guérissent les yeux de son amant, après quoi ils regagnent leur royaume.

Raiponce, comme de nombreux autres contes, illustre donc les quatre caractéristiques que j'ai citées plus haut. Tandis que l'histoire se développe, chaque fait est équilibré par un autre avec une rigueur éthique toute géométrique : la raiponce (l'héroïne) qui a été volée revient à son origine ; l'égoïsme de la mère, qui oblige son mari à s'emparer illégalement de la raiponce, est équilibré par l'égoïsme de la sorcière qui veut Raiponce pour elle seule. L'élément fantastique intervient dans le réconfort final : le pouvoir du corps est exagéré par l'imagination et nous avons les longues tresses qui permettent de grimper au sommet de la tour, et les larmes qui guérissent les yeux frappés de cécité. Mais notre propre corps n'est-il pas notre source la plus sûre de guérison ?

Le prince, comme Raiponce, agit d'une façon immature ; il espionne la sorcière et escalade furtivement la tour derrière son dos au lieu de lui annoncer franchement son amour pour Raiponce. Et celle-ci triche également en ne racontant pas à la sorcière ce qu'elle fait, mis à part le lapsus révélateur. C'est pourquoi la *happy end* n'intervient pas dès que Raiponce est enlevée de sa prison, échappant ainsi à la domination de sa mère adoptive. Raiponce et le prince doivent d'abord passer par une période d'épreuves et de tribulations ; comme la plupart des héros des contes de fées, ils doivent subir leur infortune avant d'atteindre leur maturité.

L'enfant est inconscient de ses processus internes, et c'est pourquoi ceux-ci sont extériorisés dans les contes de fées et symboliquement représentés par des actions qui signifient les luttes extérieures et intérieures. Mais une profonde concentration est également nécessaire, qui est typiquement symbolisée dans les contes par des années vides de tout événement apparent, évoquant les changements internes et silencieux. Ainsi, la fuite physique de l'enfant, loin de la domination parentale, est suivie d'une longue période de guérison qui lui permet d'atteindre la maturité.

Dans l'histoire, après avoir été exilée dans le désert, Raiponce, tout comme le prince de son côté, échappe à cette domination parentale. Ils doivent apprendre tous les deux à être responsables d'eux-mêmes et cela, finalement, dans les pires conditions. Leur immaturité relative est indiquée par le fait qu'ils ont abandonné tout espoir : ne pas avoir confiance en l'avenir, c'est, en réalité, ne pas avoir confiance en soi. Chacun de son côté, le prince et Raiponce sont incapables de se chercher avec détermination. Le prince, nous dit-on, « erra, désormais aveugle, dans la forêt, se nourrissant de fruits sauvages et de racines, pleurant et se lamentant sans cesse sur la perte de sa femme bien-aimée ». Dans l'histoire, Raiponce, de son côté, ne faisait rien de positif ; elle aussi vit misérablement, se contentant de gémir sur son destin. Nous savons néanmoins que ce fut pour tous les deux une période de développement qu'ils utilisèrent pour guérir, pour se trouver eux-mêmes. A la fin du conte, ils sont prêts, non seulement à se porter aide, mais à vivre ensemble « pendant de longues, longues années de bonheur ».

De l'art de raconter les contes de fées

Pour qu'ils apportent leur maximum de réconfort, pour qu'ils prennent toute leur signification symbolique, et, surtout, tout leur sens interpersonnel, il est préférable de raconter les contes de fées, au lieu de les lire à haute voix. Si on les lit, il faut le faire en accentuant l'émotion dégagée par l'histoire et suscitée chez l'enfant, en essayant d'éprouver soi-même ce que l'histoire peut signifier pour lui. Le fait de les raconter permet une plus grande souplesse.

J'ai dit plus haut que le conte de fées folklorique, contrairement aux contes inventés récemment, est le résultat d'une histoire qui a été remodelée sans cesse à force d'être racontée des millions de fois par des adultes différents à d'autres adultes et à des enfants. Chaque narrateur, en racontant l'histoire, éliminait et ajoutait certains éléments pour rendre l'histoire plus significative pour lui-même et pour ses auditeurs qu'il connaissait bien. Quand il s'adressait à un enfant, l'adulte répondait à ce qu'il pouvait sentir de ses réactions. Ainsi, le narrateur soumettait sa compréhension du message de l'histoire à l'influence de celle de l'enfant. Les conteurs successifs modifiaient l'histoire selon les questions posées par l'enfant, selon le plaisir ou la peur qu'il exprimait verbalement ou en se blottissant tout contre lui. En se tenant à la lettre de ce qui est imprimé, on prive le conte de fées de la plus grande partie de sa valeur. Quand on raconte une histoire à un enfant, si on veut être efficace, il faut créer un événement interpersonnel influencé par les participants.

Mais, ne le cachons pas, il y a des pièges. L'adulte qui n'est pas en harmonie avec son enfant, ou qui est trop préoccupé par ce qui se passe dans son propre inconscient, peut choisir de raconter les contes de fées sur la base de ses propres besoins, sans tenir compte de ceux de l'enfant. Mais tout n'est pas perdu pour autant. L'enfant comprendra mieux ce qui émeut ses parents, et il est très intéressant pour lui, et très profitable, de connaître les motivations des êtres qui tiennent le plus de place dans sa vie.

J'en donnerai pour exemple l'histoire d'un père qui était sur le point de quitter sa femme, beaucoup plus responsable que lui, et leur fils de cinq ans dont il avait à peu près cessé de s'occuper depuis quelque temps. Il craignait que son fils, en son absence, tombât totalement au pouvoir de son épouse qu'il tenait pour une femme dominatrice. Un soir, avant d'aller au lit, l'enfant demanda à son père de lui raconter une histoire. Ce dernier choisit *Jeannot et Margot*. Au cours du récit, quand vint le moment où Jeannot est enfermé dans une petite remise où la sorcière l'engraisse avant de le manger, le père se mit à bâiller et déclara qu'il était trop fatigué pour continuer ; il laissa là l'enfant, alla dans sa chambre et s'endormit. Ainsi, Jeannot restait livré sans recours à l'appétit vorace de la sorcière — de même que le petit garçon, dans l'esprit du père, allait être abandonné au pouvoir de sa femme autoritaire.

L'enfant n'avait que cinq ans, mais il comprit très bien que son père se préparait à l'abandonner et considérait sa femme comme une personne menaçante, et qu'en même temps il ne voyait aucun moyen de protéger et de secourir son fils. Le petit garçon dut passer une très mauvaise nuit, mais il eut le sentiment qu'il ne pouvait pas espérer que son père s'occupât de lui et que, s'il voulait vivre paisiblement, il devait s'en remettre totalement à sa mère. Le lendemain, il raconta à celle-ci ce qui s'était passé et il ajouta spontanément que même si son père n'était plus là, il saurait toujours que sa mère s'occuperait bien de lui.

Les enfants, fort heureusement, savent très bien s'arranger de ce genre de mésentente conjugale que l'on rencontre dans les contes de fées et ils savent aussi, à leur manière, s'arranger des éléments de l'histoire qui vont à l'encontre de leurs propres besoins affectifs. Ils y parviennent en apportant des variantes à l'histoire et en se souvenant d'elle autrement qu'elle se présente dans la version originale, ou en ajoutant certains détails. Les péripéties fantastiques des contes encouragent ces changements spontanés, alors que les histoires qui nient ce qu'il y a en nous d'irrationnel ne les permettent pas. Il est fascinant de voir les changements qui peuvent être apportés aux contes, même les plus connus, dans l'esprit de certains, alors qu'on pourrait penser que la notoriété de l'histoire interdit toute modification.

Je connais un petit garçon qui inversa l'histoire de Jeannot et Margot : c'est Margot qui fut enfermée dans la remise et Jeannot qui eut l'idée d'un attrape-nigaud pour berner la sorcière et la pousser dans le four, libérant ainsi sa sœur. De même, certaines déformations féminines des contes de fées les adaptent aux besoins individuels : une petite fille se souvenait très bien de *Jeannot et Margot*, mais, dans son esprit, c'était le père qui voulait à tout prix chasser les enfants, malgré les supplications de sa femme et qui réalisa son méfait à son insu.

Pour une certaine jeune femme, *Jeannot et Margot* était avant tout une histoire qui dépeignait la dépendance de Margot vis-à-vis de son grand frère, ce qui la faisait protester contre le « chauvinisme mâle * » du jeune héros... Aussi loin qu'elle pouvait s'en souvenir — et elle affirmait que sa mémoire, sur ce point, était très fidèle —, c'est Jeannot qui, par sa présence d'esprit, sauva Margot en jetant la sorcière dans le four. Elle relut l'histoire et fut fort surprise de constater à quel point sa mémoire l'avait modifiée ; et elle comprit que pendant toute son enfance elle s'était plu à se placer sous la dépendance d'un frère un peu plus âgé qu'elle ; selon ses propres termes, « elle avait refusé d'accepter sa propre force et les responsabilités qu'entraîne cette prise de conscience ». Cette altération du conte s'accrut au début de l'adolescence pour une autre raison. Alors que son frère séjournait à l'étranger, sa mère mourut, et elle dut s'occuper de la crémation. Par la suite, même quand, étant adulte, elle relisait le conte de fées, elle se sentait bouleversée à l'idée que Margot était responsable de la mort de la sorcière dans le four ; ce fait lui rappelait trop douloureusement la crémation de sa propre mère. Inconsciemment, elle avait très bien compris le conte, et tout particulièrement que la sorcière représentait à un certain degré la mauvaise mère envers laquelle nous entretenons tous des sentiments négatifs dont nous nous sentons coupables. Une autre jeune fille se rappelait avec une abondance de détails que Cendrillon avait pu aller au bal grâce à son père, malgré les objections de la belle-mère...

J'ai dit plus haut que, idéalement, le fait de raconter un conte de fées devrait être un événement interpersonnel où l'adulte et l'enfant prennent une part égale, ce qui ne peut jamais être le cas lorsque l'histoire est simplement lue. Une anecdote de l'enfance de Goethe illustre très bien cette idée.

Bien avant que Freud ait parlé du *ça* et du *surmoi*,

---

* De l'anglais : *male chauvinism ;* qu'on pourrait traduire par masculinisme (sur le modèle de féminisme). *(Note de l'éditeur, 1979.)*

Goethe, à partir de sa propre expérience, devina qu'ils constituaient les pièces maîtresses de la construction de la personnalité. Heureusement pour lui, dans sa vie, le *ça* et le *surmoi* étaient chacun représenté par l'un des parents.

« De mon père je tenais mon assurance, le sérieux que j'apportais à la poursuite de la vie ; de ma mère, la joie de vivre et le goût de faire travailler mon imagination [49]. »

Goethe savait que pour pouvoir jouir de la vie, pour lui trouver du charme malgré ses durs labeurs, on a besoin d'une vie riche en imagination. Ces quelques lignes écrites par la mère de Goethe vers la fin de sa vie montreront comment Goethe apprit à jouir de la vie et à avoir confiance en lui en écoutant sa mère lui raconter des contes de fées ; ces lignes montreront également comment il convient de conter des histoires et combien elles peuvent rapprocher parents et enfants lorsque chacun apporte sa contribution :

« Je lui présentais l'air, le feu, l'eau et la terre comme de belles princesses, et tout, dans la nature, prenait un sens profond. Nous inventions des chemins parmi les étoiles et parlions des grands esprits que nous y rencontrerions... Il me dévorait des yeux ; et si le sort de l'un de ses héros favoris n'était pas à son goût, je pouvais le voir à la colère qui se peignait sur son visage ou aux efforts qu'il faisait pour ne pas éclater en sanglots. De temps en temps, il m'interrompait pour me dire : « Mère, ce n'est pas possible ! La princesse ne va pas se marier avec le méchant tailleur, même s'il tue le géant ! » Alors je m'arrêtais, remettant la catastrophe au lendemain soir. C'est ainsi que mon imagination était souvent remplacée par la sienne ; et quand, le lendemain, j'arrangeais le destin de l'héroïne selon ses suggestions en disant : « Tu as deviné juste... voici ce qui s'est passé... » il était tout excité, et on aurait pu entendre battre son cœur [50]. »

Il n'est certes pas donné à tout le monde d'inventer des histoires aussi bien que le faisait la mère de Goethe qui, toute sa vie, eut la réputation d'être une grande conteuse. Elle adaptait les histoires aux sentiments profonds de l'auditeur et on s'accordait pour reconnaître que c'était la bonne façon de raconter. Malheureusement, bien des parents, de nos jours, n'ont jamais su ce qu'on peut éprouver quand on écoute un conte de fées. Privés de cette expérience qui enrichit la vie intérieure du petit enfant, les meilleurs des parents sont incapables de donner spontanément à leurs enfants quelque chose qu'ils n'ont pas vécu eux-mêmes. Dans ce cas, on peut compenser par un effort intellectuel l'empathie directe, fondée sur les souvenirs de sa propre enfance.

Puisque je parle de l'effort intellectuel qui permet de comprendre la signification du conte de fées, je tiens à souligner qu'il faut se garder de les approcher, lorsqu'on les raconte, avec des intentions didactiques. Chaque fois que, dans différents contextes de ce livre, je dis que le conte de fées aide l'enfant à se comprendre, à trouver des solutions aux problèmes qui le préoccupent, etc., je m'exprime par métaphore. Si, en écoutant des contes de fées, l'enfant est capable de progresser, ce résultat n'a jamais été voulu consciemment par ceux qui, dans un lointain passé, ont inventé ces histoires ni par ceux qui, en les répétant, les ont transmises de génération en génération. Le dessein du conteur devrait être celui de la mère de Goethe : une expérience partagée, riche de tout le plaisir qu'apporte le conte, bien que l'origine de ce plaisir ne soit pas la même pour l'enfant et pour l'adulte. Tandis que l'enfant jouit du fantasme, l'adulte peut très bien tirer son plaisir de la joie de l'enfant ; tandis que l'enfant exulte parce qu'il comprend mieux, maintenant, quelque chose qui se passe en lui, le plaisir du conteur peut naître de cette soudaine prise de conscience que l'enfant est en train de vivre.

Le conte de fées est avant tout une œuvre d'art ; comme le dit Goethe : « Ceux qui ont beaucoup à donner en combleront plus d'un [51]. » Ce qui veut dire qu'il est impossible de réaliser une œuvre d'art en essayant délibérément d'offrir quelque chose de spécifique à une personne en particulier. Raconter un conte de fées, exprimer toutes les images qu'il contient, c'est un peu semer des graines dont quelques-unes germeront dans l'esprit de l'enfant. Certaines commenceront tout de suite à faire leur travail dans le conscient ; d'autres stimuleront des processus dans l'inconscient. D'autres encore devront rester longtemps en sommeil jusqu'à ce que l'esprit de l'enfant ait atteint un stade favorable à leur germination, et d'autres ne prendront jamais racine. Mais les graines qui sont tombées sur le bon terrain produiront de belles fleurs et des arbres vigoureux ; c'est-à-dire qu'elles donneront de la force à des sentiments importants, ouvriront des perspectives nouvelles, nourriront des espoirs, réduiront des angoisses, et, ce faisant, enrichiront la vie de l'enfant, sur le moment et pour toujours. Raconter un conte de fées en ayant en tête autre chose que l'intention d'enrichir l'expérience de l'enfant, c'est faire de l'histoire un simple conte moralisateur, une fable, une expérience didactique qui, au mieux, s'adresseront à l'esprit conscient de l'enfant ; la littérature des contes de fées, elle, a aussi le très grand mérite de pénétrer directement l'inconscient.

Si le père, ou la mère, raconte à son enfant un conte de fées dans l'esprit qui convient, c'est-à-dire en se souvenant de la signification que l'histoire avait pour lui quand il était petit et en étant conscient du sens différent qu'il lui accorde au moment où il la raconte ; si, par ailleurs, il sent également pourquoi son enfant peut en tirer une signification qui lui est personnelle, alors, tout en écoutant, l'enfant se sent compris jusque dans ses aspirations les plus intimes, ses désirs les plus ardents, ses angoisses, et ses désespoirs les plus graves, et aussi dans ses espérances les plus hautes. En sentant que l'histoire que ses parents lui racontent d'une façon si étrange l'éclaire sur ce qui se passe dans les parties les plus obscures, les plus irrationnelles de son esprit, l'enfant comprend qu'il n'est pas seul dans la vie de fantasmes, qu'elle est partagée par les êtres qu'il aime le plus au monde et dont il a le plus besoin. Dans ces conditions les plus favorables, les contes de fées indiquent subtilement à l'enfant le moyen de tirer parti, d'une façon constructive, de ces expériences intérieures. Ils lui apportent une compréhension intuitive, subconsciente de sa propre nature et de ce que l'avenir peut lui procurer s'il développe ses potentialités positives. Ils lui font sentir que, pour être un humain dans ce monde qui est le nôtre, il faut savoir affronter des épreuves difficiles, et rencontrer aussi de merveilleuses aventures.

Il ne faut jamais expliquer à l'enfant les significations des contes de fées. Mais il est important que le conteur sache ce que représente le message du conte pour l'esprit préconscient de l'enfant ; celui-ci peut alors tirer plus facilement de l'histoire des indices qui lui permettront de se comprendre mieux et, de son côté, l'adulte sera mieux à même de choisir les contes les plus appropriés au stade de développement de l'enfant et à ses difficultés psychologiques du moment.

Les contes de fées décrivent les états internes de l'esprit au moyen d'images et d'actions. De même que l'enfant reconnaît à ses larmes qu'une personne est malheureuse ou a du chagrin, de même le conte de fées n'a pas à s'attarder sur les tristesses du héros. Quand la mère de Cendrillon meurt, on ne nous dit pas que l'héroïne est affreusement affligée, que son deuil la fait souffrir, qu'elle se sent seule, abandonnée, désespérée ; on nous dit simplement : « Chaque jour, désormais, la fillette se rendit sur la tombe de sa mère, et chaque jour elle pleurait... »

Dans les contes de fées, les processus intérieurs sont traduits par des images visuelles. Quand le héros doit affronter des problèmes intérieurs qui semblent défier toute solution, on ne nous décrit pas son état d'âme ; le conte nous le montre perdu dans une forêt touffue, impénétrable, ne sachant où aller, désespérant de retrouver un jour son chemin. Pour tous ceux qui ont entendu des contes de fées, l'image de l'enfant qui se sent perdu au fin fond d'une sombre forêt est inoubliable.

Malheureusement, certains de nos contemporains rejettent les contes de fées parce qu'ils leur appliquent des normes qui ne leur conviennent absolument pas. Si on considère que ces histoires nous décrivent la réalité, il est évident qu'elles sont alors révoltantes : cruelles, sadiques et tout ce que vous voudrez. Mais en tant que symboles d'événements ou de problèmes psychologiques, elles sont parfaitement vraies.

C'est pourquoi, selon les sentiments du conteur, les contes de fées peuvent tomber à plat ou plaire intensément. La grand-mère aimante qui raconte une histoire à un enfant blotti dans son giron communique tout autre chose que les parents qui, par devoir, lisent un conte sur un ton ennuyé à plusieurs enfants d'âges très différents. Pour que l'enfant puisse vivre une expérience significative et enrichissante, il est indispensable qu'il ressente la présence d'une participation active. En partageant une expérience avec un autre être humain qui, tout en étant adulte, sait ce qu'il éprouve, l'enfant a une occasion unique d'affirmer sa personnalité.

Nous n'aboutissons à rien, à l'égard de l'enfant, si, en lui racontant un conte de fées, les affres de la rivalité fraternelle ne trouvent en nous aucun écho, pas plus que son désespoir quand il se sent sous-estimé, repoussé ; si nous restons insensibles au sentiment d'infériorité qu'il éprouve quand son corps le trahit, à son impression d'impuissance quand on attend de lui des tâches qui lui semblent herculéennes, à son angoisse devant l'aspect « animal » du sexe ; et si nous ne comprenons pas qu'il doit sublimer tout cela, et bien d'autres choses. Nous allons vers le même échec si nous ne réussissons pas à convaincre l'enfant qu'après toutes ses peines il connaîtra un avenir merveilleux ; seule cette conviction peut lui donner la force de grandir en sécurité, avec assurance et dans le respect de lui-même.

SECONDE PARTIE

AU ROYAUME DES FÉES

« Jeannot et Margot * »

Jeannot et Margot commence d'une façon réaliste : les parents sont pauvres et se demandent s'ils pourront continuer de nourrir leurs enfants. Le soir, dans leur lit, ils parlent de leur situation tragique et cherchent le moyen d'en sortir. Le conte de fées folklorique, même si on le prend à ce niveau apparent, exprime une vérité importante et désagréable : que la pauvreté et les privations n'améliorent pas le caractère de l'homme, mais qu'elles le rendent plus égoïste, moins sensible aux souffrances des autres et enclin, par conséquent, à se lancer dans de mauvaises actions.

Le conte de fées exprime en paroles et en actes des choses qui se passent dans l'esprit des enfants. Dans les termes de l'angoisse dominante de l'enfant, Jeannot et Margot croient que leurs parents méditent de les abandonner. Le petit enfant, quand il se réveille affamé dans l'obscurité de la nuit, se sent menacé d'être repoussé, abandonné par ses parents, ce qui se traduit chez lui par la peur de mourir de faim. En projetant leur angoisse intérieure sur ceux dont ils craignent d'être abandonnés, Jeannot et Margot sont convaincus que leurs parents envisagent de les laisser

---

* Hansel et Gretel. *(Note de l'éditeur, 1979.)*

mourir de faim ! Dans la ligne des fantasmes d'angoisse de l'enfant, l'histoire dit que, jusqu'ici, les parents ont réussi tant bien que mal à nourrir leurs enfants mais qu'ils connaissent maintenant une période de vaches maigres.

La mère, pour l'enfant, étant la dispensatrice de toute nourriture, c'est elle qui est censée l'abandonner, comme si elle le laissait seul au milieu d'un désert. C'est son angoisse et sa profonde déception, quand sa mère ne répond plus à ses exigences orales, qui conduisent l'enfant à croire que sa mère, subitement, est devenue égoïste, qu'elle ne l'aime plus et le rejette. Comme les enfants savent qu'ils ont éperdument besoin de leurs parents, ils tentent de les rejoindre après avoir été abandonnés. En fait, Jeannot, la première fois qu'il est abandonné dans la forêt avec sa sœur, réussit à retrouver le chemin de la maison. Avant que l'enfant ait le courage d'entreprendre le voyage qui lui permettra de se trouver lui-même, de devenir une personne indépendante en affrontant le monde, il ne peut développer son esprit d'initiative qu'en essayant de revenir à la passivité et de s'assurer pour l'éternité une dépendance pleine de satisfactions. Le conte nous dit que ce n'est pas une solution durable.

Le fait que les deux enfants réussissent à rentrer chez eux ne résout rien du tout. Ils s'efforcent en vain de vivre comme avant, comme s'il ne s'était rien passé. Les frustrations reprennent de plus belle et leur mère invente de nouvelles ruses pour se débarrasser d'eux.

Implicitement, l'histoire nous parle des conséquences débilitantes qui nous attendent si nous essayons de régler les problèmes de la vie par la régression et par le refus, qui diminuent nos chances de les résoudre. La première fois, dans la forêt, Jeannot se sert habilement de son intelligence en semant derrière lui des petits cailloux blancs qui lui montreront le chemin du retour. La seconde fois, il utilise moins bien son intelligence : vivant à l'orée d'une grande forêt, il devrait savoir que les oiseaux vont manger les miettes de pain dont il jalonne le chemin. Il aurait mieux fait d'étudier des points de repère. Mais en choisissant le refus et la régression — le retour à la maison — il avait perdu la plus grande partie de son esprit d'initiative et sa faculté de penser clairement. C'est l'angoisse de la faim qui l'a fait revenir, et maintenant, il ne peut penser à rien d'autre qu'à la nourriture pour se tirer de sa situation tragique. Le pain représente ici la nourriture en général, « le pain quotidien » — Jeannot prend l'expression à la lettre — qui permet à l'homme d'échapper à son angoisse. Cela montre très bien les effets limitatifs de toute fixation à un niveau primitif de développement, par peur de voir la vie en face.

L'histoire de *Jeannot et Margot* donne corps aux angoisses et à l'apprentissage nécessaire de l'enfant qui doit surmonter et sublimer ses désirs primitifs qui l'enferment en lui-même et sont donc de nature destructive. L'enfant doit savoir que, s'il ne s'en libère pas, ses parents ou la société l'obligeront à le faire contre sa volonté, comme le fit précédemment sa mère en le sevrant quand elle estima le moment venu. Le conte exprime symboliquement ces expériences internes reliées directement à la mère. Le père, tout au long de l'histoire, peut donc rester un personnage falot, inefficace, ce qu'il est en réalité pour l'enfant pendant les premiers temps de sa vie, quand sa mère est seule importante, qu'elle lui apparaisse bonne ou menaçante.

Incapables, dans la réalité, de trouver une solution à leur problème alors qu'ils pensaient trouver la sécurité grâce à la nourriture (les miettes de pain) Jeannot et Margot permettent maintenant à leur régression orale de se déchaîner. La maison de pain d'épice qu'ils trouvent dans la forêt représente une existence fondée sur les satisfactions les plus primitives. Se laissant emporter par leur faim incontrôlée, les deux enfants n'hésitent pas à détruire ce qui devrait leur procurer abri et sécurité, alors que les oiseaux, en mangeant les miettes de pain, auraient dû leur faire comprendre qu'il n'est pas bon de dévorer tout ce qu'on rencontre.

En dévorant une partie du toit et des fenêtres de la maison de pain d'épice, nos héros montrent qu'ils n'hésitent pas, par gourmandise, à priver des personnes de leur demeure (ils ont eux-mêmes transféré sur leurs parents leur peur d'être privés de maison en les accusant de vouloir les abandonner pour pouvoir manger à leur faim). Malgré la voix qui les avertit de l'intérieur de la chaumière :

Et j'te grignote et grignotons,
Qui grignote ma maison ?

les enfants se mentent à eux-mêmes en répondant :

C'est le vent, c'est le vent.

et « ils continuent à manger sans se laisser troubler ni déranger ».

La maison de pain d'épice est une image que personne ne peut oublier : quel tableau incroyablement tentant, séduisant, et quel risque terrible on court si on cède à la tentation ! L'enfant reconnaît que, comme Jeannot et Margot, il aimerait dévorer la maison de pain d'épice, quel que puisse être le danger. La maison représente l'avidité orale et le plaisir qu'on éprouve à la satisfaire. Le conte de fées est l'abécédaire où l'enfant apprend son esprit à lire dans le langage des images, le seul qui permette de comprendre avant qu'on ait atteint la maturité intellectuelle. Pour devenir maître de son esprit, l'enfant doit être familiarisé avec ce langage et doit apprendre à lui répondre.

Le contenu préconscient des images du conte de fées est beaucoup plus riche que les quelques exemples très simples qui vont suivre peuvent le suggérer : dans les rêves comme dans les fantasmes et l'imagination de l'enfant, la maison, c'est-à-dire l'endroit où il vit, peut symboliser le corps, et habituellement, celui de la mère. La maison de pain d'épice, qui peut être « dévorée », est le symbole de la mère qui, en fait, nourrit l'enfant de son corps. Ainsi, la maison que Jeannot et Margot mangent avec le plus grand plaisir et sans se soucier de quoi que ce soit, représente pour l'inconscient la mère bonne qui donne son corps en pâture. Elle est la mère originelle, qui est toute générosité et que tout enfant espère retrouver un jour quelque part dans le monde dès que sa propre mère commence à exprimer ses exigences et à imposer des restrictions. C'est pourquoi, transportés par leurs espoirs, Jeannot et Margot ne prennent pas garde à la douce voix qui leur demande qui ils sont et ce qu'ils font, la voix même de leur conscience. Aveuglés par leur gourmandise et par le plaisir des satisfactions orales qui semblent éteindre l'angoisse orale qui les étreignait jusqu'alors, les deux enfants « se régalent tout leur soûl ».

Mais, raconte l'histoire, derrière cet abandon sans limites à la gloutonnerie se trouve une menace de destruction. La régression au premier stade « paradisiaque » de l'être — quand on vit en symbiose avec la mère en buvant la vie à son sein — interdit l'individualisation et l'indépendance. Elle met même la vie en danger, comme le montrent les tendances cannibales qui sont personnifiées par la sorcière.

La sorcière-ogresse, qui représente les aspects destructifs de l'oralité, est aussi décidée à dévorer les enfants qu'ils l'étaient eux-mêmes à dévorer sa maison de pain d'épice. Dès que les jeunes héros cèdent aux pressions du *ça* indompté, comme le symbolise leur voracité incontrôlée, ils risquent d'être détruits. Ils se contentent de manger la représentation symbolique de la mère, la chaumière de pain d'épice ; la sorcière veut manger les enfants eux-mêmes. L'auditeur apprend ainsi une leçon appréciable : que jouer avec les symboles est moins grave que d'agir dans la réalité. Le renversement des rôles en faveur de la sorcière est également justifié à un autre niveau : les enfants qui ont peu d'expérience et qui apprennent encore à se contrôler ne doivent pas être mesurés à l'aune des individus plus âgés qui, en principe, sont capables de mieux réprimer leurs désirs instinctuels. Le châtiment de la sorcière est donc aussi justifié que l'est la délivrance des enfants.

Les mauvais desseins de la sorcière amènent finalement les deux enfants à prendre conscience des dangers de l'avidité orale incontrôlée et de la dépendance. Pour survivre, ils doivent faire preuve d'initiative et comprendre que leur seul recours est de prévoir et d'agir intelligemment. Au lieu d'être soumis aux pressions du *ça*, ils doivent agir en harmonie avec le *moi*. Cessant d'être le jouet de leurs instincts, ils font travailler leur intelligence et inventent les ruses qui les sauveront de leur périlleuse situation.

Une fois que l'on sait qu'il est dangereux de rester fixé à l'oralité primitive avec tous ses penchants destructifs, on peut passer à un stade supérieur de développement. On découvre alors que la mère généreuse se cachait derrière la mère méchante, destructive, parce qu'il y a des trésors à gagner : les deux enfants héritent des bijoux de la sorcière qui prennent toute leur valeur quand ils ont réintégré la maison familiale, c'est-à-dire quand ils ont retrouvé les bons parents. Cela suggère que les enfants, en même temps qu'ils dépassent leur angoisse orale et cessent de chercher leur sécurité dans les satisfactions orales, peuvent aussi se libérer de l'image de la mère menaçante — la sorcière — et redécouvrir les bons parents dont la plus grande sagesse — les bijoux partagés — profite alors à tout le monde.

Après avoir à plusieurs reprises écouté *Jeannot et Margot*, aucun enfant ne peut ignorer le fait que les oiseaux, en mangeant les miettes de pain, empêchent les deux enfants de retourner chez eux avant d'avoir vécu leur grande aventure. C'est un oiseau, également, qui guide Jeannot et Margot vers la maisonnette de pain d'épice et c'est à un autre, encore, qu'ils doivent de pouvoir rentrer chez eux. Cela donne à l'enfant — qui n'a pas, sur les animaux, les mêmes idées que les grandes personnes — l'occasion de réfléchir : ces oiseaux devaient certainement avoir un dessein, sinon ils n'auraient pas empêché les deux héros de retrouver leur chemin, ne les auraient pas conduits chez la sorcière, et enfin, ne leur auraient pas ouvert le chemin de la maison.

Comme tout finit par s'arranger, il est évident que les oiseaux devaient savoir qu'il était préférable que Jeannot et Margot ne trouvent pas tout de suite la route qui leur aurait permis de sortir de la forêt et de rentrer chez eux, mais qu'ils devaient plutôt prendre le risque d'affronter les dangers du monde. A la suite de leur rencontre lourde de menaces avec la sorcière, les deux enfants, mais également leurs parents, pourront à l'avenir vivre plus heureux. Les oiseaux mettent les enfants sur la piste qui les mènera vers la récompense.

Après s'être familiarisés avec *Jeannot et Margot*, la plupart des enfants saisissent, du moins inconsciemment, que ce qui se passe dans la maison familiale et dans la maisonnette de la sorcière représente les deux aspects de ce qui est, dans la réalité, une seule et même chose. Au début, la sorcière se présente sous l'apparence d'une grand-mère débonnaire :

« Elle les prit par la main tous les deux et les conduisit dans la maisonnette. Là, ils eurent devant eux de bonnes choses à manger, du lait et des crêpes au sucre, des pommes et des noix ; puis ils eurent deux beaux petits lits blancs pour se coucher, et ils se crurent au ciel. »

Après ce rêve de béatitude infantile, un dur réveil attendait les deux enfants :

« Mais si la vieille avait été si aimable, c'était seulement pour faire semblant : en réalité c'était une méchante sorcière... »

C'est ce que ressent l'enfant quand il est ravagé par

les sentiments ambivalents, les frustrations, et les angoisses de la période œdipienne de son développement et quand il est déçu et furieux de voir que sa mère cesse de combler ses désirs et ses besoins comme il le souhaiterait. Profondément bouleversé de constater qu'elle n'est plus inconditionnellement dévouée à son service, qu'elle devient exigeante et se consacre à ses propres intérêts (quelque chose dont l'enfant, jusque-là, ne voulait pas prendre conscience), il imagine que sa mère ne s'occupait de lui et ne créait un monde de félicité orale que pour le tromper, comme le fait la sorcière de l'histoire.

Ainsi, la demeure familiale « tout près d'une grande forêt » et la maisonnette fatidique au plus profond de la même forêt ne sont au niveau de l'inconscient que les deux aspects de la maison parentale : celle qui comble et celle qui frustre.

L'enfant qui s'interroge sur les détails de *Jeannot et Margot* prête une signification aux premières lignes du conte. Le fait que la maison familiale est située à l'orée de la forêt où va se passer toute l'histoire lui fait penser que les dangers qui vont venir menacent dès le début. On voit ici, une fois de plus, que le conte de fées sait exprimer des idées en se servant d'images impressionnantes qui incitent l'enfant à se servir de son imagination pour pouvoir comprendre le sens caché.

J'ai déjà fait allusion au comportement des oiseaux qui signifie que toute l'aventure était organisée au bénéfice des deux enfants. Depuis les premiers temps du christianisme, la colombe blanche représente les puissances supérieures bienveillantes. Jeannot, quand il s'enfonce dans la forêt avec ses parents, prétend se retourner pour dire au revoir à son pigeon blanc qui est perché sur le toit de la maison. C'est un oiseau blanc comme neige, au chant délicieux, qui conduit les deux enfants vers la maisonnette de pain d'épice et qui se pose sur son toit pour bien indiquer que c'est là qu'ils doivent s'arrêter. Et c'est encore un oiseau qui guide les héros vers la sécurité du bercail : leur chemin est coupé « par une large rivière » qu'ils ne pourraient pas traverser sans l'aide d'un canard blanc.

Les deux enfants n'ont pas rencontré d'eau à l'aller. La rivière qu'ils doivent passer sur le chemin du retour symbolise une transition et un renouveau qui annonce un palier supérieur de l'existence (comme le baptême). Jusqu'au moment où ils doivent passer l'eau, les deux enfants ne se sont jamais séparés. L'enfant d'âge scolaire doit prendre conscience de son unicité personnelle, de son individualité, ce qui signifie qu'il doit cesser de tout partager avec les autres, qu'il doit vivre dans une certaine mesure par lui-même et poursuivre seul son chemin. Cette réalité est exprimée symboliquement par le fait que Jeannot et Margot sont incapables de franchir ensemble la rivière. Quand ils y arrivent, Jeannot ne voit « ni pont ni gué » qui permettraient de passer, mais Margot aperçoit un canard blanc et lui demande de les porter sur son dos. Jeannot s'installe sur l'oiseau et demande à sa sœur de le rejoindre. Mais elle n'est pas de cet avis : « Ce serait trop lourd pour le petit canard. » Ils doivent effectuer la traversée séparément, et c'est ce qu'ils font.

Leur aventure dans la maison de la sorcière les a guéris de leur fixation orale ; après avoir traversé l'eau, ce sont deux enfants plus mûrs qui débarquent sur l'autre rivage, prêts à compter sur leur intelligence et sur leur esprit d'initiative pour résoudre les problèmes de la vie. Lorsqu'ils étaient dépendants, ils étaient un fardeau pour leurs parents ; en revenant avec le trésor qu'ils ont conquis, ils sont le soutien de la famille. Ce trésor représente l'indépendance fraîchement gagnée des deux enfants, le contraire de la dépendance passive qui les caractérisait lorsqu'ils furent abandonnés dans la forêt.

Ce sont des femmes (la mère et la sorcière) qui sont les forces hostiles de l'histoire. Le rôle important que joue Margot au cours de la délivrance rassure l'enfant en lui montrant que la femme peut être aussi bien secourable que destructive. Beaucoup plus important, sans doute, est le fait que Jeannot les sauve une fois et, plus tard, Margot une seconde fois, ce qui suggère au jeune auditeur qu'à mesure qu'il grandira il pourra de plus en plus compter sur l'aide et la compréhension de ses camarades du même groupe d'âge et des deux sexes. Cette idée renforce le fil conducteur de l'histoire qui est une mise en garde contre la régression et un encouragement pour accéder à un plan supérieur de vie psychologique et intellectuelle.

Jeannot et Margot s'achève sur le retour des héros à la maison d'où ils étaient partis au début de l'histoire et où, désormais, « ils vécurent ensemble en perpétuelle joie ». C'est psychologiquement juste, car le jeune enfant, poussé dans ses aventures par ses problèmes oraux et œdipiens, ne peut espérer trouver le bonheur hors de la maison familiale. Pour que son évolution s'effectue convenablement, il faut qu'il élimine ces problèmes tout en continuant de dépendre de ses parents. Il ne peut accéder à la maturité de l'adolescence qu'en continuant d'entretenir de bonnes relations avec ses parents.

Quand il a surmonté ses difficultés œdipiennes, maîtrisé ses angoisses orales, sublimé ceux de ses désirs qu'il ne peut satisfaire de façon réaliste, et appris que le caprice doit être remplacé par l'action intelligente, l'enfant est prêt à revivre heureux avec ses parents. C'est ce qui est symbolisé par le trésor que Jeannot et Margot viennent partager à la maison avec leur père. Au lieu d'attendre de ses parents tout ce qui est bon, l'enfant, à partir d'un certain âge, doit être capable d'apporter sa contribution à son bien-être affectif et à celui de sa famille.

Jeannot et Margot commence banalement avec les soucis d'une famille de pauvres bûcherons qui ne parviennent pas à joindre les deux bouts et se termine d'une façon aussi terre à terre. Tout en racontant que les deux enfants rapportent à la maison une quantité de perles et de pierres précieuses, l'histoire ne dit pas que la façon de vivre de la famille ait été changée sur le plan économique. Cela accentue la nature symbolique des bijoux. Le conte conclut :

« De leurs soucis, dès lors, ils ne surent plus rien ; et ils vécurent ensemble en perpétuelle joie. Mon conte est fini, trotte la souris, celui qui la prendra pourra se faire un grand bonnet, un grand bonnet de sa fourrure, et puis voilà ! »

Rien, si ce n'est les attitudes intérieures, n'a été modifié par la fin du conte. Les deux enfants ne seront plus jamais chassés, abandonnés, perdus dans l'obscurité de la forêt ; ils ne chercheront plus jamais la miraculeuse maisonnette de pain d'épice. Et, s'ils la rencontrent, ils n'auront plus jamais peur de la sorcière puisqu'ils se sont prouvé qu'en unissant leurs efforts ils peuvent être plus malins qu'elle et la vaincre. L'esprit d'entreprise, qui permet de tirer quelque chose de bon d'un matériel qui ne promet rien (comme le fait de se servir intelligemment de la fourrure d'une souris pour en faire un bonnet) est l'avantage et le véritable accomplissement de l'enfant d'âge scolaire qui a passé outre et maîtrisé les difficultés œdipiennes.

Jeannot et Margot est l'un des nombreux contes de fées où deux enfants de la même mère s'entraident pour se tirer d'une situation dangereuse et réussissent grâce à leurs efforts combinés. Ces histoires orientent l'enfant vers le dépassement de sa dépendance immature vis-à-vis de ses parents et vers un stade supérieur de développement : apprécier également l'appui de ses camarades du même âge. Souvent, l'enfant d'âge scolaire ne peut pas encore croire qu'il sera un jour capable d'affronter les réalités de la vie sans l'aide de ses parents ; c'est pourquoi il tend à s'accrocher à eux plus longtemps qu'il n'est nécessaire. Il a besoin de savoir qu'un jour ou l'autre il dominera les dangers du monde — même s'ils se présentent sous une forme exagérée par ses appréhensions — et qu'il en sortira enrichi.

L'enfant n'envisage pas les dangers existentiels d'une façon objective, mais fantastiquement exagérée par ses peurs immatures — personnifiées, par exemple, par une sorcière mangeuse d'enfants. *Jeannot et Margot* encourage l'enfant à explorer tout seul les produits de son imagination angoissée ; ce conte, comme d'autres qui lui ressemblent, la persuadent qu'il peut venir à bout non seulement des dangers réels dont lui parlent ses parents, mais aussi de ceux, fortement exagérés, dont il redoute l'existence.

La sorcière, telle qu'elle existe dans les fantasmes angoissés de l'enfant, le hantera et lui fera peur ; mais une sorcière qu'il peut pousser dans un four et brûler vive est plus rassurante : l'enfant sait qu'il est capable de s'en débarrasser. Tant que les enfants continueront de croire aux sorcières — ils y ont toujours cru et y croiront toujours, jusqu'à l'âge où ils ne sont plus obligés de donner une apparence humaine à leurs appréhensions informes — ils auront besoin d'entendre des histoires où des enfants, par leur ingéniosité, se débarrassent de ces personnages qui sont sortis de leur imagination pour les persécuter. Ce faisant, comme Jeannot et Margot, ils enrichissent énormément leur expérience.

« Le Petit Chaperon Rouge »

Une petite fille charmante, « innocente », qui est avalée par un loup... c'est là une image qui s'inscrit d'elle-même d'une façon indélébile dans l'esprit. Dans *Jeannot et Margot,* la sorcière ne fait qu'envisager de dévorer les enfants ; dans *Le Petit Chaperon Rouge,* la grand-mère et l'enfant sont bel et bien avalées par le loup. Comme la plupart des contes de fées, cette histoire existe dans de multiples versions différentes. La plus populaire est celle des frères Grimm, où le Petit Chaperon Rouge et sa grand-mère renaissent à la vie et où le loup reçoit le châtiment qu'il mérite.

Mais l'histoire littéraire de ce conte commence avec Charles Perrault [52]. C'est sous le titre de *Little Red Riding Hood* * que le conte est le plus connu dans les pays de langue anglaise, bien que le titre des frères Grimm, *Le Petit Chaperon Rouge,* soit plus approprié. Andrew Lang, l'un des spécialistes les plus érudits et les plus pénétrants des contes de fées, fair remarquer que si toutes les variantes de ce conte se terminaient comme celle de Perrault, on ferait mieux de les rayer

---

* « *Riding hood* » : capuchon, pèlerine. *(N. d. T.)*

du répertoire * [53]. C'est probablement ce qui se serait passé si la version des frères Grimm n'avait pas fait de cette histoire l'un des contes de fées les plus populaires. Mais comme l'histoire littéraire de ce conte débute avec Perrault, j'envisagerai tout d'abord sa version, avant de l'éliminer.

L'histoire de Perrault commence, comme toutes les autres versions les plus connues du conte, par raconter que la grand-mère avait fait faire pour la petite fille un petit chaperon rouge « qui lui allait si bien, que partout on l'appelait le Petit Chaperon Rouge ». Un jour, sa mère envoya l'enfant porter des gâteries à sa grand-mère qui était malade. Le chemin qu'elle devait suivre traversait un bois où elle rencontra le loup. Celui-ci n'osa pas la manger tout de suite, à cause des bûcherons, et demanda au Petit Chaperon Rouge où elle allait. Et elle le lui dit, précisant même à la demande du loup l'endroit où vivait sa grand-mère. Sur quoi le loup lui dit qu'il veut lui aussi rendre visite à la vieille femme, et il y court ventre à terre, pendant que la petite fille muse en chemin.

Le loup s'introduit dans la maison de la grand-mère en se faisant passer pour l'enfant, et il dévore séance tenante la vieille femme. Dans la version de Perrault, le loup ne revêt pas les effets de l'aïeule et se contente de se coucher dans son lit. Quand arrive le Petit Chaperon Rouge, le loup lui demande de le rejoindre dans le lit. L'enfant se déshabille et se couche, étonnée de

---

* Il est intéressant de noter que c'est la version de Perrault qu'Andrew Lang a publiée dans son *Blue Fairy Book*. L'histoire de Perrault se termine sur le triomphe du loup ; le conte est ainsi privé de la délivrance, de la guérison et du réconfort ; ce n'est pas un conte de fées (et ça ne l'était pas dans l'esprit de Perrault), mais une histoire de mise en garde qui menace délibérément l'enfant avec une conclusion qui le laisse sur son angoisse. Il est curieux que Lang lui-même, malgré ses sévères critiques, ait préféré reproduire la version de Perrault. Il faut croire que bien des adultes préfèrent inciter l'enfant à se bien conduire en lui faisant peur plutôt que de soulager ses angoisses, comme réussit à le faire le vrai conte de fées.

voir que sa mère-grand est nue, et elle s'exclame : « Ma mère-grand, que vous avez de grands bras ! » A quoi le loup répond : « C'est pour mieux t'embrasser, ma fille. » Puis le Petit Chaperon Rouge dit : « Ma mère-grand, que vous avez de grandes jambes ! » Et elle reçoit cette réponse : « C'est pour mieux courir, mon enfant. » Ces deux répliques, qui ne se trouvent pas dans la version des frères Grimm, sont alors suivies par les questions bien connues sur les oreilles, les yeux et les dents de la grand-mère. Et à la dernière question, le loup répond : « C'est pour mieux te manger. » « Et en disant ces mots, ce méchant loup se jeta sur le Petit Chaperon Rouge, et la mangea. »

C'est sur ces mots que se termine la traduction de Lang, comme beaucoup d'autres. Mais la version originale de Perrault se poursuit par un petit poème qui tient lieu de moralité : « ... les jeunes filles, belles, bien faites et gentilles, font très mal d'écouter toute sorte de gens. » Si elles le font, il ne faut pas s'étonner que le loup les attrape et les mange. Quant aux loups ils se présentent de façons différentes, et, parmi eux, les plus dangereux sont les plus gentils, particulièrement ceux qui suivent les demoiselles dans les rues et même dans leur maison. Perrault, avec ses contes, ne se contentait pas de vouloir distraire son auditoire ; il voulait aussi donner une leçon de morale précise. Il est donc facile de comprendre qu'il les modifiait en conséquence *. Malheureusement, en agissant ainsi, il

* Quand Perrault publia son recueil de contes, en 1697, *Le Petit Chaperon Rouge* avait déjà un passé dont certains éléments remontaient très loin dans le temps. Nous avons le mythe de Chronos qui avale ses enfants ; ceux-ci ressortent miraculeusement indemnes de son ventre où une lourde pierre les remplace. Nous avons une histoire en latin de 1023 (d'Egbert de Liège, intitulée *Fecunda Ratis*) où est découverte une petite fille qui vit avec des loups ; l'enfant porte un vêtement rouge qui a beaucoup d'importance pour elle (certains commentateurs disent qu'il s'agissait d'un bonnet). Ainsi donc, plus de six siècles avant Perrault, nous trouvons quelques éléments essentiels du *Petit Chaperon Rouge :* une petite fille au bonnet

privait ses contes d'une grande partie de leur signification. Dans son histoire, telle qu'il la raconte, personne ne dit au Petit Chaperon Rouge de ne pas traîner en route et de ne pas s'écarter de son chemin. De même, dans la version de Perrault, on ne comprend pas que la grand-mère, qui n'a rien fait de mal, trouve la mort à la fin du conte.

Le Petit Chaperon Rouge de Perrault perd beaucoup de son charme parce qu'il est trop évident que le loup du conte n'est pas un animal carnassier, mais une métaphore qui ne laisse pas grand-chose à l'imagination de l'auditeur. Cet excès de simplification, joint à une moralité exprimée sans ambages, fait de cette histoire, qui aurait pu être un véritable conte de fées, un conte de mise en garde qui énonce absolument tout. L'imagination de l'auditeur ne peut donc pas s'employer à lui trouver un sens personnel. Prisonnier d'une interprétation rationnelle du dessein de l'histoire, Perrault s'évertue à s'exprimer de la façon la plus explicite. Par exemple, quand le Petit Chaperon Rouge se déshabille et rejoint le loup dans le lit et que le loup lui dit que ses grands bras sont faits pour mieux l'embrasser, rien n'est laissé à l'imagina-

---

rouge, la présence du loup, un enfant avalé vivant et qui se retrouve indemne, et une pierre qui prend la place de l'enfant.

Il existe d'autres versions françaises du *Petit Chaperon Rouge* mais nous ignorons quelle fut celle qui influença Perrault lorsqu'il reprit l'histoire. Dans certaines de ces variantes, le loup fait manger au Petit Chaperon Rouge de la chair de sa grand-mère et lui fait boire de son sang, malgré des voix qui lui conseillent de n'en rien faire [54]! Si l'une de ces histoires fut à l'origine du conte de Perrault, on comprendra aisément pourquoi il élimina ces vulgarités en raison de leur invraisemblance, son livre étant destiné à l'usage de la cour de Versailles... Non seulement Perrault enjolivait ses histoires, mais il les traitait avec une certaine affectation, jusqu'à prétendre qu'elles avaient été écrites par son fils, alors âgé de dix ans, qui dédicaça le recueil à une princesse. Dans ses à-propos, et dans les moralités qui suivent ses contes, Perrault s'exprime comme si, par-dessus la tête des enfants, il faisait des clins d'œil aux adultes.

tion. Comme la fillette, en réponse à cette tentative de séduction directe et évidente, n'esquisse pas le moindre mouvement de fuite ou de résistance, on peut croire qu'elle est idiote ou qu'elle désire être séduite. Dans les deux cas, elle n'est certainement pas un personnage avec lequel on aurait envie de s'identifier. De tels détails, au lieu de présenter l'héroïne telle qu'elle est (une petite fille naïve, séduisante, qui est incitée à négliger les avertissements de sa mère et qui s'amuse innocemment, en toute bonne foi), lui donnent toute l'apparence d'une femme déchue.

On supprime toute la valeur du conte de fées si on précise à l'enfant le sens qu'il doit avoir pour lui. Perrault fait pire que cela : il assène ses arguments. Le bon conte de fées a des significations sur différents niveaux ; seul l'enfant peut connaître la signification qui peut lui apporter quelque chose sur le moment. Plus tard, en grandissant, il découvre d'autres aspects des contes qu'il connaît bien et en tire la conviction que sa faculté de comprendre a mûri, puisque les mêmes contes prennent plus de sens pour lui. Cela ne peut se produire que si l'on n'a pas dit à l'enfant, d'une façon didactique, ce que l'histoire est censée signifier. En découvrant lui-même le sens caché des contes, l'enfant crée quelque chose, au lieu de subir une influence.

Les frères Grimm donnent deux versions de l'histoire, ce qui, chez eux, est très inhabituel *. Dans ces deux versions, l'histoire et l'héroïne sont appelées *Le Petit Chaperon Rouge* parce que « son petit chaperon de velours rouge lui allait tellement bien qu'elle ne voulut plus porter autre chose ».

Comme dans *Jeannot et Margot,* la peur d'être dévoré est le thème central du *Petit Chaperon Rouge ;* les mêmes constellations psychologiques fondamen-

---

* Le recueil de contes des frères Grimm qui contenait *Le Petit Chaperon Rouge* a eu sa première édition en 1812, plus d'un siècle après la publication de la version de Charles Perrault.

tales que l'on retrouve dans tout individu peuvent aboutir aux destins et aux personnalités les plus divers selon les autres expériences que connaît chaque individu et ses façons de les interpréter pour lui-même. De même, un nombre limité de thèmes fondamentaux dépeignent, dans les contes de fées, des aspects très différents de l'expérience humaine. Tout dépend de la manière dont le thème est abordé et du contexte de ses péripéties. *Jeannot et Margot* a trait aux difficultés et aux angoisses de l'enfant qui est contraint de renoncer à l'attachement qui le rend dépendant vis-à-vis de sa mère et de se libérer de sa fixation orale. *Le Petit Chaperon Rouge* aborde quelques problèmes cruciaux que doit résoudre la petite fille d'âge scolaire quand ses liens œdipiens s'attardent dans son inconscient, ce qui peut l'amener à s'exposer aux tentatives d'un dangereux séducteur.

Dans ces deux contes de fées, la maison de la forêt et la maison familiale sont un seul et même lieu, ressenti de façon très différente en raison d'un changement survenu dans la situation psychologique. Dans sa propre maison, le Petit Chaperon Rouge, protégée par ses parents, est l'enfant pubertaire paisible, tout à fait capable de résoudre ses problèmes. Dans la maison de sa grand-mère, qui elle-même est infirme, la même petite fille est désespérément handicapée par les conséquences de sa rencontre avec le loup.

Jeannot et Margot, assujettis à leur fixation orale, ne songent qu'à manger la maison qui symbolise la mauvaise mère qui les a abandonnés (qui les a obligés à quitter la maison) et ils n'hésitent pas à brûler la sorcière dans le four, comme s'ils la faisaient cuire pour la manger. Le Petit Chaperon Rouge, qui a dépassé sa fixation orale, n'a plus de désirs oraux destructifs. Psychologiquement, la distance est énorme entre la fixation orale, transformée de façon symbolique en cannibalisme, qui est le thème central de *Jeannot et Margot*, et la punition infligée au loup par le Petit Chaperon Rouge. Le loup est le séducteur, mais, selon le contenu apparent de l'histoire, il ne fait rien qui ne soit naturel, c'est-à-dire qu'il dévore pour se nourrir. Et il est tout naturel que l'homme détruise le loup, bien que la méthode utilisée dans *Le Petit Chaperon Rouge* soit inhabituelle.

L'abondance règne dans la maison du Petit Chaperon Rouge ; et l'enfant, qui a dépassé l'angoisse orale, est heureuse de partager cette abondance en apportant des victuailles à sa grand-mère. Pour l'héroïne, le monde qui s'étend au-delà des limites de la maison familiale n'est pas un désert menaçant où l'enfant est incapable de trouver son chemin. À peine sortie de sa maison, le Petit Chaperon Rouge trouve un chemin bien tracé et sa mère lui dit de ne pas s'en écarter.

Tandis que Jeannot et Margot doivent être poussés de force dans le monde extérieur, le Petit Chaperon Rouge quitte volontiers sa maison. Le monde extérieur ne lui fait pas peur, elle en apprécie même la beauté ; mais il contient un danger. Si ce monde, qui déborde la maison et le devoir quotidien, devient trop séduisant, il peut l'inciter à revenir à une façon d'agir conforme au principe de plaisir — que le Petit Chaperon Rouge, supposons-nous, a abandonné grâce à ses parents qui lui ont enseigné le principe de réalité — et l'exposer alors à des rencontres destructives.

Cette situation périlleuse, à mi-chemin entre le principe de plaisir et le principe de réalité, est explicitée quand le loup demande au Petit Chaperon Rouge :

> « Toutes ces jolies fleurs dans le sous-bois, comment se fait-il que tu ne les regardes même pas ?... Et les oiseaux, on dirait que tu ne les entends pas chanter ? Tu marches droit devant toi comme si tu allais à l'école, mais c'est pourtant rudement joli, la forêt ! »

C'est ce même conflit entre ce que l'on aime faire et ce que l'on doit faire qu'exprimait la mère au début de l'histoire en faisant la leçon à sa petite fille : « Sois bien sage en chemin... Et puis, dis bien bonjour en entrant et ne regarde pas d'abord dans tous les coins ! » La mère sait donc que le Petit Chaperon Rouge est encline à musarder hors des sentiers battus et à fouiner dans les coins pour découvrir les secrets des adultes.

L'idée que le Petit Chaperon Rouge hésite, comme le font les enfants, entre le principe de plaisir et le principe de réalité, est renforcée par le fait que la petite fille ne cesse de cueillir des fleurs que lorsque « son bouquet était si gros que c'était tout juste si elle pouvait le porter ». A ce moment-là, « le Petit Chaperon Rouge pensa à sa grand-mère et se remit bien vite en chemin pour arriver chez elle ». Autrement dit, la petite fille ne reprend conscience de ses obligations que lorsqu'elle ne tire plus plaisir de sa cueillette et cesse d'obéir à son *ça* *.

Le Petit Chaperon Rouge a toutes les caractéristiques de l'enfant qui lutte déjà avec les problèmes de la puberté pour lesquels elle n'est pas mûre sur le plan affectif, n'ayant pas encore maîtrisé ses conflits œdipiens. Elle est plus mûre que Jeannot et Margot, comme le montre son attitude interrogative devant ce qu'elle rencontre dans le monde. Jeannot et Margot ne se posent pas de questions sur la maison de pain d'épice, ni sur les desseins de la sorcière. Le Petit Cha-

---

* Deux versions françaises, très différentes de celle de Perrault, montrent encore plus clairement que le Petit Chaperon Rouge choisit de suivre le chemin du plaisir, ou tout au moins celui de la facilité, bien que son attention ait été attirée sur le chemin du devoir. Dans ces versions, la petite fille rencontre le loup à une croisée des chemins, c'est-à-dire en un lieu où il faut prendre des décisions importantes : quel chemin faut-il suivre ? Le loup demande : « Quel chemin veux-tu prendre ? Celui des aiguilles, ou celui des épingles ? » Le Petit Chaperon Rouge choisit celui des épingles parce que, ainsi que l'explique l'une des versions, il est plus facile d'attacher les choses avec des épingles que de les coudre avec l'aiguille [55]. A une époque où la couture était une tâche difficile que devaient traditionnellement accomplir les jeunes filles, le choix du Petit Chaperon Rouge montrait clairement qu'elle se comportait selon le principe de plaisir alors que la situation exigeait qu'elle se conformât au principe de réalité.

peron Rouge aime faire des découvertes, comme l'indique le fait que sa mère l'avertit de ne pas fourrer son nez partout. En arrivant chez sa grand-mère, elle remarque tout de suite qu'il y a quelque chose d'anormal : « La grand-mère était là, couchée, avec son bonnet qui lui cachait presque toute la figure, et elle avait l'air si étrange. » Mais elle est déroutée par l'accoutrement du loup qui a revêtu les effets de la grand-mère. Le Petit Chaperon Rouge essaie de comprendre : elle questionne sa grand-mère sur ses grandes oreilles, remarque ses grands yeux, s'interroge sur ses grandes mains, sur l'horrible bouche. Les quatre sens sont énumérés : l'ouïe, la vue, le toucher et le goût ; l'enfant pubère se sert de tous les sens pour comprendre le monde.

Le conte, sous une forme symbolique, précipite la petite fille dans les dangers que représentent les conflits œdipiens pendant la puberté, puis il écarte d'elle ces périls, de telle sorte qu'elle sera désormais capable de mûrir libre de tout conflit. Les figures maternelles de la mère elle-même et de la sorcière, si importantes dans *Jeannot et Margot*, deviennent insignifiantes dans *Le Petit Chaperon Rouge* où la mère et la grand-mère ne font rien : elles ne protègent pas, ne menacent pas. L'homme, au contraire, tient une place capitale sous ses deux aspects opposés : le dangereux séducteur qui se fait le meurtrier de la bonne mère-grand et de la petite fille, et le chasseur, qui représente la figure paternelle forte, responsable, et qui sauve l'enfant.

Tout se passe comme si le Petit Chaperon Rouge essayait de comprendre la nature contradictoire du mâle en expérimentant tous les aspects de sa personnalité : les tendances égoïstes, asociales, violentes, virtuellement destructives du *ça* (le loup) et les tendances altruistes, sociales, réfléchies et tutélaires du *moi* (le chasseur).

Le Petit Chaperon Rouge est universellement aimée parce que, tout en étant vertueuse, elle est exposée à la tentation ; et parce que son sort nous apprend qu'en faisant confiance aux bonnes intentions du premier venu, chose qui est fort agréable, on risque en réalité de tomber tout droit dans un piège. Si nous n'avions pas en nous-mêmes quelque chose qui aime le grand méchant loup, il aurait moins de pouvoir sur nous. Il est donc important de comprendre sa nature et encore plus important d'apprendre ce qui nous le rend si séduisant. Aussi séduisante que soit la naïveté, il est dangereux de rester naïf toute sa vie.

Mais le loup ne se contente pas d'être le séducteur mâle, il représente aussi les tendances asociales, animales, qui agissent en nous. En oubliant les principes vertueux de l'âge scolaire qui veulent que l'on « marche droit », comme le devoir l'exige, notre héroïne retourne au stade œdipien de l'enfant qui ne cherche que son plaisir. En suivant les suggestions du loup, elle lui donne également l'occasion de dévorer sa grand-mère. Ici, l'histoire témoigne de certaines difficultés œdipiennes qui sont restées sans solution chez la petite fille, et celle-ci, quand le loup la dévore, est justement punie d'avoir tout fait pour que le loup puisse éliminer une figure maternelle. Même un enfant de quatre ans ne peut s'empêcher de se demander où veut en venir le Petit Chaperon Rouge quand elle répond aux questions du loup et lui donne tous les détails qui lui permettront de trouver la maison de l'aïeule. A quoi peuvent bien servir ces renseignements, se demande l'enfant, si ce n'est à permettre au loup de trouver facilement son chemin ? Seuls les adultes persuadés que les contes de fées n'ont aucun sens peuvent ne pas voir que l'inconscient du Petit Chaperon Rouge fait tout ce qu'il faut pour livrer la grand-mère.

Cette dernière doit recevoir sa part de blâme. La petite fille a besoin d'une figure maternelle forte pour sa propre protection et comme modèle à imiter. Mais la grand-mère de l'histoire se laisse mener par ses propres désirs au-delà de ce qui est bon pour l'enfant :

« Sa grand-mère... ne savait que faire ni que donner comme cadeaux à l'enfant. » Ce ne serait pas la première ni la dernière fois qu'un enfant gâté par son aïeule irait vers les ennuis dans sa vraie vie. Que ce soit la mère ou la grand-mère (cette mère destituée), elle ne peut que nuire à la petite fille si elle renonce à son pouvoir de séduction sur les hommes et le transfère à l'enfant en lui offrant un bonnet rouge trop joli.

Tout au long du conte, et dans le titre comme dans le nom de l'héroïne, l'importance de la couleur rouge, arborée par l'enfant, est fortement soulignée. Le rouge est la couleur qui symbolise les émotions violentes et particulièrement celles qui relèvent de la sexualité. Le bonnet de velours rouge offert par la grand-mère à la petite fille peut ainsi être considéré comme le symbole du transfert prématuré du pouvoir de séduction sexuelle, ce qui est encore accentué par le fait que la grand-mère est vieille et malade, trop faible même pour ouvrir une porte. Le nom de *Petit Chaperon Rouge* marque l'importance que prend cette caractéristique de l'héroïne dans l'histoire. Le chaperon est « petit », mais aussi l'enfant. Elle est trop petite, non pas pour porter la coiffure, mais pour faire face à ce que symbolise le chaperon rouge et à ce qu'elle s'engage à faire en le portant.

Le danger qui menace la petite fille, c'est sa sexualité naissante, car elle n'est pas encore assez mûre sur le plan affectif. L'individu qui est psychologiquement prêt à vivre des expériences sexuelles peut les maîtriser et s'enrichir grâce à elles. Mais une sexualité prématurée est une expérience régressive, qui éveille en nous tout ce qui est encore primitif et menace de nous déborder. La personne immature qui n'est pas encore prête pour la vie sexuelle mais qui est livrée à une expérience qui éveille de fortes émotions sexuelles revient à des procédés œdipiens pour affronter ces expériences. Elle croit qu'elle ne peut triompher en matière sexuelle qu'en se débarrassant de ses rivaux plus expérimentés, comme le fait le Petit Chaperon

Rouge en donnant au loup des indications précises qui lui permettront d'aller chez la grand-mère. Mais en agissant ainsi, elle montre aussi son ambivalence. Tout se passe comme si elle disait au loup : « Laisse-moi tranquille ; va chez grand-mère, qui est une femme mûre ; elle est capable de faire face à ce que tu représentes ; pas moi. »

C'est cette lutte entre son désir conscient de faire ce qu'il faut faire et son désir inconscient de l'emporter sur sa (grand-)mère qui fait universellement aimer la fillette et son histoire et qui nous la présente sous une apparence profondément humaine. Comme la plupart d'entre nous lorsque nous étions enfants et que, malgré tous nos efforts, nous ne pouvions maîtriser nos ambivalences, le Petit Chaperon Rouge essaie de déplacer le problème sur quelqu'un d'autre : une personne plus âgée, l'un des parents ou son substitut. Mais en tentant d'échapper ainsi à une situation menaçante, la petite fille met sa vie en danger.

Comme je l'ai dit plus haut, les frères Grimm présentent une variante importante du *Petit Chaperon Rouge* qui n'est qu'un additif à l'histoire principale. Dans cette variante, on nous raconte qu'un peu plus tard, le Petit Chaperon Rouge allant de nouveau porter une galette à sa grand-mère, un autre loup essaie de la détourner du sentier (de la vertu) qu'elle doit suivre. Cette fois, la petite fille va tout droit chez sa grand-mère et lui raconte tout. Ensemble, elles bouclent la porte pour que le loup ne puisse pas entrer. A la fin, le loup glisse du toit, tombe dans une auge remplie d'eau et se noie. L'histoire se termine ainsi : « Allégrement, le Petit Chaperon Rouge regagna sa maison, et personne ne lui fit le moindre mal. »

Cette variante explicite quelque chose dont l'auditeur de l'histoire se sent convaincu : qu'après sa triste expérience, la petite fille comprend qu'elle n'est absolument pas assez mûre pour tenir tête au loup (le séducteur) et qu'elle est prête à conclure une alliance efficace avec la figure maternelle. C'est ce qu'exprime symboliquement le fait qu'elle se précipite chez sa grand-mère dès qu'un danger la menace au lieu de ne pas le voir, comme elle l'a fait lors de sa première rencontre avec le loup. Le Petit Chaperon Rouge œuvre donc de concert avec sa grand-mère et suit ses conseils : elle emplit l'auge avec de l'eau qui a servi à cuire des saucisses ; l'odeur attire le loup et c'est ainsi qu'il tombe dans l'auge, vaincu par les deux complices. C'est grâce à cette alliance, en s'identifiant au substitut de la mère, que l'enfant, rendue consciente, peut progresser avec succès vers l'âge adulte.

Les contes de fées s'adressent à notre conscient et à notre inconscient et, tout comme ce dernier, ne reculent pas devant les contradictions. A un niveau tout différent de signification, ce qui arrive au Petit Chaperon Rouge et à sa grand-mère peut être vu sous une lumière très différente. L'auditeur de l'histoire peut se demander à juste titre pourquoi le loup s'abstient de dévorer la petite fille au moment même où il la rencontre. Perrault — et c'est bien dans sa manière — présente une explication apparemment rationnelle : le loup aurait bel et bien mangé la petite fille s'il n'avait pas eu peur des bûcherons qui travaillaient dans la forêt. Comme dans l'histoire de Perrault le loup n'est rien d'autre que le séducteur mâle, on comprend parfaitement qu'un adulte renonce à séduire une petite fille s'il risque d'être vu ou entendu par d'autres adultes.

Les choses se passent différemment dans le conte des frères Grimm où on nous fait comprendre que le délai est justifié par l'avidité extrême du loup. Voici ce qu'il se dit :

« Un fameux régal, cette mignonne et tendre jeunesse ! Grasse chair que j'en ferai : meilleure encore que la grand-mère qu je vais engloutir aussi. Mais attention, il faut être malin si tu veux les déguster l'une et l'autre. »

Mais cette explication ne tient pas debout, puisque le loup aurait pu très bien se régaler sur-le-champ de la petite fille, pour ensuite berner la grand-mère comme il le fait dans l'histoire.

Le comportement du loup commence à prendre un sens dans la version des frères Grimm si nous présumons que pour disposer du Petit Chaperon Rouge, le loup doit d'abord se débarrasser de la grand-mère. Tant que la (grand-)mère est dans les parages, la petite fille ne sera pas à lui *. Mais une fois que la (grand-) mère a disparu, il est libre d'agir selon ses désirs qui, en attendant, doivent être refoulés. L'histoire, sur ce plan, s'occupe du désir inconscient de l'enfant d'être séduite par son père (le loup).

Pendant la puberté, les anciennes aspirations œdipiennes de la fillette sont réactivées ; le sont également le désir du père, la tendance à le séduire et l'envie d'être séduite par lui. Puis la petite fille sent qu'elle mérite d'être punie (et peut-être également le père) très sévèrement par la mère pour avoir désiré le lui voler. Le réveil, chez l'adolescent, d'émotions précoces qui étaient plus ou moins assoupies, ne se limite pas à des sentiments œdipiens, mais inclut des angoisses et des désirs encore plus précoces qui réapparaissent pendant cette période.

A un niveau différent d'interprétation, on peut dire que si le loup ne dévore pas le Petit Chaperon Rouge immédiatement, c'est parce qu'il veut d'abord être au lit avec elle : elle ne sera « dévorée » qu'après ce rapport sexuel. Bien que la plupart des enfants n'aient jamais entendu parler des couples d'animaux dont l'un des partenaires est destiné à mourir au cours de l'acte sexuel, ces aspects destructifs sont très vivaces dans l'esprit inconscient et conscient de l'enfant à tel point que, pour la plupart des enfants, l'acte sexuel

* Il n'y a pas tellement longtemps, dans certaines civilisations agricoles, quand la mère mourait, la fille aînée prenait sa place à tous les égards.

est un acte de violence commis par l'un des partenaires sur l'autre. Je pense que Djuna Barnes fait allusion à l'équivalent inconscient chez l'enfant de l'excitation, de la violence et de l'angoisse sexuelles quand elle écrit :

« Les enfants savent quelque chose qu'ils ne peuvent pas exprimer ; ils aiment que le Petit Chaperon Rouge et le loup soient couchés ensemble dans un lit [56] ! »

Comme cette étrange juxtaposition d'émotions opposées caractérisant la connaissance sexuelle de l'enfant est personnalisée par le Petit Chaperon Rouge, l'histoire exerce une forte attraction inconsciente chez les enfants, et chez les adultes qui sont amenés par elle à se souvenir vaguement de la fascination enfantine qu'exerçait sur eux tout ce qui touchait à la sexualité.

Un autre artiste a exprimé ces sensations sous-jacentes. Gustave Doré, dans l'une de ses plus célèbres illustrations de contes de fées, nous montre le Petit Chaperon Rouge et le loup couchés dans le même lit [57]. Le loup paraît plutôt calme. Mais la petite fille regarde le loup et semble être en proie à de puissants sentiments contradictoires. Elle n'esquisse pas le moindre geste pour s'en aller. Elle semble intriguée par la situation où elle se trouve, à la fois attirée et rebutée. Le mélange de sentiments que dénotent son visage et son corps évoque on ne peut mieux la fascination à laquelle elle est soumise. C'est cette même fascination que la sexualité, et tout ce qui l'entoure, exerce sur l'esprit de l'enfant. Pour en revenir à la citation de Djuna Barnes, c'est ce que ressent l'enfant vis-à-vis du Petit Chaperon Rouge et du loup, et de leurs relations, mais qu'il ne peut exprimer, et c'est ce qui rend l'histoire si passionnante.

C'est cette « mortelle » fascination du sexe, ressentie comme une très forte excitation comparable à la plus grande des angoisses, qui est liée aux désirs œdipiens pour le père, et à la réactivation de ces mêmes sentiments, sous différentes formes, pendant la puberté. Chaque fois que ces sentiments réapparaissent, ils réveillent des souvenirs de la tendance qu'avait la petite fille à séduire son père, et en même temps d'autres souvenirs de son désir d'être séduite par lui.

Contrairement à la version de Perrault, le conte des frères Grimm n'insiste pas sur la séduction sexuelle : la sexualité n'intervient ni directement ni indirectement ; elle est peut-être subtilement indiquée, mais, essentiellement, c'est l'auditeur qui doit apporter cette notion de sexualité pour s'aider à comprendre l'histoire. Dans l'esprit de l'enfant, les implications sexuelles demeurent préconscientes, comme elles doivent l'être. Consciemment, l'enfant sait qu'il ne fait rien de mal en cueillant des fleurs ; ce qui est mal, c'est de désobéir à la mère quand on doit remplir une mission importante au bénéfice des intérêts légitimes d'un aïeul (ou du père ou de la mère). Le conflit principal se situe entre ce qui, à bon droit semble-t-il, intéresse l'enfant et ce que ses parents exigent de lui. L'histoire sous-entend que l'enfant ignore combien il peut être dangereux de céder à des désirs qu'il considère comme innocents, et que, par conséquent, il doit apprendre à être conscient de ces dangers. Ou plus exactement — et c'est l'avertissement de l'histoire — c'est la vie qui les lui apprendra, à ses dépens.

Le Petit Chaperon Rouge extériorise les processus internes de l'enfant pubertaire : le loup personnifie la méchanceté de l'enfant quand il va à l'encontre des exhortations de ses parents et s'autorise à tenter ou à être tenté sexuellement. S'il s'écarte du sentier que ses parents ont tracé pour lui, il connaît la « méchanceté », et craint qu'elle ne le dévore, lui et celui de ses parents dont il a trahi la confiance. Mais, comme le dit la suite de l'histoire, on peut ressusciter de cette « méchanceté ».

Très différent du Petit Chaperon Rouge qui cède aux tentations de son *ça* et qui, ce faisant, trahit sa mère et sa grand-mère, le chasseur, lui, ne se laisse pas emporter par ses émotions. Sa première réaction, quand il trouve le loup couché dans le lit de la grand-mère, est de dire : « C'est ici que je te trouve, vieille canaille ! Il y a un moment que je te cherche !... » et il s'apprête à tuer le loup. Mais son *moi* (sa raison) s'affirme, malgré les sollicitations du *ça* (sa colère contre le loup), et il comprend qu'il est plus important d'essayer de sauver la grand-mère que de tuer le loup dans un mouvement de colère. Il ouvre donc le ventre du loup en se servant de ciseaux, avec le plus grand soin, et libère ainsi le Petit Chaperon Rouge et sa grand-mère.

Le chasseur est un personnage très sympathique, pour les garçons comme pour les filles, parce qu'il sauve les bons et punit les méchants. Tous les enfants éprouvent des difficultés à obéir au principe de réalité et ils identifient aisément dans les personnages contraires du loup et du chasseur le conflit entre les aspects de leur personnalité qui se rattachent au *ça* et au *moi-surmoi*. Dans le rôle que joue le chasseur, la violence (quand il ouvre le ventre du loup) est inspirée par un dessein hautement social : sauver les deux femmes. L'enfant sent que personne ne trouve bon que ses propres tendances agressives puissent lui sembler constructives, mais l'histoire lui montre qu'elles peuvent l'être.

Le Petit Chaperon Rouge doit être délivrée du ventre du loup comme s'il s'agissait d'une césarienne, ce qui est une façon de suggérer l'idée de grossesse et de naissance. Des associations sexuelles sont ainsi évoquées dans l'inconscient de l'enfant. Comment le fœtus arrive-t-il dans le ventre maternel ? se demande l'enfant, et il décide que cela ne peut avoir lieu que si la mère absorbe quelque chose, comme l'a fait le loup.

Le chasseur appelle le loup « vieille canaille », ce qui est une façon toute naturelle de désigner un vil séducteur, surtout s'il s'en prend à des petites filles !

Sur un autre plan, le loup représente aussi les tendances indésirables que porte en lui le chasseur ; nous parlons tous à l'occasion de nos « tendances animales » à propos de notre penchant à agir violemment ou de façon irresponsable pour atteindre notre but.

Bien que le chasseur intervienne d'une façon décisive à la fin du conte, nous ne savons pas d'où il vient, et il n'a aucun rapport direct avec le Petit Chaperon Rouge : il la sauve, et c'est tout. On ne nous parle jamais du père, ce qui est tout à fait inhabituel pour un conte comme celui-là. Cela nous laisse croire que le père est présent, mais sous une forme voilée. La petite fille espère certainement que son père la sauvera de toutes ses difficultés, et particulièrement des difficultés affectives qui sont la conséquence de son désir de le séduire et d'être séduite par lui. Par « séduction », j'entends le désir qu'a la petite fille d'amener son père à l'aimer plus que quiconque et les efforts qu'elle fait dans ce sens, et son désir de le voir faire tous les efforts possibles pour qu'elle l'aime, elle aussi, plus que tout au monde. Nous voyons alors que le père est bien présent dans le conte sous deux formes contraires : celle du loup, qui personnalise les dangers de la lutte œdipienne, et celle du chasseur, dans sa fonction protectrice et salvatrice.

En dépit de sa première réaction, le chasseur ne tue pas le loup tout de suite. Dès qu'elle est sauvée, c'est le Petit Chaperon Rouge qui a l'idée de remplir de pierres le ventre du loup, « et quand il se réveilla et voulut bondir, les pierres pesaient si lourd que le loup s'affala et resta mort sur le coup ». C'est nécessairement le Petit Chaperon Rouge elle-même qui doit décider spontanément du destin du loup et qui doit se charger de l'éliminer. Si elle veut assurer sa sécurité pour l'avenir, elle doit être capable de se débarrasser toute seule du séducteur, elle doit sentir qu'elle a surmonté sa faiblesse.

La justice du conte de fées veut que le loup subisse

le sort qu'il a essayé d'infliger aux autres : son avidité orale l'amène à se détruire lui-même *.

Le conte a une autre bonne raison de ne pas faire périr le loup au moment où on lui ouvre le ventre : c'est que ce conte de fées, comme tous les autres, doit mettre l'enfant à l'abri de toute angoisse inutile. Si le loup mourait de sa « césarienne », les auditeurs pourraient croire que l'enfant tue sa mère en sortant de son corps. Mais si le loup survit à l'opération et ne meure que parce qu'on a rempli son ventre de lourdes pierres, il n'a aucune raison d'être angoissé à propos de la naissance.

Le Petit Chaperon Rouge et sa grand-mère ne meurent pas vraiment, mais, ce qui est certain, c'est qu'elles « renaissent ». La renaissance qui permet d'accéder à un stade supérieur est l'un des leitmotive d'une immense variété de contes de fées. Les enfants (et également les adultes) doivent pouvoir croire qu'il leur est possible d'atteindre un stade supérieur d'existence s'ils maîtrisent les étapes de développement qu'il exige. Les histoires qui disent que cette évolution est possible, et même tout à fait vraisemblable, ont un grand pouvoir d'attraction sur les enfants, elles combattent la peur qu'ils ont en permanence d'être incapables d'accomplir cette transition ou de perdre trop en la réalisant. C'est pourquoi, par exemple, Frérot et Sœurette ne se séparent pas après leur transformation et, au contraire, auront par la suite une meilleure vie commune ; de même le Petit Chaperon Rouge, dès qu'elle est sauvée, est plus heureuse

---

* Dans d'autres versions, le père du Petit Chaperon Rouge entre en scène pour couper la tête du loup et sauver ainsi le Petit Chaperon Rouge et sa grand-mère [58]. C'est sans doute parce qu'il est le père de la petite fille qu'il coupe la tête du loup au lieu de lui ouvrir le ventre. L'image d'un père manipulant un ventre où se trouverait momentanément sa fille aurait évoqué d'une façon trop gênante des relations sexuelles incestueuses.

qu'avant, comme Jeannot et Margot lorsqu'ils reviennent chez eux.

De nombreux adultes, de nos jours, ont tendance à prendre à la lettre les contes de fées, alors qu'ils doivent être considérés comme l'expression symbolique des expériences les plus importantes de la vie. L'enfant comprend cela intuitivement, tout en étant incapable de le « savoir » explicitement. L'adulte qui veut rassurer l'enfant en lui disant que le Petit Chaperon Rouge ne meurt pas « vraiment » quand elle est mangée par le loup, peut être sûr de ne pas être pris au sérieux. C'est exactement ce que ressentirait un adulte si on lui disait que Jonas n'était pas « vraiment » mort dans le ventre du gros poisson. Quiconque entend ce passage de la Bible sait intuitivement que le séjour de Jonas dans les entrailles de la baleine avait un but précis : le faire revenir à la vie sous une forme meilleure.

L'enfant sait intuitivement que l'histoire ne se termine pas du tout au moment où la petite fille est avalée par le loup — fait comparable aux « morts » que d'autres héros subissent momentanément dans les contes de fées — mais que cette péripétie est nécessaire. L'enfant comprend aussi que ce qui « meurt » vraiment chez le Petit Chaperon Rouge, c'est la petite fille qui s'est laissé tenter par le loup ; et que lorsqu'elle bondit hors du ventre de l'animal, c'est une personne tout à fait différente qui revient à la vie. Si cette péripétie est nécessaire, c'est que l'enfant comprend facilement qu'une chose soit remplacée par une autre (la gentille mère par la vilaine marâtre), tout en étant incapable de savoir ce que peuvent être ses transformations profondes. C'est pourquoi les contes de fées ont le grand mérite, parmi tant d'autres, de faire croire à l'enfant que ces transformations sont possibles.

L'enfant, quand son esprit conscient et inconscient a été profondément pénétré par l'histoire, comprend que pendant leur séjour dans le ventre du loup la petite fille et sa grand-mère ont été momentanément perdues pour le monde, qu'elles échappent à la suite de l'histoire et qu'elles ne peuvent plus l'influencer. Il faut donc que quelqu'un vienne de l'extérieur pour les sauver ; et quand il s'agit d'une mère (ou de son substitut) et d'un enfant, qui peut être ce sauveteur, sinon le père ?

Quand le Petit Chaperon Rouge, obéissant au principe de plaisir, et non au principe de réalité, succombe à la séduction du loup, elle retourne implicitement à une forme plus primitive d'existence. A la façon caractéristique des contes de fées (parce que l'enfant pense par extrêmes) ce retour est exagéré jusqu'à faire revivre à la petite fille son état fœtal.

Mais pourquoi la grand-mère doit-elle connaître le même sort que l'enfant ? Pourquoi doivent-elles « mourir » toutes les deux et régresser à un stade inférieur d'existence ? Ce détail est dans la ligne de l'idée que l'enfant se fait de la mort : que les morts ne sont plus disponibles, qu'ils ne servent plus à rien. Les grands-parents doivent être utiles à l'enfant, ils doivent le protéger, lui apprendre beaucoup de choses, lui donner à manger ; s'ils ne le font pas, ils sont réduits à un stade inférieur d'existence. En étant aussi incapable que le Petit Chaperon Rouge de tenir tête au loup, la grand-mère doit subir le même destin qu'elle *.

L'histoire montre clairement qu'elles ne cessent pas de vivre au moment où elles sont dévorées par le loup. On ne peut en douter quand la petite fille sort du loup en criant : « Oh là là ! quelle peur j'ai eue ! Comme il faisait noir dans le ventre du loup ! » Si elle a eu peur, c'est qu'elle était bien vivante ; et elle a peur

* La seconde version des frères Grimm montre bien que cette interprétation est justifiée. Elle raconte comment, au cours d'une autre visite, la grand-mère a protégé la petite fille contre le loup et réussi à l'éliminer. C'est bien ainsi qu'une (grand-)mère est supposée agir ; si elle le fait, ni la (grand-) mère ni l'enfant n'ont à redouter le loup, si intelligent soit-il.

du noir parce que son comportement lui a fait perdre sa conscience supérieure qui, jusque-là, avait éclairé son monde. Il en va de même pour l'enfant qui, sentant qu'il a mal agi, ou qu'il n'est plus protégé par ses parents, se sent pris de frayeur quand la nuit se referme sur lui.

Dans *Le Petit Chaperon Rouge*, comme dans toute la littérature de contes de fées, la mort du héros (différente de celle qui vient du grand âge, après une vie bien remplie) symbolise son échec. La mort du perdant (comme les princes qui veulent s'approcher de la Belle au Bois Dormant avant l'heure et qui meurent dans les buissons d'épines) exprime de façon symbolique qu'il n'est pas encore assez mûr pour triompher de l'épreuve qu'il a affrontée inconsidérément et prématurément. Ces personnes doivent passer par d'autres expériences de croissance qui leur permettront enfin de réussir. Elles ne sont rien d'autre que des incarnations immatures du héros.

Après avoir été plongée dans la profondeur des ténèbres (dans le ventre du loup), le Petit Chaperon Rouge est prête à apprécier une nouvelle lumière, à comprendre mieux les expériences émotionnelles qu'elle doit maîtriser, et celles qu'elle doit éviter, pour ne pas se laisser engloutir par elles. Grâce à des histoires du genre du *Petit Chaperon Rouge*, l'enfant commence à comprendre — du moins à un niveau préconscient — que seules les expériences qui nous dépassent éveillent en nous des sentiments correspondants auxquels nous ne pouvons faire face. Une fois que nous sommes parvenus à maîtriser ces derniers, le loup ne nous fait plus peur.

Cette idée est appuyée par la phrase qui conclut le conte : le Petit Chaperon Rouge ne dit pas qu'elle ne risquera plus jamais de rencontrer le loup, ou qu'elle n'ira jamais plus toute seule dans le bois ; au contraire, la conclusion dit implicitement que le fait de fuir toutes les situations problématiques est une mauvaise solution. Voici cette phrase : « Mais pour ce qui est du Petit Chaperon Rouge, elle se jura : « Jamais plus « de ta vie tu ne quitteras le chemin pour courir dans « les bois, quand ta mère te l'a défendu. » Forte de cette résolution et de l'expérience éprouvante qu'elle a vécue, le Petit Chaperon Rouge sera capable d'assumer sa sexualité d'une façon toute différente, et avec l'approbation de sa mère.

Il fallait que la petite fille, pour atteindre un état supérieur d'organisation de sa personnalité, déviât pour un moment du droit chemin par défi envers sa mère et son *surmoi*. Son expérience l'a convaincue qu'il est dangereux de céder aux désirs œdipiens. Elle a appris qu'il vaut beaucoup mieux ne pas se révolter contre la mère, ni essayer de séduire ou de se laisser séduire par les aspects encore dangereux de l'homme. Mieux vaut, malgré les désirs ambivalents, compter pour quelque temps encore sur la protection que peut assurer le père quand il n'est pas vu sous son aspect de séducteur. Elle a compris qu'il est préférable d'installer plus profondément et d'une façon plus adulte dans son *surmoi* le père, la mère et les valeurs qu'ils représentent, afin de pouvoir affronter avec succès les dangers de la vie.

Il existe de nombreuses répliques modernes du *Petit Chaperon Rouge*. Quand on les compare à l'original, on se rend compte de la profondeur des contes de fées par rapport à la littérature enfantine d'aujourd'hui. Par exemple, David Riesman a établi un parallèle entre *Le Petit Chaperon Rouge* et un conte moderne pour enfants, *Tootle, la petite locomotive,* qui, il y a vingt ans, s'est vendu à des millions d'exemplaires [59]. Dans ce petit livre, une petite locomotive anthropomorphe va à l'école des locomotives pour apprendre à être plus tard une puissante locomotrice aérodynamique. Comme le Petit Chaperon Rouge, Tootle sait qu'elle ne doit se déplacer que sur ses rails. Mais elle est, elle aussi, tentée de s'en éloigner pour aller jouer dans les jolies fleurs des champs. Pour empêcher Tootle de vagabonder, les gens de la ville se réunissent pour mettre au point un plan ingénieux : chaque fois que Tootle quittera ses rails pour aller batifoler dans les prés, elle sera arrêtée par un drapeau rouge, jusqu'au moment où elle promettra de ne plus jamais recommencer.

Cette histoire illustre très bien les théories behavioristes modernes : le comportement est modifié par des *stimuli* contraires (les drapeaux rouges). Tootle s'amende, et, à la fin de l'histoire, on sait qu'elle deviendra un bel autorail. Tootle n'est qu'une histoire de mise en garde qui dit à l'enfant de ne jamais s'éloigner du chemin étroit de la vertu. Mais comme cette histoire est plate quand on la compare au conte de fées !

Le Petit Chaperon Rouge parle des passions humaines, de l'avidité orale, de l'agressivité et des désirs sexuels de la puberté. Il oppose l'oralité maîtrisée de l'enfant en cours de maturité (les bonnes choses que l'enfant porte à sa grand-mère) à l'oralité sous sa forme primitive de type cannibale (le loup dévorant la petite fille et l'aïeule). Avec sa violence — y compris l'éventration du loup, qui sauve ces deux derniers personnages, et la mort de l'animal, le ventre empli de pierres — le conte ne fait pas voir la vie en rose. A la fin de l'histoire, chaque personnage (la petite fille, la mère, la grand-mère, le chasseur et le loup) agit pour son compte : le loup essaie de s'enfuir et tombe mort, après quoi le chasseur le dépèce et emporte chez lui sa dépouille, la grand-mère mange ce que lui a apporté la petite fille et celle-ci conclut sur la leçon qu'elle a apprise. Les adultes ne conspirent pas entre eux pour obliger l'héroïne de l'histoire à s'améliorer comme l'exige la société, ce qui enlèverait toute valeur à l'autodétermination : le Petit Chaperon Rouge n'a besoin de personne pour se jurer que « jamais plus de sa vie elle ne quittera le chemin pour courir dans les bois... ».

Combien ce conte est plus conforme aux réalités de la vie et à nos expériences intérieures que l'histoire de Tootle qui utilise des éléments réalistes comme accessoires de mise en scène : le petit train roule sur des rails et il est arrêté par des drapeaux rouges... Les détails sont réalistes, mais tout ce qui est essentiel est irréel ; on n'a jamais vu, en effet, la population de toute une ville cesser brusquement ses activités pour aider un enfant à se corriger. Et la vie de Tootle n'est jamais vraiment mise en danger. Tootle, bien sûr, est aidée à améliorer sa conduite, mais cette amélioration ne tend qu'à la transformer en une locomotrice plus grosse et plus puissante, c'est-à-dire un être adulte apparemment plus accompli et plus utile. Il n'est pas question d'angoisses internes, ni des tentations qui mettent notre existence en danger. Pour citer une fois de plus Riesman : « On ne trouve rien de l'aspect redoutable du *Petit Chaperon Rouge* qui a été remplacé par une comédie jouée par les citoyens au bénéfice de Tootle. » Aucun personnage de « Tootle » n'incarne les processus internes et les problèmes affectifs que connaît l'enfant qui grandit pour qu'il puisse affronter les premiers afin de résoudre les derniers.

Tout cela devient évident quand on nous dit à la fin de l'histoire que Tootle a oublié qu'elle aimait les fleurs... Personne ne peut croire, même avec de grands efforts d'imagination, que le Petit Chaperon Rouge ait pu oublier sa rencontre avec le loup ni qu'elle ait cessé d'aimer les fleurs et les beautés du monde. L'histoire de Tootle ne crée aucune conviction dans l'esprit de l'auditeur et ne tend qu'à le pénétrer de sa leçon et à prédire l'avenir : la petite locomotive restera sur ses rails et deviendra une locomotrice aérodynamique ! Aucune place n'est laissée à l'initiative ni à la liberté.

Le conte de fées porte en lui la conviction de son message ; il n'a donc pas à imposer au héros une façon de vivre particulière. On n'a donc pas besoin de nous dire ce que fera le Petit Chaperon Rouge dans l'avenir. Grâce à son expérience, elle sera capable de se déterminer toute seule. Sa sagesse à l'égard de la vie et des dangers auxquels ses désirs peuvent l'exposer est transmise à tous les auditeurs.

Le Petit Chaperon Rouge a perdu son innocence enfantine en rencontrant les dangers qui existent en elle et dans le monde, et elle l'a échangée contre une sagesse que seul peut posséder celui qui « est né deux fois » ; celui qui non seulement est venu à bout d'une crise existentielle, mais qui est aussi devenu conscient que c'est sa propre nature qui l'a plongé dans cette crise. La naïveté enfantine du Petit Chaperon Rouge cesse d'exister au moment où le loup se montre sous son vrai jour et la dévore. Quand le chasseur ouvre le ventre du loup et la libère, elle renaît à un plan supérieur d'existence ; capable d'entretenir des relations positives avec ses parents, elle cesse d'être une enfant et renaît à la vie en tant que jeune fille.

« Jack et la tige de haricot »

Les contes de fées abordent sous une forme littéraire les problèmes fondamentaux de la vie et particulièrement ceux qui se rattachent à la lutte de l'enfant pour atteindre la maturité. Ils mettent en garde contre les conséquences destructives qui menacent celui qui ne développe pas sa personnalité à un plus haut niveau de responsabilité, en se servant d'exemples, comme les frères aînés des *Trois Plumes*, les demi-sœurs de *Cendrillon* ou le loup du *Petit Chaperon Rouge*. Ces contes indiquent subtilement à l'enfant pourquoi il doit lutter pour parvenir à une intégration supérieure et ce que cela implique.

Ces mêmes histoires font également comprendre aux parents qu'ils doivent être conscients des risques qu'implique le développement de leur enfant, afin qu'ils puissent les déceler et mettre au besoin l'enfant à l'abri d'une catastrophe ; et pour pouvoir aider et encourager le développement de la personnalité et de la sexualité de leur enfant chaque fois qu'il est nécessaire.

Les contes du cycle de « Jack » sont d'origine britannique et se sont ensuite répandus dans l'ensemble du monde anglophone [60]. L'histoire la plus connue et la plus intéressante de ce cycle est certainement *Jack et la tige de haricot*. Certains éléments importants de ce conte apparaissent dans le folklore d'autres cultures, un peu partout dans le monde : un troc apparemment stupide qui procure un pouvoir magique ; la graine miraculeuse d'où sort un arbre dont la cime finit par atteindre le ciel ; l'ogre cannibale, berné et volé par le héros ; la poule aux œufs d'or ou l'oie d'or ; les instruments de musique qui parlent. Mais leur combinaison dans une seule histoire qui affirme le caractère désirable de l'affirmation de l'enfant pubertaire de sexe masculin sur le plan social et sexuel, et la sottise de la mère qui n'en tient pas compte, tout cela fait de *Jack et la tige de haricot* un conte de fées hautement significatif.

L'une des histoires les plus anciennes du cycle de « Jack » est *Jack fait des affaires.* Dans ce conte, le conflit qui se trouve au point de départ ne se situe pas entre un enfant et sa mère qui le tient pour un simple d'esprit, mais entre l'enfant et son père qui se battent pour la dominance. Cette histoire présente certains problèmes du développement socio-sexuel du garçon plus clairement que ne le fait *Jack et la tige de haricot* et le message que sous-entend ce dernier conte peut être plus facilement compris à la lumière de l'autre.

Dans *Jack fait des affaires,* on nous raconte que Jack était un petit garçon indiscipliné qui ne faisait rien pour aider son père. C'était d'autant plus regrettable que le père traversait une période difficile et était criblé de dettes. C'est ainsi qu'il envoya un jour Jack à la foire voisine pour tirer le maximum d'argent de l'une de leurs sept vaches. En chemin, Jack rencontra un homme qui lui demanda où il allait. Jack le lui dit, et l'homme lui proposa d'échanger la vache contre un bâton merveilleux : il suffisait que son propriétaire dise : « Debout, et frappe ! » pour que le bâton roue de coups n'importe quel ennemi. Jack accepta l'échange. De retour à la maison, son père, qui attendait de l'argent, est pris d'une telle colère qu'il va chercher un bâton pour rosser son fils. Jack, pour se défendre, fait appel à *son* bâton qui frappe le père jusqu'à ce qu'il crie merci. Cela permet à Jack de prendre de l'ascendant sur son père à la maison mais l'argent fait toujours défaut. Quand vient la foire suivante, Jack part donc vendre une autre vache. Il rencontre le même homme et troque la vache contre une abeille qui chante merveilleusement. Le besoin d'argent s'accroissant, Jack est envoyé à la foire avec une troisième vache. Il rencontre encore l'homme qui prend la vache en échange d'un violon qui joue tout seul des airs merveilleux.

Changement de scène. Le roi qui règne sur ce coin du monde a une fille qui ne rit jamais. Il promet de donner la princesse en mariage à l'homme qui réussira à la faire rire. Des princes, de riches marchands essaient en vain d'amuser la jeune fille. Jack, dans ses vêtements en lambeaux, l'emporte sur tous les prétendants mieux nés, parce que la princesse se met à sourire quand elle entend chanter l'abeille et jouer le violon. Et elle rit de plus belle quand le bâton magique rosse ses puissants prétendants. Jack va donc l'épouser.

Avant que n'ait lieu le mariage, les deux fiancés passent une nuit dans le même lit. Jack, immobile comme une statue, ne fait pas le moindre mouvement vers la princesse. Elle en est fort offensée, ainsi que son père ; mais le roi console sa fille et lui dit que Jack a sans doute eu peur d'elle et de la situation toute nouvelle où il se trouve. Un deuxième essai est donc tenté la nuit suivante et tout se passe comme la première fois. Et la troisième fois, comme Jack s'entête à ne pas faire le moindre geste vers la princesse, le roi le fait jeter dans une fosse pleine de lions et de tigres. Le bâton enchanté met les fauves aux pieds de Jack, et la princesse émerveillée déclare que Jack est bien l'homme qu'il lui faut. Ils se marient donc et « ont des enfants à pouvoir en remplir des paniers ».

L'histoire n'est pas tout à fait complète. Par exemple, alors que le nombre trois est sans cesse mis en valeur — trois rencontres avec l'homme, trois vaches échangées contre un objet magique, trois nuits avec la princesse sans que Jack se « tourne vers elle » — on ne nous dit pas pourquoi il est question de sept vaches au début du conte, ni ce que sont devenues les quatre vaches qui restaient. On peut noter ensuite que dans d'autres contes de fées où le héros reste sans réaction devant la femme qu'il aime pendant trois nuits ou trois jours consécutifs, ce comportement est habituellement expliqué d'une façon ou d'une autre * ; à cet égard, le comportement de Jack reste inexpliqué et nous devons compter sur notre imagination pour le comprendre.

La formule magique « Debout et frappe » évoque des associations phalliques, de même que le fait que Jack, grâce à sa nouvelle acquisition, peut tenir tête à son père qui, jusqu'alors, le dominait. C'est ce bâton qui lui permet de vaincre tous les prétendants (la compétition a un caractère sexuel, puisque le vainqueur pourra épouser la princesse). Et c'est encore grâce au bâton que Jack peut parvenir à la possession sexuelle de la princesse après avoir dompté les fauves. Tandis que l'abeille et le violon font sourire la princesse, c'est le bâton qui la fait rire, en rossant les prétendants pleins de prétentions qui, ridiculisés, perdent aussitôt leur superbe virile **.

---

* Dans *Le Corbeau*, par exemple, un conte des frères Grimm, une princesse changée en corbeau ne peut être délivrée de son enchantement que si le héros l'attend le lendemain sans s'abandonner au sommeil. Le corbeau lui dit que pour ne pas s'endormir il ne doit rien boire et ne rien manger de ce qu'une vieille femme lui offrira. Il le promet, mais, pendant trois jours consécutifs, il se laisse tenter par la vieille, consomme ce qu'elle lui apporte et s'endort au moment où la princesse-corbeau vient à lui. Dans ce conte, c'est la jalousie d'une vieille femme et l'avidité d'un jeune homme égoïste qui expliquent qu'il s'endorme au lieu de rester éveillé pour accueillir sa bien-aimée.

** Il existe de nombreux contes de fées où une princesse qui est incapable de se dérider est donnée à l'homme qui réussit à la faire rire, c'est-à-dire à la libérer sur le plan affectif. Le héros y réussit le plus souvent en ridiculisant des personnages

Mais si cette histoire se résumait à ces connotations sexuelles, elle ne serait plus un conte de fées, ou en serait un qui aurait perdu l'essentiel de sa signification. Pour atteindre sa signification profonde, nous devons considérer les autres objets magiques et les nuits au cours desquelles Jack est resté immobile auprès de la princesse, comme s'il était lui-même de bois.

L'histoire sous-entend que la puissance phallique ne suffit pas. En elle-même, elle ne donne pas accès à des choses meilleures et supérieures et ne tient pas lieu de maturité sexuelle. L'abeille — symbole de travail et de douceur nous donnant le miel, évoqué ici par les chants délicieux — représente le travail, et le plaisir qu'on peut en tirer. Le travail constructif qu'elle symbolise contraste fortement avec l'indiscipline et la paresse originelles de Jack. Après sa puberté, le garçon doit se trouver des buts constructifs et œuvrer pour les atteindre afin de devenir un être utile à la société. C'est pourquoi Jack reçoit d'abord le bâton (symbole de la puberté) puis l'abeille et le violon. Le dernier cadeau, le violon, symbolise l'accomplissement artistique et, avec lui, l'accession au plus haut niveau humain. Pour gagner la princesse, le pouvoir du bâton, et ce qu'il symbolise, ne suffit pas. Ce pouvoir (la performance sexuelle) doit être contrôlé comme le suggèrent les trois nuits que Jack passe au lit sans faire un geste. En se comportant ainsi, il prouve sa maîtrise de soi ; il cesse d'exhiber sa virilité phallique ; il ne désire pas posséder sa princesse en

---

qui commandent le respect. Par exemple, dans le conte des frères Grimm *L'Oie d'or*, le plus jeune des trois frères, Le Bêta, reçoit une oie aux plumes d'or d'un vieux gnome envers lequel il s'était montré charitable. Par cupidité, certaines personnes essaient d'arracher une plume et, aussitôt, restent attachées à l'oie ou les unes aux autres. Finalement, le curé et le sacristain s'agglutinent au groupe, eux aussi, et doivent suivre en courant le Bêta et son oie. Ils paraissent si ridicules qu'en voyant cette procession la princesse éclate de rire.

s'imposant à elle. En domptant les animaux sauvages, Jack montre qu'il est capable d'utiliser sa force pour dominer ses tendances inférieures — la férocité des lions et des tigres, son indiscipline et son irresponsabilité qui ont forcé son père à s'endetter — et, en même temps, il montre qu'il est devenu digne de la princesse et du royaume. La princesse se rend compte de tout cela. Jack commence par la faire rire ; mais à la fin du conte, quand il a fait la preuve non seulement de sa puissance (sexuelle), mais aussi de sa maîtrise de soi (sexuelle) la jeune fille reconnaît qu'il est bien l'homme avec lequel elle peut vivre heureuse et avoir beaucoup d'enfants *.

Jack fait des affaires commence avec l'affirmation de soi phallique de l'adolescence (« Debout et frappe ! ») et se termine par la maturité personnelle et sociale, quand le héros a atteint la maîtrise de soi et une juste estimation des choses qui comptent dans la vie. Le conte beaucoup mieux connu de *Jack et la tige de haricot* commence et finit à une époque beaucoup plus précoce du développement sexuel du garçon. Alors que la perte du plaisir infantile est à peine indiquée dans le premier conte (le besoin de vendre la vache), elle est le sujet principal du second. On nous dit que la bonne vache « Blanche comme lait », qui, jusque-là, a nourri la mère et l'enfant, cesse brusquement d'avoir du lait. Ainsi commence l'expulsion du paradis infan-

---

* *Le Corbeau* peut servir de terme de comparaison pour appuyer l'idée que le contrôle de soi qui pourrait permettre par trois fois au héros de vaincre ses tendances instinctives serait la preuve de sa maturité sexuelle, alors que l'absence de contrôle qu'il manifeste montre une immaturité qui l'empêche de posséder la femme qu'il aime. Contrairement à Jack, le héros du *Corbeau*, au lieu de contrôler son envie de manger et de boire, ce qui lui permettrait de se tenir éveillé, succombe trois fois à la tentation en croyant la vieille femme qui lui dit : « Une fois n'est pas coutume » — autrement dit, « ça ne compte pas » — et prouve ainsi son immaturité morale. Ainsi, il perd la princesse. Il finira par l'obtenir après avoir fait ses preuves au cours de nombreuses pérégrinations.

tile ; elle se poursuit quand la mère se moque de Jack qui croit au pouvoir magique des graines qu'on lui a données. La tige phallique qui naît des graines permet à Jack d'entrer en conflit œdipien avec l'ogre (le père), conflit auquel il survit et où il finit même par triompher, grâce à sa mère qui, influencée par son œdipe, prend son parti contre l'ogre (son propre mari). Jack cesse de croire au pouvoir de l'affirmation de soi phallique quand il coupe la perche et l'abat ; et ce faisant, il s'ouvre la route du développement de la virilité mûre. Ainsi, les deux versions de l'histoire de Jack couvrent ensemble la totalité du développement de la virilité.

La première enfance cesse quand l'enfant se rend compte que son espoir de recevoir éternellement amour et nourriture n'est qu'un fantasme irréaliste. L'enfance commence avec un espoir tout ainsi irréaliste qui fait croire à l'enfant que son corps en général, et particulièrement l'un de ses aspects — ses attributs sexuels qu'il vient de découvrir —, pourra subvenir à tous ses besoins. Tandis que, pendant la première enfance, le sein maternel était le symbole de tout ce que l'enfant attendait de la vie, et semblait recevoir d'elle, c'est son corps, maintenant, y compris ses parties génitales, qui rempliront le même rôle, ou du moins, c'est ce que l'enfant désire croire. C'est aussi vrai pour les garçons que pour les filles ; et c'est pourquoi *Jack et la tige de haricot* est également apprécié des enfants des deux sexes. La fin de l'enfance, comme je l'ai dit plus haut, est atteinte quand sont abandonnés ces rêves enfantins de gloire et quand l'affirmation de soi, même contre les parents, passe à l'ordre du jour.

N'importe quel enfant peut saisir la signification inconsciente du drame qui se produit quand la bonne vache « Blanche comme lait », qui fournissait tout le nécessaire, cesse brusquement de donner du lait. Ce drame réveille des souvenirs confus de l'époque tragique où le lait maternel, coupé par le sevrage, cessa de couler abondamment pour l'enfant. C'est l'époque où la mère exige de l'enfant qu'il commence à apprendre à se satisfaire de ce que peut lui offrir le monde extérieur. C'est ce que symbolise la mère quand elle envoie Jack chercher dans le monde extérieur quelque chose qui leur permettra de survivre (l'argent qu'il est censé tirer de la vente de la vache). Mais Jack, qui croit aux nourritures magiques, ne s'est pas préparé à affronter le monde de façon réaliste.

Si la mère (la vache, selon la métaphore du conte), qui a assuré jusqu'alors le nécessaire, cesse maintenant de le faire, l'enfant se tournera naturellement vers son père (représenté dans l'histoire par l'homme qu'il rencontre en chemin) en espérant qu'il lui fournira tout ce dont il a besoin. Privé du ravitaillement magique qui, pour lui, était un droit absolu, Jack est tout à fait prêt à échanger la vache contre n'importe quelle promesse d'une solution magique qui lui permettrait de sortir de l'impasse où s'est engagée sa vie.

La mère demande donc à Jack d'aller vendre la vache ; mais Jack, de lui-même, a envie de se débarrasser de cette vache qui n'est plus bonne à rien et qui le déçoit tant. Comme la mère, sous la forme de « Blanche comme lait », le frustre et exige que les choses soient changées, Jack va donc troquer l'animal non pas contre ce que désire la mère, mais contre ce qu'il désire lui-même.

Dans les contes de fées, le fait d'aller à la découverte du monde signifie la fin de la première enfance. L'enfant doit alors entreprendre le voyage long et difficile qui fera de lui un adulte. Les premiers pas consistent à ne plus compter sur les solutions orales pour résoudre les problèmes de la vie. La dépendance orale doit être remplacée par ce que peut faire l'enfant de lui-même, de sa propre initiative. Dans *Jack fait des affaires,* le héros reçoit en cadeau les trois objets magiques et ne peut gagner son indépendance que grâce à eux. Sa seule contribution, qui montre sa maîtrise de soi, est plutôt passive : il ne fait rien tant qu'il est au lit avec la princesse. Quand il est jeté dans la fosse aux fauves, il n'est pas sauvé par son courage ni par son intelligence, mais par le pouvoir magique de son bâton.

Les choses sont très différentes dans *Jack et la tige de haricot*. L'histoire raconte que la croyance en la magie peut nous aider à découvrir tout seuls le monde, mais qu'en dernière analyse nous devons prendre les initiatives et accepter de courir les risques qui sont inévitables si on veut maîtriser sa vie. Quand Jack, après avoir reçu les graines magiques, grimpe à la tige de sa propre initiative, il se sert adroitement de sa force et risque sa vie trois fois avant de s'emparer des objets magiques. A la fin de l'histoire, il abat la tige et, de cette façon, s'assure la possession de ces objets qu'il s'est procurés par ses propres ruses.

L'enfant ne peut accepter de renoncer à sa dépendance orale qui s'il peut trouver la sécurité dans la croyance réaliste (extrêmement exagérée) que son corps et ses organes prendront la relève. Mais l'enfant voit dans la sexualité non pas quelque chose qui serait fondé sur la relation homme-femme, mais comme quelque chose qu'il peut accomplir tout seul. Déçu par sa mère, le petit garçon n'est pas prêt à accepter l'idée que pour affirmer sa virilité il a besoin d'une femme. Sans cette conviction (irréaliste) l'enfant serait incapable d'explorer le monde. L'histoire raconte que Jack chercha du travail et n'en trouva point ; il n'est pas encore capable de se comporter de façon réaliste ; c'est ce que comprend l'homme qui lui donne les graines magiques, et c'est ce que sa mère ne comprend pas. Seule la confiance en ce que son propre corps — ou plus précisément sa sexualité naissante — peut accomplir pour lui peut permettre à l'enfant de cesser de compter sur les satisfactions orales ; c'est également pour cette raison qu'il est prêt à troquer la vache contre les graines.

Si sa mère acceptait son désir de croire que ses graines et ce qu'elles finiront par produire sont maintenant aussi appréciables que l'était le lait de la vache dans le passé, Jack aurait moins besoin de recourir aux satisfactions de ses fantasmes, comme il le fait en croyant aux pouvoirs magiques et phalliques symbolisés par la tige gigantesque. Au lieu d'approuver le premier acte d'indépendance et la première initiative de Jack, sa mère tourne son troc en ridicule, se met en colère contre lui, le bat et, ce qui est pire, exerce à nouveau son pouvoir de frustration orale : pour le punir d'avoir montré de l'initiative, elle l'envoie au lit sans manger.

Une fois qu'il est dans son lit, Jack, déçu par la réalité, cherche satisfaction dans les fantasmes. On constatera une fois de plus la finesse psychologique des contes de fées qui savent donner à ce qu'ils racontent l'accent de la vérité : c'est dans la nuit que les graines donnent naissance à une tige gigantesque. Aucun enfant normal ne pourrait pendant le jour exagérer d'une façon si fantastique les espoirs qu'éveille en lui la découverte récente de sa masculinité. Mais pendant la nuit, dans ses rêves, elle lui apparaît sous la forme d'images extravagantes, comme la tige à laquelle Jack grimpe jusqu'aux portes du ciel. L'histoire raconte que quand Jack se réveille, sa chambre est à peine éclairée, la tige interceptant la lumière du jour. C'est une façon de sous-entendre que tout ce qui se passe — l'escalade de Jack, sa rencontre avec l'ogre quand il parvient au sommet de la tige — n'est que rêves, des rêves qui donnent au garçon de l'espoir pour toutes les grandes choses qu'il accomplira un jour.

La croissance fantastique des graines (humbles mais magiques) est interprétée par les enfants comme le symbole du pouvoir miraculeux du développement sexuel de Jack et des satisfactions qu'il pourra en tirer : la tige a remplacé « Blanche comme lait ». Sur cette tige l'enfant grimpera jusqu'au ciel pour atteindre une existence supérieure.

Mais l'histoire prévient l'auditeur : tout cela ne va

pas sans danger. En s'accrochant à la phase phallique, l'enfant ne dépasse guère la fixation à la phase orale. Il n'accomplira de véritables progrès humains que quand il se servira de son indépendance relative, acquise grâce à son nouveau développement social et culturel, pour résoudre ses vieux problèmes œdipiens. C'est pourquoi Jack fait de dangereuses rencontres avec l'ogre qui représente le père œdipien. Mais Jack, par ailleurs, a la vie sauve grâce à la femme de l'ogre. Pour montrer combien Jack est peu sûr de sa force masculine acquise de fraîche date, le conte le fait régresser vers l'oralité chaque fois qu'il se sent menacé : il se cache deux fois dans le four de l'ogre, et finalement dans un chaudron qui sert à faire la cuisine. Son immaturité est encore mieux suggérée lorsqu'il vole les objets magiques qui appartiennent à l'ogre et avec lesquels il s'enfuit en profitant du sommeil de son bourreau *. Et il demande à manger à la femme de l'ogre, parce qu'il a très faim.

D'une façon qui est bien dans la manière des contes de fées, l'histoire dépeint les phases de développement que doit traverser le petit garçon pour devenir un être humain indépendant et montre que ce progrès est possible, très bénéfique, et que l'on peut même en tirer du plaisir, malgré tous les dangers. Pour résoudre les problèmes de la vie, il ne suffit pas de renoncer aux satisfactions orales — ou plutôt d'en être privé de force en raison des circonstances — et de les remplacer par des plaisirs phalliques : il faut aussi ajouter, aux valeurs déjà acquises, d'autres valeurs plus élevées. Avant que cela soit possible, il faut traverser la situation œdipienne qui commence

* Combien différent est le comportement du héros de *Jack fait des affaires* qui fait confiance en sa force nouvellement acquise. Il ne se cache pas et ne s'empare pas des choses par la ruse ; au contraire, quand il se trouve dans une situation critique, que ce soit avec son père, ses rivaux ou les fauves, il utilise ouvertement, pour gagner sa cause, le pouvoir de son bâton.

avec la profonde déception provoquée par la mère et qui implique jalousie et compétition vis-à-vis du père. Le garçon n'a pas encore assez confiance en son père pour se mettre ouvertement en relation avec lui. Pour venir à bout des difficultés de cette période, l'enfant a besoin de l'aide compréhensive de sa mère : Jack ne peut acquérir les pouvoirs de l'ogre-père que parce que la femme de l'ogre le protège et le cache.

A son premier voyage, Jack vole un sac rempli d'or. Sa mère et lui ont ainsi les moyens de s'acheter le nécessaire, mais, à la longue, ils se trouvent à court d'argent. Aussi Jack recommence-t-il son excursion, bien qu'il sache maintenant qu'il y risque sa vie *.

Jack ramène de son second voyage la poule aux œufs d'or : il a appris que les choses viennent à man-

---

* Sur un certain plan, le fait de grimper à la perche ne symbolise pas seulement le pouvoir « magique » qui permet au phallus de se dresser, mais aussi les sentiments qu'éprouve le petit garçon à l'égard de la masturbation. L'enfant qui se masturbe craint, s'il est découvert, de subir de terribles châtiments, ce qui est symbolisé dans le conte par l'ogre qui est prêt à tuer Jack lorsqu'il découvre qu'il est monté jusqu'à lui. Mais l'enfant a également l'impression qu'en se masturbant il « vole » une partie des pouvoirs de son père. L'enfant qui, au niveau de l'inconscient, saisit cette signification de l'histoire est rassuré de savoir que les angoisses qu'il éprouve au sujet de la masturbation sont injustifiées. Son incursion « phallique » dans le monde des ogres-géants adultes, loin de le conduire à sa destruction, lui vaut des avantages durables.

Un autre exemple montre comment le conte de fées permet à l'enfant de comprendre et d'être aidé à un niveau inconscient lorsqu'il écoute l'histoire. Le conte de fées traduit en images ce qui se passe dans le préconscient et dans l'inconscient de l'enfant ; sa sexualité naissante paraît être un miracle qui a lieu dans l'obscurité de la nuit ou dans ses rêves. Le fait de grimper à la perche, et ce que cela symbolise, crée le sentiment angoissant qu'à la fin de cette expérience, il sera détruit pour son audace. L'enfant craint que son désir de devenir sexuellement actif revienne à voler le pouvoir et les prérogatives paternels, et il estime qu'il doit donc le faire en se cachant, pour que les adultes ne puissent pas voir ce qui se passe. L'histoire, en donnant corps à ces angoisses, affirme à l'enfant que tout ce terminera bien.

quer si on ne les produit pas ou si on ne les fait pas produire par d'autres. Avec sa poule, Jack devrait être satisfait ; il est sûr que sa famille ne mourra pas de faim. Ce n'est donc pas par nécessité qu'il entreprend son troisième voyage, mais par défi, par goût de l'aventure, et il a envie de trouver quelque chose de mieux que des biens matériels. Il s'empare de la harpe d'or qui symbolise la beauté, l'art, toutes les choses supérieures de la vie. Vient ensuite la dernière expérience de croissance, où Jack apprend qu'il ne devra plus compter sur la magie pour résoudre les problèmes de la vie...

Il redescend par la tige, poursuivi par l'ogre. Tout en continuant de descendre, il crie à sa mère d'aller chercher une hache et de couper la tige. La mère obéit, mais quand elle voit les jambes du géant, elle reste figée sur place, au lieu de couper la tige ; les objets phalliques la laissent désemparée. Sur un plan différent, le fait que la mère reste immobile signifie qu'elle peut protéger son fils contre les dangers de sa croissance vers l'âge d'homme — comme l'a fait la femme de l'ogre en cachant Jack —, mais qu'elle est incapable de lui donner sa maturité ; lui seul peut se la procurer. Jack saisit la hache, coupe la tige, et l'ogre fait une chute mortelle. En agissant ainsi, Jack se débarrasse du père expérimenté au niveau oral : un ogre jaloux qui veut le dévorer.

En coupant la tige, Jack ne se contente pas de se libérer de cet aspect du père ; il cesse également de croire au pouvoir magique du phallus comme moyen de se procurer toutes les bonnes choses de la vie. En frappant la tige de la hache, il abjure les solutions magiques ; il affirme son indépendance d'homme. Il ne prendra plus ce qui appartient aux autres, il n'éprouvera plus cette peur mortelle des ogres et il ne comptera plus sur la mère, ou sur une image maternelle, pour le cacher dans un four (retour à l'oralité).

Quand le conte se termine, Jack est prêt à abandonner ses fantasmes phalliques et œdipiens et, au contraire, à vivre dans la réalité, dans la mesure où peut le faire un garçon de son âge. Par la suite, on peut imaginer qu'il n'essaiera plus de profiter du sommeil du père pour le voler, qu'il ne souhaitera plus qu'une figure maternelle trahisse son mari à son propre bénéfice ; on le voit prêt à lutter ouvertement pour affirmer son ascendant social et sexuel. Et c'est là que l'autre conte, *Jack fait des affaires*, prend la relève, en montrant comment le héros parvient à cette maturité.

Ce conte de fées, comme tant d'autres, peut apprendre aux parents beaucoup de choses sur la croissance de leurs enfants. Il dit aux mères ce dont les petits garçons ont besoin pour pouvoir résoudre leurs problèmes œdipiens : la mère doit se ranger du côté du garçon qui essaie d'affirmer son audace masculine aussi subreptice que soit encore cette tendance et elle doit le protéger contre les dangers qui peuvent accompagner l'affirmation de sa masculinité, surtout si elle est dirigée contre le père.

Dans *Jack fait des affaires*, la mère n'agit pas comme elle devrait le faire quand, au lieu de l'aider à développer sa masculinité, elle refuse d'en reconnaître la valeur. Le père, de son côté, devrait encourager l'enfant à développer sa sexualité pubertaire et, tout particulièrement, à se choisir des objectifs dans le monde extérieur et à les réaliser. La mère de Jack, qui trouve stupides les « affaires » qu'il a conclues à la foire, se montre elle-même stupide quand elle refuse de voir que son fils est en train de passer de l'enfance à l'adolescence. Si elle avait eu gain de cause, Jack serait resté un enfant immature et sa mère et lui n'auraient pas pu échapper à leur misère. Jack, motivé par sa virilité naissante, sans se laisser décourager par la piètre opinion que sa mère a de lui, obtient une grande fortune grâce à ses actions courageuses. Cette histoire enseigne — comme le font beaucoup d'autres contes de fées, comme *Les Trois Langages* — que la principale erreur des parents est de ne pas réagir de façon sensible et appropriée aux différents problèmes que rencontre l'enfant qui s'achemine vers sa maturité personnelle, sociale et sexuelle.

Dans ce conte, le conflit œdipien est habilement matérialisé par deux personnages qui existent quelque part, très loin, dans un château situé dans le ciel : l'ogre et sa femme. L'enfant ressent souvent, quand le père est absent (comme l'est l'ogre du conte) qu'il peut passer de merveilleux moments avec sa mère — comme Jack avec la femme de l'ogre. Tout se gâte quand le père rentre à la maison ; il ne pense qu'à se mettre à table et ne prête guère attention à son enfant. Si on ne lui donne pas le sentiment que son père est heureux de le trouver à son retour, l'enfant aura peur de ce qu'il imaginait en son absence en se créant un monde dont il était exclu. Comme l'enfant désire prendre au père ce qu'il possède de plus précieux, il est tout naturel qu'il ait peur d'être détruit par vengeance.

En dehors des dangers de la régression à l'oralité, l'histoire de Jack comporte un autre message : il n'était pas tellement mauvais que « Blanche comme lait » cessât de donner du lait. Si cela ne s'était pas produit, Jack n'aurait pas eu les graines d'où jaillit la tige de haricot. L'oralité, quand l'enfant s'y accroche trop longtemps, l'empêche de se développer ; et elle peut même devenir destructive, comme celle de l'ogre à laquelle il est resté fixé. L'oralité peut être abandonnée en toute quiétude en faveur de la virilité si la mère approuve l'évolution de son fils et continue de le protéger. La femme de l'ogre cache Jack dans un lieu confiné où il se trouve en sécurité, de même que le ventre de sa mère le protégeait de tous les dangers. Cette brève régression à un stade antérieur de développement procure la sécurité et la force dont l'enfant a besoin pour s'avancer vers l'indépendance et l'affirmation de soi. Elle permet au petit garçon de jouir pleinement des avantages du développement phallique où il s'engage. Et si le sac d'or et, plus encore, la poule aux œufs d'or représentent des idées anales de possession, l'histoire affirme que l'enfant ne restera pas fixé à un stade anal de développement : il comprendra bientôt qu'il doit sublimer des perspectives aussi primitives et ne plus s'en contenter. Il se tournera alors vers rien de moins que la harpe d'or et ce qu'elle symbolise.

La reine jalouse de « Blanche-Neige » et le mythe d'Œdipe

Etant donné que des contes de fées ont trait, de façon imaginaire, aux stades les plus importants du développement de l'individu, il n'est pas surprenant que tant d'entre eux soient axés d'une manière ou d'une autre sur les difficultés œdipiennes. Mais, jusqu'ici, les contes que nous avons envisagés étaient centrés sur les problèmes de l'enfant et non sur ceux des parents. Dans la réalité, la relation parent-enfant est aussi pleine de problèmes que la relation inverse, et c'est pourquoi tant de contes de fées touchent également les problèmes œdipiens des parents. Tandis que l'enfant est encouragé par les contes à croire qu'il est tout à fait capable de sortir de ses difficultés œdipiennes, les parents sont mis en garde contre les conséquences désastreuses qu'ils subiraient s'ils se laissaient prendre à ses difficultés *.

Jack et la tige de haricot met en scène une mère qui

* Le conte de fées a parfaitement compris que l'enfant ne peut pas s'empêcher d'être exposé aux épreuves œdipiennes, et c'est pourquoi il n'est pas puni quand il agit sous leur influence. Mais les parents qui se laissent aller à reporter sur l'enfant leurs propres problèmes œdipiens en souffrent gravement.

apparemment n'est pas prête à laisser son fils accéder à son indépendance. *Blanche-Neige* nous raconte comment une mère, la reine, se détruit par jalousie à l'égard de sa fille qui devient de jour en jour plus belle qu'elle. Dans la tragédie grecque, Œdipe est finalement détruit par les complexes auxquels on a donné son nom ; sa mère, Jocaste, y laisse la vie ; mais le premier de tous, Laïos, le père d'Œdipe, craignant d'être supplanté par son fils, est à l'origine du drame qui les engloutira tous. Le mythe et le conte ont le même thème central : la jalousie du roi, pour le premier, de la reine, pour le second, envers leur enfant qui d'ailleurs, dans les deux cas, donne son nom à l'histoire. Il peut donc être utile de commencer par analyser brièvement ce mythe célèbre qui a inspiré tant d'écrits psychanalytiques ; il est devenu maintenant la métaphore par laquelle nous désignons une constellation affective particulière qui, à l'intérieur de la famille, peut empêcher l'enfant de devenir une personne mûre et bien intégrée, mais qui peut être également à l'origine du développement d'une personnalité extrêmement riche.

En général, moins un individu a été capable de résoudre de façon constructive ses problèmes œdipiens, plus il risque d'être à nouveau assailli par eux lorsque à son tour, il devient père (ou mère). Le père qui n'a pas réussi à intégrer, dans son processus de maturation, son désir infantile de posséder sa mère et la crainte irrationnelle de son père, a toutes les chances d'être obsédé jusqu'à l'angoisse par la rivalité de son fils et, poussé par sa peur, peut même agir de façon destructive, comme le fit, nous dit-on, le roi Laïos. Par ailleurs, l'inconscient de l'enfant ne manque pas de réagir à ces sentiments s'ils font partie de la relation parents-enfant. Le conte de fées permet à l'enfant de comprendre qu'il est jaloux de ses parents, et aussi que ses parents peuvent avoir des sentiments parallèles ; cette notion peut non seulement contribuer à jeter un pont sur le fossé qui sépare parents et enfant, mais aussi permettre de dépasser de façon constructive des difficultés qui, autrement, ne pourraient être vaincues. Et, chose beaucoup plus importante, le conte de fées rassure l'enfant en lui montrant qu'il ne doit pas avoir peur de la jalousie parentale, parce qu'il réussira à survivre, malgré les complications que ces sentiments peuvent créer momentanément.

Les contes de fées ne disent pas *pourquoi* l'un des deux parents peut être incapable de voir avec plaisir son enfant grandir et le surpasser et peut devenir jaloux de lui. Nous ignorons pourquoi la reine de *Blanche-Neige* ne sait pas vieillir avec élégance et ne peut pas revivre sa propre jeunesse en voyant avec plaisir s'épanouir la beauté de sa fille ; mais il s'est certainement produit dans son passé quelque chose qui l'a rendue vulnérable au point de détester l'enfant qu'elle devrait aimer. Le cycle de mythes dont l'histoire d'Œdipe est la partie centrale montre très bien comment cette peur parentale de l'enfant peut être transmise de génération en génération [61].

Ce cycle mythique, qui se termine par *Les Sept contre Thèbes*, commence avec Tantale ; cet ami des dieux, pour mettre à l'épreuve leur omniscience, leur donne à manger les membres de son fils Pélops (La reine de *Blanche-Neige* ordonne que sa fille soit tuée et elle mange ce qu'elle croit être une partie du corps de *Blanche-Neige*). Le mythe raconte que c'est par orgueil que Tantale sacrifia son fils ; de même c'est par orgueil que la reine commet son acte criminel. La reine, qui voulait rester à jamais la plus belle, est condamnée, en punition, à danser jusqu'à ce qu'elle meure avec des souliers de fer rougis à blanc. Tantale, qui essayait de berner les dieux en leur servant le corps de son fils, est précipité aux Enfers et sera éternellement tenté de satisfaire sa faim et sa soif avec de l'eau et des fruits qui s'éloignent chaque fois qu'il veut les saisir. Ainsi, dans le mythe comme dans le conte de fées, le châtiment s'adapte au crime.

Dans les deux histoires, également, la mort ne signifie pas forcément la fin de la vie : Pélops est ranimé par les dieux et Blanche-Neige, grâce au prince, retrouve la vie. La mort symbolise que la personne est devenue indésirable, de même que l'enfant œdipien ne désire pas voir vraiment mourir son rival parental mais veut simplement qu'il ne l'empêche pas de jouir de toute l'attention de l'autre parent. L'enfant, à un moment donné, désire voir l'un de ses parents au diable ; le moment suivant, il le veut bien vivant et tout à sa dévotion. De même, dans le conte de fées, l'un des personnages, à un moment donné, meurt ou est transformé en pierre, pour ensuite revenir à la vie.

L'attitude de Tantale, qui était prêt à sacrifier le bien-être de son fils pour satisfaire son orgueil, était aussi destructive pour lui-même que pour Pélops. Ce dernier, après avoir été traité de la sorte par son père, n'hésita pas plus tard à tuer une image de son père pour arriver à ses fins : le roi d'Elide, Œnomaos, voulait égoïstement garder pour lui seul sa fille Hippodamie, qui était d'une grande beauté ; il inventa un stratagème qui, sans dévoiler ses véritables intentions, interdirait à sa fille de le quitter. Chaque prétendant à la main d'Hippodamie devait affronter le roi dans une course de chars ; si le prétendant gagnait, il pourrait épouser la princesse ; s'il perdait, le roi pouvait le tuer, ce qu'il ne manquait jamais de faire. Pélops remplaça en secret les goupilles de cuivre du char du roi par des goupilles de cire et, grâce à cette ruse, gagne la course où le roi périt.

Jusqu'ici, le mythe indique que les conséquences sont tout aussi tragiques, que le père abuse de son fils pour réaliser ses propres desseins ou que, poussé par son attachement à sa fille, il tente de l'empêcher d'avoir une vie bien à elle et d'éliminer physiquement ses prétendants. Puis le mythe nous parle des terribles conséquences de la rivalité entre frères. Pélops a d'Hippodamie deux fils légitimes, Atrée et Thyeste.

Par jalousie, Thyeste, le cadet, vole le bélier à toison d'or qui appartient à Atrée. Pour se venger, Atrée tue trois des fils de Thyeste et les lui sert dans un grand banquet.

Ce n'est pas le seul exemple de jalousie fraternelle dans la maison de Pélops. Il a aussi un fils illégitime, Chrysippe. Laïos, le père d'Œdipe, dans sa jeunesse avait trouvé asile et protection à la cour de Pélops. Malgré toutes les bontés que Pélops avait pour lui, Laïos trahit son bienfaiteur en détournant ou en ravissant Chrysippe. On peut supposer que Laïos agit ainsi par jalousie pour Chrysippe, que Pélops lui préférait. Pour le punir de s'être laissé dominer par sa jalousie, l'oracle de Delphes apprit à Laïos qu'il serait un jour tué par son fils. De même que Tantale avait supprimé ou tenté de supprimer son fils, Pélops, et de même que ce dernier avait combiné la mort de son beau-père, Œnomaos, Œdipe viendra tuer son père, Laïos. Dans le cours normal des événements, le fils remplace le père ; nous pouvons donc considérer que toutes ces histoires nous parlent du désir du fils d'agir ainsi, alors que le père essaie de l'en empêcher. Mais ce cycle mythique nous apprend que les actes œdipiens des pères précèdent ceux de leurs enfants.

Pour empêcher son fils de le tuer, Laïos, le jour de la naissance d'Œdipe, fait percer les chevilles de l'enfant pour lui attacher les pieds. Puis il ordonne à un berger d'aller abandonner Œdipe dans un désert où il sera condamné à mourir. Mais le berger, comme le chasseur de *Blanche-Neige,* a pitié de l'enfant. Il confie Œdipe à un autre berger et revient en disant qu'il a abandonné l'enfant. Le deuxième berger offre Œdipe à son roi qui l'élève comme son propre fils.

Devenu jeune homme, Œdipe, au cours d'un voyage, consulte l'oracle de Delphes qui lui annonce qu'il tuera son père et épousera sa mère. Persuadé que le roi et la reine qui l'on élevé sont ses parents naturels, Œdipe, pour échapper à son destin, ne revient pas chez eux et commence une vie errante. A un carrefour, il assassine Laïos, sans savoir qu'il est son père. Poursuivant son vagabondage, Œdipe arrive à Thèbes qu'il délivre de la tyrannie du Sphinx en devinant son énigme. En récompense, Œdipe épouse la reine, qui n'est autre que sa mère devenue veuve, Jocaste. Ainsi, le fils remplace le père comme roi et comme époux ; le fils tombe amoureux de sa mère, et la mère a des relations sexuelles avec son fils. Quand, enfin, la vérité éclate, Jocaste se suicide et Œdipe se crève les yeux pour se punir de n'avoir pas vu ce qu'il faisait.

Mais la tragique histoire n'en reste pas là. Les deux fils jumeaux d'Œdipe, Etéocle et Polynice, abandonnent leur père à son triste sort ; seule sa fille, Antigone, a pitié de lui et le guide dans sa fuite aveugle. Le temps passe, et, au cours de la guerre des Sept Chefs contre Thèbes, Etéocle et Polynice s'entre-tuent dans une mêlée. Antigone, désobéissant aux ordres de son oncle Créon, frère de Jocaste et nouveau roi de Thèbes, ensevelit son frère bien-aimé Polynice ; pour la punir, Créon la tue. Comme l'indique le destin des deux frères, la rivalité fraternelle a des effets dévastateurs ; mais le sort d'Antigone nous montre qu'un attachement fraternel excessif est tout aussi fatal.

Résumons les différentes relations meurtrières de ces mythes : au lieu d'accepter son fils avec amour, Tantale le sacrifie à ses propres fins ; Laïos agit de même envers Œdipe ; et ces deux pères finissent par être tués. Œnomaos meurt parce qu'il essaie de garder sa fille pour lui seul, comme le fait Jocaste qui s'attache trop étroitement à son fils : l'amour sexuel pour l'enfant de l'autre sexe est aussi destructif que les actes inspirés par la crainte que l'enfant du même sexe remplace et surpasse le père ou la mère. Œdipe se détruit en supprimant son père, comme se détruisent ses fils en l'abandonnant à sa détresse. C'est par jalousie, par rivalité, que les deux fils d'Œdipe se détruisent l'un l'autre. Antigone qui n'abandonne pas son père Œdipe, mais au contraire partage sa misère, meurt de son trop grand attachement à son frère Polynice.

Mais la mort d'Antigone ne conclut pas l'histoire. Le roi Créon l'a fait mourir malgré les supplications de son fils, Hémon, qui aime la jeune fille. En tuant Antigone, Créon tue aussi son fils ; une fois de plus, nous avons ici un père qui ne peut pas renoncer à diriger la vie de son fils. Hémon, désespéré par la mort d'Antigone, essaie de tuer son père et, n'y parvenant pas, se suicide ; sa mère, la femme de Créon, inconsolable de la mort de son fils, se donne aussi la mort. La seule survivante de la famille d'Œdipe est Ismène, la sœur d'Antigone, qui ne s'est pas attachée trop profondément ni à ses parents ni à ses frères et sœur et qu'aucun membre de la famille immédiate n'a poursuivie de ses assiduités. A en croire le mythe, il semble qu'il n'y ait pas d'issue : quiconque, par l'effet du hasard ou par ses propres désirs, s'engage trop profondément dans une situation « œdipienne », doit être détruit.

On trouve dans ce cycle de mythes presque tous les types d'attachements incestueux, et tous ces types sont également évoqués dans les contes de fées. Mais dans ces derniers, le héros de l'histoire montre fort bien que ces relations infantiles virtuellement destructives peuvent être, et sont intégrées au cours des processus de développement. Dans le mythe, les difficultés œdipiennes sont traduites par des actes, et, en conséquence, tout se termine par une destruction totale, que les relations soient positives ou négatives. Le message est tout à fait clair : si l'un des parents ne peut pas accepter son enfant en tant que tel et s'il n'accepte pas l'idée qu'un jour il sera remplacé par lui, il ne peut en résulter que quelque chose d'affreusement tragique. Seule l'acceptation de l'enfant tel qu'il est, c'est-à-dire ni en tant que rival ni en tant qu'objet d'amour sexuel, peut permettre de bonnes relations entre les parents et leurs enfants, et entre frères et sœurs.

Le conte de fées et ce mythe classique présentent les attachements œdipiens et leurs conséquences de façons vraiment différentes ! Malgré la jalousie de sa marâtre, Blanche-Neige non seulement survit à ses malheurs, mais trouve un grand bonheur ; de même que Raiponce, que ses parents ont abandonnée pour pouvoir satisfaire leurs propres appétits, et que sa mère adoptive-sorcière a voulu garder pour elle seule trop longtemps. La Belle, dans *La Belle et la Bête* est aimée de son père et elle l'aime tout aussi profondément. Aucun d'eux n'est puni pour cet attachement mutuel : au contraire, la Belle sauve à la fois son père et la Bête en transférant à son amant son attachement à son père. Cendrillon, loin d'être détruite par la jalousie de ses sœurs, comme le furent les fils d'Œdipe, finit par triompher.

Il en est de même pour tous les contes de fées. *Leur* message est que les complications et les difficultés œdipiennes, tout en paraissant insolubles, peuvent être combattues si on les aborde avec courage ; et que ceux qui sont affectés par ces graves problèmes peuvent connaître une vie bien meilleure que ceux qui les ignorent. Côté mythe, on ne trouve qu'une difficulté insurmontable et la défaite finale ; côté conte de fées, le péril est le même, mais il finit par être surmonté. A la fin du conte, la rétribution du héros est non pas la mort, mais une intégration supérieure, telle qu'elle est symbolisée par ses victoires sur ses ennemis et ses rivaux, et par son bonheur final. Pour en arriver là, il doit se soumettre à des épreuves de croissance qui sont analogues à celles que doit nécessairement subir l'enfant qui évolue vers la maturité. Ces épreuves encouragent l'enfant à ne pas se laisser démonter par les difficultés qu'il rencontre en luttant pour devenir lui-même.

« Blanche-Neige »

Blanche-Neige est l'un des contes de fées les plus célèbres. Il a été raconté pendant des siècles, en différentes versions, dans tous les pays et dans toutes les langues d'Europe ; et, de là, il a gagné d'autres continents. Le plus souvent, le conte a simplement pour titre le nom de *Blanche-Neige,* mais il existe beaucoup de variantes *. *Blanche-Neige et les Sept Nains* est le titre sous lequel le conte est actuellement le plus connu, mais il s'agit d'une version expurgée qui a le tort d'exagérer le rôle des nains qui, incapables d'atteindre une virilité adulte, sont définitivement fixés à un niveau pré-œdipien (ils n'ont pas de parents, ne se marient pas et n'ont pas d'enfants) ; dans cette variante de l'histoire, ils servent de faire-valoir et camouflent les changements importants qui se produisent dans la personne de Blanche-Neige.

Certaines versions de *Blanche-Neige* commencent ainsi :

---

* Une version italienne, par exemple, s'intitule *La Ragazza di Latte e Sangue* (« La Fille de lait et de sang ») ; ce titre s'explique par le fait que, dans de nombreuses versions italiennes, les trois gouttes de sang versées par la reine ne tombent pas sur la neige, qui est bien sûr très rare sur la plus grande partie du territoire, mais sur du lait, du marbre blanc ou même du fromage blanc.

« Un jour qu'ils voyageaient en carrosse, un comte et une comtesse passèrent à côté de trois tas de neige ; les voyant, le comte s'exclama : « Comme je voudrais avoir une fille qui aurait la blancheur de la neige ! » Peu de temps après, ils arrivèrent à trois trous pleins de beau sang rouge, et il dit : « Comme je voudrais avoir une petite fille dont les joues seraient aussi rouges que ce sang ! » Continuant leur chemin, le carrosse fit s'envoler trois corbeaux et le comte dit qu'il désirait avoir une petite fille dont les cheveux seraient aussi noirs que les ailes du corbeau. Ils rencontrèrent ensuite une petite fille blanche comme neige, aux joues aussi rouges que le sang et dont les cheveux étaient noirs comme l'aile d'un corbeau. C'était Blanche-Neige. Le comte la fit aussitôt asseoir près de lui dans la voiture et se mit à l'aimer ; mais la comtesse ne l'aimait pas du tout et ne songeait qu'à se débarrasser d'elle. Finalement, elle laissa tomber son gant sur la route et ordonna à Blanche-Neige d'aller le ramasser ; sans attendre son retour, elle dit au cocher de lancer la voiture à toute vitesse. »

La seule différence d'une version analogue est que le couple traverse une forêt et que Blanche-Neige doit aller cueillir une brassée de roses magnifiques qui poussent au bord du chemin. Pendant qu'elle s'exécute, la reine ordonne au cocher de partir, et Blanche-Neige est abandonnée [62].

Dans ces versions de l'histoire, le comte et la comtesse, ou le roi et la reine, sont de véritables parents, à peine déguisés, et la petite fille, qu'admire tellement la figure paternelle, et qui a été trouvée par hasard, est leur enfant adoptif. Les désirs œdipiens d'un père et d'une fille et la jalousie que fait naître leur attitude chez la mère sont beaucoup plus nettement exposés ici que dans les versions les plus connues. La forme sous laquelle *Blanche-Neige* est actuellement la plus répandue laisse les complications œdipiennes à notre imagination, sans les imposer à notre esprit conscient * [63].

---

* Certains éléments de l'une des plus anciennes versions

Qu'elles soient clairement exprimées ou simplement suggérées, les difficultés œdipiennes de chaque individu ne peuvent être résolues qu'en fonction de l'évolution de sa personnalité et de ses relations humaines. En camouflant les situations œdipiennes et en ne faisant connaître que par allusions leurs complications, les contes de fées nous permettent de tirer nos propres conclusions, au moment le plus opportun, et d'atteindre ainsi à une meilleure compréhension de ces problèmes. Les contes livrent leur enseignement par petites touches. Dans les versions qui viennent d'être mentionnées, Blanche-Neige n'est pas la fille du comte et de la comtesse, ce qui n'empêche pas le comte de l'aimer et de la désirer profondément et ce qui n'empêche pas non plus la comtesse d'être jalouse d'elle. Dans la version la plus connue de Blanche-Neige, la femme jalouse n'est pas sa mère, mais sa belle-mère, et l'homme dont elles se disputent l'amour n'est même pas cité. Ainsi, les problèmes œdipiens, qui sont à l'origine du conflit de l'histoire, sont abandonnés à notre imagination.

---

inspirées par le thème de Blanche-Neige se trouvent dans un conte de Basile, *La Jeune Esclave ;* ils montrent clairement que c'est par jalousie que la (belle-) mère persécute la jeune fille. La cause de cette jalousie n'est pas seulement la beauté de l'héroïne, qui s'appelle Lisa, mais plutôt l'amour réel ou imaginaire qu'éprouve le mari de la (belle-) mère pour l'enfant. Lisa tombe inanimée quand un peigne vient se planter dans ses cheveux ; comme Blanche-Neige, elle est placée dans un cercueil de verre où elle continue de grandir et qui augmente de taille en même temps qu'elle. Elle reste sept ans enfermée dans le cercueil, après quoi son oncle s'en va. Cet oncle, qui est en réalité son père adoptif, est le seul père qu'elle ait jamais eu, sa mère ayant été magiquement engrossée par une feuille de rose qu'elle avait avalée. L'épouse de l'oncle, folle de jalousie, parce qu'elle est persuadée que Lisa lui vole l'amour de son mari, secoue le cercueil et fait tomber le corps de Lisa ; le peigne s'échappe des cheveux et la jeune fille se réveille. La (belle-) mère jalouse fait d'elle son esclave ; d'où le titre de l'histoire. A la fin, l'oncle découvre que la jeune esclave n'est autre que Lisa. Il la rétablit dans ses droits et chasse sa femme qui, par jalousie, a failli tuer Lisa [64].

Physiologiquement parlant, les parents conçoivent l'enfant, mais c'est le fait de la naissance qui oblige le couple à vraiment devenir des parents. C'est donc l'enfant qui crée les problèmes parentaux, auxquels s'ajoutent ceux qu'il apporte de lui-même. Les contes de fées commencent généralement lorsque l'enfant, d'une façon ou d'une autre, se trouve dans l'impasse. Dans *Jeannot et Margot*, la présence des enfants pose aux parents des problèmes matériels qui rendent problématique la vie même des jeunes héros. Dans *Blanche-Neige*, la situation problématique ne naît pas de difficultés externes, comme la pauvreté, mais de la relation parents-enfant.

Dès que la position de l'enfant à l'intérieur de la famille devient un problème pour lui et pour ses parents, il commence à lutter pour échapper à la situation triangulaire. C'est le plus souvent une quête désespérément solitaire de lui-même, un combat où les autres jouent un rôle secondaire qui facilite ou gêne sa démarche. Dans de nombreux contes de fées, le héros doit chercher, voyager et souffrir pendant des années d'existence solitaire avant de pouvoir rencontrer et sauver une autre personne, et d'établir avec elle des relations qui donnent un sens durable à leurs deux vies. Dans *Blanche-Neige*, les années que passe l'héroïne avec les nains sont pour elle une période de graves ennuis, de problèmes qu'elle travaille à résoudre : c'est la période de croissance.

Peu de contes de fées réussissent à aider l'auditeur à distinguer entre les phases principales du développement de l'enfance aussi bien que le fait *Blanche-Neige*. Dans ce conte, comme dans la plupart des autres, les années pré-œdipiennes, où l'enfant était totalement dépendant, sont à peine mentionnées. L'histoire se rapporte essentiellement aux conflits œdipiens entre la mère et la fille, à l'enfance, et, finalement, à l'adolescence, et insistent sur ce qui constitue une « bonne enfance » et sur ce qu'il faut faire pour en sortir.

Le *Blanche-Neige* des frères Grimm commence ainsi :

« Il était une fois, en plein hiver, quand les flocons descendaient du ciel comme des plumes et du duvet, une reine qui était assise et cousait devant une fenêtre qui avait un encadrement de bois d'ébène, noir et profond. Et tandis qu'elle cousait négligemment tout en regardant la belle neige au-dehors, la reine se piqua le doigt avec une aiguille et trois petites gouttes de sang tombèrent sur la neige. C'était si beau, ce rouge sur la neige, qu'en le voyant la reine songea : « Oh ! si je pouvais avoir un enfant aussi blanc que la neige, aussi vermeil que le sang et aussi noir de cheveux que l'ébène de cette fenêtre ! » Bientôt après, elle eut une petite fille qui était blanche comme la neige, vermeille comme le sang et noire de cheveux comme le bois d'ébène, et Blanche-Neige fut son nom à cause de cela. Mais la reine mourut en la mettant au monde. Au bout d'un an, le roi prit une autre femme qui était très belle... »

Au début de l'histoire, donc, la mère de Blanche-Neige se pique le doigt, et trois gouttes de sang tombent sur la neige. Les problèmes que l'histoire se charge de résoudre sont bien posés : l'innocence sexuelle, la blancheur, fait contraste avec le désir sexuel, symbolisé par le sang rouge. Le conte prépare la petite fille à accepter ce qui, autrement, serait un événement bouleversant : le saignement sexuel, la menstruation et, plus tard, la rupture de l'hymen. En écoutant les premières phrases de *Blanche-Neige*, l'enfant apprend qu'une petite quantité de sang (trois gouttes, le chiffre trois étant celui qui, dans l'inconscient, est le plus étroitement relié au sexe)[65] est la condition première de la conception : ce n'est qu'après ce saignement que naît l'enfant. Ici donc, le saignement (sexuel) est étroitement relié à un « heureux » événement ; le jeune auditeur apprend, sans explications superflues, que, sans le saignement, aucun enfant, pas même lui, ne pourrait naître.

Apparemment, il n'arrive rien de mal à Blanche-Neige pendant ses premières années de vie, bien que sa mère soit morte en couches et ait été remplacée par une belle-mère. Cette dernière ne devient la marâtre « typique » des contes de fées que lorsque Blanche-Neige atteint l'âge de sept ans et commence à mûrir. Elle commence alors à se sentir menacée par Blanche-Neige et devient jalouse. Son narcissisme est mis en évidence quand elle essaie de se rassurer sur sa beauté en interrogeant le miroir magique, bien avant que la beauté de Blanche-Neige éclipse la sienne.

L'attitude de la reine devant son miroir rappelle le vieux thème de Narcisse, qui finit par se laisser engloutir par l'amour qu'il avait de lui-même. Ce sont les parents les plus narcissiques qui se sentent les plus menacés par la croissance de leur enfant. Celui-ci leur montre, en prenant de l'âge, qu'ils vieillissent. Tant que l'enfant est totalement dépendant, il continue, pour ainsi dire, *de faire partie* du père et surtout de la mère. Mais quand, mûrissant, il tend vers son indépendance, il est ressenti comme une menace, et c'est ce qui arrive à la reine de *Blanche-Neige.*

Le narcissisme fait partie intrinsèque du développement de l'enfant ; peu à peu, il doit apprendre à sublimer cette forme dangereuse d'autosatisfaction. L'histoire de Blanche-Neige le met en garde contre les conséquences désastreuses du narcissisme, aussi bien chez les parents que chez l'enfant. Le narcissisme de Blanche-Neige risque de lui être fatal quand, par deux fois, elle cède aux tentations de la reine qui se présente à elle sous un déguisement sous prétexte de la rendre plus belle encore ; et finalement, la reine meurt de son propre narcissisme.

Nous ne savons donc rien de la vie de Blanche-Neige dans la maison de ses parents avant le moment où elle en est chassée. On ne nous dit rien des relations qu'elle entretenait avec son père, encore qu'il soit raisonnable de supposer qu'il était à l'origine de la compétition qui dressait la (belle-) mère contre sa fille.

Le conte de fées voit le monde et ce qui s'y passe non pas d'une façon objective mais selon la perspective du héros, qui est toujours un être en pleine croissance. Comme l'auditeur s'identifie à Blanche-Neige, il observe tous les événements avec ses yeux et non avec ceux de la reine. Pour la petite fille, l'amour qu'elle éprouve pour son père est la chose la plus naturelle du monde, de même que l'amour qu'il éprouve pour elle. Elle est incapable d'imaginer qu'il puisse s'agir là d'un problème, sauf s'il ne l'aime pas assez, c'est-à-dire s'il ne la préfère pas à tous les autres. Tout en voulant que son père la préfère à sa mère, elle ne peut pas accepter que, pour cette raison, sa mère soit jalouse d'elle. Mais à un niveau préconscient, la petite fille sait combien elle est elle-même jalouse de l'attention que chacun de ses parents prête à l'autre, quand elle estime que toute cette attention devrait lui revenir. Comme elle veut être aimée de ses deux parents — fait qui est bien connu, mais qui est souvent négligé quand on étudie la situation œdipienne, en raison de la nature du problème — elle se sent beaucoup trop menacée pour oser imaginer que l'amour qu'elle éprouve pour l'un de ses parents puisse rendre l'autre jaloux. Quand cette jalousie — celle de la reine, par exemple — ne peut être surmontée, il faut bien que l'enfant trouve une autre raison pour l'expliquer, en l'occurrence, la beauté de Blanche-Neige.

Normalement, les relations entre parents ne sont pas compromises par l'amour que l'un des deux porte à son enfant. A moins que les rapports conjugaux ne soient très mauvais, la jalousie, si elle existe, demeure minime et se trouve bien contrôlée par celui des deux parents qui ne l'éprouve pas.

Il n'en va pas de même pour l'enfant. Et tout d'abord, les bonnes relations qu'entretiennent ses parents ne calment en rien ses accès de jalousie. Ensuite, tous les enfants sont jaloux, sinon de leurs parents, du moins des privilèges dont ils jouissent en tant qu'adultes. Quand les attentions tendres et affectueuses de celui des parents qui est du même sexe ne suffisent pas à établir des liens positifs chez l'enfant œdipien naturellement jaloux, et, en même temps, à mettre en route le processus d'identification qui viendra à bout de cette jalousie, on peut être assuré que cette dernière dominera la vie affective de l'enfant. Comme une (belle-) mère narcissique est un personnage avec lequel on n'a guère envie d'établir des relations, et encore moins de s'identifier, Blanche-Neige, si elle était une enfant réelle, ne pourrait pas s'empêcher d'être intensément jalouse de sa mère, de tous ses avantages et de tous ses pouvoirs.

Comme l'enfant ne peut pas se permettre d'éprouver de la jalousie envers l'un de ses parents (ce serait très menaçant pour sa sécurité) il projette ses sentiments sur lui (ou sur elle). « Je suis jalouse des avantages et des prérogatives de ma mère » devient cette pensée lourde de désir : « Ma mère est jalouse de moi. » Le sentiment d'infériorité, par autodéfense, devient sentiment de supériorité.

L'enfant prépubertaire ou adolescent peut se dire : « Je n'entre pas en rivalité avec mes parents, je suis déjà bien meilleur qu'eux ; ce sont eux qui entrent en rivalité avec moi. » Malheureusement, il existe aussi des parents qui veulent convaincre leurs enfants adolescents qu'ils leur sont supérieurs ; il y a beaucoup de chances pour qu'ils le soient à certains égards, mais, pour la sécurité de leurs enfants, ils feraient mieux de garder pour eux cette réalité. Le pire est qu'il existe des parents qui veulent valoir mieux, sur tous les plans, que leurs enfants adolescents ; c'est, par exemple, le père qui tente de se maintenir à la hauteur de la force juvénile et des prouesses sexuelles de ses fils ; ou la mère qui veut par son allure, sa façon de s'habiller et son comportement, paraître aussi jeune que sa fille. L'ancienneté du thème de *Blanche-Neige* prouve qu'il s'agit d'un phénomène vieux comme le monde. Mais la rivalité parents-enfants rend la vie insupportable aux uns comme aux autres. Placé dans de telles conditions, l'enfant veut se libérer et se débarrasser de celui de ses parents qui veut l'obliger à rivaliser ou à se soumettre. Ce désir de se débarrasser du père ou de la mère éveille un fort sentiment de culpabilité bien que ce désir soit justifié si on observe objectivement la position de l'enfant. Ainsi, par un renversement qui élimine le sentiment de culpabilité, ce désir, lui aussi, est transféré sur les parents. C'est pourquoi nous trouvons dans les contes de fées des parents qui essaient de se débarrasser de leur enfant, comme la reine de *Blanche-Neige.*

Dans *Blanche-Neige* comme dans *Le Petit Chaperon Rouge,* apparaît un homme que l'on peut considérer comme une représentation inconsciente du père, dans le premier de ces contes, c'est le chasseur qui reçoit l'ordre de tuer la petite fille et qui décide de lui laisser la vie. Qui d'autre qu'un substitut du père pourrait faire semblant de se plier aux exigences de la marâtre pour ensuite oser agir contre sa volonté ? C'est ce que désire croire la fille œdipienne et adolescente au sujet de son père.

Pourquoi, dans les contes de fées, les personnages masculins qui font figure de sauveteurs apparaissent-ils si souvent dans le rôle de chasseur ? Il serait trop facile de dire qu'à l'époque où naissent les contes de fées, la chasse était une occupation typiquement masculine. A la même époque, les princes et les princesses étaient aussi rares que de nos jours et, pourtant, ils abondent dans les contes ; mais à l'origine de ces histoires, la chasse était un privilège aristocratique, ce qui nous donne une bonne raison de voir dans le chasseur un personnage haut placé, comme le père de ces princes et princesses.

En réalité, si les chasseurs apparaissent si souvent dans les contes de fées, c'est qu'ils se prêtent fort bien aux projections de l'enfant. Tout enfant, à un moment ou à un autre, voudrait être prince ou princesse... et il lui arrive même de temps en temps, dans son inconscient, de croire qu'il l'est et que les circonstances l'ont privé de son titre. Et s'il y a tant de rois et de reines dans les contes, c'est parce que, pour l'enfant, leur rang signifie le pouvoir absolu que les parents semblent détenir sur lui. Le roi et la reine, comme les chasseurs, sont ainsi des projections de l'imagination de l'enfant.

Le fait que l'on accepte facilement le chasseur comme une image valable d'un personnage paternel fort et tutélaire (par opposition avec les nombreux pères inefficaces, comme celui de *Jeannot et Margot*) doit être mis en relation avec les associations qui s'attachent à lui. Dans l'inconscient, le chasseur représente le symbole de la protection. Dans cette association apparaît la phobie des animaux que connaissent plus ou moins tous les enfants. Dans ses rêves nocturnes comme dans ses rêves éveillés, l'enfant est pouruivi et menacé par des animaux furieux, qui naissent de sa peur et de ses sentiments de culpabilité. Il a donc l'impression que seul le père-chasseur peut effrayer ces animaux menaçants et les tenir en respect. C'est la raison pour laquelle le chasseur des contes de fées n'est pas un personnage qui tue d'innocentes créatures, mais qui domine, contrôle et dompte des bêtes féroces. A un niveau plus profond, il représente la soumission des tendances animales, asociales et violentes de l'homme. Etant donné qu'il traque et met en échec ce que l'on considère comme étant les plus bas instincts de l'homme — symbolisés par le loup — le chasseur est un personnage éminemment protecteur qui est capable de nous épargner, et qui nous épargne, les dangers de nos émotions violentes et de celles des autres.

Dans *Blanche-Neige,* la lutte œdipienne de la petite fille pubertaire n'est pas refoulée, mais vécue autour de la mère considérée comme rivale. Toujours dans le même conte, le père-chasseur est incapable de prendre une position ferme et précise. Il n'accomplit pas son devoir vis-à-vis de la reine et ne se sent pas moralement obligé de mettre Blanche-Neige en lieu sûr. Il ne la tue pas de sang-froid, mais l'abandonne dans la forêt, non sans savoir qu'elle sera la proie des animaux sauvages. Il tente de satisfaire à la fois la mère, en feignant d'obéir à ses ordres, et la fille en lui laissant la vie sauve. La haine et la jalousie durables de la reine sont la conséquence de l'ambivalence du père ; dans *Blanche-Neige*, elles sont projetées sur la méchante reine qui continue de réapparaître dans la vie de l'enfant.

Le père faible n'est pas plus utile à Blanche-Neige qu'il ne l'était à Jeannot et à Margot. L'apparition fréquente de ces pères faibles dans les contes de fées indique que les maris dominés par leur femme ne sont pas un phénomène nouveau. Pour en revenir à notre sujet, ce sont ces pères-là qui créent des difficultés insurmontables chez l'enfant et qui ne savent pas les aider à les résoudre. Nous avons ici un autre exemple des messages importants que les contes de fées adressent aux parents.

Pourquoi, dans ces contes, la mère rejette-t-elle son enfant, et pourquoi le père est-il si souvent inefficace et faible ? La raison de cette double attitude est liée à ce que l'enfant attend de ses parents. Dans la famille nucléaire traditionnelle, le père a pour devoir de protéger l'enfant contre les dangers du monde extérieur et aussi contre ceux qui ont pour origine les tendances asociales de l'enfant. La mère doit veiller à l'éducation, et, d'une façon générale, à la satisfaction des besoins corporels immédiats pour assurer la survie de l'enfant. Donc, si la mère, dans les contes de fées, fait défaut à l'enfant, la vie de celui-ci est en danger ; c'est ce qui arrive à Jeannot et à Margot dont la mère insiste pour qu'ils soient abandonnés. Mais si c'est le père qui néglige ses obligations, la vie de l'enfant est moins directement menacée, encore que l'enfant privé de la protection du père doive compter sur lui-même pour s'en tirer tant bien que mal. C'est ce que doit faire Blanche-Neige quand le chasseur l'abandonne dans la forêt.

Seule l'attention affectueuse des deux parents, jointe à un comportement responsable, peut permettre à l'enfant d'intégrer ses conflits œdipiens. S'il est privé de l'une ou de l'autre, par le fait de l'un de ses parents, ou des deux, il sera incapable de s'identifier à eux. Si la petite fille ne parvient pas à établir une identification positive avec la mère, non seulement elle s'enfoncera dans ses conflits œdipiens, mais un processus de régression s'engagera ; cette régression est inévitable quand la petite fille ne parvient pas au stade de développement supérieur pour lequel elle est chronologiquement prête.

La reine, qui est fixée à un narcissisme primitif et à un stade d'introjection orale, est incapable de se relier aux autres et personne ne peut s'identifier à elle. Elle ordonne au chasseur, non seulement de tuer Blanche-Neige, mais de lui apporter comme preuve le foie et les poumons de l'enfant. Quand le chasseur revient avec le foie et les poumons d'un marcassin qu'il a tué... « le cuisinier les mit au sel et les fit cuire, après quoi la mauvaise femme les mangea, croyant se repaître du foie et des poumons de Blanche-Neige ». Selon la pensée et la coutume primitive, on acquiert les pouvoirs et les caractéristiques de ce que l'on mange. La reine, jalouse de la beauté de Blanche-Neige, voulait s'approprier le pouvoir de séduction de l'enfant, symbolisé par ses organes internes.

Ce n'est pas la première histoire d'une mère jalouse de la sexualité naissante de sa fille, de même qu'il n'est pas rare qu'une fille accuse mentalement sa mère de cette jalousie. Le miroir magique semble parler avec la voix de la fille plutôt qu'avec celle de la mère. Habituellement, la toute petite fille pense que sa mère est la plus belle femme du monde, et c'est exactement ce que commence par dire le miroir à la reine. Mais, en grandissant, la petite fille pense qu'elle est beaucoup plus belle que sa mère, et c'est également ce que dit plus tard le miroir. Une mère peut s'effrayer quand elle se regarde dans un miroir ; elle se compare à sa fille et se dit en elle-même : « Ma fille est plus belle que moi. » Mais dans le conte, le miroir répond : « Elle l'est mille fois plus que vous » ; cette déclaration traduit bien l'exagération d'une adolescente qui amplifie ses avantages pour faire taire la petite voix intérieure qui veut la faire douter de sa supériorité.

L'enfant pubertaire est ambivalent dans son désir de surpasser celui des parents qui est du même sexe que lui : d'une part, il voudrait bien qu'il en soit ainsi ; d'autre part, il le redoute, en se disant que le père (ou la mère) encore si puissant, pourrait en tirer vengeance. C'est l'enfant qui craint d'être détruit à cause de sa supériorité réelle ou imaginaire, ce ne sont pas ses parents qui ont envie de le détruire. Le père (ou la mère) peut éprouver des accès de jalousie si, à son tour, il n'est par parvenu à s'identifier à son enfant d'une façon très positive ; ce n'est que grâce à cette identification qu'il peut, par substitution, se réjouir des réalisations de son enfant. Il est indispensable qu'il s'identifie fortement à l'enfant du même sexe que lui pour que cette enfant puisse s'identifier à lui avec succès.

Chaque fois que les conflits œdipiens sont ranimés chez l'enfant pubertaire, ses sentiments violemment ambivalents lui font juger insupportable la vie familiale. Pour échapper à son tumulte intérieur, il rêve d'être l'enfant de parents différents et meilleurs avec lesquels il n'aurait aucune de ces difficultés psychologiques. Certains enfants vont même jusqu'à chercher ce foyer idéal non pas dans leurs fantasmes mais dans la réalité, en s'enfuyant avec l'espoir de le trouver. Les contes de fées apprennent implicitement à l'enfant que cette maison idéale n'existe que dans des pays imaginaires et qu'une fois qu'on l'a trouvée elle se révèle le plus souvent décevante. Cela est vrai pour Jeannot et Margot, et également pour Blanche-Neige.

L'expérience que vit cette dernière dans une autre maison que celle de ses parents est beaucoup moins alarmante que celle qui est vécue par Jeannot et Margot ; mais aucune des deux n'est satisfaisante. Les nains sont incapables de protéger Blanche-Neige, et sa mère continue d'exercer impunément sur elle sa puissance : la fillette permet à la reine (qui se présente sous différents déguisements) d'entrer dans la maison, malgré les nains qui lui ont dit de se méfier des ruses de la reine et de ne laisser entrer personne.

Il n'est pas possible de se libérer de l'influence de ses parents et des sentiments qu'on éprouve pour eux en fuyant la maison familiale, bien que cette solution semble être la plus facile. On ne peut gagner son indépendance qu'en peinant pour sortir des conflits intérieurs que les enfants, habituellement, projettent sur leurs parents. Pour commencer, tous les enfants voudraient qu'il soit possible d'éviter le difficile travail de l'intégration qui, ainsi que le montre aussi l'histoire de Blanche-Neige, s'accompagne de graves dangers. Pendant un certain temps il semble qu'il soit possible d'échapper à cette tâche. Blanche-Neige mène provisoirement une existence paisible, et, sous la gouverne des nains, elle cesse d'être une enfant incapable d'affronter les difficultés du monde pour devenir une fillette qui apprend à bien travailler et à en tirer plaisir. Voici ce que les nains exigent d'elle si elle veut vivre avec eux : elle pourra rester et ne manquera de rien si « elle fait la cuisine, les lits, la lessive, la couture, le tricot, et si elle tient tout bien propre et bien en ordre ». Blanche-Neige devient une bonne petite ménagère, comme tant de fillettes qui, lorsque la mère est absente, prennent bien soin du père, de la maison et même de leurs frères et sœurs.

Avant même de faire la connaissance des nains, Blanche-Neige prouve qu'elle est capable de contrôler ses envies orales, aussi fortes soient-elles. Bien qu'elle ait très faim quand elle entre pour la première fois dans la maison des nains, elle ne prend que très peu de nourriture dans chacune des sept assiettes et ne boit qu'une goutte dans chaque verre, comme pour minimiser son larcin. (Quelle différence avec Jeannot et Margot, qui sont restés fixés à l'oralité et qui, sans respect pour le propriétaire, se jettent goulûment sur la maison de pain d'épice !)

Après avoir calmé sa faim, Blanche-Neige essaie les sept lits, mais les six premiers sont trop longs ou trop courts, et, finalement, elle s'endort dans le septième qui lui va parfaitement. Elle sait que chaque propriétaire voudra dormir dans son lit, malgré sa présence dans l'un d'eux. Apparemment, tout en essayant les lits, elle savait qu'elle prenait un risque, mais elle a eu raison de le prendre : quand les nains rentrent chez eux, ils sont bouleversés par sa beauté, et le septième nain ne réclame pas son lit et « dort avec ses compagnons, une heure avec chacun ».

L'innocence de Blanche-Neige est populairement admise ; il semblerait donc révoltant qu'elle ait pu prendre le risque de se retrouver au lit avec un homme... Mais elle montre, en se laissant tenter trois fois par la reine déguisée que, comme tous les humains — et surtout les adolescents —, elle peut céder facilement à la tentation. Sans que l'auditeur en soit conscient, cette faiblesse la rend encore plus humaine et séduisante. D'autre part, son comportement, quand elle s'abstient de manger et de boire tout son soûl et quand elle refuse de dormir dans un lit qui n'est pas exactement à sa taille, montre qu'elle a aussi appris à contrôler à un certain point les pulsions de son *ça* et à les soumettre aux exigences de son *surmoi*. On constate que son *moi*, lui aussi, a mûri, puisque maintenant elle travaille sans épargner sa peine et sait partager avec les autres.

Les nains — ces hommes en miniature — ont des attitudes différentes selon les contes où ils figurent [66]. Comme les fées, ils peuvent être bons ou mauvais ; dans *Blanche-Neige*, ils sont bons et ne demandent qu'à l'aider. La première chose que nous apprenons à leur sujet, c'est qu'ils revenaient chez eux après avoir passé la journée à piocher les montagnes. Comme tous les nains, même ceux qui sont antipathiques, ils sont durs et habiles à leur travail. Ils ne vivent que pour travailler ; ils ignorent ce que peuvent être les loisirs et les divertissements. Ils sont d'emblée impressionnés par la beauté de Blanche-Neige et bouleversés par le récit de son infortune, mais ils s'empressent de dire tout net qu'elle ne peut rester avec eux que si elle s'engage à travailler consciencieusement. Les sept nains évoquent les sept jours de la semaine, des jours consacrés au labeur. C'est à ce monde laborieux que Blanche-Neige doit s'intégrer pour assurer convenablement son évolution ; cet aspect de son séjour chez les nains est assez évident.

D'autres significations historiques des nains peuvent aider à mieux les comprendre. Les contes de fées et les légendes européens étaient souvent des vestiges des thèmes religieux d'avant le christianisme que celui-ci ne pouvait tenter d'abolir ouvertement. D'une certaine manière, la beauté parfaite de Blanche-Neige semble dériver d'une façon très lointaine du soleil ; son nom évoque la blancheur et la pureté d'une forte lumière. Selon les anciens, sept planètes tournaient autour du soleil, d'où les sept nains qui gravitent autour de Blanche-Neige. Les nains et les gnomes, dans le folklore teutonique, travaillent dans les profondeurs de la terre ; ils en extraient des métaux, et, dans l'ancien temps, on n'en connaissait communément que sept... une autre raison pour que les nains soient sept. Chacun de ces métaux, dans la philosophie d'autrefois, était rattaché à l'une des sept planètes (l'or pour le soleil, l'argent pour la lune, etc.).

Ces rapprochements ne signifient pas grand-chose pour l'enfant moderne. Mais les nains suscitent d'autres associations inconscientes. Dans les contes, il n'existe pas de nains de sexe féminin, alors que les fées ont leur contrepartie, les magiciens, et qu'il existe des sorciers et des sorcières. Les nains sont donc essentiellement des êtres de sexe masculin ; mais ils sont des hommes dont la croissance a avorté. Ces « hommes en miniature », avec leur corps trapu et leur travail de piocheur — ils se faufilent facilement dans les cavités sombres — évoquent des associations phalliques. Ils ne sont certainement pas des hommes dans le sens sexuel du mot ; leur façon de vivre, leur goût des biens matériels, leur méconnaissance de l'amour évoquent une existence pré-œdipienne *.

Il peut paraître étrange, à première vue, qu'un personnage symbolisant l'existence phallique puisse représenter également l'enfance prépubertaire, période durant laquelle la sexualité, sous toutes ses formes, est relativement latente. Mais les nains n'ont pas de conflits intérieurs et n'ont aucun désir de dépasser leur existence phallique en établissant des relations intimes. Ils se contentent de leurs activités routinières ; leur vie est une interminable ronde laborieuse dans les entrailles de la terre, de même que les planètes suivent éternellement une route immuable dans le ciel. C'est ce manque de goût pour le changement qui rapproche les nains de l'enfant prépubertaire ; et c'est pourquoi ils sont incapables de comprendre et de partager les pressions internes qui empêchent Blanche-Neige de résister aux tentations de la reine.

---

* En donnant à chaque nain un nom et une personnalité distincts (dans le conte de fées ils sont identiques) le film de Walt Disney et la littérature qu'il a inspirée gênent sérieusement la compréhension de ce que les nains symbolisent : une forme immature et pré-individuelle d'existence que Blanche-Neige doit transcender. Ces additions inconsidérées, tout en semblant augmenter l'intérêt humain des contes, sont en réalité capables de le détruire en empêchant d'appréhender correctement le sens profond de l'histoire. Les poètes comprennent la signification des personnages des contes de fées beaucoup mieux que les cinéastes, ainsi que ceux qui se laissent guider par les poètes en répétant leurs histoires .La version poétique de Blanche-Neige écrite par Anne Sexton évoque la nature phallique des nains qu'elle qualifie de « petits hot dogs [67] ».

Ce sont les conflits qui nous rendent insatisfaits de la vie que nous menons à un moment donné et qui nous poussent à chercher d'autres solutions ; si nous étions libres de tout conflit, jamais nous ne prendrions le risque de nous orienter vers une forme différente de vie, même si nous la jugions supérieure.

La période paisible de pré-adolescence que Blanche-Neige vit chez les nains avant que la reine ne revienne la tourmenter lui donne la force de passer à l'adolescence. Elle entre ainsi dans une nouvelle phase de troubles ; elle n'est plus une enfant qui doit subir passivement tout ce que sa mère lui inflige, mais une personne qui doit participer en toute responsabilité à ce qui lui arrive.

Les relations de Blanche-Neige avec la reine symbolisent certaines des graves difficultés qui peuvent surgir entre la mère et la fille. Mais elles sont aussi, sur des personnages distincts, des projections de tendances incompatibles qui sont propres à un seul et même individu. Ces contradictions internes ont souvent pour origine, chez l'enfant, ses relations avec ses parents. Ainsi, quand le conte de fées projette sur un personnage parental l'un des pôles d'un conflit interne, il ne fait que reproduire une vérité historique : cette partie du conflit retourne d'où elle vient. C'est ce qui est évoqué par ce qui arrive à Blanche-Neige quand est interrompue sa vie tranquille et sans événements marquants chez les nains.

Après avoir failli être détruite par son conflit pubertaire précoce et par la rivalité qui l'opposait à sa marâtre, Blanche-Neige tente de se réfugier dans une période de latence dénuée de conflits où, sa sexualité restant en sommeil, elle peut éviter les tourments de l'adolescence. Mais le développement humain, pas plus que le temps, ne peut rester statique, et il ne sert à rien d'essayer de revenir à une vie de latence pour échapper aux troubles de l'adolescence. Au tout début de son adolescence, Blanche-Neige commence à connaître les désirs sexuels qui étaient refoulés et endormis pendant la latence. Au même moment, la marâtre, qui représente les éléments consciemment refusés dans le conflit interne de Blanche-Neige, rentre en scène et brise la paix intérieure de la jeune fille.

La facilité avec laquelle Blanche-Neige, à différentes reprises, se laisse tenter par sa marâtre, malgré les avertissements des nains, montre combien ces tentations sont proches de ses désirs secrets. Les nains lui disent en vain de ne laisser entrer personne dans la maison, ou, symboliquement, dans son être intérieur. (Les nains ont beau jeu de prêcher contre les dangers de l'adolescence, eux qui, fixés au stade phallique de leur développement, sont à l'abri de ces dangers.) Les hauts et les bas des conflits adolescents sont symbolisés par le fait que Blanche-Neige est tentée par deux fois, mise en grand danger, et sauvée par un retour à son existence de latence. A la troisième tentation, elle renonce à recourir à l'immaturité pour fuir les difficultés de l'adolescence.

On ne nous dit pas pendant combien de temps Blanche-Neige vécut avec les nains avant que la reine ne réapparaisse dans sa vie ; mais c'est parce qu'elle est séduite par « un beau lacet tressé de soies multicolores » qu'elle laisse entrer dans la maison la reine déguisée en vieille colporteuse. Nous savons donc que Blanche-Neige a eu le temps de devenir une adolescente bien développée et que, suivant la mode d'autrefois, elle ne pouvait qu'être intéressée par un lacet de corset. La marâtre serre si fort le lacet que la jeune fille tombe comme morte *.

Si la reine avait vraiment voulu tuer Blanche-Neige, elle aurait facilement pu le faire tout de suite. Mais si elle avait simplement pour but d'empêcher sa fille de

---

* Dans d'autres versions, selon les coutumes de l'époque ou du lieu, Blanche-Neige ne se laisse pas tenter par des lacets de corset, mais par une blouse ou un manteau que la reine serre sur elle à l'en étouffer.

la surpasser, il lui suffisait de la neutraliser momentanément. La reine représente donc une mère (ou un père) qui réussit à maintenir temporairement sa domination en interrompant le développement de son enfant. Sur un autre plan, cet épisode signifie que Blanche-Neige n'accepte pas sans conflit son désir d'être bien corsetée pour se rendre sexuellement plus désirable. Sa perte de conscience exprime symboliquement qu'elle est submergée par le conflit qui oppose ses désirs sexuels à l'angoisse qu'ils font naître en elle. Comme c'est par pure vanité qu'elle accepte de se faire lacer, on voit très bien qu'elle a quelque chose en commun avec sa marâtre vaniteuse. Tout se passe comme si les désirs et les conflits adolescents de Blanche-Neige la menaient à sa perte. Mais le conte de fées ne s'y laisse pas prendre et, une fois de plus, il enseigne à l'enfant une leçon lourde de sens : si elle n'expérimente pas et si elle ne maîtrise pas les dangers qui accompagnent sa croissance, jamais Blanche-Neige ne pourra s'unir au prince.

Quand ils rentrent de leur travail, les gentils nains trouvent Blanche-Neige étendue inerte sur le sol ; ils la délacent et elle reprend son souffle. Elle revient momentanément au stade de latence. Les nains la mettent de nouveau en garde, encore plus sérieusement, contre les ruses de la reine, c'est-à-dire contre les tentations du sexe. Mais les désirs de Blanche-Neige sont les plus forts. La reine, déguisée en vieille femme, revient pour lui dire : « Laisse-moi faire... Je vais te peigner un peu comme il faut ! » (avec un peigne qu'elle a empoisonné). Blanche-Neige se laisse de nouveau séduire et fait entrer la reine pour qu'elle la peigne. Ses intentions conscientes sont étouffées par son envie d'avoir une belle coiffure et par son désir inconscient d'augmenter son attrait sexuel. Une fois de plus, ce désir a un effet de « poison » sur Blanche-Neige qui en est au début de son adolescence encore immature, et une fois de plus elle s'évanouit. Et, une fois de plus, les nains se portent à son secours.

La troisième fois que Blanche-Neige succombe à la tentation, elle mange la pomme fatidique que lui présente la reine habillée en paysanne. Les nains ne peuvent plus rien faire pour elle ; la régression de l'adolescence au stade de latence a cessé d'être une solution pour Blanche-Neige.

Dans de nombreux mythes, comme dans les contes de fées, la pomme symbolise l'amour et le sexe. La pomme offerte à Aphrodite, la déesse de l'Amour, de préférence aux déesses chastes, conduit à la guerre de Troie. C'est en cédant à la tentation de la pomme biblique que l'homme abjure son innocence pour accéder à la connaissance et à la sexualité. Eve est d'abord tentée par la virilité, représentée par le serpent, mais celui-ci ne pourrait rien faire sans la pomme qui, dans l'iconographie religieuse, représente le sein maternel. Nous avons tous été tentés, sur le sein maternel, d'établir une relation et d'en tirer satisfaction. Dans *Blanche-Neige,* la mère et la fille partagent la pomme. Cette pomme du conte symbolise quelque chose que la mère et la fille ont en commun et qui dépasse en profondeur la jalousie qu'elles éprouvent l'une pour l'autre : les désirs d'une sexualité mûre.

Pour endormir la méfiance de Blanche-Neige, la reine coupe la pomme en deux ; elle mange la partie blanche, laissant la partie rouge, empoisonnée, à sa fille. On nous a à plusieurs reprises parlé de la double nature de l'héroïne : elle était aussi blanche que la neige et aussi rouge que le sang, c'est-à-dire que son être se présentait sous un double aspect : asexué et érotique. En mangeant la partie rouge (érotique) de la pomme, elle met fin à son « innocence ». Les nains, qui étaient les compagnons de son existence fixée au stade de latence, sont incapables de lui rendre la vie. Elle a fait son choix, aussi nécessaire que fatal. Le rouge de la pomme évoque des associations sexuelles, comme les trois gouttes de sang qui conduisent à la naissance de Blanche-Neige, et comme la menstruation, cet événement qui marque le début de la maturité sexuelle.

Tandis qu'elle mange la partie rouge de la pomme, l'enfant qui est en Blanche-Neige meurt et est placé dans un cercueil de verre. Elle y reste longtemps, gardée tour à tour par les sept nains, et visitée successivement par trois oiseaux, une chouette, un corbeau et une colombe. La chouette est le symbole de la sagesse ; le corbeau — comme celui du dieu teutonique Wotan — représente probablement la conscience mûre ; et la colombe est traditionnellement le symbole de l'amour. Ces oiseaux suggèrent que le sommeil, semblable à la mort, de Blanche-Neige dans son cercueil de verre est une période de gestation, la dernière épreuve qui la prépare à la pleine maturité *.

L'histoire de Blanche-Neige nous apprend qu'il ne suffit pas d'atteindre la maturité physique pour être prêt, intellectuellement et affectivement, à entrer dans l'âge adulte, en tant qu'il est représenté par le mariage. L'adolescent doit encore grandir, et il faut encore beaucoup de temps avant que soit formée une personnalité plus mûre et que soient intégrés les vieux conflits. C'est à ce moment-là seulement qu'on est prêt à accueillir le partenaire de l'autre sexe et à établir avec lui les relations intimes qui permettent à la maturité adulte de s'accomplir. Le partenaire de

---

* Cette période d'inertie permet de mieux expliquer le nom de Blanche-Neige qui ne met en valeur que l'une des trois couleurs qui composent sa beauté. Le blanc symbolise souvent la pureté, l'innocence, l'ordre spirituel. Mais en ajoutant au blanc la notion de neige, on symbolise également l'inertie : quand la neige couvre la terre, toute vie semble s'arrêter, comme semble arrêtée la vie de Blanche-Neige quand elle est étendue dans son cercueil. Donc, en mangeant la pomme, elle commettait un acte prématuré ; elle était allée au-delà d'elle-même. Le conte nous donne cet avertissement : « Si on expérimente trop tôt la sexualité, on n'obtient rien de bon. » Mais après une longue période d'inertie, la jeune fille peut guérir totalement de ses expériences sexuelles prématures et donc destructives.

Blanche-Neige est le prince qui reçoit le cercueil des mains des nains et qui l'emporte. En chemin, une secousse fait tousser Blanche-Neige qui crache la pomme empoisonnée et revient à la vie, prête pour le mariage. Son drame a commencé par des désirs d'introjection orale : l'envie qu'a eue la reine de manger les organes internes de Blanche-Neige. Le fait que Blanche-Neige rejette la pomme — l'objet néfaste qu'elle avait absorbé — indique qu'elle s'est libérée définitivement de son oralité primitive, qui représente toutes ses fixations immatures.

Comme Blanche-Neige, tous les enfants, au cours de leur développement, doivent répéter l'histoire de l'homme, réelle ou imaginaire. Nous finissons tous par être expulsés du paradis originel de l'enfance, où tous nos désirs sont comblés sans aucun effort de notre part. Lorsque nous apprenons le bien et le mal (c'est-à-dire lorsque nous accédons à la connaissance), il semble que notre personnalité soit coupée en deux ; d'une part le chaos rouge de nos émotions déchaînées, le *ça ;* et la pureté blanche de notre conscient, le *surmoi.* Tandis que nous grandissons, nous risquons d'être dominés tantôt par le tumulte du premier, tantôt par la rigueur du second (le corset étroit et l'immobilité imposée par le cercueil). Nous ne pouvons atteindre l'âge adulte que quand ces contradictions intérieures sont résolues et quand, dans le *moi* éveillé à la maturité, le rouge et le blanc peuvent coexister harmonieusement.

Mais avant que cette vie « heureuse » puisse commencer, nous devons maîtriser les aspects mauvais et destructifs de notre personnalité. Dans *Jeannot et Margot*, la sorcière est punie de ses désirs cannibales en périssant dans le four. Dans *Blanche-Neige*, la reine vaniteuse, jalouse et destructrice, est contrainte de chausser des escarpins de fers rougis au feu et de danser avec eux jusqu'à la mort. Le conte nous dit de façon symbolique que si nous ne refrénons pas nos passions incontrôlées, elles finiront par nous détruire.

Seule la mort de la reine jalouse (l'élimination de toutes les tourmentes externes et internes) peut ouvrir la porte d'un monde heureux.

De nombreux héros de contes de fées, à un moment crucial de leur développement, tombent dans un profond sommeil ou sont ramenés à la vie. Chaque réveil (ou renaissance) symbolise l'accession à un niveau supérieur de maturité et de compréhension. C'est l'une des façons qu'adopte le conte de fées pour stimuler notre désir de donner à la vie une signification plus élevée : une conscience plus profonde, une meilleure connaissance de soi et une plus grande maturité. La longue période d'inactivité qui précède le réveil de Blanche-Neige fait comprendre à l'auditeur — sans l'exprimer consciemment — que cette renaissance exige pour les deux sexes un temps de repos et de concentration.

Changer, c'est avoir besoin d'abandonner quelque chose dont on a joui jusqu'alors — comme la vie que menait Blanche-Neige avant que la reine devienne jalouse ou sa vie facile avec les nains — au prix d'expériences de croissance difficiles et douloureuses qui ne peuvent être évitées. Ces histoires apportent également à l'auditeur la conviction qu'il ne doit pas avoir peur d'abandonner sa position infantile de dépendance vis-à-vis des autres, puisque, après les rudes épreuves de la période de transition, il débouchera sur un plan meilleur et supérieur qui lui permettra d'avoir une existence plus riche et plus heureuse. Ceux qui hésitent à risquer cette transformation, comme les deux frères des *Trois Plumes*, n'obtiennent jamais le royaume. Ceux qui se figent dans un stade pré-œdipien de développement, comme les nains, ne connaîtront jamais les joies de l'amour et du mariage. Et les parents qui, comme la reine, mettent en acte leurs jalousies parentales œdipiennes, risquent de détruire leur enfant et sont assurés de se détruire eux-mêmes.

« Boucles d'Or et les Trois Ours »

Il manque à l'histoire que nous allons étudier maintenant quelques-unes des caractéristiques les plus importantes du conte de fées : quand elle se termine, il n'y a ni guérison ni réconfort ; aucun conflit n'est résolu ; et il n'y a pas de conclusion heureuse. Mais c'est un conte très significatif en ce sens qu'il aborde de façon symbolique certains problèmes très importants de l'enfance : la lutte au sein des situations œdipiennes, la recherche de l'identité et la jalousie fraternelle.

La forme sous laquelle se présente cette histoire est d'origine récente, mais elle dérive d'un conte très ancien. Son bref historique moderne montre bien comment, avec le temps, une histoire de mise en garde peut acquérir les caractéristiques d'un conte de fées et devenir de plus en plus significative et populaire. Cet historique démontre que l'apparition d'un conte sous une forme écrite ne l'empêche absolument pas d'être remanié dans des éditions ultérieures. Mais ces changements, contrairement à ce qui se passe quand le conte est transmis oralement, ne reflètent pas seulement le caractère personnel du conteur.

A moins d'être un artiste original, l'auteur qui refond un conte de fées pour une nouvelle édition se laisse rarement guider avant tout par les sentiments inconscients qu'il éprouve pour l'histoire ; et il n'a pas en tête un enfant particulier qu'il aurait envie de distraire, d'amuser ou d'aider à propos d'un problème urgent. Il n'apporte ses changements qu'en fonction de ce qu'ont envie de lire les lecteurs « en général ». Prévu pour satisfaire les désirs et les scrupules moraux d'un lecteur inconnu, le conte est souvent relaté d'une façon banale.

Quand une histoire n'existe que dans la tradition orale, c'est en grande partie l'inconscient du conteur qui détermine le fond du conte et ce qui en reste dans sa mémoire. En agissant ainsi, il n'est pas seulement motivé par ses propres sentiments, conscients et inconscients, à propos de l'histoire, mais aussi par les rapports affectifs qu'il entretient avec l'enfant qui l'écoute. A force d'être répété oralement, pendant des années, par des personnes différentes s'adressant à des auditeurs différents, l'histoire aboutit à une version si convaincante pour l'inconscient et le conscient d'une infinité de personnes qu'on ne voit plus aucun changement utile à y apporter. L'histoire a alors atteint sa forme « classique ».

Il est généralement admis que *Boucles d'or* a pris sa source dans un vieux conte écossais où une renarde vient troubler la solitude de trois ours [68]. Ceux-ci dévorent l'intruse. Il s'agit donc d'un conte de mise en garde engageant l'auditeur à respecter la propriété et la vie privée d'autrui. Dans un petit livre manuscrit, qu'Eleanor Muir, en 1831, ne destinait qu'à sa famille à l'occasion de l'anniversaire d'un petit garçon (le livre ne fut retrouvé qu'en 1851), la même histoire est reprise, avec cette différence que la renarde est remplacée par une vieille femme acariâtre ; et c'est ce changement qui transforme en conte de fées le vieux conte de mise en garde *. En 1894, on découvrit une autre version, sans doute très ancienne,

---

* Bruno Bettelheim pense qu'Eleanor Muir a joué sur le double sens du mot anglais « *vixen* », qui signifie à la fois « renarde » et « mégère », sans que l'on puisse savoir s'il s'agit d'un acte volontaire ou d'un lapsus « freudien ». *(N. d. T.)*

transmise par la voie orale ; dans cette histoire, l'intruse se verse du lait, s'assoit dans les fauteuils et se repose dans les lits des ours qui vivent dans un château perdu dans les bois. Dans ces deux versions, l'intruse est sévèrement punie par les ours qui essaient de la jeter dans le feu, de la noyer et de la précipiter du haut d'un clocher.

Nous ne savons pas si Robert Southey, qui publia pour la première fois l'histoire en 1837 dans son livre *The Doctor,* connaissait ces contes plus anciens. Mais il apporta un changement important en faisant fuir l'intruse par la fenêtre et en ne disant pas un mot de ce qu'elle devint par la suite. Son histoire se termine ainsi : « Eh hop ! la petite femme sauta dehors ; s'est-elle rompu le cou en tombant ? s'est-elle perdue dans la forêt ? a-t-elle été arrêtée par un gendarme, comme une vagabonde qu'elle était ? je ne peux pas le dire. Mais ce qui est certain, c'est que les trois ours ne la virent plus jamais. » Cette première version imprimée de l'histoire déclencha des réactions favorables.

Le deuxième changement fut apporté par Joseph Cundall, ainsi qu'il l'explique dans une note-préface écrite en 1849 pour le « Trésor des livres divertissants pour les jeunes enfants », qui a été publié en 1856 : l'intruse devient une petite fille qu'il appelle « Cheveux d'argent » (*Cheveux d'argent* et *Boucles d'argent* deviennent, en 1889, *Cheveux d'Or* et, finalement, en 1904, *Boucles d'Or*). Le conte n'atteint une grande popularité qu'après deux autres changements, encore plus importants. Dans les *Contes de ma mère l'Oye,* paru en 1878, « Gros Ours », « Ours Moyen » et « Tout Petit Ours » deviennent « Père Ours », « Mère Ours » et « Bébé Ours » ; et l'héroïne disparaît simplement par la fenêtre ; on ne laisse absolument pas prévoir qu'elle ait pu avoir une fin tragique.

En désignant les trois ours par des noms qui font d'eux toute une famille, l'histoire, inconsciemment, se rapproche de très près d'une situation œdipienne. Contrairement à la tragédie classique, le conte de fées ne peut pas projeter les conséquences destructives des conflits œdipiens. L'histoire ne peut devenir populaire que si les résultats sont laissés à l'imagination de l'auditeur. Cette incertitude est acceptable parce que l'intruse vient troubler l'intégration du groupe familial fondamental et menace donc la sécurité affective de la famille. Elle cesse d'être l'étrangère qui viole la vie privée et qui prend ce qui ne lui appartient pas ; elle est l'intruse qui met en danger le bien-être et la sécurité affective de la famille. C'est cette assise psychologique qui explique la soudaine popularité de l'histoire.

Si on compare *Boucles d'Or* à *Blanche-Neige*, on se rend compte des imperfections plus ou moins importantes des contes de fées relativement récents, par rapport à ceux qui ont une origine très lointaine et qui ont été répétés des milliers de fois. Dans les deux contes, une petite fille, perdue dans la forêt, trouve une petite maison engageante, momentanément abandonnée par ses habitants. Dans *Boucles d'Or*, on ne nous dit ni comment ni pourquoi la petite fille s'est égarée dans la forêt, ni pourquoi elle a besoin de chercher un refuge ; on ne nous dit pas davantage où se trouve sa maison *. Ainsi, dès le début, *Boucles d'Or* soulève une question qui reste sans réponse, alors que le plus grand mérite des contes de fées est de fournir des réponses, aussi fantastiques qu'elles puissent paraître, même aux questions dont nous ne som-

* Dans certaines versions modernes, plus ou moins fantaisistes, de *Boucles d'Or*, on nous raconte que l'héroïne s'est perdue dans la forêt parce que sa mère l'avait envoyée faire des courses. Cette adaptation rappelle *Le Petit Chaperon Rouge*, qui, elle aussi, avait été envoyée dans la forêt par sa mère pour faire une commission ; mais elle ne s'était pas perdue ; elle s'était laissé tenter par les fleurs, et s'était écartée du sentier, de sorte qu'elle était en grande partie responsable de ce qui devait lui arriver. Par ailleurs, si Blanche-Neige, Jeannot et Margot s'étaient perdus, ce n'était pas de leur faute, mais de celle de leurs parents. L'enfant, même jeune, sait qu'on ne se perd pas sans raison dans les bois ; c'est pourquoi tous les vrais contes de fées expliquent pourquoi l'enfant s'est perdu. Comme je l'ai déjà dit, le fait de se perdre dans une forêt est le symbole de la nécessité de se trouver soi-même. Cette interprétation est sérieusement compromise si tout se passe par hasard.

mes pas conscients parce qu'elles ne perturbent que notre inconscient.

Malgré les modifications historiques qui firent successivement de l'intruse une renarde, une mégère et une petite fille sympathique, le personnage principal reste bel et bien une intruse, incapable de s'intégrer au groupe qu'elle visite. L'une des raisons pour lesquelles ce conte est devenu si populaire au tournant du siècle dernier est peut-être que des personnes, de plus en plus nombreuses, avaient l'impression d'être des intruses. Nous sommes touchés aussi bien par les ours dont l'intimité a été violée que par la pauvre, la belle, la charmante Boucles d'Or, qui vient de nulle part et qui ne sait où aller. Il n'y a pas de méchants dans l'histoire, même pas Bébé Ours qui est frustré de sa nourriture et qui constate que sa chaise est cassée. Contrairement aux nains, les ours ne sont pas bouleversés par la beauté de Boucles d'Or et ne sont pas émus par son histoire. Boucles d'Or n'est pas Blanche-Neige : elle n'a pas d'histoire à raconter ; son intrusion est aussi énigmatique que sa disparition.

Blanche-Neige commence avec l'histoire d'une femme qui désire vivement avoir une petite fille. Mais la mère idéalisée de la première enfance disparaît et est remplacée par une marâtre jalouse qui chasse Blanche-Neige de sa maison et va même jusqu'à mettre sa vie en danger. Pour survivre, Blanche-Neige doit affronter les dangers de la forêt sauvage où elle apprend à se débrouiller toute seule. La jalousie œdipienne qui s'instaure entre mère et fille est esquissée assez clairement pour que le jeune auditeur comprenne intuitivement les conflits affectifs et les pressions intérieures que l'intrigue sous-entend.

Dans *Boucles d'Or*, le contraste se situe entre la famille bien intégrée, représentée par les ours, et l'intruse à la recherche d'elle-même. Les ours, heureux et naïfs, n'ont pas de problèmes d'identité : chacun sait exactement où en sont ses relations avec les autres membres de la famille, comme le montrent leurs noms : « Père », « Mère » et « Bébé » Ours. Chacun a sa personnalité, mais ils fonctionnent comme un trio bien soudé. Boucles d'Or essaie de découvrir qui elle est, quel est le rôle qui lui convient le mieux. Blanche-Neige est une enfant plus âgée qui est en proie à une phase particulière de ses conflits œdipiens non résolus : ses relations ambivalentes avec sa mère. Boucles d'Or est une pré-adolescente qui essaie de faire face à tous les aspects de la situation œdipienne.

Cela est symbolisé par le rôle significatif que joue le chiffre trois dans l'histoire. Les ours forment une famille heureuse où tout se passe dans une telle harmonie qu'ils ignorent tout des problèmes sexuels et œdipiens. Chacun est heureux à sa place. Chacun a son écuelle, sa chaise, son lit. Boucles d'Or, de son côté, se trouve désemparée quand elle se demande quel est celui des trois ensembles qui lui conviendra le mieux. Mais, dans son comportement, le chiffre trois apparaît bien avant qu'elle ne se trouve en présence des trois lits, des trois chaises et des trois écuelles : elle s'y reprend à trois reprises avant d'entrer dans la maison des ours. Dans la version de Southey, la vieille femme « commence par regarder par la fenêtre, puis elle jette un coup d'œil par le trou de la serrure, et, ne voyant personne, elle soulève le loquet ». D'autres versions, plus récentes, font agir Boucles d'Or de la même façon ; dans d'autres, elle frappe trois fois à la porte avant d'entrer.

Le fait d'espionner par la fenêtre et par le trou de la serrure avant de soulever le loquet suggère que l'héroïne est anxieuse de savoir ce qui se passe derrière la porte close. Quel est l'enfant qui n'est pas curieux de ce que font les adultes derrière leurs portes fermées, et qui ne voudrait pas le découvrir ? Quel est l'enfant qui ne s'est jamais réjoui d'une absence momentanée de ses parents qui lui donnait une chance de fureter dans leurs secrets ? Comme Boucles d'Or a remplacé la vieille mégère dans le rôle du personnage principal de l'histoire, il est beaucoup plus facile de rapprocher son comportement de celui de l'enfant qui espionne les adultes pour découvrir leurs secrets.

Trois est un chiffre mystique, et même souvent sacré, et il l'était bien avant la Sainte-Trinité de l'Eglise catholique. D'après la Bible, c'est le trio formé par le serpent, Eve et Adam qui a permis la connaissance charnelle. Dans l'inconscient, le chiffre trois représente le sexe, pour la simple raison que chacun des sexes a trois caractéristiques sexuelles visibles : le pénis et les testicules pour l'homme, la vulve et les deux seins pour la femme.

Le chiffre trois représente également le sexe pour l'inconscient d'une façon toute différente : il symbolise la situation œdipienne qui implique l'interrelation profonde de trois personnes, relations qui, comme le montrent l'histoire de Blanche-Neige et bien d'autres, sont fort empreintes de sexualité.

Dans la vie de tous les individus, c'est la relation avec la mère qui est la plus importante ; c'est elle, plus que quiconque, qui conditionne le développement précoce de notre personnalité, déterminant dans une large mesure ce que nous serons nous-mêmes et ce que sera notre vie (notre optimisme on notre pessimisme, par exemple) *. Mais dans la mesure où l'enfant est concerné, aucun choix ne lui est laissé : sa mère et l'attitude qu'elle affecte à son égard lui sont totalement « données ». Le père et les frères et sœurs le sont évidemment aussi. De même que les conditions économiques et sociales de la famille ; mais elles n'influencent le jeune enfant que par l'impact qu'elles ont sur ses parents et leur comportement à son égard.

L'enfant commence à sentir qu'il est une personne, un partenaire significatif dans une relation humaine,

---

* Erikson a écrit que ces expériences détermineront pour toute notre vie notre attitude de confiance ou de méfiance vis-à-vis de chaque événement qui se présente — attitude fondamentale qui influence forcément le cours de ces événements et l'impact qu'ils auront sur nous [69].

au début de ses relations avec son père. On ne devient une personne qu'en se définissant par rapport à une autre personne. Comme la mère est la première et, pendant un certain temps, la seule personne qui existe dans la vie de l'enfant, ce dernier peut se définir d'une façon très rudimentaire vis-à-vis d'elle. Mais à cause de sa profonde dépendance à l'égard de sa mère, l'enfant ne peut vraiment se définir que s'il s'appuie sur une troisième personne. Au cours de son acheminement vers son indépendance, il doit nécessairement pouvoir se dire : « Je peux compter sur une autre personne que ma mère », avant de pouvoir croire qu'il peut s'en tirer en ne s'appuyant sur *personne.* Dès que l'enfant a établi des relations étroites avec une autre personne, il peut commencer à sentir que s'il préfère maintenant sa mère à cette autre personne, c'est de son propre chef ; ce n'est plus quelque chose qu'il est obligé d'accepter.

Le chiffre trois est donc capital dans *Boucles d'Or ;* il se relie au sexe, mais non pas dans les termes de l'acte sexuel. Au contraire, il se relie à quelque chose qui doit précéder de très loin la maturité sexuelle : la découverte de ce que l'on est sur le plan biologique. Le chiffre trois représente également les relations qui s'établissent au sein de la famille nucléaire et les efforts que l'on fait pour s'y insérer. Ainsi, trois symbolise la quête de ce que l'on est biologiquement (sexuellement) et de ce que l'on est par rapport aux êtres qui, dans notre vie, ont le plus d'importance. Sur un plan plus général, trois symbolise la quête de l'identité personnelle et sociale. D'après ses propres caractéristiques sexuelles visibles et par l'intermédiaire de ses relations avec ses parents et ses frères et sœurs, l'enfant, en grandissant, doit savoir avec qui il doit s'identifier et qui est le mieux fait pour devenir le compagnon de sa vie et son partenaire sexuel.

La quête de Boucles d'Or à la recherche d'elle-même commence au moment où elle essaie de voir ce qui se passe dans la maison des ours. Ce geste fait naître des associations avec le désir qu'a l'enfant de découvrir les secrets sexuels des adultes, et plus particulièrement de ses parents. Le plus souvent, cette curiosité vient davantage du fait que l'enfant a besoin de savoir ce qu'implique sa propre sexualité que du désir de savoir exactement ce que font ses parents quand ils sont couchés ensemble.

La quête de l'identité est clairement indiquée dans *Boucles d'Or* par les trois écuelles, les trois chaises et les trois lits.

Dès qu'elle est dans la place, l'héroïne examine les trois séries d'objets en se demandant quelle est la série qui lui conviendra le mieux. Elle les essaie toujours dans le même ordre : d'abord les objets du père, puis ceux de la mère et enfin ceux de l'enfant. Autrement dit, elle veut savoir quel est le rôle familial qui s'adapte le mieux à elle : celui du père, de la mère ou de l'enfant. Elle commence par manger (les écuelles sont garnies de porridge) ; de même la première expérience consciente de tout individu a trait à la nourriture et ses premières relations avec une autre personne s'établissent avec sa mère qui le nourrit. Mais Boucles d'Or choisit d'abord l'écuelle du père, ce qui signifie qu'elle veut être comme lui (un mâle) et que c'est avec lui qu'elle désire surtout établir des relations ; c'est également la chaise et le lit du père qu'elle essaie en premier lieu, bien que son expérience avec l'écuelle de porridge puis avec la chaise lui ait appris que ce qui appartient au père ne lui convient pas. Il serait difficile d'aller plus près des désirs œdipiens de la petite fille qu'en montrant que Boucles d'Or tente de partager le lit d'une figure paternelle et de vivre avec elle.

Mais qu'il s'agisse du désir d'être du sexe masculin ou du partage du lit du père, l'histoire nous dit que ces premiers essais furent infructueux : le porridge du père est « trop chaud » et sa chaise « trop dure ». Alors, déçue de constater que l'identité masculine, ou l'intimité avec le père, ne lui convient pas, ou est trop menaçante (elle pourrait se brûler) et trop difficile à réaliser, Boucles d'Or, comme toutes les petites filles qui éprouvent vis-à-vis du père une déception œdipienne, retourne à la relation originelle avec la mère. Mais ça ne marche pas non plus : la relation qui, tout à l'heure, était trop « chaude », est maintenant trop « froide » pour être agréable (le porridge est trop froid). Et la chaise de la mère n'est pas trop dure, mais trop douce ; peut-être donne-t-elle l'impression d'être enveloppante, comme l'est la mère pour le tout petit enfant ; et Boucles d'Or a raison de ne pas vouloir en revenir là.

Quant aux lits, Boucles d'Or trouve que le lit de Père Ours est trop haut à la tête, et celui de Mère Ours trop haut du pied, ce qui montre que leurs rôles et toute intimité avec eux sont hors de portée. Seuls l'écuelle de porridge, la chaise et le lit de Bébé Ours lui « conviennent à merveille ». Apparemment, il ne lui reste donc que le rôle de l'enfant. Mais ce n'est pas tout à fait vrai : dès que Boucles d'Or s'est installée sur la chaise de Bébé Ours, « qui n'était ni trop dure ni trop douce mais exactement ce qui lui fallait, le fond de la chaise céda, et la voilà par terre sur son derrière dodu... ». Il est donc évident qu'elle est trop grande pour une chaise de petit enfant. C'est le fond même de sa vie qui a cédé quand elle n'a pas pu se relier d'abord avec le père, puis avec la mère, mais ce n'est qu'après ces deux échecs qu'elle a essayé à regret de retourner à une existence infantile, et de redevenir bébé. L'histoire de Boucles d'Or ne comporte pas de fin heureuse ; de son échec (elle n'a pas pu trouver ce qui lui convenait) elle s'éveille comme d'un mauvais rêve, et elle s'enfuit.

L'histoire de Boucles d'Or illustre très bien la signification du choix difficile que doit faire l'enfant : doit-il être comme son père, comme sa mère ou comme un enfant ? La décision qu'il doit prendre au sujet de ces positions fondamentalement humaines donne lieu en effet à une terrible bataille psychologique, à une épreuve à laquelle aucun humain ne peut échapper. Mais l'enfant n'est pas encore prêt à prendre la place du père ou de la mère, et s'il se contente d'accepter celle de l'enfant en bas âge, ce n'est pas une solution ; c'est pourquoi les trois essais ne suffisent pas. Pour que l'enfant progresse, il faut que la constatation qu'il est encore un enfant s'associe à une autre prise de conscience : qu'il doit devenir lui-même, c'est-à-dire quelque chose de différent de ses parents et différent aussi du fait d'être simplement leur enfant.

Dans les contes de fées — je veux parler de ceux qui ne sont pas inventés comme l'est *Boucles d'Or* — l'histoire ne se termine pas au moment où le héros a fourni ses trois efforts. A la fin de *Boucles d'Or,* on n'entrevoit aucune solution de son problème d'identité, on ne sait pas si elle se découvrira, ni si elle deviendra un être nouveau et indépendant. Pourtant, son expérience dans la maison des ours lui apprend pour le moins qu'en régressant à la première enfance elle n'échappera pas à ses difficultés de croissance. L'histoire apprend que pour devenir soi-même il faut suivre un processus qui permet d'émerger de ce qu'impliquent les relations avec ses parents.

Les ours de *Boucles d'Or* ne font rien pour aider l'héroïne. Au contraire, cette petite fille qui essaie de s'introduire dans le lit du papa et de prendre la place de la maman les épouvante et soulève leurs protestations. C'est l'inverse qui se produit dans *Blanche-Neige :* les nains, bien loin de reprocher à la fillette d'avoir tâté à leurs sept assiettes et d'avoir essayé leurs sept lits, tombent en admiration devant elle. Alors que les ours réveillent Boucles d'Or par leurs cris de frayeur, les nains veillent à ne pas troubler le sommeil de Blanche-Neige malgré les inconvénients qu'elle leur cause. Les nains ont beau être bouleversés par la beauté de leur hôtesse, ils lui disent dès le début que si elle veut rester avec eux, elle doit se plier à leurs exigences : si elle veut devenir une personne à part entière, il faut qu'elle agisse avec maturité. Les nains avertissent Blanche-Neige des dangers qui accompagnent sa croissance, mais chaque fois qu'elle ne suit pas leurs conseils, ils font de leur mieux pour l'aider à sortir de sa fâcheuse situation.

Les ours n'aident absolument pas Boucles d'Or à résoudre ses problèmes de croissance ; il ne lui reste donc qu'à s'enfuir, effrayée de sa propre audace, découragée de voir que les efforts qu'elle a faits pour se trouver n'ont abouti à rien. Cette fuite devant une difficulté de croissance n'est pas faite pour encourager l'enfant à poursuivre le travail difficile qui consiste à résoudre un à un les problèmes de son propre développement. De plus, l'histoire de Boucles d'Or ne s'achève pas sur la promesse du bonheur qui attend l'enfant qui a maîtrisé sa situation œdipienne et l'adolescent qui vient à bout d'une façon plus mûre de ces vieilles difficultés lorsqu'elles reviennent. *Boucles d'Or* est tristement incomplet à cet égard ; l'enfant ne peut avoir le courage de lutter pour s'affirmer que s'il est plein d'espoir devant l'avenir.

Malgré ses insuffisances, si on le compare aux autres contes de fées, *Boucles d'Or* a de grands mérites, sinon il n'aurait jamais eu une telle popularité. L'histoire a trait aux difficultés rencontrées par l'enfant qui veut atteindre son identité sexuelle, aux problèmes issus des désirs œdipiens et aux efforts qu'il faut déployer pour se concilier tour à tour l'amour sans partage des deux parents.

Boucles d'Or étant une histoire ambiguë, tout dépend de la façon de la raconter. Les parents qui ont de bonnes raisons de se réjouir à l'idée que le conte fera passer à leur enfant le goût de fouiner dans leurs secrets d'adultes la raconteront sur un autre ton que les parents qui comprennent très bien que leur enfant puisse avoir cette curiosité. Certaines personnes sympathiseront avec les difficultés qu'éprouve Boucles d'Or à se résigner à être une petite fille ; d'autres seront plus réceptifs devant la frustration de Boucles d'Or lorsqu'elle doit convenir qu'elle est encore une enfant mais qu'elle doit également sortir de son enfance, bien qu'elle n'en ait pas envie.

L'ambiguïté de l'histoire permet de la raconter en insistant sur la rivalité fraternelle, qui est son autre thème important. L'incident de la chaise cassée, par exemple, peut être raconté en plaignant Boucles d'Or qui, tout à coup, défonce la chaise qui lui allait si bien ; ou, inversement, en riant de sa dégringolade ou du fait qu'elle a cassé la chaise de Bébé Ours.

Quand l'histoire est racontée du point de vue de Bébé Ours, Boucles d'Or devient l'intruse surgie de nulle part, comme, pour l'enfant, la naissance d'un frère ou d'une sœur, et elle usurpe, ou tente d'usurper dans la famille une place qui, jusque-là, revenait totalement à Bébé Ours. Cette méchante intruse mange sa bouillie, démolit sa chaise et essaie même de lui prendre son lit, et, par extension, veut prendre sa place dans le cœur de ses parents. On comprendra donc que c'est la voix de Bébé Ours, et non celle des parents, qui est « si aiguë, si stridente qu'elle réveilla Boucles d'Or en sursaut... Elle se leva d'un bond et sauta par la fenêtre ». C'est Bébé Ours (l'enfant) qui veut se débarrasser de la nouvelle arrivée, qui veut qu'elle retourne d'où elle vient pour qu' « il n'entende plus jamais parler d'elle ». Ainsi, l'histoire donne corps dans l'imagination de l'enfant à ses craintes et à ses désirs au sujet de l'arrivée, réelle ou imaginaire, d'un nouveau membre dans la famille.

Du point de vue de Boucles d'Or, Bébé Ours est le petit frère ; nous pouvons donc sympathiser avec son envie de lui prendre sa nourriture, de détruire son jouet (la chaise) et d'occuper son lit pour qu'il n'ait plus de place dans la famille. Interprétée ainsi, l'histoire redevient un conte de mise en garde : il ne faut pas céder à la rivalité fraternelle au point de vouloir détruire ce qui appartient au frère ou à la sœur. Si on se laisse aller, on se retrouve dans le « froid » et on ne sait où aller.

La grande popularité de *Boucles d'Or* auprès des

enfants, comme auprès des parents, vient de ses multiples significations, à des niveaux différents. Le jeune enfant peut surtout réagir au thème de la rivalité fraternelle ; il est enchanté de voir que Boucles d'Or doit retourner d'où elle vient, comme le souhaitent tant d'enfants à l'arrivée du nouveau-né. L'enfant plus âgé est aux anges quand il voit Boucles d'Or essayer de se mettre dans la peau des adultes. Tous les enfants se réjouissent de la voir espionner, puis entrer dans la maison ; tandis que des adultes aimeront faire remarquer à leurs enfants que Boucles d'Or a été bien punie d'avoir agi ainsi.

L'histoire venait bien à son heure parce qu'elle dépeint l'intruse, Boucles d'Or, d'une façon très séduisante. Certains s'en réjouiront, d'autres seront satisfaits de constater que ce sont les résidents, les ours, qui finissent par l'emporter. Qu'on se mette dans la peau de l'intruse ou des résidents, l'histoire paraît donc tout aussi charmante. Les changements de titres, au fil des ans, montrent qu'une histoire faite pour défendre la propriété et les droits psychologiques des résidents — les ours — peut soudain fixer toute l'attention de l'auditeur sur l'intrus. Le conte, qui s'appelait *Les Trois Ours*, est maintenant surtout connu sous le titre de *Boucles d'Or*. En outre, l'ambiguïté de l'histoire, qui est si bien dans la ligne de l'humeur de notre temps, peut également expliquer sa popularité, alors que les conclusions claires et nettes des contes de fées traditionnels semblent appartenir à l'âge heureux où toutes les choses devaient avoir des solutions précises.

L'histoire a un autre pouvoir de séduction, encore plus important à cet égard, et qui constitue en même temps sa plus grande faiblesse. De nos jours, mais aussi à travers les siècles, la façon la plus facile de tourner les difficultés est la fuite, ce qui, au niveau de l'inconscient, revient à nier ou à refouler les problèmes. C'est la solution que nous propose finalement *Boucles d'Or*. L'apparition et la soudaine disparition de l'héroïne laissent les ours impassibles. Ils agissent comme s'il ne s'était rien passé, comme s'il s'agissait d'un interlude sans importance ; tout est résolu au moment où Boucles d'Or saute par la fenêtre. En ce qui concerne cette dernière, sa fuite suggère qu'il n'est pas nécessaire d'apporter une solution aux problèmes posés par la situation œdipienne ou par la rivalité fraternelle. Contrairement à ce qui se passe avec les contes de fées traditionnels, on a l'impression que l'expérience de Boucles d'Or dans la maison des ours n'a guère apporté plus de changements dans sa vie que dans celle des ours. Nous restons sur notre faim. Nous savons que Boucles d'Or a sérieusement cherché sa place (et par implication, son identité), mais nous ne savons pas si son *moi* est passé à un degré supérieur.

Les parents voudraient que leur fille reste éternellement leur « petite fille » et l'enfant voudrait croire qu'il est possible d'esquiver les luttes de la croissance. C'est pourquoi on réagit spontanément à *Boucles d'Or* en disant : « C'est vraiment une charmante histoire ! » Mais c'est aussi pourquoi cette même histoire n'aide pas l'enfant à gagner sa maturité affective.

« La Belle au Bois Dormant »

L'adolescence est une période de changements importants et rapides, caractérisée par des phases de passivité et de léthargie absolues alternant avec une activité frénétique, et même un comportement dangereux, pour « se prouver qu'on existe », ou pour décharger la tension intérieure. Ce comportement hésitant de l'adolescent trouve son expression dans certains contes de fées où le héros, après s'être précipité dans d'incroyables aventures, est soudain transformé en pierre par quelque maléfice. Plus souvent — et, sur le plan psychologique, plus judicieusement — l'ordre est renversé : « Simplet », dans *Les Trois Plumes,* ne fait rien jusqu'au moment où il est bien engagé dans l'adolescence ; et le héros des *Trois Langages,* poussé par son père à aller étudier loin de la maison, passe trois années à s'instruire passivement avant que ses aventures ne commencent.

Alors que de nombreux contes de fées insistent sur les exploits que doit accomplir le héros pour devenir lui-même, *La Belle au Bois Dormant* insiste sur la concentration intérieure, longue et paisible, qui est également requise. Pendant les mois qui précèdent les premières règles, et souvent pendant la période qui les suit immédiatement, les fillettes sont passives, comme endormies, et se replient sur elles-mêmes.

L'approche de la maturité sexuelle des garçons ne s'annonce pas par un état analogue, mais beaucoup d'entre eux connaissent pendant la puberté une période de lassitude et de repli sur soi qui correspond à l'expérience de l'autre sexe. On comprend donc que le conte de fées où une longue période de sommeil commence en même temps que le début de la puberté ait pu être si populaire chez les filles comme chez les garçons.

Pendant l'adolescence, qui provoque les changements les plus importants de la vie, la croissance ne peut évoluer convenablement que si le jeune passe par des périodes d'activité et de repos. Le repli sur soi, qui peut passer pour de la passivité (le jeune « dort sa vie »), a lieu quand les processus mentaux prennent une telle importance que l'individu n'a plus la force d'agir vers l'extérieur. Les contes de fées du type de *La Belle au Bois Dormant*, qui ont pour thème principal la période de passivité, permettent à l'adolescent en herbe de ne pas s'inquiéter durant sa période d'inactivité : il apprend que les choses continuent d'évoluer. La conclusion heureuse affirme à l'enfant qu'il ne restera pas figé dans son apparente inactivité, même si, sur le moment, il a l'impression qu'il n'en sortira jamais.

Après la période d'inactivité qui, d'une façon typique, intervient au début de la puberté, l'adolescent devient actif, comme s'il voulait rattraper le temps perdu. Dans la vie réelle comme dans les contes de fées, il essaie d'affirmer sa jeune masculinité (ou féminité), en passant souvent par de dangereuses aventures. C'est par l'intermédiaire de son langage symbolique que le conte de fées établit qu'après avoir rassemblé ses forces dans la solitude, l'adolescent doit devenir lui-même. En fait, cette évolution est pleine de dangers : l'adolescent doit tourner le dos à la sécurité de l'enfance (il est perdu dans une forêt hérissée de dangers) ; il doit apprendre à affronter les angoisses et les tendances violentes d'autrui (il rencontre des bêtes sauvages et des dragons) ; il doit apprendre à se connaître (il croise des personnages et des expériences étranges). Grâce à ce processus, l'adolescent perd son ancienne innocence : il n'est plus le « Simplet », que l'on considère comme un être stupide et obscur, ou comme « le petit garçon, ou la petite fille, de sa maman ». Les risques que contiennent les aventures hardies sont évidents, comme le montre l'ogre que rencontre Jack. *Blanche-Neige* et *La Belle au Bois Dormant* encouragent l'enfant à ne pas avoir peur des dangers de la passivité. *La Belle au Bois Dormant* a beau être très ancien, il a plus que tout autre conte un message très important à délivrer aux jeunes de notre époque. La plupart de nos adolescents — et leurs parents — redoutent une croissance sans histoires, où rien, semble-t-il, ne se passe ; on estime en général que l'on ne peut arriver à quelque chose que si on a un objectif bien visible. *La Belle au Bois Dormant* dit qu'une longue période de repos, de contemplation, de concentration sur soi, peut conduire et conduit souvent à de grandes réalisations.

On a prétendu récemment que, dans les contes de fées, la lutte contre la dépendance de l'enfance et pour la réalisation de soi est souvent décrite de façon différente selon qu'il s'agit d'un garçon ou d'une fille et que ce particularisme découle d'un parti pris sexuel. Or, il est évident que les contes de fées ne tombent pas dans ce travers. Ils présentent la fille repliée sur elle-même au cours de la lutte qu'elle livre pour son identité, et le garçon tourné agressivement vers le monde extérieur ; mais ils symbolisent *ensemble* les deux façons d'affirmer son identité : en apprenant à connaître et à maîtriser le monde intérieur comme le monde extérieur. Dans ce sens, les héros des deux sexes sont une fois de plus des projections de deux aspects différents d'un seul et même processus où *tous les individus* doivent s'engager au cours de leur croissance. Les parents à œillères ne comprennent pas cela, mais les enfants savent très bien que le héros, quel que soit son sexe, vit une aventure qui concerne leurs propres problèmes.

Dans les contes de fées, les personnages des deux sexes apparaissent dans les mêmes rôles ; dans *La Belle au Bois Dormant*, c'est le prince qui observe la belle endormie, mais dans *Cupidon et Psyché*, et dans les nombreux contes qui en dérivent, c'est Psyché qui surprend Cupidon dans son sommeil, et qui, comme le prince, s'émerveille de cette beauté qui lui appartient. Ce n'est qu'un exemple entre mille. Etant donné la multitude des contes de fées, on peut penser, sans grand risque de se tromper, qu'il y a autant de héros qui volent au secours de leur bien-aimée que d'héroïnes qui montrent la même détermination et le même courage en sauvant leur prince charmant. Et il faut qu'il en soit ainsi, puisque les contes de fées révèlent sur la vie des vérités essentielles.

Deux versions de *La Belle au Bois Dormant* sont bien connues de nos jours : celle de Perrault et celle des frères Grimm [70]. Pour que l'on comprenne bien ce qui différencie ces deux versions, il n'est pas inutile de considérer brièvement la forme qu'a prise l'histoire dans le *Pentamerone* de Basile sous le titre *Le Soleil, la Lune et Talia* * [71]. »

Le jour de la naissance de sa fille Talia, un roi demanda aux sages et aux mages de son pays de prédire son avenir. Ils conclurent tous qu'un picot de lin lui ferait courir un grand danger. Pour prévenir tout accident, le roi ordonna qu'aucun brin de lin ou de chanvre n'entre dans son château. Mais, un jour,

* A cette époque, le thème de la Belle au Bois Dormant était déjà fort ancien, comme l'attestent des versions françaises et catalanes qui se situent entre le XIVe et le XVIe siècle et qui ont pu servir de modèle à Basile, à moins qu'il ne se soit appuyé sur des contes populaires de son propre temps qui ne sont pas parvenus jusqu'à nous [72].

Talia, devenue grande, aperçut une vieille femme qui filait devant sa fenêtre. Talia, qui n'avait jamais rien vu de pareil, « fut fascinée par la danse du fuseau ». Poussée par sa curiosité, elle saisit la quenouille et commença à tirer le fil. Un picot de chanvre « pénétra sous son ongle et, aussitôt, elle tomba morte sur le sol ». Le roi installa sa fille inanimée dans un fauteuil de velours, ferma la porte à clef et quitta son château pour toujours, afin d'oublier son chagrin.

Quelque temps après, un roi vint chasser dans les parages. Son faucon vola à tire-d'aile vers le château inhabité, entra par une fenêtre et ne réapparut pas. Le roi se mit à sa recherche et pénétra à son tour dans le château. Il découvrit Talia, qui semblait dormir, mais il lui fut impossible de la réveiller. Surpris par la beauté de la jeune fille, le roi en tomba amoureux et vécut quelque temps auprès d'elle. Puis il regagna son propre château et oublia toute l'affaire. Neuf mois plus tard, Talia donna le jour à deux enfants, sans s'être réveillée. Ils se nourrirent à son sein.

« Un jour, l'un des bébés voulut téter, mais au lieu du sein qu'il ne trouvait pas, il mit dans sa bouche le doigt qui avait été piqué. Le bébé suça si fort qu'il arracha le picot de chanvre et Talia s'éveilla comme d'un profond sommeil. »

Un jour, le roi se souvint de son aventure et alla voir Talia dans son château. Il fut ravi de la trouver éveillée et en compagnie de deux beaux enfants ; à partir de ce jour, il ne cessa pas de penser à eux. L'épouse du roi découvrit son secret et, en cachette, envoya chercher les deux enfants au nom du roi. Elle donna l'ordre de les faire cuire et de les servir à son mari. Mais le cuisinier cacha les enfants dans sa maison et prépara une paire de chevreaux que la reine fit manger au roi. Quelque temps plus tard, la reine fit venir Talia pour la jeter au bûcher parce qu'elle était la cause de l'infidélité de son époux. Le roi survint à la dernière seconde, jeta sa femme dans les flammes, épousa Talia et eut le bonheur de retrouver leurs enfants que le cuisinier avait sauvés. L'histoire se termine par ces vers :

Les gens heureux, à ce qu'on dit,
sont bênis par Fortune alors qu'ils sont au lit *.

Perrault enrichit l'histoire en ajoutant le personnage de la vieille fée, qui, pour se venger d'avoir été méprisée, jette un sort à l'héroïne ; nous connaissons ainsi la raison du sommeil léthargique de la jeune fille, tandis que la version de Basile ne nous donne aucune explication.

Dans l'histoire de Basile, Talia est la fille d'un roi qui l'aime tant qu'il ne peut rester dans son château où elle est comme morte. Nous n'entendons plus parler de lui dès le moment où il la laisse blottie dans son fauteuil qui ressemble à un trône, « sous un dais de broderies » ; on ne le voit même pas revenir quand sa fille se réveille, épouse son roi et vit heureuse avec lui et ses deux enfants. De même qu'un roi est remplacé par un autre roi dans toutes les monarchies, de même un roi succède à un roi dans la vie de Talia ; le roi-père est remplacé par le roi-amant. Ces deux rois ne sont-ils pas un seul et même personnage qui apparaît à des

* Comme les enfants de Talia se nomment le Soleil et la Lune, il est fort possible que Basile ait été influencé par l'histoire de Léto, l'une des nombreuses femmes aimées de Zeus qui lui donna deux enfants : Apollon et Artémis, le dieu du Soleil et la déesse de la Lune. Comme Héra, l'épouse de Zeus, était jalouse de ses rivales, on peut supposer que la reine du conte est un rappel lointain de Héra et de ses jalousies.

La plupart des contes de fées du monde occidental ont, à une certaine époque, comporté des éléments chrétiens, à tel point que leurs sous-entendus religieux pourraient faire l'objet d'un autre livre. Dans le conte qui nous occupe, Talia, qui ne sait pas qu'elle a eu des rapports sexuels avec le roi, et qui ne sait pas davantage qu'elle a été fertilisée, a donc conçu sans plaisir et sans péché, comme la vierge Marie.

époques différentes dans la vie de la jeune fille, sous une apparence et dans des rôles différents ? Nous retrouvons ici l' « innocence » de l'enfant œdipien qui ne se sent absolument pas responsable de ce qu'elle éveille ou désire éveiller dans les sentiments de son père.

Perrault, l'académicien, s'écarte doublement de la version de Basile. Il était, après tout, un courtisan qui écrivait des histoires à l'usage des princes, tout en prétendant qu'elles avaient été inventées par son fils, alors très jeune, pour faire plaisir à une princesse. Avec Perrault, nous n'avons plus deux rois, mais un roi et un prince, et ce dernier, de toute évidence, n'est pas marié et n'a pas d'enfants. Et la présence du roi et l'arrivée du prince sont séparées par un sommeil qui dure cent ans, pour que nous soyons bien sûrs qu'ils n'ont rien en commun. Ce qui est intéressant, c'est que Perrault ne parvient pas à échapper aux allusions œdipiennes : dans son histoire, la jalousie de la reine n'est pas due à la trahison de son mari, mais elle se présente comme la mère œdipienne qui est si jalouse de la jeune fille dont son fils est tombé amoureux qu'elle veut la tuer. Mais la reine de Basile est convaincante, alors que celle de Perrault ne l'est pas. Le conte de ce dernier se divise en deux parties qui semblent n'avoir aucun rapport l'une avec l'autre : la première se termine avec l'arrivée du prince qui réveille la Belle au Bois Dormant ; la seconde nous apprend tout à coup que la mère du prince charmant est en réalité une ogresse qui veut manger ses propres petits-enfants.

Dans le conte de Basile, la reine veut donner les enfants à manger à son mari — l'épreuve la plus terrible qu'elle puisse imaginer pour le punir de lui avoir préféré Talia. Dans le conte de Perrault, elle veut les manger elle-même. Chez Basile, la reine est jalouse parce que le cœur et l'esprit de son mari sont entièrement occupés par Talia et ses enfants. L'épouse du roi essaie de brûler Talia ; l'amour « brûlant » qu'éprouve le roi pour Talia a éveillé chez la reine une haine « brûlante » pour sa rivale.

Perrault ne nous explique pas les raisons de la haine « cannibale » de sa reine-ogresse ; on sait seulement « qu'en voyant passer des petits enfants, elle avait toutes les peines du monde à se retenir de se jeter sur eux ». On ne sait pas non plus pourquoi le prince charmant tient secret pendant deux ans son mariage avec la Belle au Bois Dormant, jusqu'à la mort de son père. Il se décide alors à revenir dans son château avec sa belle et ses deux enfants qui se nomment Aurore et Jour. Perrault nous dit qu'il craignait sa mère « car elle était de race ogresse » ; et c'est pourtant à elle qu'il confie son royaume et ses enfants lorsqu'il part faire la guerre ! L'histoire de Perrault se termine avec le retour du prince devenu roi au moment même où sa mère va précipiter la Belle au Bois Dormant et ses enfants dans une fosse pleine de crapauds et de vipères. Sur ce, l'ogresse, voyant que ses plans sont ruinés, se jette elle-même dans la fosse.

Il est facile de comprendre que Perrault ne tenait pas à raconter à la cour de Louis XIV l'histoire d'un roi qui viole une vierge endormie, lui fait un enfant, s'empresse de l'oublier et ne se souvient d'elle que beaucoup plus tard, tout à fait par hasard. Mais son histoire d'un prince de conte de fées qui cache à son père le roi et son mariage et sa paternité (est-ce par crainte de la jalousie œdipienne du père ?) n'a rien de convaincant : un père et une mère en proie à une jalousie œdipienne vis-à-vis du même fils, dans la même histoire, c'est vraiment un peu trop, même pour un conte de fées ! Sachant que sa mère est une ogresse, le prince n'amène pas sa femme et ses enfants au château tant que son excellent père peut exercer une influence restrictive et il le fait quand il meurt, alors que cette protection a disparu. Tout cela ne met pas en cause le talent artistique de Perrault ; tout vient de ce qu'il ne prenait pas ces histoires de fées au sérieux et qu'il pensait surtout aux vers aimables ou moralisateurs qui concluaient chacune d'elles *.

Avant de passer à la version des frères Grimm, rendons quand même un hommage à Perrault : la conclusion de son histoire est plus satisfaisante. Je m'explique. Les deux versions commencent de la même manière ; des fées sont invitées au baptême de l'enfant qui deviendra la Belle au Bois Dormant ; ces fées-marraines représentent les deux aspects, le bon et le mauvais, de la mère ; l'une d'elles, en effet, vexée d'avoir été traitée avec mépris, jette un mauvais sort à l'enfant. Pour que le conte se termine bien, il faudrait donc que le principe du mal soit justement puni et éliminé, ce qui permettrait au bien, et au bonheur qui l'accompagne, de triompher. Dans Perrault, comme dans Basile, le principe du mal — transféré de la méchante fée à la reine — est châtié. Mais le conte des frères Grimm, que nous suivons à partir d'ici, se termine par les noces de la belle princesse et de son prince. Personne n'est puni.

Différentes les unes des autres par les détails, toutes les versions de *La Belle au Bois Dormant* ont le même

---

* Perrault, pour amuser ses lecteurs courtisans, tourne en dérision les contes qu'il écrit. Par exemple, il précise que la reine-ogresse veut se faire servir les enfants « à la sauce Robert ». Il introduit ainsi dans ses histoires des détails qui n'ont rien à voir avec les caractéristiques des contes de fées. Il raconte aussi que la Belle au Bois Dormant, à son réveil, portait une robe démodée : « Elle était habillée comme ma mère-grand... et avait un collet monté ; elle n'en était pas moins belle. » Comme si les héros de contes de fées ne vivaient pas dans un monde où la mode ne change pas.

En mélangeant indifféremment la rationalité terre à terre de ces remarques et l'imagination propre aux contes de fées, Perrault dévalue considérablement son œuvre. Les détails de la robe, par exemple, détruisent la notion de temps mythique, allégorique et psychologique qui est suggérée par les cent années de sommeil : il en fait un temps chronologique précis. Son histoire n'y gagne qu'un aspect frivole, contrairement aux légendes qui racontent l'histoire de saints qui, s'éveillant d'un sommeil centenaire, constatent que le monde a changé et tombent aussitôt en poussière. En ajoutant ces détails qu'il veut amusants, Perrault annihilait le sentiment d'intemporalité qui est un élément important de l'efficacité des contes de fées.

thème principal : malgré tous les efforts que peuvent faire les parents pour empêcher l'éveil sexuel de leur enfant, il aura lieu de toute façon ; et ces parents mal avisés peuvent en outre retarder l'éclosion de la maturité, comme l'exprime le sommeil de l'héroïne qui, pendant « cent ans », sépare son éveil sexuel de son union avec l'amant. On peut ajouter un autre thème, très proche du premier : le fait d'attendre, même très longtemps, l'accomplissement sexuel n'enlève rien à sa beauté.

La version des frères Grimm, comme celle de Perrault, commence par indiquer que l'épanouissement sexuel, représenté par la naissance d'un enfant, peut se faire attendre longtemps. Le roi et la reine, nous dit le conte, se désespéraient de ne pas avoir de descendance. Chez Perrault, ils se comportent comme ses propres contemporains :

« Ils allèrent à toutes les eaux du monde ; vœux, pèlerinages, menues dévotions, tout fus mis en œuvre, et rien n'y faisait. Enfin, pourtant, la reine devint grosse, et accoucha d'une fille. »

Le début des frères Grimm est beaucoup plus dans la tradition des contes de fées :

« Il y avait dans le temps un roi et une reine qui se répétaient chaque jour : « Ah ! si seulement nous avions un enfant ! » Mais ils n'en avaient toujours pas. Un jour que la reine était au bain, il advint qu'une grenouille sauta de l'eau pour s'avancer vers elle et lui parler : « Ton vœu sera exaucé, lui annonça-t-elle ; avant un an, « tu mettras une fille au monde. »

La période d'attente indiquée par la grenouille est proche des neuf mois de la grossesse. Ce fait, et celui que la reine était dans son bain, donne des raisons de croire que la conception se produisit à l'occasion de la visite de la grenouille. (Je dirai plus loin, à propos du conte *Le Roi-Grenouille,* pourquoi, dans les contes de fées, la grenouille symbolise souvent l'accomplissement sexuel.)

La longue attente du roi et de la reine signifie qu'il n'est pas nécessaire de se hâter vers les expériences sexuelles ; on ne perd rien pour attendre... La présence des bonnes fées au baptême et leurs vœux n'ont pas grand-chose à voir avec l'intrigue ; elles ne sont là que pour mettre en valeur la méchanceté de la fée ulcérée qui profère la malédiction. Le nombre des fées varie d'ailleurs d'un pays à l'autre : elles sont trois, huit ou treize *... Les vœux apportés en dot par les bonnes fées varient également selon les versions, tandis que la malédiction de la méchante est toujours la même. La dernière bonne fée est capable de changer la menace de mort (dans la version des frères Grimm) en cent années de sommeil. Le message est semblable à celui de *Blanche-Neige* : cette période de passivité proche de la mort qui se situe à la fin de l'enfance n'est rien d'autre qu'un temps paisible de croissance et de préparation, d'où le garçon, ou la fille, émergera mûr, prêt pour l'union sexuelle. Il faut remarquer que dans les contes de fées cette union est tout autant celle des esprits et des âmes que celle des corps.

Autrefois, les premières règles apparaissaient généralement à l'âge de quinze ans (dans la version des frères Grimm, c'est l'âge de l'héroïne quand elle se pique le doigt). Les treize fées de la même version rappellent les treize mois lunaires qui, jadis, divisaient l'année. Ce symbolisme peut échapper à ceux qui ne sont pas familiarisés avec l'année lunaire, mais tout

---

* Dans les *Anciennes Chroniques de Perceforest* du XIVe siècle (publiées pour la première fois en France en 1528), trois déesses sont invitées au baptême de Zellandine. Lucina lui confère la santé ; Thémis, fâchée de ne pas avoir trouvé de couteau à côté de son assiette, prédit qu'elle se plantera dans le doigt une écharde de quenouille et elle la condamne à dormir jusqu'à ce qu'elle soit enlevée. Vénus, la troisième déesse, promet de s'arranger pour qu'elle soit délivrée de son sommeil. Dans l'histoire de Perrault, sept fées sont invitées, et une autre ne l'est pas qui jette le fameux sort. Dans celle des frères Grimm, il y a douze bonnes fées et une méchante.

le monde sait que les règles reviennent selon le rythme de vingt-huit jours des mois lunaires et non celui des douze mois de notre année solaire. Ainsi, les douze bonnes fées, auxquelles s'ajoute la méchante fée, expriment symboliquement que la malédiction fatale évoque la menstruation.

Il est normal que le roi, en tant qu'homme, ne comprenne pas la nécessité de la menstruation et tente d'éviter à sa fille la blessure fatale. La reine, dans toutes les versions de l'histoire, semble indifférente à la prédiction de la méchante fée. De toute façon, elle sait très bien qu'il ne sert à rien d'essayer d'empêcher les règles d'arriver. La malédiction est centrée sur la quenouille, mot qui en anglais *(distaff)* s'applique en langage populaire aux femmes en général. Bien que ce sens n'existe pas en allemand (les frères Grimm) ni en français * (Perrault), filer et tisser étaient, très récemment encore, dans tous les pays d'Europe, des occupations typiquement féminines.

Tous les efforts du roi pour conjurer le sort jeté par la méchante fée sont inutiles. Il a beau faire brûler toutes les quenouilles de son royaume, sa fille saignera quand elle aura atteint la puberté, « à quinze ans », comme l'a prédit la fée. L'absence des parents au moment où se produit l'événement montre bien qu'ils sont incapables de protéger leur enfant des crises de croissance que doivent subir tous les humains.

Quand elle passe à l'adolescence, la jeune fille explore les zones jusque-là inaccessibles de son existence, représentées, toujours dans le conte des frères Grimm, par la chambre cachée où file une vieille femme. Ce passage de l'histoire abonde en symboles freudiens : pour accéder à la chambrette fatale, l'héroïne gravit un escalier à vis ; ces types d'escaliers

* On lit toutefois dans Littré : « La quenouille était plus souvent qu'aujourd'hui dans les mains des femmes : de là on dit à plusieurs occasions « lance » pour signifier un homme et « quenouille » pour marquer une femme. » *(N. d. T.)*

représentent d'un façon caractéristique les expériences sexuelles. Au sommet de l'escalier, elle découvre une petite porte et il y a une clé dans la serrure ; elle la fait tourner et la porte « s'ouvre d'un coup » sur une pièce où la vieille femme est en train de filer. Une petite chambre fermée à clé représente souvent dans les rêves les organes sexuels de la femme, et la clé tournant dans la serrure symbolise le coït.

Voyant la vieille femme filer du lin, la jeune fille lui demande : « Cette chose-là, qui danse si joyeusement, qu'est-ce que c'est ? » Il ne faut pas beaucoup d'imagination pour saisir l'allusion sexuelle que comporte l'image du fuseau ; dès qu'elle le touche, la jeune fille se pique et tombe endormie.

Les principales associations qu'éveille cette histoire dans l'inconscient de l'enfant ont moins trait aux rapports sexuels qu'à la menstruation. Dans la Bible, le flux menstruel est une « malédiction » (il en est encore une pour beaucoup, même de nos jours) et c'est la malédiction d'une femme (la fée) qui provoque le saignement de l'héroïne. Ensuite, comme je l'ai déjà dit, l'accident se produit quand la jeune fille a atteint l'âge qui, à l'époque, était celui de l'apparition des premières règles. Enfin, le saignement a lieu en présence d'une femme (et à cause d'elle) et non pas d'un homme, et selon la Bible la malédiction se transmet de femme en femme.

Pour la jeune fille (et pour le jeune homme, d'une manière différente), un saignement (comme celui des règles) est une expérience bouleversante si elle n'y est pas émotionnellement préparée. Dépassée par son soudain saignement, la princesse sombre dans un long sommeil, protégée de tous les prétendants (c'est-à-dire de tout contact sexuel prématuré) par une épaisse muraille d'épines. Tandis que la version anglaise, comme celle de Perrault, insiste sur le long sommeil de l'héroïne en appelant l'histoire *La Belle au Bois Dormant*, d'autres versions donnent plus d'importance aux épines protectrices, comme celle, anglaise également, qui s'intitule *Rose de Bruyère* *.

De nombreux princes tentent d'approcher la Belle au Bois Dormant avant le temps de sa maturité ; tous ces prétendants trop hâtifs périssent dans les épines. Les enfants et les parents sont ainsi avertis que l'éveil sexuel qui se produit avant que le corps et l'esprit ne soient prêts est très destructif. Mais quand la Belle est prête affectivement et physiquement pour l'amour, et en même temps pour l'expérience sexuelle et le mariage, la muraille qui semblait infranchissable tombe d'elle-même. Les gigantesques buissons d'épines se transforment en « belles et grandes fleurs » qui s'écartent pour laisser passer le prince. On trouve le même message dans bien d'autres contes de fées : « Ne craignez rien et n'essayez pas de précipiter les choses ; quand le temps sera mûr, le problème impossible sera résolu, comme de lui-même. »

Le long sommeil de la belle héroïne a encore d'autres correspondances. Qu'il s'agisse de Blanche-Neige dans son cercueil de verre ou de la Belle au Bois Dormant sur son lit, le rêve adolescent d'une beauté et d'une perfection éternelles est bel et bien un rêve. La Belle au Bois Dormant qui, selon la malédiction originelle, devait mourir, n'est finalement condamnée qu'à un long sommeil, comme Blanche-Neige, ce qui montre bien qu'il n'y a pas de différence entre les deux héroïnes. Ceux qui ne veulent pas changer ni se développer n'ont qu'à demeurer dans un sommeil léthargique. Pendant leur sommeil, la beauté des deux jeunes filles est froide ; leur isolement est tout narcissique. La souffrance est exclue de ce repli sur soi-même qui ignore le reste du monde, mais en sont

* Le nom allemand de la jeune fille, qui est aussi le titre du conte des Grimm, *Dornröschen* (« Rose d'épine ») insiste à la fois sur la haie d'épines et la (haie de) rose. La forme diminutive de « rose », dans le nom allemand, souligne l'immaturité de la jeune fille, qui doit être protégée par le mur d'épines.

exclues également la connaissance et l'expérience de nouveaux sentiments.

Aucun passage d'un stade de développement à un autre n'est à l'abri des dangers ; ceux de la puberté sont symbolisés par le sang qui coule de la piqûre. On réagit naturellement aux menaces de la croissance en se retirant de la vie et du monde qui les imposent. Le repliement narcissique est une réaction tentante devant les contraintes de l'adolescence, mais, dit l'histoire, il conduit à une existence dangereuse, létale, quand il est considéré comme une fuite devant les incertitudes de la vie. Le monde entier est alors comme mort pour l'adolescent. Tels sont la signification symbolique et l'avertissement du sommeil semblable à la mort où sont plongés êtres et choses qui entourent la Belle au Bois Dormant. Le monde ne devient vivant que pour ceux qui le réveillent. On ne peut se « réveiller » du danger de dormir sa vie sans se relier positivement à un autre. Le baiser du prince rompt le charme du narcissisme et réveille une féminité qui, jusqu'alors, était restée embryonnaire. La vie ne peut continuer que si la jeune fille évolue vers son état de femme.

La rencontre harmonieuse du prince et de la princesse, l'éveil de chacun d'eux devant l'autre, est le symbole de ce qu'implique la maturité : non seulement l'harmonie vis-à-vis de soi-même mais également l'harmonie vis-à-vis de l'autre. L'auditeur décidera s'il doit interpréter l'arrivée opportune du prince comme un événement qui provoque l'éclosion de la sexualité ou celle d'un *moi* supérieur. L'enfant, probablement, saisira les deux sens.

Les enfants comprendront le réveil de l'héroïne après un long sommeil de différentes façons, selon leur âge. Le tout jeune enfant y verra surtout l'éveil de sa personnalité, la mise en harmonie des tendances chaotiques qui grouillaient en lui, autrement dit l'entente harmonieuse de son *ça,* de son *moi* et de son *surmoi.*

Quand l'enfant a appréhendé ce sens avant d'atteindre sa puberté, il saisira au cours de son adolescence une signification supplémentaire du même conte de fées : *La Belle au Bois Dormant* devient alors l'image de l'harmonie réalisée avec l'autre, représenté par la personne de l'autre sexe. Cette union heureuse semble être le message le plus significatif que puissent transmettre les contes de fées aux pré-adolescents. Elle est symbolisée par la conclusion, comme dans *La Belle au Bois Dormant* : « Alors furent célébrées avec splendeur les noces du prince avec la belle princesse... et ce fut le bonheur pour eux jusqu'à la fin de leurs jours. » Ce n'est qu'après avoir réalisé l'harmonie intérieure qu'on peut espérer la trouver dans les rapports avec les autres. La compréhension préconsciente du rapport qui existe entre les deux stades est acquise par l'enfant à travers ses propres expériences de croissance.

L'histoire de la Belle au Bois Dormant fait comprendre aux enfants qu'un certain événement traumatique — tel que le saignement au début de la puberté et, plus tard, lors du premier rapport sexuel — a des effets très heureux. L'histoire impose l'idée que ces événements doivent être pris très au sérieux, mais que l'on ne doit pas en avoir peur. La « malédiction » est une bénédiction déguisée.

Jetons un dernier coup d'œil à la version la plus ancienne que nous connaissions du thème de la Belle au Bois Dormant et qui est *Perceforest*, publié il y a plus de cinq cents ans : c'est grâce à Vénus, la déesse de l'Amour, que l'héroïne se réveille quand son bébé, en tétant son doigts, lui enlève l'écharde ; dans la version de Basile, le réveil s'effectue de la même façon. La femme ne s'accomplit pas totalement quand elle a ses règles, ni quand elle devient amoureuse, ni quand elle a des rapports sexuels, ni quand elle met au monde un enfant : les héroïnes de *Perceforest* et de l'histoire de Basile font tout cela en dormant. Il reste nécessairement quelques pas de plus à faire sur le chemin de l'ultime maturité ; il faut encore nourrir l'être qu'on a mis au monde. Ces histoires énumèrent des expériences qui n'appartiennent qu'à la femme ; elle doit les vivre toutes avant d'atteindre le sommet de sa féminité.

C'est l'enfant qui rend la vie à sa mère, ce qui symbolise que l'enfant ne se contente pas de prendre passivement ce que sa mère lui donne, mais qu'il doit aussi, activement, lui rendre un grand service. Il peut le rendre quand elle lui donne le sein : elle se réveille à la vie, elle renaît, ce qui, dans les contes de fées, est toujours le symbole d'un passage à un état d'âme supérieur. Ainsi, le conte de fées dit aux parents, comme aux enfants, que le nourrisson ne se contente pas de recevoir, mais qu'il a aussi quelque chose à offrir. Tandis qu'elle lui donne la vie, il ajoute une nouvelle dimension à la vie de sa mère. Le repliement sur soi-même qui était évoqué par le long sommeil de l'héroïne prend fin quand cet échange se réalise.

Cette idée de renaissance est amplifiée quand tout l'univers de la Belle au Bois Dormant — ses parents et tous les habitants du château, même les chevaux et les mouches — revient à la vie en même temps qu'elle. Si nous sommes insensibles au monde, le monde cesse d'exister pour nous. Quand l'héroïne s'endort, le monde, pour elle, s'endort aussi ; et il ne se réveille que quand un enfant est nourri en lui : ce n'est que de cette façon que l'humanité peut continuer d'exister.

Ce symbolisme est perdu dans les versions plus récentes de l'histoire, qui se terminent par l'éveil de la Belle au Bois Dormant et de son monde à une nouvelle vie. Mais même sous la forme abrégée qui est parvenue jusqu'à nous, où la Belle est réveillée par le baiser du prince, nous sentons, sans que cela nous soit précisé comme dans les versions plus anciennes, que l'héroïne est l'incarnation de la féminité dans toute sa perfection.

« Cendrillon »

De l'avis de tout le monde, *Cendrillon* est le conte de fées le plus connu, et probablement le plus aimé [73]. C'est une très vieille histoire. Quand, pour la première fois, elle a été consignée par écrit au IXe siècle avant J.-C., en Chine, elle avait déjà un passé [74]. Deux détails désignent son origine orientale, ou plus probablement chinoise : le petit pied sans égal, en tant que signe d'une vertu, d'une distinction et d'une beauté extraordinaires ; et la pantoufle faite de matières rares *. L'auditeur d'aujourd'hui n'établit pas de rapport entre l'extrême petitesse du pied et l'attrait et la beauté sexuels en général, contrairement aux Chinois, du temps où on serrait les pieds des femmes dans des bandelettes.

L'histoire de Cendrillon, telle que nous la connaissons, nous semble être bâtie autour des angoisses et des espoirs qui forment le contenu essentiel de la riva-

---

* On sait qu'il existait en Egypte, à partir du IIIe siècle avant J.-C., des pantoufles artistement ouvragées dans les matières les plus rares. Dans un décret de l'empereur romain Dioclétien, datant de 301 avant J.-C., est fixé le prix maximal de différentes sortes de chaussures, y compris des pantoufles pour femmes, faites du plus beau cuir de Babylone, teint en pourpre ou en écarlate, et ornées d'or [75].

lité fraternelle ; et autour de l'héroïne triomphant de ses sœurs qui l'ont avilie. Bien avant que Perrault ne donne à *Cendrillon* la forme sous laquelle elle est la plus connue, « vivre parmi les cendres » était une expression qui s'appliquait symboliquement à celui, ou à celle qui occupait une position très inférieure par rapport à ses frères et sœurs. En Allemagne, par exemple, existaient des histoires où l'un de ces « garçons de cendres » finissait par devenir roi, ce qui rappelle le destin de Cendrillon. Le mot *Aschenputtel* qui est le titre de la version des frères Grimm, désignait à l'origine la fille de cuisine, humble et sale, qui était, entre autres corvées, chargée de nettoyer l'âtre.

On trouve, toujours dans la langue allemande, de nombreux exemples qui montrent que l'expression « vivre dans les cendres » était le symbole, non seulement de la déchéance, mais aussi de la rivalité fraternelle et du frère qui surpassait finalement le ou les frères qui l'avaient avili. Martin Luther, dans ses *Propos de table,* dit du pieux Abel qu'il est le « frère de cendres » *(Aschenbrödel)* — c'est-à-dire moins que rien — du puissant Caïn, le pécheur abandonné de Dieu ; dans l'un de ses sermons, Luther dit qu'Esaü en était réduit à jouer le rôle de « frère de cendres » vis-à-vis de Jacob [76]. Caïn et Abel, Esaü et Jacob sont les exemples bibliques de la rivalité fraternelle sous sa forme la plus destructive.

Le conte de fées remplace les relations entre frères (ou sœurs) du même lit, par des relations entre demi-frères (ou sœurs), sans doute pour expliquer et rendre plus acceptable une animosité qui ne devrait pas exister entre enfants du même lit. Bien que la rivalité fraternelle soit universelle et « naturelle » en ce sens qu'elle est la conséquence négative du fait d'être frère, ou sœur, la même relation engendre des sentiments positifs, comme l'illustrent certains contes de fées, comme *Frérot et Sœurette.*

Aucun conte de fées ne traduit mieux que *Cendrillon,* dans toutes ses versions, les expériences vécues par le jeune enfant en proie aux affres de la rivalité fraternelle, quand il se sent désespérément surclassé par ses frères et sœurs. Cendrillon est écrasée et avilie par ses demi-sœurs ; sa (belle-) mère la sacrifie pour elles ; on exige d'elle les corvées les plus sales, et bien qu'elle les accomplisse parfaitement, on ne reconnaît pas ses mérites : au contraire, on lui en donne davantage. C'est ce que ressent l'enfant quand il est ravagé par les supplices de la rivalité fraternelle. Aussi exagérées que puissent paraître aux adultes les tribulations et la déchéance de Cendrillon, l'enfant tourmenté par la rivalité fraternelle se dit : « Cendrillon, c'est moi ! C'est comme ça qu'ils me maltraitent ou qu'ils voudraient me maltraiter ? Voilà la piètre opinion qu'ils ont de moi ! » Et il y a des moments, parfois très prolongés, où, pour des raisons qui viennent de son *moi* profond, l'enfant éprouve tout cela alors que sa situation parmi ses frères et sœurs ne semble pas le justifier.

Quand un conte correspond à ce qu'éprouve l'enfant tout au fond de lui (ce qui n'arrive jamais avec un récit réaliste) il atteint pour l'enfant une qualité affective de « vérité ». Les péripéties de *Cendrillon* lui offrent des images vivantes qui donnent corps à ses émotions, qui sont accablantes tout en étant souvent vagues et indéfinissables, de telle sorte que ces péripéties lui semblent beaucoup plus convaincantes que ses propres expériences vécues.

L'expression « rivalité fraternelle » englobe à la fois tout un réseau complexe de sentiments et leurs causes. A de très rares exceptions près, les émotions de l'enfant soumis à la rivalité fraternelle sont hors de proportion avec sa situation réelle, objective, vis-à-vis de ses frères et sœurs. Tous les enfants, par moments, souffrent beaucoup de cette rivalité, mais rares sont les parents qui sacrifient l'un de leurs enfants aux autres, ou qui poussent les autres à le persécuter. Le jeune enfant conçoit difficilement des jugements objectifs — il en est même incapable quand il est bouleversé par ses émotions — mais à ses moments les plus rationnels, il « sait » qu'il n'est pas aussi maltraité que Cendrillon. Mais l'enfant se sent souvent maltraité, bien qu'il « sache » que ce n'est pas vrai. C'est pourquoi il croit en la vérité foncière de *Cendrillon,* comme il croit à la délivrance finale et au triomphe de l'héroïne. Il tire de ce triomphe des espoirs excessifs pour l'avenir dont il a besoin pour contrer sa détresse quand il est torturé par la rivalité fraternelle.

Contrairement à ce que pourrait faire croire son appellation, la « rivalité fraternelle » ne se rattache qu'accidentellement aux frères et sœurs de l'enfant. Sa vraie source se situe dans les sentiments qu'il éprouve pour ses parents. Quand le grand frère, ou la grande sœur de l'enfant a plus de possibilités que lui, il peut éprouver momentanément à leur égard des sentiments de jalousie. Si un autre que lui bénéficie d'attentions particulières, l'enfant ne se sent insulté que si, par comparaison, il ne compte pas pour grand-chose dans l'esprit de ses parents, ou s'il se sent repoussé par eux. C'est en raison de cette angoisse que l'un de ses frères (ou sœurs), ou tous, peut devenir comme une épine dans son pied. La crainte que, comparé à eux, il soit incapable de s'attirer l'amour et l'estime de ses parents, enflamme la rivalité fraternelle de l'enfant. C'est ce qu'indique dans les contes le fait qu'il importe peu que les frères et sœurs possèdent vraiment une plus grande compétence. Dans la Bible, l'histoire de Joseph raconte que si ses frères veulent lui nuire, c'est par jalousie pour l'affection particulière que leur père a pour lui. Contrairement à celui de Cendrillon, le père de Joseph n'est pas complice de son avilissement ; il le préfère même à ses autres enfants. Mais Joseph, comme Cendrillon, devient esclave et, comme elle, il échappe miraculeusement à son sort et finit par surpasser ses frères.

L'enfant tourmenté par la rivalité fraternelle n'est guère soulagé de sa tristesse quand on lui dit que quand il sera grand il deviendra l'égal de ses frères et sœurs. Il voudrait bien nous croire quand nous essayons de le rassurer, mais, la plupart du temps, il en est incapable. Il ne peut voir les choses que d'un œil subjectif ; et quand, se fondant sur cette optique, il se compare à ses frères et sœurs, il ne peut pas croire qu'un jour il serait capable, de lui-même, de faire aussi bien qu'eux. S'il avait davantage confiance en lui, il ne se sentirait pas détruit par ses frères et sœurs, quoi qu'ils puissent lui faire ; il serait alors persuadé que le temps viendrait où, comme il le désire, les sorts seraient renversés. Mais comme il ne peut pas, de lui-même, voir l'avenir avec confiance, il ne peut trouver un soulagement que dans des rêves de gloire — dominer ses frères — qui deviendront peut-être réalité grâce à quelque événement providentiel.

Quelle que soit notre position dans notre famille, à certaines époques de notre vie nous avons tous été, sous une forme ou sous une autre, obsédés par la rivalité fraternelle. Même l'enfant unique sent que d'autres ont sur lui de grands avantages, et il en est profondément jaloux. De plus, il peut se sentir angoissé à l'idée que s'il avait un frère ou une sœur, ses parents lui préféreraient cet autre enfant. *Cendrillon* séduit tout autant, ou presque, les garçons que les filles parce que les enfants des deux sexes souffrent de la rivalité fraternelle et ont le même désir d'échapper à leur position inférieure et de surpasser ceux qui semblent supérieurs à eux.

En surface, *Cendrillon* est aussi faussement simple que l'histoire du Petit Chaperon Rouge qui a atteint la même popularité. *Cendrillon* parle des souffrances de la rivalité fraternelle, de désirs qui deviennent réalité, de l'humble qui est élevé, du vrai mérite qui est reconnu même s'il est caché sous des haillons, de la vertu récompensée, et de la méchanceté punie... c'est une histoire sans détour ? Mais derrière cette apparence de simplicité se cache une masse d'éléments complexes et en grande partie inconscients que l'histoire évoque juste assez pour mettre en marche nos associations inconscientes. Ce contraste entre la simplicité apparente de *Cendrillon* et sa complexité sous-jacente éveille un profond intérêt et explique son succès auprès de millions de personnes à travers les siècles. Pour commencer à comprendre ces significations cachées, nous allons nous engager derrière les sources évidentes de la rivalité fraternelle que nous avons envisagées jusqu'ici.

Comme je l'ai dit plus haut, si seulement l'enfant pouvait croire que sa position inférieure est due aux faiblesses de son âge, il ne souffrirait pas si intensément de la rivalité fraternelle, parce qu'il pourrait compter sur le temps pour régler les choses. S'il pense qu'il mérite sa déchéance, il a en même temps le sentiment que son calvaire ne finira jamais. Djuna Barnes a fait une remarque très pertinente au sujet des contes de fées : que l'enfant connaît à leur propos quelque chose qu'il est incapable d'exprimer (il ne pourrait pas expliquer, par exemple, pourquoi il aime l'idée que le Petit Chaperon Rouge et le loup se trouvent dans le même lit) ; en poussant plus loin cette remarque, on pourrait diviser les contes de fées en deux catégories : une première où l'enfant ne réagit qu'inconsciemment à la vérité contenue dans l'histoire et dont il est évidemment incapable de parler ; et une deuxième, plus importante, où l'enfant, qui sait préconsciemment ou même consciemment ce qu'est la « vérité » de l'histoire et pourrait donc en parler, ne désire absolument pas qu'on le sache [77]. Certains aspects de *Cendrillon* se situent dans cette dernière catégorie. De nombreux enfants pensent que l'héroïne mérite probablement le sort qui lui est fait au début de l'histoire, et cela pour la bonne raison qu'ils ont l'impression de le mériter eux-mêmes ; mais ils veulent que personne ne connaisse leur opinion. Malgré cela, ils estiment que l'héroïne est digne d'être portée au pinacle à la fin du conte, comme ils espèrent l'être eux-mêmes un jour, malgré leurs fautes passées.

A certaines périodes de leur vie — et elles ne sont pas rares — tous les enfants croient qu'à cause de leurs désirs secrets, sinon de leurs actions clandestines, ils méritent d'être dégradés, exclus de la société des autres, relégués au rang le plus vil. Ils éprouvent toutes ces craintes sans tenir compte de leur situation réelle, qui est sans doute favorable. Ils détestent et redoutent les autres (leurs frères et sœurs, par exemple) et croient qu'ils sont incapables d'être aussi mauvais que lui ; ils ont peur d'être découverts tels qu'ils sont (dans leur esprit) et de subir le sort de Cendrillon. Mais comme ils veulent que les autres, et surtout leurs parents, croient en leur innocence, ils sont heureux de savoir que tout le monde croit en celle de Cendrillon. C'est une des raisons pour lesquelles ce conte plaît tant aux enfants ; ils espèrent que, étant donné que l'on croit à la bonté de Cendrillon, on aura envers eux la même attitude. *Cendrillon* entretient cet espoir. ce qui est une raison supplémentaire pour l'aimer.

Par ailleurs, l'enfant est fasciné par la méchanceté de la marâtre et des demi-sœurs. Quelles que soient les fautes que se reproche l'enfant, elles paraissent bien pâles, comparées à la fourberie et à la cruauté des trois femmes. De plus, le comportement des demi-sœurs vis-à-vis de Cendrillon justifie les mauvaises pensées que peut avoir l'enfant à propos de ses frères et sœurs : elles sont si méprisables qu'elles méritent qu'il leur arrive tout ce qu'on peut souhaiter de pire. Comparée à elles, Cendrillon est, bien sûr, l'innocence même. En écoutant l'histoire, l'enfant peut donc se sentir moins coupable d'entretenir les vilaines pensées que sa rancœur lui insipre.

Sur un plan tout différent — et dans l'esprit de l'enfant, des considérations réalistes peuvent très bien voisiner avec les fantasmes les plus débridés — aussi dur que soit le traitement infligé par les parents et les frères et sœurs, et aussi grande que soit la souffrance qu'on croit éprouver, tout cela n'est rien à côté de ce qu'a dû subir Cendrillon. Son histoire rappelle à l'enfant qu'après tout il a bien de la chance et que son sort pourrait être bien pire. (Toute angoisse au sujet de cette dernière possibilité est soulagée, puisque *Cendrillon*, comme tous les autres contes de fées, se termine bien.)

Le comportement d'une petite fille de cinq ans et demi, tel qu'il a été rapporté par son père, montre avec quelle facilité l'enfant peut se mettre dans la peau de Cendrillon. Cette petite fille avait une sœur cadette dont elle était fort jalouse. Elle aimait beaucoup *Cendrillon* qui lui permettait d'extérioriser ses sentiments. Cette petite fille avait l'habitude de s'habiller très proprement et aimait les jolies robes ; mais, un beau jour, elle devint négligée et sale. Un jour, au cours d'un repas, comme on lui demandait d'aller chercher du sel, elle répliqua, tout en s'exécutant : « Pourquoi me traitez-vous toujours comme Cendrillon ? »

Sa mère, éberluée, lui demanda : « Mais qu'est-ce qui te fait croire que je te traite comme si tu étais Cendrillon ? »

« Parce que tu me fais faire toutes les corvées de la maison ! » Ayant ainsi placé sa mère dans ses fantasmes, elle était capable de les vivre plus ouvertement, en prétendant que c'était elle qui balayait la poussière, que c'était elle qui..., etc. Elle alla même plus loin en jouant à préparer sa petite sœur « pour le bal ». Mais elle fit encore mieux le jour où, se fondant sur sa compréhension inconsciente des émotions contradictoires qui se mêlent dans le rôle de Cendrillon, elle dit à sa mère et à sa sœur : « Est-ce que par hasard vous ne seriez pas jalouses de moi parce que je suis la plus belle de la famille [78] ? »

Cette réflexion montre que derrière l'humilité apparente de Cendrillon se cache la conviction de sa supériorité sur sa marâtre et ses sœurs, comme si elle se disait : « Vous pouvez toujours me faire faire les corvées les plus sales, mais je fais semblant d'être une souillon et, tout au fond de moi, je sais très bien que si vous me traitez ainsi, c'est que vous êtes jalouses de savoir que je vaux beaucoup mieux que vous ! » Cette conviction est renforcée par la conclusion de l'histoire qui assure à toutes les « Cendrillon » qu'elles finiront par découvrir leur prince charmant.

Pourquoi l'enfant croit-il au plus profond de lui-même que Cendrillon mérite son sort ? Cette question nous ramène à l'état d'esprit de l'enfant à la fin de la période œdipienne. Avant d'être pris dans ses complications œdipiennes, l'enfant, si les relations familiales sont bonnes, est convaincu qu'il est aimable et aimé. Le psychanalyste appelle ce stade de satisfaction absolue le « narcissisme primaire ». Au cours de cette période, l'enfant est certain qu'il se situe au centre de l'univers et qu'il n'a donc aucune raison d'être jaloux de qui que ce soit.

Les déceptions œdipiennes qui surviennent à la fin de ce stade de développement font douter l'enfant de ses mérites. Il a le sentiment que s'il était aussi digne d'être aimé qu'il le pensait, ses parents seraient moins exigeants et éviteraient de le décevoir. L'enfant, qui se sent repoussé, ne peut s'expliquer le changement d'attitude de ses parents qu'en se disant qu'il doit certainement avoir en lui de graves imperfections. Il ne peut pas encore admettre que des raisons autres que celles qui résident en lui puissent influencer sa destinée. Du temps de sa jalousie œdipienne, son envie de se débarrasser de celui de ses parents qui était du même sexe que lui lui semblait être la chose la plus normale du monde ; mais maintenant, il se rend compte qu'il ne peut pas faire ce qu'il veut et que c'est peut-être parce que son envie était mauvaise. Il n'est plus sûr d'être préféré à ses frères et sœurs et il commence à se demander si cela n'est pas dû au fait qu'ils n'ont pas, *eux*, de mauvaises pensées et qu'ils ne font pas de mauvaises actions.

Tout cela se passe à une époque où l'enfant, en cours de socialisation, est de plus en plus soumis à des attitudes exigeantes. On lui demande de se comporter à l'encontre de ses désirs naturels, et cela lui déplaît. Et pourtant, il doit obéir, ce qui le met en colère. Cette colère est dirigée contre ceux qui émettent ces exigences et qui sont très probablement ses parents ; et c'est une autre raison d'avoir envie de se débarrasser d'eux et une autre raison également de se sentir coupable d'avoir de tels désirs. C'est pourquoi il a aussi l'impression qu'il mérite d'être puni pour ses sentiments ; et il croit qu'il ne peut éviter le châtiment que si personne ne sait ce qu'il pense quand il est en colère. En se sentant indigne de l'amour de ses parents, à un moment où il a le plus grand besoin de se savoir aimé, l'enfant a peur d'être repoussé, alors qu'en réalité il ne risque rien. Cette peur d'être repoussé s'accompagne de l'angoisse que les autres soient préférés et peut-être aussi préférables, et nous atteignons là la racine même de la rivalité fraternelle.

Certains des sentiments d'infériorité de l'enfant ont leur origine dans les expériences qu'il a vécues quand il apprenait à ne plus se souiller et à être net, propre et ordonné. Beaucoup de choses ont été dites sur les enfants qui deviennent sales et méchants parce qu'ils n'étaient pas aussi propres que l'exigeaient leurs parents. L'enfant peut apprendre à être propre, mais il sait qu'il préférerait de beaucoup se laisser aller à sa tendance à être sale et désordonné.

A la fin de la période œdipienne, l'enfant, se sentant coupable de vouloir être sale et désordonné, éprouve en plus un sentiment de culpabilité œdipien à cause de son désir de remplacer celui de ses parents qui est du même sexe que lui dans le cœur de l'autre. Ce désir d'être aimé (ou même d'avoir avec lui des relations sexuelles) du père (ou de la mère, selon le sexe de l'enfant) qui, au commencement de l'évolution œdipienne, semblait normal et « innocent », est refoulé comme mauvais à la fin de la même période. Mais si ce désir, en tant que tel, est refoulé, le sentiment de culpabilité qu'il éveille, et celui que l'enfant éprouve également à propos de tout ce qui touche la sexualité, en général, ne le sont pas et ce sont des sentiments conscients qui font que l'enfant se sent sale et méprisable.

Ici encore, le manque de connaissance objective conduit l'enfant à penser qu'il est le seul à être mauvais à tous ces égards, le seul à avoir de tels désirs. C'est pourquoi tous les enfants s'identifient si facilement à Cendrillon, qui est exclue du groupe familial et condamnée à vivre dans les cendres. C'est pourquoi aussi tous les enfants ont besoin de croire qu'après avoir été avilis, comme Cendrillon, ils finiront par sortir de leur position inférieure pour connaître le plus merveileux des triomphes... comme Cendrillon.

Pour que l'enfant puisse faire front à ses sentiments démoralisants et à ses angoisses, il faut qu'il ait une idée de ce qu'ils représentent. En outre, il faut qu'il soit sûr, à un niveau conscient ou inconscient, d'être capable un jour de se tirer de sa pénible situation. L'un des plus grands mérites de *Cendrillon* est que, mis à part l'aide magique que reçoit l'héroïne, l'enfant comprend surtout que c'est par ses propres efforts, et parce qu'elle est ce qu'elle est, que l'héroïne est capable de transcender magnifiquement son état d'avilissement, malgré les obstacles qui, apparemment, étaient insurmontables. Le conte rassure l'enfant en lui disant qu'il en sera de même pour lui, parce que l'histoire traduit très bien ce qui était à l'origine de ses sentiments de culpabilité conscients et inconscients.

Cendrillon parle ouvertement de la rivalité fraternelle sous sa forme la plus extrême : la jalousie et l'hostilité des demi-sœurs et les souffrances que l'héroïne doit endurer à cause d'elles. Les nombreuses autres données psychologiques qui sont abordées par le conte le sont d'une façon si allusive que l'enfant ne peut en être conscient. Mais dans son inconscient, l'enfant réagit à ces détails importants qui ont trait à des sujets et à des expériences dont il s'est déjà éloigné mais qui, néanmoins, continuent de lui poser de graves problèmes.

Dans le monde occidental, l'histoire de Cendrillon a été imprimée pour la première fois avec le conte de Basile, *La Chatte des Cendres* [79]. Cette version nous raconte qu'un prince devenu veuf aimait tellement sa fille « qu'il ne pouvait voir qu'avec ses yeux ». Ce prince épouse une méchante femme qui déteste sa belle-fille — on peut supposer que c'est par jalousie — et qui « lui lance des regards qui suffisaient à la faire sursauter de frayeur ». La jeune fille se plaint de sa marâtre à sa gouvernante bien-aimée et lui dit qu'elle aurait aimé l'avoir pour belle-mère à la place de l'autre. La gouvernante, tentée par cette éventualité, dit à la jeune fille, qui s'appelle Zezolla, de demander à sa marâtre d'aller chercher des vêtements qui se trouvent dans un grand coffre. « Quand elle se penchera sur le coffre, poursuit la gouvernante, tu rabattras le couvercle pour qu'il lui brise le cou. » Zezolla suit ce conseil et tue sa marâtre [80]. Puis elle décide son père à épouser la gouvernante.

Quelques jours après le mariage, la nouvelle épouse introduit dans le château ses six filles qu'elle avait cachées jusqu'alors. Elle chasse Zezolla du cœur de son père :

« L'héroïne passa aussitôt du salon à la cuisine, du baldaquin à l'âtre, des merveilleux tissus d'or et de soie aux torchons, du sceptre aux crachats ; non seulement elle changea d'état, mais aussi de nom, et on ne l'appela plus Zezolla, mais Chatte des Cendres. »

Un jour que le père doit partir en voyage, il demande à toutes ses filles ce qu'elles désirent qu'il leur rapporte. Les six demi-sœurs demandent des objets très coûteux ; Zezolla lui demande simplement de la recommander à la colombe des fées et de dire aux fées de lui envoyer quelque chose. Les fées donnent à Zezolla un dattier avec tout ce qu'il faut pour le planter et le cultiver. L'héroïne le plante et s'occupe de lui avec soin, et le dattier ne tarde pas à prendre la taille d'une femme. Une fée en sort et demande à Chatte des Cendres ce qu'elle désire. « Tout ce que je demande, dit la jeune fille, c'est de pouvoir quitter le château sans que mes sœurs le sachent. »

Le jour d'une grande fête, les demi-sœurs s'habillent somptueusement. Dès qu'elles sont parties au bal, Chatte des Cendres court au dattier et murmure les mots que la fée lui a appris. Elle se trouve aussitôt vêtue comme une reine. « Le roi du pays, qui se trouve à la fête, est subjugué par l'extraordinaire beauté de Chatte des Cendres. » Pour savoir qui elle est, il ordonne à l'un de ses valets de la suivre, mais elle lui échappe. Il en est de même le deuxième jour de la fête. Le troisième jour, les mêmes événements se répètent, mais cette fois, toujours poursuivie par le valet, Chatte des Cendres laisse échapper de son pied « la socque la plus belle et la plus riche qu'on ait jamais vue ». (À l'époque de Basile, les Napolitaines portaient des sortes de couvre-chaussures à hauts talons lorsqu'elles allaient à la fête.) Pour retrouver la belle jeune fille à qui appartient la socque, le roi ordonne à toutes les femmes du royaume de se réunir dans son château. Elles essaient toutes en vain la chaussure perdue, mais quand vient le tour de Chatte des Cendres, « au moment même où la socque se trouva près de son pied, elle s'élança vers lui et le chaussa parfaitement ». Le roi prit alors Zezolla pour épouse, et « les sœurs, pâles de jalousie, rentrèrent furtivement chez leur mère ».

Le thème de l'enfant qui tue sa mère ou sa marâtre est très rare dans les contes de fées *. L'avilissement

* Dans un conte du type *Frérot et Sœurette, La Mala Madre,* les enfants tuent leur méchante mère, conseillés par leur préceptrice, et, comme dans l'histoire de Basile, ils demandent à leur père de l'épouser [81]. Ce conte, comme celui de Basile, est d'origine sud-italienne, ce qui permet de supposer que l'un a servi de modèle à l'autre.

momentané de Zezolla serait un châtiment inapproprié à un meurtre et n'est d'ailleurs pas présenté directement comme tel ; il faut donc trouver une autre explication. Un autre trait propre à ce conte, est la multiplication des marâtres. Dans *Chatte des Cendres,* on ne nous dit rien de la vraie mère qui apparaît dans la plupart des histoires du cycle de *Cendrillon.*

Il est possible que dans *La Chatte des Cendres* la vraie mère et la première belle-mère soient une seule et même personne à différentes périodes de son développement ; son meurtre et son remplacement ne seraient alors qu'un fantasme œdipien et non une réalité. S'il en est ainsi, il est normal que Zezolla ne soit pas punie pour un crime qu'elle a seulement imaginé. Sa déchéance en faveur de ses demi-sœurs peut être également la transposition imaginaire de ce qui aurait pu lui arriver si elle avait agi en accord avec ses désirs œdipiens. Dès que Zezolla a dépassé l'âge œdipien et qu'elle est de nouveau prête à rétablir de meilleures relations avec sa mère, celle-ci réapparaît sous la forme de la fée cachée dans le dattier et permet à sa fille d'établir des liens sexuels avec le roi, un personnage non œdipien.

La position de Cendrillon est la conséquence d'une relation œdipienne, comme le montre de nombreuses versions de ce cycle de contes de fées. Dans les histoires qui se sont répandues en Europe, en Afrique et en Asie (pour la seule Europe, par exemple, en France, en Italie, en Autriche, en Grèce, en Irlande, en Ecosse, en Pologne, en Russie, en Scandinavie), Cendrillon fuit son père qui veut l'épouser. Dans un autre groupe de contes largement répandus, elle est reléguée par son père qui estime qu'elle ne l'aime pas autant qu'il le voudrait. Les exemples ne manquent donc pas où l'avilissement de Cendrillon — avec ou sans la participation d'une (belle-) mère et des (belles-) sœurs — est la conséquence de complications œdipiennes entre le père et la fille.

Marian Cox, qui a fait une étude comparative de

trois cent quarante-cinq histoires de *Cendrillon,* les a divisées en trois grandes catégories [82]. Le premier groupe ne contient que les deux traits qui sont essentiels pour tous : une héroïne maltraitée et son identification grâce à la pantoufle. Le second groupe de Marian Cox comprend deux éléments importants : d'abord ce qu'elle appelle, selon la mode victorienne de son époque, « un père dénaturé », c'est-à-dire un père qui veut épouser sa fille ; et un autre trait qui est la conséquence du précédent : la fuite de l'héroïne qui finit par faire d'elle une *Cendrillon.* Dans le troisième groupe, très important, Marian Cox remplace les deux traits additionnels du second par ce qu'elle appelle « un jugement à la King Lear » : c'est un père qui arrache à sa fille une déclaration d'amour qu'il juge insuffisante, de telle sorte qu'il la bannit et la place de force dans la situation d'une *Cendrillon.*

Le conte de Basile est l'un des très rares où le destin de l'héroïne est son propre fait, le résultat d'une intrigue dont elle est la complice. Dans presque toutes les autres versions, elle est apparemment tout à fait innocente. Elle ne fait rien pour engager son père à l'épouser ; elle n'est pas amoureuse de lui, bien qu'il la bannisse parce qu'il estime qu'elle ne l'aime pas assez. Dans les versions que nous connaissons de nos jours, Cendrillon ne fait rien qui puisse justifier sa déchéance au profit de ses sœurs.

Dans la plupart des histoires de *Cendrillon,* à l'exception de celle de Basile, l'innocence de l'héroïne est soulignée : elle est parfaitement vertueuse. Malheureusement, dans les relations humaines, il est rare que l'un des partenaires soit l'innocence personnifiée et l'autre un être répréhensible. Mais dans un conte de fées, c'est évidemment possible : les marraines-fées ne reculent devant aucun miracle, si grand soit-il. Mais quand nous nous identifions avec l'héroïne d'une histoire, nous avons de bonnes raisons personnelles de le faire et nos associations conscientes et inconscientes ont leur mot à dire. Les pensées qu'inspire à une petite fille l'histoire de Cendrillon peuvent être fortement influencées par ce qu'elle a envie de croire de l'attitude de son père à son égard et de ce qu'elle désire cacher des sentiments qu'elle éprouve pour lui [83].

Les nombreuses histoires où une Cendrillon tout innocente est voulue pour épouse par son père (elle ne peut y échapper que par la fuite) peuvent être interprétées comme la copie conforme des fantasmes communs à toutes les petites filles où celles-ci voudraient, sans éprouver aucun remords, que leur père les épouse ; en même temps, elles prétendent ne rien faire pour éveiller son désir. Mais tout au fond d'elles-mêmes, elles savent très bien qu'elles veulent que leur père les préfère à leur mère et estiment qu'elles méritent d'être punies à cause de cela... d'où, dans leur fantasme, leur fuite ou leur bannissement, et la dégradation de leur existence, qui devient semblable à celle de Cendrillon.

Les autres histoires où Cendrillon est chassée par son père parce qu'elle ne l'aime pas assez peuvent être considérées comme une projection du désir de la petite fille qui voudrait que son père veuille être aimé d'elle éperdument, comme elle veut elle-même l'aimer. On peut également considérer que ces histoires donnent corps aux sentiments œdipiens du père et touchent les sentiments œdipiens inconscients et profondément refoulés du père et de la fille.

Dans l'histoire de Basile, Cendrillon est innocente vis-à-vis de ses demi-sœurs et de la gouvernante devenue sa marâtre, mais elle est coupable d'avoir tué sa première belle-mère. Ni dans l'histoire de Basile ni dans les versions chinoises du conte, beaucoup plus anciennes, on ne dit que Cendrillon est maltraitée par ses sœurs ; son seul avilissement consiste à exécuter en guenilles, sur l'ordre de sa (belle-) mère, les corvées les plus dégradantes. Elle n'est pas délibérément empêchée d'assister à la fête. La rivalité fraternelle, si dominante dans les versions que nous connaissons de nos jours, ne joue qu'un rôle minime dans ces histoires plus anciennes. Par exemple, quand les sœurs, dans l'histoire de Basile, sont jalouses de Cendrillon qui devient reine, cette réaction s'explique tout naturellement par le dépit.

Il n'en va pas de même avec les versions mieux connues aujourd'hui où les sœurs participent activement aux mauvais traitements que doit subir Cendrillon et où elles sont punies en conséquence. Mais rien n'arrive à la belle-mère, bien qu'elle soit nettement complice de ses filles. Tout se passe comme si l'histoire impliquait que Cendrillon mérite d'être maltraitée par sa marâtre et qu'elle ne le mérite pas de la part de ses demi-sœurs. Seules les histoires où, comme celle de Basile, Cendrillon suscite tant d'amour chez son père qu'il a envie de l'épouser, peuvent faire supposer que Cendrillon a fait, ou désiré faire quelque chose qui justifie le comportement hostile de sa marâtre.

Dans ces anciennes versions de *Cendrillon,* la rivalité fraternelle cède la place au refus œdipien (une jeune fille doit fuir son père parce qu'il la désire charnellement) ; un père repousse sa fille parce qu'elle ne l'aime pas assez ; une mère repousse sa fille parce que son mari l'aime trop. On pourrait croire, d'après tous ces éléments, qu'à l'origine ce sont des désirs œdipiens contrariés qui expliquent l'avilissement de l'héroïne.

Comme, dans la tradition orale, les versions anciennes se mêlent aux versions plus récentes, il est difficile d'établir une filiation historique et d'affirmer qu'il s'agit d'un cycle unique. La date récente à laquelle les contes de fées ont été finalement recueillis et publiés rend toute tentative de classement chronologique purement spéculative.

Mais alors qu'il y a d'importantes variantes dans des détails insignifiants, toutes les versions de l'histoire se ressemblent en ce qui concerne les éléments essentiels. Par exemple, dans toutes les histoires, l'héroïne se réjouit au début d'être aimée et tenue en haute estime, et son avilissement est aussi soudain que son triomphe final. L'histoire se termine quand elle est reconnue grâce à la pantoufle qui ne convient qu'à son pied (dans certaines versions, la pantoufle est remplacée par une bague)[84]. Comme je l'ai déjà dit, les histoires ne diffèrent que sur un point : les causes de l'avilissement de Cendrillon.

Ainsi, toutes les histoires de Cendrillon ont un thème fondamental, mais quelques traits importants varient d'une version à l'autre. Dans un premier groupe, le père joue un rôle capital en tant qu'adversaire de l'héroïne. Dans un second groupe, ce sont la (belle-) mère *et* les (demi-) sœurs qui sont les adversaires ; dans ce groupe, mère et filles s'identifient tellement les unes aux autres qu'on a l'impression qu'elles sont les différents aspects d'un seul et même personnage. Dans le premier groupe, le trop grand amour qu'elle éprouve pour son père plonge Cendrillon dans sa tragique situation. Dans l'autre, l'avilissement de l'héroïne est expliqué par une haine issue de la rivalité fraternelle.

Si nous nous fondons sur les indices fournis par la version de Basile, nous pouvons dire que l'amour immodéré du père pour la fille et de la fille pour le père précède l'avilissement de Cendrillon par le fait de sa mère *et* de ses sœurs. Cette évolution est conforme au développement œdipien de la petite fille. Elle aime d'abord sa mère — la mère originelle, foncièrement bonne, qui apparaîtra plus tard dans l'histoire sous les traits de la fée-marraine. Ensuite, elle se détourne de sa mère pour s'attacher à son père ; elle l'aime et veut être aimée de lui. A ce moment-là, sa mère et ses frères et sœurs (surtout les sœurs) deviennent des rivaux. A la fin de la période œdipienne, la petite fille se sent rejetée, livrée à elle-même ; puis quand tout rentre dans l'ordre avec la puberté, sinon avant, la fillette peut se retourner vers sa mère qui est devenue une personne avec laquelle on peut s'identifier au lieu d'exiger d'elle un amour exclusif.

L'âtre, le centre de la maison, est le symbole de la mère. Le fait de vivre si près de lui qu'on en est contraint à vivre dans les cendres peut symboliser l'effort que fait l'enfant pour s'accrocher ou pour revenir à la mère et à ce qu'elle représente. Toutes les petites filles essaient de revenir à leur mère après avoir été déçues par leur père. Cette tentative de retour à la mère, cependant, ne peut mener à rien : elle n'est plus la mère généreuse de la première enfance, mais une femme qui se fait de plus en plus exigeante. Vue sous cet éclairage, Cendrillon, au début du conte, pleure la perte de la mère originelle et pleure aussi ses rêves envolés qui lui faisaient espérer de merveilleuses relations avec son père. Cendrillon doit lutter avec sa profonde déception œdipienne avant de retrouver, à la fin de l'histoire, une vie pleinement heureuse : elle n'est plus une enfant, mais une jeune fille prête pour le mariage.

Les deux groupes de contes, qui diffèrent tant en surface, en ce qui concerne les causes des malheurs de Cendrillon, cessent donc de s'opposer à un niveau plus profond. Ils traduisent, chacun à sa façon, les aspects essentiels du même phénomène : les angoisses et les désirs œdipiens de l'enfant de sexe féminin.

Tout est beaucoup plus complexe dans les versions de *Cendrillon* que nous connaissons aujourd'hui, et il serait bien difficile d'expliquer pourquoi elles ont remplacé les histoires plus anciennes, comme celle de Basile. Les désirs œdipiens pour le père sont refoulés (mis à part le fait qu'elle espère qu'il lui offrira un présent magique). Comme le dattier de *La Chatte des Cendres,* c'est ce cadeau qui donne à Cendrillon l'occasion de connaître le prince, de gagner son amour et de faire de lui, après son père, l'homme qu'elle aime le plus au monde.

Dans les versions modernes, le désir d'éliminer la mère est remplacé par un transfert et une projection :

ce n'est pas la mère qui joue ouvertement un rôle essentiel dans la vie de Cendrillon, mais une belle-mère ; la mère a un substitut. Et ce n'est pas la petite fille qui veut avilir la mère pour pouvoir prendre sa place dans la vie du père, mais, par projection, c'est la belle-mère qui veut remplacer la petite fille. Un autre déplacement vient nous montrer que les vrais désirs restent cachés : ce sont ses sœurs qui veulent prendre à l'héroïne la place qui lui revient de droit.

Dans ces versions, la rivalité fraternelle remplace, au cœur même de l'intrigue, des complications œdipiennes refoulées. Dans la vie réelle, les relations œdipiennes positives et négatives, et le sentiment de culpabilité qu'elles font naître, sont souvent dissimulées derrière la rivalité fraternelle. Pourtant, comme il arrive fréquemment avec les phénomènes psychologiques complexes qui éveillent un fort sentiment de culpabilité, ce que la personne expérimente consciemment, c'est l'angoisse due à ce sentiment et non le sentiment lui-même ni ce qui l'a provoqué. C'est pourquoi *Cendrillon* ne nous parle que des misères de l'avilissement.

Dans la meilleure tradition des contes de fées, l'angoisse que fait naître la pitoyable existence de Cendrillon est vite soulagée par la conclusion heureuse. En s'émouvant profondément pour l'héroïne, l'enfant (implicitement, sans qu'il en prenne conscience) se met d'une certaine façon en relation avec son angoisse et son sentiment de culpabilité œdipiens et également avec les désirs sous-jacents. Parce que l'histoire affirme à la petite fille qu'elle doit passer par les points les plus bas de son existence avant de pouvoir réaliser ses plus hautes possibilités, elle se met à espérer qu'elle sera capable de s'extirper de ses complications œdipiennes en découvrant un objet à aimer auquel elle pourra se donner sans angoisse et sans se sentir coupable.

A propos des versions les plus connues actuellement, il faut souligner qu'il est impossible d'y reconnaître consciemment que la triste situation de Cendrillon est due à ses propres complications œdipiennes et que l'histoire, en insistant sur son innocence incomparable, nous cache ses sentiments de culpabilité. Au niveau du conscient, la méchanceté de la marâtre et des demi-sœurs est une explication suffisante de ce qui arrive à Cendrillon. L'intrigue moderne est centrée sur la rivalité fraternelle ; le fait que la marâtre avilit Cendrillon n'a pas d'autre cause que son désir de favoriser ses filles ; et la méchanceté des demi-sœurs n'est due qu'à leur jalousie à l'égard de l'héroïne.

Mais *Cendrillon* ne peut manquer d'activer en nous les émotions et les idées inconscientes, qui, dans notre expérience intérieure, sont reliées à nos sentiments de rivalité fraternelle. D'après ce qu'il vit lui-même, l'enfant peut très bien comprendre (sans en rien « savoir ») qu'il a au fin fond de lui des expériences en rapport avec Cendrillon. La petite fille, par exemple, peut retrouver ses désirs refoulés de se débarrasser de sa mère pour avoir son père pour elle seule ; et, se sentant coupable de pouvoir entretenir des désirs aussi « vils », elle peut très bien « comprendre » cette mère qui éloigne de sa vue sa fille condamnée à vivre parmi les cendres et qui lui préfère ses autres enfants. Quel est l'enfant qui n'a jamais désiré pouvoir bannir l'un de ses parents à une époque ou une autre de sa vie et qui n'a pas éprouvé qu'il méritait, par représailles, de subir le même sort ? Et quel est l'enfant qui n'a jamais rêvé, selon le plus cher désir de son cœur, de se vautrer dans la poussière et dans la boue ; et qui, se sentant sale à la suite des exigences de ses parents, qui se conduisent apparemment comme s'ils avaient quelque chose de très grave à lui reprocher, n'a pas été convaincu qu'il ne méritait pas mieux que d'être relégué dans un coin sale ?

Si j'ai tant insisté sur l'arrière-plan œdipien de *Cendrillon,* c'était pour montrer que l'histoire présente à l'auditeur une compréhension profonde de ce qui se cache derrière ses propres sentiments de rivalité fraternelle. Si l'auditeur permet à sa compréhension inconsciente de « vibrer » en harmonie avec ce que son esprit conscient perçoit, il saisit beaucoup plus profondément ce qui explique les émotions complexes que font naître en lui ses frères et sœurs. La rivalité fraternelle, qu'elle soit franche ou dissimulée, nous accompagne dans notre vie bien au-delà de la maturité, ainsi que sa contrepartie, notre attachement positif à nos frères et sœurs. Mais comme ce dernier ne conduit que très rarement à des difficultés affectives, et que la première le fait, nous sommes mieux armés pour venir à bout de ce problème important et difficile quand nous comprenons mieux les implications psychologiques de la rivalité fraternelle.

Comme *Le Petit Chaperon Rouge*, *Cendrillon* est surtout connue de nos jours sous deux formes différentes, celle qui découle de Perrault, et celle qui nous vient des frères Grimm ; et ces deux versions présentent des différences considérables [85].

Nous retrouvons dans la *Cendrillon* de Perrault les mêmes inconvénients que dans ses autres contes ; il débarrasse le matériel qu'il emprunte à Basile ou à la tradition orale, ou aux deux, de tout ce qu'il considère comme vulgaire et raffine ce qui reste pour que son conte ait toutes les qualités qui lui permettront d'être lu à la cour. Etant un écrivain de bon goût et fort habile, il a inventé des détails et en a modifié d'autres pour adapter l'histoire à ses idées esthétiques. Il a par exemple inventé que la fameuse pantoufle était en verre, ce que l'on ne trouve dans aucune autre version, à part celles qui dérivent de la sienne.

On a beaucoup discuté autour de la fameuse pantoufle de Perrault. Certains ont dit qu'en écoutant l'histoire, il avait confondu « vair » (une fourrure bigarrée, blanche et grise) et « verre ». La pantoufle de vair serait alors devenue pantoufle de verre. Je crois plutôt qu'il s'agit d'une invention de Perrault. Mais à cause de cette substitution il a dû abandonner un élément important de nombreuses versions anciennes de Cendrillon qui racontent que les demi-sœurs durent se mutiler le pied pour pouvoir le faire entrer dans la pantoufle. Le prince se laissa prendre à la supercherie, jusqu'au moment où un oiseau lui dit qu'il y avait du sang dans la pantoufle. Il s'en serait aperçu immédiatement, bien sûr, si la pantoufle avait été en verre. Par exemple, dans *Rashin Coatie*, une version écossaise de *Cendrillon*, la belle-mère, pour que sa fille puisse chausser la pantoufle, lui coupe le talon et les orteils. Sur le chemin de l'église où va être célébré le mariage, un oiseau se met à chanter :

Pied haché, pied serré,
Tout près du roi elle est.
Pied joli, pied mignon,
Dans la cuisine est le tendron [86].

Grâce à la chanson de l'oiseau, le roi se rend compte que la fille qu'il a à côté de lui a pris la place d'une autre. Mais cette mutilation grossière ne pouvait pas convenir au style raffiné de Perrault le courtisan.

L'histoire de Perrault dépeint l'héroïne sous des traits qu'on ne trouve pas dans les autres versions. Sa Cendrillon est tout sucre et tout miel, une sainte-nitouche insipide, et elle manque totalement d'esprit d'initiative (on retrouve cette Cendrillon-oie blanche dans le film de Walt Disney qui s'est largement inspiré du conte de Perrault). Les autres Cendrillon ont presque toutes beaucoup plus de personnalité.

Pour mieux marquer ces différences, prenons quelques exemples : chez Perrault, c'est Cendrillon qui décide de vivre parmi les cendres : « Lorsqu'elle avait fait son ouvrage, elle s'allait mettre au coin de la cheminée, et s'asseoir sur les cendres », d'où son nom. On ne trouve rien de cet auto-avilissement dans la version des frères Grimm, où Cendrillon est *obligée* de dormir sur les cendres. Quand les demi-sœurs vont se préparer pour le bal, la Cendrillon de Perrault « les conseilla le mieux du monde et s'offrit même à les coiffer », tandis que dans la version des frères Grimm, les belles-sœurs lui donnent l'ordre de les peigner et de cirer leurs souliers, et Cendrillon obéit en pleurant. Poursuivons le parallèle : la Cendrillon de Perrault ne fait rien d'elle-même pour aller au bal ; c'est sa marraine-fée qui lui dit qu'elle a envie d'y aller. Dans la version des frères Grimm, Cendrillon demande à sa belle-mère de la laisser aller à la fête, insiste après un premier refus et, avec l'espoir d'obtenir l'autorisation, exécute les corvées de plus en plus difficiles qu'on lui impose. A la fin du bal, elle part de son plein gré et se cache pour échapper à la poursuite du prince. La Cendrillon de Perrault ne s'en va pas parce qu'elle juge bon de le faire, mais pour obéir à un ordre de sa bonne fée : si elle reste au bal une seconde après minuit, le carrosse redeviendra citrouille, ses chevaux des souris, etc.

Quand vient le moment d'essayer la pantoufle, ce n'est pas le prince, chez Perrault, qui recherche sa propriétaire, mais un gentilhomme de la cour. Et quand Cendrillon, découverte, va être présentée au prince, sa marraine-fée apparaît et l'habille de vêtements somptueux. On perd ainsi un détail important qui se trouve dans la plupart des autres versions, y compris celle des frères Grimm : le prince ne s'effraie pas de voir Cendrillon en haillons ; il reconnaît ses qualités intrinsèques et ne tient pas compte de son aspect extérieur. Perrault affaiblit donc le contraste entre les belles-sœurs matérialistes qui attachent beaucoup d'importance à leur apparence et Cendrillon qui ne s'en soucie guère.

La version de Perrault ne fait pas de différence entre les bons et les méchants. Les belles-sœurs sont beaucoup plus dures envers Cendrillon que dans celle des frères Grimm ; et pourtant, à la fin de l'histoire, Cendrillon embrasse ses bourreaux et leur dit qu'elle les aime de tout son cœur et les prie « de l'aimer bien toujours ». Après tout ce qui s'est passé, ce comportement demeure incompréhensible, comme le sont les dernières lignes du conte :

« ... et peu de jours après (le mariage) Cendrillon, qui était aussi bonne que belle, fit loger ses deux sœurs au palais, et les maria dès le jour même à deux grands seigneurs de la cour. »

Dans la version des frères Grimm, la fin est toute différente, comme elle l'est dans toutes les autres variantes du conte. D'abord, les sœurs mutilent leur pied pour pouvoir chausser la pantoufle. Ensuite, elles vont d'elles-mêmes au mariage de Cendrillon avec l'espoir de rentrer en grâce et de participer à sa bonne fortune. Mais tandis que le cortège s'achemine vers l'église, deux colombes (sans doute les oiseaux qui ont aidé l'héroïne à accomplir la corvée impossible) crèvent un œil à chacune des deux sœurs, et, au retour, piquent l'autre du bec. Et l'histoire se termine par cette phrase : « Et c'est ainsi que, par la cécité jusqu'à leur dernier jour, elles ont été punies de leur méchanceté et de leur fausseté. »

Parmi les nombreuses autres différences qui existent entre les deux versions, je n'en citerai plus que deux. Dans le conte de Perrault, le père de Cendrillon ne joue aucun rôle notable. Tout ce que l'on sait de lui, c'est qu'il s'est remarié, et que « Cendrillon n'osait (se) plaindre à son père qui l'aurait grondée parce que sa femme le gouvernait entièrement ». Nous ne savons rien non plus de la marraine-fée jusqu'au moment où elle surgit de nulle part pour donner à Cendrillon son carrosse, les chevaux, sa robe, etc.

Comme *Cendrillon* est le plus populaire des contes de fées, répandu dans le monde entier, je crois opportun de considérer maintenant les motifs importants qui s'entremêlent dans l'histoire et qui constituent son attrait pour le conscient et l'inconscient et sa profonde signification. Stith Thompson, qui a fait l'analyse la plus complète des thèmes des contes de fées, énumère comme suit ceux qui apparaissent dans la version des frères Grimm : une héroïne maltraitée ; sa relégation dans les cendres de l'âtre ; le cadeau qu'elle demande à son père ; la branche de noisetier qu'elle plante sur la tombe de sa mère ; les corvées qu'on exige d'elle ; les animaux qui l'aident à les accomplir ; la mère, qui se matérialise dans l'arbre que Cendrillon a fait pousser sur sa tombe, et qui lui fournit de belles robes ; la rencontre du bal ; les trois fuites de Cendrillon, qui se cache dans un colombier, puis dans un poirier, abattus ensuite, tous les deux, par le père ; la ruse du prince qui fait enduire de poix les marches du perron, et la pantoufle qui y reste collée ; l'épreuve de la pantoufle ; les sœurs qui se mutilent les pieds et qui sont acceptées comme (fausses) fiancées ; les animaux qui dénoncent la supercherie ; le mariage heureux ; le châtiment des méchants [87]. En reprenant ces éléments de l'histoire, j'y ajouterai quelques remarques sur les détails les plus connus de la *Cendrillon* de Perrault, qui sont absents du conte des frères Grimm.

J'ai déjà parlé du thème principal du conte sous sa forme moderne : la rivalité fraternelle, cause de tous les malheurs de Cendrillon. C'est ce thème qui a l'effet le plus direct sur l'auditeur et qui éveille son empathie. Il l'amène à s'identifier avec l'héroïne et dresse la scène pour tout ce qui va suivre.

Le fait que Cendrillon vit parmi les cendres — d'où elle tire son nom — est un détail d'une grande complexité *. Apparemment, il signifie que Cendrillon a

* Le mot français « Cendrillon » comme le mot allemand « *Aschenputtel* », qui servent de titre aux deux versions, insistent sur le fait que l'héroïne vit parmi les cendres. Il est regrettable que « Cendrillon » ait été traduit trop facilement en anglais par « *Cinderella* ». C'est « *ash* », et non « *cinder* » qui traduit correctement le mot « cendre ». L'*Oxford English Dictionary* prend soin de préciser que « *cinder* » n'a pas la même origine étymologique que « cendre ». Cela est important étant donné les significations symboliques qui s'attachent au nom de « Cendrillon » : les cendres *(ashes)* sont la matière résiduelle poudreuse et très propre d'une combustion complète, tandis que les escarbilles *(cinders)* sont une matière solide et sale qui résulte d'une combustion incomplète.

perdu la position favorable qu'elle occupait avant que le conte ne commence, pour être maltraitée et avilie. Mais ce n'est pas sans raison que Perrault la fait décider d'elle-même de vivre dans les cendres. Nous sommes tellement habitués à l'image de la servante de bas étage qui se vautre dans les cendres de l'âtre, que nous avons oublié la haute et ancienne signification du foyer. Jadis, la qualité de « gardienne du foyer » plaçait la femme au rang le plus haut, le plus considéré qu'elle pût espérer atteindre. Les vestales étaient les femmes les plus enviées de Rome. On les choisissait parmi des petites filles de six à dix ans, soit à peu près l'âge de Cendrillon pendant ses années de servitude. Dans le conte des frères Grimm, Cendrillon plante un rameau et le cultive avec ses larmes et ses prières. Quand il est devenu arbre, et pas avant, il lui donne tout ce qu'il lui faut pour aller au bal ; plusieurs années, donc, ont dû s'écouler entre le moment où elle a planté la petite branche et le bal. C'est également sur les enfants de six à dix ans que le conte fait la plus profonde impression, et, souvent, il demeure avec eux et les soutient pendant tout le reste de leur vie.

Revenons aux années de servitude de Cendrillon : ce n'est qu'à la fin de la grande époque romaine que les vestales (obligatoirement vierges) ont dû servir pendant trente ans avant de quitter leur office pour se marier ; avant, elles n'étaient prêtresses que pendant cinq ans, c'est-à-dire jusqu'au moment où elles atteignaient l'âge nubile. C'est à peu près le temps que durèrent les souffrances de Cendrillon. Etre vestale, c'était en même temps être la gardienne du foyer et rester totalement pure. Après avoir accompli parfaitement leur mission, ces femmes faisaient de prestigieux mariages, comme Cendrillon. Ainsi l'innocence, la pureté et la protection du foyer étaient autrefois étroitement associées *... Il est possible qu'avec

* La pureté de la prêtresse qui était responsable du feu sacré, et du feu en général, qui purifie, suscite des évocations

l'élimination du paganisme ce rôle éminemment désirable soit devenu le plus vil à l'ère chrétienne. Les vestales servaient la terre sacrée et Héra, la déesse mère. Avec l'avènement d'un dieu-père, les déités maternelles furent dégradées et dévaluées en même temps que l'était la place du foyer. Dans ce sens, Cendrillon pourrait également être considérée comme la déesse mère déchue qui, à la fin de l'histoire, renaît de ses cendres, comme le phœnix mythique. Mais ce sont là des rapports de nature historique qui échappent à l'auditeur moyen de *Cendrillon.*

Mais d'autres associations positives, à la portée de tous les enfants, sont évoquées par le fait de vivre près du foyer. Les enfants aiment passer du temps dans la cuisine ; ils observent la préparation des plats et, parfois, y participent. Avant l'instauration du chauffage central, la zone de l'âtre était la place la plus chaude et souvent la plus confortable de la maison. L'âtre évoque pour beaucoup d'enfants le souvenir de chauds contacts avec leur mère.

Les enfants aiment être à la fois gentils et sales ; pour eux, c'est le comble de la liberté instinctive. Ainsi, la personne qui remue les cendres (c'est le sens originel du mot allemand pour Cendrillon : *Aschenbrödel*) évoque chez l'enfant quelque chose de très

---

qui se rattachent également aux cendres. Dans de nombreuses sociétés, les cendres étaient utilisées pour les ablutions, et même pour la lessive, et évoquaient donc une idée de netteté, de pureté.

Les cendres se rattachent également au deuil. Les cendres répandues sur la tête (comme pour le mercredi des Cendres) sont comme autrefois un signe de deuil. Se réfugier dans les cendres (on en trouve de nombreux exemples dans *L'Odyssée*), c'était également marquer le deuil, et c'était une coutume pratiquée par de nombreux peuples [88]. Ces idées de pureté et de deuil, qui sont évoquées dans les plus anciennes versions italiennes et dans les versions françaises et allemandes, disparaissent dans les versions de langue anglaise où le nom de l'héroïne *(Cinderella),* au contraire, évoque la noirceur et la saleté.

précis. Aujourd'hui comme autrefois, l'enfant est heureux de se sentir sale, mais, en même temps, il éprouve un sentiment de culpabilité.

Enfin, Cendrillon porte le deuil de sa mère. Se couvrir de cendre est le symbole du deuil ; vivre en guenilles est un symptôme d'abattement. Le fait de vivre dans les cendres symbolise à la fois les temps heureux vécus avec la mère à proximité de l'âtre et le deuil de ce contact intime que nous avons perdu en grandissant et qui est représenté par la « mort » de la mère. Grâce à cette combinaison d'images, l'âtre évoque de forts sentiments d'empathie qui nous rappellent le paradis perdu : notre vie a changé du tout au tout quand nous avons été obligés de renoncer à la vie simple et heureuse du très jeune enfant pour affronter les ambivalences de l'adolescence et de l'âge adulte.

Tant que l'enfant est petit, ses parents le protègent contre les ambivalences de ses frères et sœurs et contre les impératifs du monde extérieur. Puis, soudain, ces frères et sœurs plus âgés semblent prendre l'avantage sur l'enfant maintenant privé de protection ; comme la mère, ils deviennent exigeants. Tout rappel de son désordre, sinon de ses habitudes sales, lui donne l'impression qu'il est repoussé comme quelque chose de malpropre et les frères et sœurs, eux, semblent vivre dans la splendeur. Mais l'enfant pense que leur bonne conduite est en réalité une imposture, un faux-semblant, un mensonge. Et telle est l'image des demi-sœurs dans *Cendrillon*. Le jeune enfant ne vit que par extrêmes : à un moment donné, il se sent méprisable, sale, haineux ; quelques instants plus tard, il peut se sentir innocent comme l'agneau qui vient de naître et avoir l'impression que les autres sont de misérables créatures. Quelles que soient les conditions extérieures, l'enfant, pendant toutes ces années de rivalité fraternelle, vit à l'intérieur de lui-même une période de souffrances, de frustrations et même de grande misère ; et il connaît le manque de compréhension des autres et même leur méchanceté.

Les années que passe Cendrillon parmi les cendres montrent à l'enfant que personne ne peut y échapper. Il semble par moments à l'enfant qu'il n'existe que des forces hostiles et que rien ne viendra le secourir. Et, souvent, ces « moments » semblent durer une éternité. Pour que l'enfant soit convaincu de la délivrance de Cendrillon et pour qu'il ait la certitude qu'il sera lui aussi délivré, il faut donc que Cendrillon commence par souffrir autant et aussi longtemps que lui.

Après avoir compati à l'état de déchéance de Cendrillon, nous assistons au premier tournant heureux de sa vie.

« Un jour que le père devait se rendre à la foire, il demanda à ses deux belles-filles ce qu'elles voulaient qu'il leur rapportât. « De belles robes ! » dit l'une. « Des perles « et des joyaux ! » dit l'autre. « Et toi, Cendrillon, qu'ai- « merais-tu ? » demanda-t-il à sa fille. « La première bran- « che qui cinglera votre chapeau en cours de route, père, « coupez-la pour moi », répondit-elle. »

Il tient parole : une branche de noisetier cingle son chapeau et le fait tomber à terre. Et il rapporte la branche à Cendrillon. Elle le remercie, et va planter le rameau sur la tombe de sa mère.

« Elle pleurait si fort que ses larmes mouillèrent et arrosèrent le rameau, qui prit racine, poussa, et devint un fort bel arbre. Cendrillon s'y rendait chaque jour trois fois, pleurant et priant sous le bel arbre, et toujours un petit oiseau blanc venait s'y poser ; et si elle formulait un souhait, le petit oiseau de l'arbre lui jetait aussitôt ce qu'elle avait souhaité. »

En demandant à son père de lui apporter la petite branche qu'elle a l'intention de planter sur la tombe de sa mère, Cendrillon essaie pour la première fois de rétablir avec lui des relations positives. D'après l'histoire, on peut supposer que Cendrillon a dû être très déçue par son père et même très en colère de le voir épouser une telle chipie. Mais, pour le jeune enfant, ses parents sont tout-puissants. Si Cendrillon veut devenir maîtresse de son destin, l'autorité de ses parents doit être diminuée. Cette diminution de puissance et son transfert pourraient être symbolisés par la branche qui fait tomber le chapeau du père et aussi par le fait que la même branche devient un arbre qui est doué de pouvoirs magiques pour Cendrillon. Ce qui a diminué le père (la branche de noisetier) est donc utilisé par Cendrillon pour augmenter le pouvoir et le prestige de la mère archaïque (morte). Comme c'est le père qui tend à Cendrillon la branche qui rehaussera le souvenir de la mère, tout se passe comme si, par ce geste, il voulait signifier qu'il approuve que Cendrillon s'éloigne de son pesant attachement à lui pour revenir à la relation originelle mère-fille. Cet amoindrissement de l'importance affective de son père dans la vie de Cendrillon la prépare à transférer finalement l'amour enfantin qu'elle éprouvait pour lui au prince qu'elle aimera d'un amour adulte.

L'arbre que Cendrillon plante sur la tombe de sa mère et qu'elle arrose de ses larmes est le passage poétique le plus émouvant et, psychologiquement, le plus significatif du conte. Il symbolise que le souvenir de la mère idéalisée de la première enfance, quand il reste vivant, continue de former une partie importante de notre expérience intérieure, qu'il peut nous soutenir, et nous soutient jusque dans les pires adversités.

Ce message est exprimé encore plus clairement dans d'autres versions de l'histoire où la mère toute bonne se transforme non pas en arbre, mais en animal secourable. Par exemple, dans la plus ancienne version chinoise de Cendrillon qui nous soit connue, l'héroïne a un poisson apprivoisé qui passe de cinq centimètres à trois mètres grâce à ses soins dévoués. La méchante belle-mère découvre l'importance du poisson dans la vie de la fillette et le tue par ruse pour le manger. L'héroïne est inconsolable jusqu'au moment où un sage lui révèle l'endroit où sont enterrées les arêtes du poisson et lui dit d'aller les chercher et de les conserver dans sa chambre. Il lui dit aussi qu'en priant devant ces arêtes, elle obtiendra tout ce qu'elle voudra. Dans de nombreuses variantes européennes et orientales, il s'agit d'un veau, d'une vache, d'une chèvre ou quelque autre animal dans lesquels la mère défunte se transporte pour fournir à l'héroïne un secours magique.

Le conte écossais *Rashin Coatie* est plus ancien que les versions de Basile et de Perrault puisqu'il est cité dès 1549 [89]. Dans cette histoire, une femme, avant de mourir, lègue à sa fille, Rashin Coatie, un petit veau rouge qui lui donnera tout ce qu'elle désirera. La belle-mère découvre la vérité et envoie le veau à l'abattoir. Rashin Coatie est désespérée, mais le veau mort lui dit de prendre ses os et de les enterrer sous une pierre grise. C'est ce qu'elle fait, et, à partir de ce jour-là, elle obtient tout ce qu'elle désire en allant à la pierre et en le demandant au veau. Le jour de Noël, quand tout le monde revêt son plus bel habit pour aller à l'église, la belle-mère dit à Rashin Coatie qu'elle est trop sale pour accompagner les villageois à l'église. Le veau mort procure à Rashin Coatie des vêtements somptueux ; un prince, à l'église, devient amoureux d'elle, à leur troisième rencontre, elle perd son soulier, etc.

Dans plusieurs autres histoires de Cendrillon, l'animal ne se contente pas de secourir l'héroïne, mais également, la nourrit. Par exemple, dans un conte égyptien, deux enfants sont maltraités par leur belle-mère et leurs belles-sœurs ; ils vont trouver une vache et la supplient : « Oh ! vache, sois gentille avec nous, aussi gentille que l'était notre mère ! » La vache les nourrit bien. Quand la belle-mère s'en aperçoit, elle fait abattre la vache. Les enfants brûlent ses os et enterrent les cendres dans un pot d'argile où pousse un arbre qui donne des fruits aux enfants, en même temps que le bonheur [90]. Il y a donc des histoires du type de Cendrillon où sont combinés l'animal et l'arbre représentatifs de la mère, ce qui montre que l'un peut tenir la place de l'autre. Ces contes illustrent également le remplacement symbolique de la mère originelle par un animal qui donne du lait : la vache, ou, dans les pays méditerranéens, la chèvre. Cela évoque pour nous, sur un plan émotionnel et psychologique les premières expériences nutritionnelles qui nous donnent un sentiment de sécurité pour toute notre vie.

Erikson parle d' « un sens de la confiance foncière », qui est, dit-il, « une attitude envers soi-même et le monde qui a son origine dans l'expérience des premières années de la vie [91] ». La confiance foncière est instaurée dans l'enfant par un bon maternage, pendant les premiers temps de sa vie. Si tout se passe bien, l'enfant aura à la fois confiance en lui et dans le monde. L'animal secourable, l'arbre magique sont des images, des personnifications, des représentations extérieures de cette vérité fondamentale. C'est l'héritage, conféré à l'enfant par la mère généreuse, et qui l'accompagnera, le préservera et le soutiendra dans ses détresses les plus noires.

Les histoires où l'on voit la belle-mère tuer l'animal secourable sans parvenir pour autant à enlever à Cendrillon ce qui fait sa force intérieure montrent que, pour venir à bout des épreuves de la vie, ce qui existe dans la réalité est beaucoup moins important que ce qui se passe dans notre esprit. Ce qui nous rend la vie supportable, même dans les pires circonstances, c'est cette image de la mère généreuse que nous avons intériorisée, de telle sorte que la disparition des symboles extérieurs n'a aucune importance [92].

L'un des messages les plus évidents des différentes versions de *Cendrillon* est que nous nous trompons si nous pensons que, pour réussir dans la vie, il faut s'accrocher à quelque chose qui appartient au monde extérieur. Tous les efforts que font les demi-sœurs pour atteindre leur but en s'appuyant sur le monde extérieur sont vains : elles choisissent et préparent avec soin leurs robes, elles trichent pour essayer de chausser la pantoufle... Finalement, ce n'est qu'en étant franc vis-à-vis de soi-même, comme Cendrillon, qu'on peut parvenir à réussir. La même idée est transmise par le fait que la présence de la mère, ou de l'animal secourable, n'est pas indispensable. C'est psychologiquement juste, car, pour notre sécurité interne et pour la sauvegarde de notre amour-propre, aucun appui extérieur n'est nécessaire si on possède la confiance foncière ; et si nous n'avons pas acquis cette dernière au commencement de notre vie, rien de ce qui vient de l'extérieur ne peut la remplacer ; dans ce cas on n'a qu'une chance de l'obtenir : par un changement de la structure interne de notre esprit et de notre personnalité.

L'arbre qui pousse à partir de la petite branche, les os ou les cendres du veau symbolisent que quelque chose de différent naît de la mère originelle et de l'expérience que l'on a eue d'elle. L'image de l'arbre est particulièrement judicieuse parce qu'elle implique une croissance, que ce soit le dattier de la Chatte des Cendres ou le noisetier de Cendrillon. Elle indique qu'il ne suffit pas de garder en soi l'image intériorisée de la mère d'une période révolue. A mesure que l'enfant grandit, cette mère intériorisée, comme l'enfant lui-même, doit subir des changements. Il s'agit d'un processus de dématérialisation, comparable à celui par lequel l'enfant sublime la mère généreuse réelle en une expérience intérieure de confiance foncière.

Dans la *Cendrillon* des frères Grimm, tout cela est encore plus explicite. Les processus intérieurs de Cendrillon commencent par son deuil désespéré, symbolisé par les cendres où elle vit. Si elle restait figée au coin de l'âtre, aucune évolution interne ne se produirait. Le deuil est un passage temporaire qui permet de continuer de vivre sans la personne aimée ; mais, pour qu'il y ait survie, il faut qu'il se transforme en quelque chose de positif : la mise en place d'une représentation intérieure de ce qui a été perdu. Quoi qu'il puisse arriver dans la réalité, cette représentation intérieure restera toujours inviolée. En pleurant sur la petite branche plantée en terre, Cendrillon nous montre que le souvenir de sa mère est toujours vivant en elle ; mais à mesure que l'arbre croît, la mère intériorisée croît en Cendrillon.

Les prières que prononce Cendrillon devant l'arbre expriment les espoirs qu'elle entretient. Elles demandent quelque chose dont l'avènement est souhaité : après le choc de l'adversité, la confiance foncière reprend le dessus ; elle nous rend l'espoir que les choses s'arrangeront, comme elles l'ont fait dans le passé. Le petit oiseau blanc qui survient en réponse aux prières de Cendrillon est le messager de l'Ecclésiaste : « L'oiseau du ciel emportera la voix, l'animal ailé publiera les paroles. » On comprend facilement que l'oiseau n'est autre que l'esprit de la mère transmis à l'enfant grâce au bon maternage qu'elle lui a donné. Comme tel, il devient l'esprit de l'enfant lui-même, qui le soutient dans toutes ses épreuves, qui lui donne espoir dans l'avenir et la force de se créer une vie satisfaisante.

Nous réagissons, tout au moins au niveau préconscient, à ce qui est symboliquement exprimé par l'image de Cendrillon demandant la petite branche, la plantant, la cultivant avec ses larmes et ses prières et, finalement, par l'image de l'oiseau qui se pose sur l'arbre chaque fois que Cendrillon a besoin de lui. Ce sont des images très belles et très efficaces, surtout pour l'enfant qui commence tout juste à intérioriser ce que ses parents signifient pour lui. C'est aussi significatif pour les petites filles que pour les petits garçons parce que la mère intériorisée (ou la confiance foncière) est un phénomène mental extrêmement important pour tous les individus, quel que soit leur sexe. En supprimant l'arbre et en le remplaçant par une marraine-fée qui surgit tout à coup de nulle part, Perrault enlève à l'histoire une bonne partie de sa signification profonde.

La *Cendrillon* des frères Grimm transmet subtilement à l'enfant ce message : « Aussi malheureux que tu sois par moments — à cause de la rivalité fraternelle ou pour toute autre raison —, tu peux de toi-même, en sublimant ton malheur et ta tristesse (comme le fait Cendrillon en cultivant l'arbre avec ses émotions) arranger les choses de telle sorte que ta vie dans le monde extérieur devienne satisfaisante. »

Dans la même version, immédiatement après qu'on nous a parlé de l'arbre et de l'oiseau qui comblent les désirs de Cendrillon, nous apprenons que le roi donne une grande fête de trois jours pour que son fils puisse se choisir une fiancée. Cendrillon supplie qu'on la laisse aller au bal. Devant son insistance, la marâtre lui dit qu'elle a versé un pot de lentilles dans les cendres ; Cendrillon a deux heures pour les remettre dans le pot, après quoi, elle pourra aller au bal...

C'est le genre de tâches apparemment impossibles que les héros des contes de fées doivent accomplir. Dans certaines versions orientales de *Cendrillon,* elle a une certaine quantité de coton à filer ; dans d'autres, occidentales, elle doit tamiser des graines [93]. A première vue, pour l'héroïne, ce n'est qu'une vexation de plus. Mais cette exigence qui est imposée à Cendrillon (après un changement radical de son sort, depuis qu'elle a reçu immédiatement avant le bal l'aide magique de l'oiseau blanc qui comble ses désirs) montre qu'elle a encore des tâches pénibles et difficiles à accomplir avant de mériter son triomphe final. Grâce aux oiseaux qu'elle appelle au secours, Cendrillon rassemble à temps les lentilles, mais sa belle-mère réitère son ordre, en augmentant les difficultés : cette fois, c'est le contenu de deux pots de lentilles qu'elle doit recueillir dans les cendres, et en une heure seulement. Toujours avec l'aide des oiseaux, elle vient à bout de sa corvée, mais la marâtre ne tient pas parole et l'empêche malgré tout d'aller au bal.

La tâche exigée de Cendrillon semble stupide : pourquoi laisser tomber des lentilles dans la cendre pour ensuite les ramasser ? La belle-mère est convaincue que c'est impossible, dégradant et absurde. Mais Cendrillon sait que la tâche la plus stupide — remuer les cendres — peut produire un bon résultat si on lui donne un sens. Ce passage de l'histoire encourage l'enfant à croire que le fait de demeurer dans une position humble — de jouer dans et avec la saleté — peut avoir une grande valeur, si l'on sait comment s'en arracher. Cendrillon dit aux oiseaux accourus à son secours de mettre les bonnes lentilles dans le pot et de manger les autres.

La mauvaise foi de la belle-mère qui, par deux fois, ne tient pas sa promesse, s'oppose à l'idée de Cendrillon qui se rend compte qu'il faut séparer le bien du mal. Quand Cendrillon, d'elle-même, a ainsi transformé sa corvée stupide en un problème moral, elle se rend sur la tombe de sa mère et demande à l'oiseau « de la couvrir d'argent et d'or ». L'oiseau lui fait descendre une robe d'argent et d'or et, pour les deux premiers bals, des pantoufles de soie et d'argent ; pour le troisième et dernier bal, les pantoufles seront d'or.

Dans le conte de Perrault, Cendrillon doit également accomplir une tâche avant d'aller au bal. La marraine-fée lui dit qu'elle ira à la fête, mais qu'elle doit d'abord aller chercher une citrouille au jardin. Cendrillon s'exécute sans savoir à quoi cela servira. C'est la fée, et non Cendrillon, qui évide la citrouille et la transforme en carrosse. Puis la fée dit à Cendrillon d'ouvrir une souricière et elle transforme en cheval chacune des six souris qui en sortent. De même, un rat est transformé en cocher ; et, finalement, six lézards en laquais. Les guenilles de Cendrillon sont changées en habits rutilants et ses sabots en pantoufles de verre. Ainsi équipée, l'héroïne part pour le bal, mais elle a l'ordre de rentrer avant minuit, faute de quoi tout ce qui a été changé par magie reprendra sa forme première.

Les pantoufles de verre, la citrouille transformée en carrosse sont de l'invention de Perrault : on n'en trouve nulle trace dans les versions autres que la sienne et celles qu'elle a inspirées. Marc Soriano estime que, par ces détails, Perrault se moque de l'auditeur qui prend l'histoire au sérieux et qu'il montre bien qu'il traite son sujet avec ironie : si Cendrillon peut être changée en la plus belle des princesses, pourquoi les souris et le rat ne deviendraient-ils pas chevaux et cocher * !

L'ironie résulte en partie de pensées inconscientes ; et si les détails inventés par Perrault ont été largement acceptés, c'est parce qu'ils ont touché la corde sensible chez l'auditeur. Perrault n'a pas pu ne pas voir les messages évidents de *Cendrillon :* qu'il faut se tenir à ce qu'il y a de meilleur dans son passé, qu'il faut cultiver son propre sens de la moralité, qu'il faut être fidèle à ses propres valeurs, malgré l'adversité. On peut donc conclure que, pour se défendre, il est resté volontairement sourd à ces messages. Son ironie affaiblit la leçon de l'histoire qui veut que nous nous transformions grâce à un processus intérieur. Il ridiculise l'idée que nous pouvons transformer les humbles conditions de notre existence extérieure en luttant pour atteindre des objectifs élevés [95]. Perrault réduit *Cendrillon* à un joli récit d'imagination qui ne nous apporte rien de profond. Et beaucoup de gens ne veulent pas voir autrement cette histoire, ce qui explique le grand succès de la version de Perrault.

Tout cela nous explique pourquoi Perrault a remanié à sa façon le vieux conte, mais ne nous dit pas pourquoi il a inventé certains détails précis selon sa compréhension consciente et inconsciente de l'histoire, détails qui sont acceptés pour la même raison. Contrairement à toutes les versions où Cendrillon est condamnée à vivre dans les cendres, seul Perrault

---

* En ce qui concerne les lézards, Soriano rappelle l'expression « paresseux comme un lézard », qui explique pourquoi Perrault a choisi ces animaux pour en faire des laquais dont la paresse donnait matière à plaisanteries [94].

nous dit que c'est elle-même qui a *choisi* de vivre ainsi. Elle est donc l'enfant prépubertaire qui n'a pas encore refoulé son désir d'être sale ; et qui n'a pas encore pris en aversion les petits animaux furtifs, comme les souris, les rats et les lézards, et qui, devant une citrouille évidée, imagine qu'il s'agit d'un beau carrosse. Les souris et les rats hantent les endroits sombres et sales et volent les denrées, toutes choses qui sont chères à l'enfant. Inconsciemment ils éveillent également des associations phalliques, présageant l'arrivée de l'intérêt et de la maturité sexuels. En dehors de ces rapprochements phalliques, le fait de transformer ces animaux inférieurs, et même répugnants, en chevaux, en cocher et en laquais, représente une sublimation. Ces détails semblent donc justes, à deux niveaux tout au moins ; ils font voir ce qui tenait compagnie à Cendrillon dans les cendres au cours de son stade inférieur, et indiquent peut-être qu'elle avait des préoccupations phalliques ; ils semblent montrer que cet intérêt pour la saleté et pour les emblèmes phalliques doit être sublimé tandis qu'elle évolue vers la maturité, autrement dit, qu'elle se prépare à accueillir le prince.

Perrault rend sa *Cendrillon* plus acceptable pour notre compréhension consciente et inconsciente du fond de l'histoire. Consciemment, nous sommes tout disposés à accepter l'ironie qui réduit le conte à la dimension d'une histoire plaisante et vide de tout contenu sérieux, puisqu'elle nous évite de devoir affronter la rivalité fraternelle, de devoir intérioriser les objets d'une époque antérieure et de vivre selon leurs exigences morales. Inconsciemment, les détails qu'il ajoute semblent convaincants sur la base de ce qui nous reste des expériences de notre enfance : ces détails semblent indiquer qu'avant d'atteindre la maturité nous devons transformer et sublimer le comportement instinctuel qui, autrefois, nous fascinait, même s'il s'agit de l'attrait de la saleté ou des objets phalliques.

La Cendrillon de Perrault, qui s'est rendue au bal dans un carrosse tiré par six chevaux et accompagné de six laquais (comme si le bal avait lieu à Versailles, sur invitation de Louis XIV !) doit partir avant minuit, faute de quoi elle se retrouvera dans son misérable accoutrement. La troisième nuit, elle fait moins attention à l'heure et, dans sa fuite éperdue pour échapper à la minute fatidique, elle laisse derrière elle une de ses pantoufles de verre. « On demanda aux gardes de la porte du palais s'ils n'avaient point vu sortir une princesse ; ils dirent qu'ils n'avaient vu personne qu'une jeune fille fort mal vêtue, et qui avait plus l'air d'une paysanne que d'une demoiselle. »

Dans le conte des frères Grimm, Cendrillon peut rester au bal autant qu'elle veut. Elle ne part que parce qu'elle juge opportun de le faire et non pour obéir à un ordre. A chaque départ, le prince tente de l'accompagner. La première nuit, elle réussit à lui échapper et se cache :

> « Le prince attendit que revînt le père et lui dit que la jeune inconnue avait sauté dans le pigeonnier. « Serait-ce « Cendrillon ? » se demanda le père, qui réclama une hache et une pioche pour ouvrir en deux le pigeonnier. Mais il n'y avait personne à l'intérieur. »

Pendant ce temps, Cendrillon avait pu rentrer et reprendre ses vieux vêtements. Le lendemain, les choses se répètent, sauf que Cendrillon se réfugie dans un poirier. Et le troisième jour, le prince fait enduire de poix le perron, si bien que lorsque Cendrillon s'enfuit, sa pantoufle gauche reste collée sur une marche.

Dans certaines variantes de l'histoire, Cendrillon n'attend pas passivement d'être reconnue ; dans l'une d'elles, par exemple, elle fait cuire pour le prince un gâteau où elle glisse une bague qu'il lui a offerte et le prince n'épousera pas une autre fille que celle dont le doigt conviendra à l'anneau.

Pourquoi Cendrillon va-t-elle trois fois au bal pour

y rencontrer le prince, et pourquoi le fuit-elle trois fois pour retourner à sa basse condition ? Le même comportement répété trois fois, comme souvent dans les contes de fées, je l'ai déjà dit, reflète la position de l'enfant à l'égard de ses parents, tandis qu'il s'achemine vers sa vraie personnalité ; il est d'abord convaincu qu'il est l'élément le plus important du trio, et plus tard, il a peur d'en être le personnage le moins significatif. Il atteint sa vraie personnalité non pas grâce aux trois répétitions, mais par quelque chose de différent, ici la perte de la pantoufle.

Apparemment, en fuyant le prince, Cendrillon montre qu'elle veut être choisie pour ce qu'elle est vraiment et non pour ses atours somptueux. Elle n'appartiendra à son amant que si, l'ayant vue dans son état de dégradation, il n'en continue pas moins de la désirer. Mais il suffirait pour cela d'une seule apparition suivie immédiatement de la perte de la pantoufle. A un niveau plus profond, ses trois visites au bal symbolisent l'ambivalence de la jeune fille qui veut s'engager personnellement et sexuellement et qui, en même temps, a peur de le faire. Cette ambivalence se retrouve chez le père qui se demande si la belle inconnue ne serait pas sa fille, mais qui se méfie de ses impressions. Le prince, comme s'il se rendait compte qu'il ne peut pas conquérir Cendrillon tant qu'elle reste affectivement attachée à son père dans une relation œdipienne, ne poursuit pas Cendrillon lui-même mais demande au père de le faire à sa place. Si le père commence à indiquer qu'il est prêt à libérer sa fille des liens qui l'attachent à lui, celle-ci peut alors, et pas avant, trouver bon de transférer son amour hétérosexuel pour son objet immature (le père) à un objet mûr (son futur mari). Lorsqu'il démolit les cachettes de Cendrillon (le pigeonnier, puis le poirier), le père montre qu'il est prêt à la remettre au prince. Mais ses efforts n'ont pas les résultats escomptés.

A un niveau tout à fait différent, le pigeonnier et le

poirier prennent le relais des objets magiques qui ont soutenu Cendrillon jusque-là. Le premier est la demeure des oiseaux qui ont aidé Cendrillon à trier les lentilles, et il prend la place de l'oiseau blanc de l'arbre qui lui a procuré ses beaux vêtements, y compris les pantoufles fatidiques. Et le beau poirier nous rappelle cet autre bel arbre qui a poussé sur la tombe de la mère. Si elle veut vivre dans le monde réel, Cendrillon doit cesser de croire qu'elle peut compter sur l'aide apportée par les objets magiques. C'est ce que semble comprendre le père quand il abat ses cachettes à coups de hache : Cendrillon ne doit plus se cacher dans les cendres, ne doit plus fuir la réalité en se cachant dans des endroits magiques ; à partir de maintenant elle ne doit vivre ni en dessous ni au-dessus de son vrai statut.

Cox, après l'un des frères Grimm, Jacob, cite l'ancienne coutume germanique qui voulait que le futur offrît une chaussure à sa promise pour sceller les fiançailles [96]. Mais cela n'explique pas pourquoi, dans les contes chinois, c'est un soulier d'or que doit essayer la fiancée, et une pantoufle de verre dans le conte de Perrault. Pour que l'épreuve soit convaincante, il doit s'agir d'un soulier qui ne s'étire pas, sinon il pourrait convenir à d'autres jeunes filles, les demi-sœurs, par exemple. Ce n'est sans doute pas par hasard que Perrault a choisi des pantoufles de verre...

Un petit réceptacle où une partie du corps peut se glisser et être tenue serrée peut être considéré comme le symbole du vagin. Et s'il est fait d'une matière fragile qui peut se briser si on la force, on pense aussitôt à l'hymen ; et un objet qui se perd facilement à la fin d'un bal, au moment où l'amant essaie de s'emparer de sa bien-aimée, peut passer pour une image assez juste de la virginité, particulièrement quand l'homme dresse un piège pour s'en emparer. En fuyant, Cendrillon semble faire un effort pour protéger sa virginité.

L'ordre de la fée, qui veut, dans la version de Perrault, que Cendrillon rentre à une heure précise, faute de quoi les choses iront très mal pour elle, fait penser aux parents qui ne veulent pas que leur fille s'attarde le soir hors de la maison, de peur qu'il ne lui arrive des choses épouvantables. Les nombreuses versions où Cendrillon s'enfuit pour ne pas être violée par un père « dénaturé » renforcent l'idée qu'elle s'échappe du bal pour la même raison ou parce qu'elle a peur de céder à ses propres désirs. Sa fuite oblige également le prince à aller la chercher dans la maison de son père, ce qui fait penser au fiancé qui va demander la main de sa future épouse. Chez Perrault, c'est un gentilhomme de la cour qui fait essayer la pantoufle ; chez les frères Grimm, le prince tend la pantoufle à Cendrillon qui se la met elle-même au pied ; dans d'autres versions, c'est le prince qui chausse Cendrillon, ce qui fait penser au geste du fiancé qui, dans certaines traditions du cérémonial du mariage, passe l'anneau au doigt de la fiancée pour symboliser leur union.

Tout cela se comprend facilement. En écoutant l'histoire, on sent que la scène de la pantoufle symbolise la conclusion des fiançailles, et que Cendrillon est la fiancée vierge. Tous les enfants savent que le mariage est lié au sexe. Du temps où les enfants grandissaient à proximité des animaux, ils savaient que l'acte sexuel consiste pour le mâle à introduire son pénis dans la femelle, et les enfants d'aujourd'hui ne tardent pas à en être informés par leurs parents. Cependant, dans la perspective du thème principal de l'histoire — la rivalité fraternelle — l'essayage réussi de la pantoufle peut avoir d'autres significations symboliques.

Dans *Cendrillon* comme dans bien d'autres contes de fées, la rivalité oppose des enfants du même sexe. Mais dans la vie réelle, le plus souvent, elle se situe entre frères et sœurs.

La discrimination dont souffrent les femmes au bénéfice des hommes est une histoire vieille comme le monde, qui est actuellement remise en question. Il serait étrange que cette discrimination ne suscitât pas de la jalousie et de l'envie entre frères et sœurs de la même famille. Les publications psychanalytiques abondent de cas où des filles envient l'appareil sexuel du garçon ; l' « envie du pénis » chez la femme a été pendant longtemps un concept très répandu. On admet moins volontiers que cette envie n'est pas à sens unique et que les garçons sont très jaloux de ce que possèdent les filles : les seins et la faculté de porter des enfants [97].

Chaque sexe est jaloux de ce que l'autre possède, alors qu'il peut aimer ce qui lui appartient et en être fier, que ce soit son statut, son rôle social ou ses organes sexuels. Tout cela est facile à observer et c'est sans aucun doute une façon très juste de considérer l'affaire, mais, malheureusement, ce n'est pas encore généralement reconnu ni accepté. (Dans une certaine mesure cet aveuglement est dû à la mise en valeur exclusive de l'envie du pénis aux premiers temps de la psychanalyse, sans doute parce que les traités étaient écrits par des hommes qui ne voulaient pas examiner leur propre envie d'attributs féminins. On trouve le même chauvinisme aujourd'hui dans les écrits de certaines féministes militantes.)

L'histoire de Cendrillon, qui, beaucoup plus que tout autre conte de fées, aborde le thème de la rivalité fraternelle, serait très incomplète si elle n'exprimait pas d'une façon ou d'une autre la rivalité filles-garçons sur le plan de leurs différences sexuelles. Derrière cette envie sexuelle se cache la peur de la sexualité, ce qu'on appelle l' « angoisse de castration », la peur d'avoir une anatomie incomplète. *Apparemment, Cendrillon* ne parle que de la rivalité entre sœurs ; mais n'y aurait-il pas des allusions *cachées* à d'autres émotions, plus profondes et beaucoup plus refoulées ?

Garçons et filles souffrent gravement de l' « angoisse de castration », mais les sentiments qu'ils éprouvent sont différents. Les termes « envie du pénis » et

« angoisse de castration » n'insistent que sur un seul des aspects psychologiques complexes qu'ils désignent. Selon la théorie freudienne, le complexe féminin de la castration est centré sur l'idée que tous les enfants, à l'origine, ont un pénis et que les filles ont perdu le leur (sans doute pour les punir de leurs fautes), et espèrent le voir repousser. L'angoisse correspondante du garçon est la suivante : le fait que toutes les petites filles sont privées de pénis ne peut s'expliquer que parce qu'elles l'ont perdu, et il a peur qu'il lui arrive la même chose. La fille sujette à l'angoisse de la castration a de nombreux moyens de protéger son amour-propre contre cette déficience imaginaire : son inconscient, par exemple, peut élaborer des fantasmes où elle se trouve pourvue du même équipement que les garçons.

Pour comprendre les pensées et les sentiments inconscients qui ont fait de la jolie petite pantoufle l'élément central de *Cendrillon* et, ce qui est beaucoup plus important, pour comprendre les réactions inconscientes devant ce symbole, qui sont à l'origine du succès du conte, il faut admettre que des attitudes psychologiques très variées et même contradictoires ont été mises en relation avec le soulier, en tant que symbole.

Un incident très étrange a lieu dans la plupart des versions de *Cendrillon* : la mutilation que s'infligent les belles-sœurs pour pouvoir enfiler la minuscule pantoufle. D'après Cox, cet incident est commun à toutes les versions, à l'exception de celle de Perrault et de celles qui s'en sont inspirées. On peut considérer que cet incident est l'expression symbolique de l'un des aspects du complexe féminin de la castration.

En se mutilant les pieds, les sœurs dressent un dernier obstacle à la conclusion heureuse de l'histoire. Pour la dernière fois, avec l'aide active de la marâtre, elles essaient de tricher pour enlever à Cendrillon ce qui lui appartient de droit. Dans la version des frères Grimm, l'aînée des deux sœurs ne peut chausser la pantoufle parce que son pouce est trop grand. Sa mère lui tend un couteau et lui dit : « Coupe-le ; quand tu seras reine, tu n'auras plus besoin de marcher. » La fille s'exécute, enfile son pied dans la chaussure et va retrouver le prince qui « part avec elle comme sa fiancée ». Au moment où ils passent non loin de la tombe, deux colombes perchées sur le noisetier se mettent à chanter :

Roucou-oucou, roucou-oucou.
Dans la pantoufle le sang coule :
L'escarpin était trop petit.
La fiancée est au logis.

Le prince regarde la chaussure et voit que le sang en ruisselle. Il ramène la fausse fiancée à la maison et c'est au tour de l'autre sœur d'essayer la chaussure. Cette fois, c'est le talon qui est trop gros. De nouveau, la marâtre dit à sa fille de le couper, et les mêmes événements se répètent. Dans d'autres versions, où il n'y a qu'une seule fausse fiancée, elle se coupe l'orteil ou le talon, ou les deux. Dans *Rashin Coatie*, c'est la mère qui accomplit la mutilation.

Cet épisode renforce l'impression créée précédemment quant à la nature brutale des deux sœurs ; elles sont prêtes à tout pour frustrer Cendrillon et atteindre leur but. Leur comportement contraste vivement avec celui de l'héroïne qui ne veut atteindre le bonheur qu'en se montrant telle qu'elle est. Elle refuse d'être choisie en raison d'une apparence due à la magie et s'arrange pour que le prince la découvre vêtue de ses haillons. Les demi-sœurs comptent sur la tromperie, ce qui aboutit à leur mutilation, thème qui est repris à la fin de l'histoire quand les deux oiseaux blancs leur crèvent les yeux à coups de bec. Ce détail est d'une telle crudité, d'une telle cruauté qu'il a dû être inventé pour une raison précise, d'origine sans doute inconsciente. Les automutilations sont rares dans les contes de fées, contrairement aux mutilations infligées par les autres, comme châtiment ou pour tout autre motif.

Quand *Cendrillon* a été inventée, un stéréotype populaire opposait la masse impressionnante de l'homme à la petitesse féminine, ce qui faisait que le pied mignon de Cendrillon la rendait particulièrement féminine. Les demi-sœurs, avec leurs grands pieds, étaient présentées comme plus masculines, et donc moins désirables. Désespérant de conquérir le prince, elles ne reculent devant rien pour essayer de se transformer en jolies filles.

En se mutilant, pour se rendre plus féminines, elles ont fait saigner une partie de leur corps, et c'est ce saignement qui permet au prince de découvrir leur tricherie. Pour prouver leur féminité, elles se sont livrées à une autocastration symbolique ; en saignant à l'endroit de leur corps où s'est portée cette autocastration, elles prouvaient encore leur féminité : leur saignement peut être rapproché de la menstruation.

Que l'automutilation, ou la mutilation par le fait de la mère soit le symbole inconscient d'une castration éliminant le pénis imaginaire ; que le saignement soit ou non le symbole de la menstruation, toujours est-il que les efforts des demi-sœurs sont inutiles. Les oiseaux dénoncent le saignement qui prouve que ni l'une ni l'autre n'est la vraie fiancée. Cendrillon est la fiancée virginale ; pour l'inconscient, la fille qui n'a pas encore ses règles est plus nettement virginale que celle qui les a déjà. Et la fille qui exhibe son saignement — particulièrement à un homme — n'est pas seulement grossière, mais certainement moins virginale que celle qui ne saigne pas. Il semble donc que cet épisode, sur un autre plan de la compréhension inconsciente, oppose la virginité de Cendrillon à son absence chez ses demi-sœurs.

La pantoufle, qui décide du sort de Cendrillon, est un symbole beaucoup plus complexe. Elle a probablement été inventée à partir d'un certain nombre de notions inconscientes plus ou moins contradictoires et, par conséquent, éveille un certain nombre de réactions inconscientes chez l'auteur.

Pour l'esprit conscient, une pantoufle n'est qu'une pantoufle ; mais symboliquement, pour l'inconscient, elle peut, dans l'histoire, représenter le vagin ou des notions approchantes. Les contes de fées agissent au niveau du conscient et de l'inconscient, et c'est ce qui les rend plus artistiques, plus captivants, plus convaincants. Les objets qu'ils mettent en scène doivent donc pouvoir s'adapter au niveau conscient, tout en évoquant des associations très différentes de leur signification apparente. La pantoufle menue et le pied qui lui convient, et, d'autre part, le pied mutilé qui ne convient pas, sont des images qui ont un sens pour notre esprit conscient.

Dans *Cendrillon*, le joli petit pied a pour l'inconscient un attrait sexuel, mais en liaison avec une jolie pantoufle faite d'une matière précieuse (en fils d'or, par exemple) à laquelle le pied s'adapte confortablement. Cet élément de l'histoire de Cendrillon a été isolé pour former à lui tout seul un conte de fées qui nous a été rapporté par Strabon, et qui est beaucoup plus ancien que la séculaire *Cendrillon* chinoise. Ce conte relate l'histoire d'un aigle qui s'enfuit avec la sandale de la belle courtisane Rhodope et qui la laisse tomber devant le pharaon. Ce dernier est si bouleversé par la sandale qu'il met l'Egypte sens dessus dessous pour retrouver sa propriétaire, qu'il veut épouser [98]. Cette histoire montre que dans l'ancienne Egypte, comme de nos jours, et dans certaines circonstances, le soulier féminin, en tant que symbole de ce qui est le plus désirable chez la femme, éveille l'amour chez l'homme pour des raisons précises et profondément inconscientes.

Il doit y avoir de sérieux motifs pour que depuis plus de 2 000 ans (comme l'atteste l'histoire de Strabon) le soulier féminin ait été choisi pour permettre au galant de trouver la femme qui lui convient. La difficulté d'analyser la signification inconsciente du soulier, symbole du vagin, vient de ce que les deux sexes réagissent à cette signification symbolique de façons différentes *. C'est là que se situe la subtilité, et aussi la complexité et l'ambiguïté de ce symbole, et c'est pourquoi il a un attrait affectif aussi vif pour les deux sexes, quoique pour des raisons différentes. Il ne faut guère s'en étonner étant donné que le vagin, et ce qu'il représente pour l'inconscient, signifie quelque chose de différent selon le sexe de l'individu ; et c'est particulièrement vrai jusqu'au moment où l'individu atteint la maturité personnelle et sexuelle totale, c'est-à-dire à une époque assez tardive de la vie.

Dans l'histoire, le prince choisit Cendrillon en fonction de la pantoufle. S'il n'avait fondé son choix que sur l'apparence, la personnalité, ou toute autre qualité, il n'aurait pas pu se laisser berner par les demi-sœurs. Mais elles l'ont mystifié au point de partir l'une après l'autre avec lui en tant que fiancée. Les oiseaux ont dû lui dire qu'elles ne convenaient pas en attirant son attention sur le sang qui coulait de la chaussure. Ce n'est donc pas la pointure exacte de la chaussure qui décida de son choix, mais le sang qui la recouvrait. C'était quelque chose que le prince était incapable de découvrir tout seul, bien que, apparemment, on puisse croire que c'était très visible.

Cet aveuglement du prince, en ce qui concerne le sang de la chaussure, évoque un autre aspect de l'angoisse de la castration, celle qui se rapporte au sai-

---

* Un grand nombre de données folkloriques renforcent l'idée que le soulier peut être le symbole du vagin. Rooth, citant Jameson, raconte que selon la tradition mandchoue, la fiancée doit offrir des pantoufles aux frères de son futur époux ; comme le mariage de groupe est pratiqué, les beaux-frères auront droit au lit conjugal tant que durera l'union. Ces pantoufles sont ornées de *lien hua,* terme populaire servant à désigner les parties génitales de la femme [99].

Jameson donne plusieurs exemples où l'on voit que les souliers servaient de symbole sexuel en Chine, et Aigremont en fournit d'autres, pour l'Europe et l'Orient [100].

gnement de la menstruation. Le sang qui coule de la pantoufle n'est qu'un autre équivalent symbolique de la pantoufle-vagin mais du vagin qui saigne, comme pendant les règles. Le fait que le prince ne s'en rend pas compte exprime son besoin de se défendre des angoisses que ce saignement éveille en lui.

Cendrillon est l'épouse qui lui convient parce qu'elle le libère de ces angoisses. Son pied se glisse facilement dans la jolie pantoufle, ce qui montre que celle-ci peut cacher quelque chose de joli. Elle n'a pas à se mutiler ; elle ne saigne de nulle part. En fuyant par trois fois le bal, elle prouve que, contrairement à ses sœurs, elle n'est pas agressive dans sa sexualité et qu'elle attend patiemment d'être choisie. Mais une fois qu'elle est choisie, elle ne cède pas à contrecœur. En chaussant elle-même la pantoufle, en présence du prince qui est prêt à exécuter lui-même l'essayage, elle montre qu'elle a de l'esprit d'initiative et qu'elle est capable de décider de son destin propre. Le prince avait une telle angoisse vis-à-vis des demi-sœurs qu'il était incapable de se rendre compte de ce qui se passait. Mais il se sent en sécurité avec Cendrillon. Et c'est parce qu'elle peut lui procurer cette sécurité qu'elle est l'épouse qui lui convient.

Mais qu'en est-il de Cendrillon qui, après tout, est l'héroïne de l'histoire ? Le fait que le prince s'est entiché de sa pantoufle lui fait comprendre d'une façon symbolique qu'il aime sa féminité à travers le symbole du vagin. Quoi qu'elle ait pu éprouver en vivant parmi les cendres, elle sait qu'une personne qui vit dans ces conditions passe aux yeux des autres pour être sale et négligée. Il existe des femmes qui ressentent de la même façon leur féminité et d'autres qui craignent que les hommes aient la même réaction. C'est pourquoi Cendrillon, avant d'être choisie par le prince, veut être sûre qu'il la voie dans les cendres et dans ses guenilles. En lui tendant la pantoufle, le prince exprime symboliquement qu'il l'accepte telle qu'elle est, sale et dégradée.

Nous devons nous rappeler ici que la pantoufle d'or a été empruntée à un oiseau qui représente l'âme de la mère défunte que Cendrillon avait intériorisée et qui la soutenait dans ses épreuves et ses tribulations. Le prince, en lui présentant la pantoufle, lui fait posséder vraiment à la fois la pantoufle et le royaume. Il lui offre symboliquement sa féminité sous la forme de la pantoufle d'or-vagin : l'acceptation par l'homme du vagin et de l'amour qu'il éprouve pour la femme est l'ultime validation, par l'homme, du caractère désirable de sa féminité. Mais personne, pas même un prince de conte de fées, ne peut forcer une femme à accepter sa féminité ; seule Cendrillon, finalement, peut le faire, aidée toutefois par l'amour du prince. Telle est la signification profonde de ce passage de l'histoire : « Elle sortit son pied du pesant sabot de bois et le chaussa de la pantoufle qui le moulait parfaitement. »

A ce moment, ce qui avait été, au bal, une beauté empruntée, devient la vraie personnalité de Cendrillon ; c'est elle qui échange le sabot de bois, qui appartient à son existence de souillon, contre la pantoufle d'or.

Au cours de la cérémonie de la pantoufle, qui cèle les fiançailles de Cendrillon et du prince, celui-ci la choisit parce que, d'une manière symbolique, elle est la femme non castrée qui le soulage de son angoisse de castration qui empêcherait les relations conjugales d'être pleinement heureuses. Elle le choisit parce qu'il l'apprécie sous ses aspects sexuels « sales », parce qu'il accepte amoureusement son vagin représenté par la pantoufle, et parce qu'il approuve son désir du pénis, symbolisé par le petit pied qui se loge à l'aise dans la pantoufle-vagin. C'est pourquoi le prince apporte la pantoufle à Cendrillon et c'est pourquoi elle y glisse son petit pied : c'est en faisant cela qu'elle se reconnaît pour l'épouse qui convient au prince. Mais en enfonçant son pied dans la pantoufle, elle affirme qu'elle jouera, elle aussi, un rôle actif dans leurs rapports sexuels. Et elle donne aussi l'assurance qu'il ne lui manque, et qu'il ne lui manquera jamais rien ; elle possède tout ce qui convient au prince, de même que son pied convient parfaitement à la pantoufle.

Quelques réflexions sur une partie très répandue du cérémonial du mariage peuvent venir étayer cette idée. La fiancée tend un de ses doigts et le fiancé y glisse l'anneau. Le geste qui consiste à enfoncer un doigt dans un cercle formé par le pouce et l'index de l'autre main est le symbole populaire de l'acte sexuel. Mais le cérémonial de l'anneau nuptial exprime symboliquement tout autre chose. L'anneau, symbole du vagin, est donné par le fiancé à la fiancée ; elle lui présente le doigt tendu pour qu'il puisse achever le rite. La pantoufle d'*or,* que le prince présente à Cendrillon pour qu'elle y glisse le pied, semble être une autre forme du même rite ; nous sommes tellement habitués à cette scène que nous ne prêtons guère attention à sa signification symbolique : c'est par ce geste que la fiancée devient épouse.

Cendrillon est l'histoire de la rivalité et de la jalousie fraternelles et de ce qu'il faut faire pour la vaincre. L'envie et la jalousie sont avant tout suscitées par les caractéristiques sexuelles que les uns possèdent et que les autres n'ont pas. A la fin de l'histoire, sont intégrées et sublimées non seulement la rivalité fraternelle mais aussi la rivalité sexuelle. La frustration complète du début, causée par la jalousie, devient un grand bonheur grâce à un amour qui comprend les sources de cette jalousie, les accepte et, ce faisant, les élimine.

Cendrillon reçoit du prince ce qui, pensait-elle, lui manquait, et il lui affirme maintenant, sous une forme symbolique, qu'il ne lui manque absolument rien et qu'elle recevra ce qu'elle désirait posséder. Le prince, de son côté, reçoit de Cendrillon l'apaisement dont il avait tant besoin : qu'elle désirait depuis longtemps posséder un pénis, et qu'elle acceptait qu'il soit le seul à pouvoir satisfaire ce désir. Cet acte symbolise qu'elle n'a pas été castrée de ses désirs et qu'elle ne veut castrer personne ; il n'a donc pas à craindre que cela lui arrive. Elle reçoit de lui ce dont elle a le plus grand besoin pour elle-même ; il reçoit d'elle ce dont il a le plus grand besoin pour lui-même. Le thème de la pantoufle est destiné à apaiser les angoisses inconscientes de l'homme et à satisfaire les désirs inconscients de la femme. Ils peuvent ainsi trouver l'un et l'autre l'accomplissement le plus total de leurs relations sexuelles au sein de leur mariage. Grâce à ce thème, l'histoire éclaire l'inconscient sur ce qu'impliquent la sexualité et le mariage.

L'enfant qui réagit inconsciemment au sens caché du conte, qu'il soit fille ou garçon, comprendra mieux ce qui se cache derrière ses sentiments jaloux et derrière l'angoisse qu'il éprouve à l'idée d'être celui qui sera frustré. Il gagnera également quelque notion de l'angoisse irrationnelle qui peut faire obstacle à la réalisation d'une relation sexuelle heureuse, et de ce qu'il faut faire pour établir cette relation. Mais le conte dit aussi à l'enfant que, tels les héros de l'histoire, il sera à même de maîtriser ses angoisses et que, malgré toutes ses épreuves, tout se terminera bien.

La conclusion heureuse serait incomplète si les adversaires n'étaient pas punis. Mais le châtiment n'est infligé ni par Cendrillon ni par le prince. Les oiseaux qui ont aidé Cendrillon à séparer les bonnes lentilles des mauvaises, achèvent l'œuvre de destruction que les demi-sœurs ont elles-mêmes commencée. Leur cécité symbolise l'aveuglement de leur esprit quand elles croyaient qu'elles pourraient s'élever en avilissant les autres ; quand elles fondaient leur avenir sur leur apparence extérieure ; et surtout, quand elles pensaient atteindre le bonheur sexuel par l'(auto)-castration.

Pour pouvoir sonder la signification de certaines particularités de ce conte si apprécié, j'ai dû prendre en considération les rapprochements sexuels. Je crains, en les discutant, d'être allé à l'encontre du conseil du poète : « Marche doucement, car tu marches sur mes rêves [101]. » Mais les rêves n'ont commencé à révéler leur signification et leur importance qu'à partir du moment où Freud a osé explorer la variété des pensées inconscientes, souvent grossières et indécentes, qui se cachent derrière une apparence innocente. Sous l'influence de Freud, nos rêves nous sont apparus beaucoup plus problématiques, plus dérangeants, plus difficiles à manier. Mais ils sont aussi la voie royale qui mène à la connaissance de l'inconscient et qui nous permet de nous former une idée neuve et plus riche de nous-mêmes et de la nature de notre humanité.

L'enfant qui aime *Cendrillon* réagira la plupart du temps à telle ou telle signification superficielle. Mais à certains stades de son développement vers la compréhension de soi, selon les problèmes qu'il affronte, son inconscient sera éclairé par l'une des significations cachées de l'histoire, indiquée par quelque détail important [102].

Ouvertement, l'histoire aide l'enfant à accepter la rivalité fraternelle en tant que fait routinier de la vie, et lui assure qu'il ne doit pas avoir peur d'être détruit par elle ; au contraire, si ses frères et sœurs ne se montraient pas si méchants envers lui, son triomphe final aurait beaucoup moins d'éclat. Elle dit aussi à l'enfant que, si on le considère comme sale et négligé, ce n'est qu'un stade passager qui n'aura aucune conséquence néfaste pour l'avenir. L'histoire contient également des leçons de morale évidentes : que « l'habit ne fait pas le moine » ; que si on est sincère avec soi-même, on est sûr de l'emporter sur ceux qui prétendent être ce qu'ils ne sont pas ; et que la vertu sera récompensée et le mal puni.

D'autres leçons, écrites en toutes lettres, se lisent plus difficilement : que pour pouvoir développer au maximum sa personnalité, il faut savoir exécuter des travaux pénibles et être capable de distinguer le bien du mal (Cendrillon triant des lentilles) ; et que si on sait s'y prendre, des choses de grande valeur peuvent être extraites d'une matière aussi vile que l'est la cendre.

Derrière la façade, le conscient de l'enfant saisit très bien l'importance de la fidélité à ce que le passé avait de bon, l'importance de conserver bien vivante la confiance foncière née de la relation à la mère bonne. Cette confiance permet d'obtenir de la vie ce qu'elle a de meilleur ; et on remportera plus facilement la victoire si on trouve le chemin qui remonte aux valeurs de la mère bonne.

Si on considère la relation de l'enfant non seulement à sa mère mais à ses parents en général, *Cendrillon* présente aux parents et aux enfants des aperçus très importants qu'aucun autre conte de fées célèbre n'exprime aussi bien. Ces aperçus ont une telle signification que je les ai gardés pour la fin de cette étude. Ces messages sont si nettement incorporés au conte qu'ils ne peuvent manquer de produire une impression ; et leur impact est d'autant plus important que nous sommes incapables de nous préciser consciemment ce qu'ils sont. Dès que nous avons incorporé ce conte de fées, ses leçons, sans que nous le « sachions », s'intègrent à notre compréhension de la vie.

Dans aucun conte de fées populaire la mère bonne et la mère mauvaise ne sont aussi clairement mises en juxtaposition. Même dans *Blanche-Neige,* qui pourtant nous parle de la pire des marâtres, celle-ci n'impose pas des corvées impossibles à sa fille et n'exige pas d'elle de durs travaux. De même, elle ne réapparaît pas plus tard sous la forme de la bonne mère originelle pour assurer le bonheur à son enfant. Mais la marâtre de Cendrillon ne se prive pas de lui infliger des corvées pénibles ou impossibles. L'histoire nous dit ouvertement que Cendrillon a trouvé son prince *malgré* le traitement que sa marâtre lui fait subir. Mais dans l'inconscient, surtout chez le jeune enfant, « malgré » est souvent l'équivalent de « parce que ».

Si on ne l'avait pas contrainte à devenir une « Cendrillon », l'héroïne ne serait jamais devenue la fiancée du prince ; c'est ce que l'histoire exprime très clairement. Elle nous dit que pour réaliser son identité personnelle et pour se réaliser au plus haut niveau il nous faut deux choses : les bons parents originels, et, plus tard, les (beaux-)parents qui semblent imposer leurs exigences « cruellement » et « froidement ». C'est la réunion des deux qui porte Cendrillon à sa perfection. Si la mère bonne ne se transformait pas pour un temps en (belle-)mère mauvaise, il n'y aurait pas cet élan qui permet de développer un *soi* distinct, de distinguer le bien du mal, d'acquérir l'initiative et l'autodétermination. En est témoin le fait que les belles-sœurs, pour qui la marâtre reste la bonne mère tout au long de l'histoire, n'accèdent jamais à rien de ce qui précède. Elles restent comme des coquilles vides. Quand il est évident que la pantoufle ne leur va pas, elles n'agissent pas, et c'est leur mère qui leur dit ce qu'il faut faire. Tout cela est mis en valeur par la cécité (leur immaturité) à laquelle elles sont condamnées pour toute leur vie, symbole, mais aussi conséquence logique du fait qu'elles ont été incapables de développer une personnalité bien à elles.

Pour pouvoir évoluer vers l'individualisation, il faut une base solide : la « confiance foncière », qui ne peut venir que de la relation aux parents bons. Mais pour que ce processus devienne possible et inéluctable (l'enfant ne s'y engage que s'il devient inévitable, parce qu'il est beaucoup trop pénible) les bons parents doivent apparaître pendant un certain temps comme mauvais, comme des bourreaux qui font errer leur enfant, pendant des années, dans son désert personnel, comme des êtres indifférents au bien-être de l'enfant, et qui lui imposent, apparemment « sans répit », leurs exigences. Mais si l'enfant réagit à ce dur régime en développant son *soi* d'une façon indépendante, les bons parents, comme par miracle, réapparaissent. Ce cheminement est comparable à celui des parents qui ne comprennent rien à leur enfant adolescent, jusqu'au moment où il atteint sa maturité.

Cendrillon détaille les étapes du développement de la personnalité indispensables à l'accomplissement de soi, et les présente à la manière des contes de fées, de telle sorte que n'importe qui peut comprendre ce qu'il doit faire pour devenir un être humain accompli. Rien d'étonnant à cela puisque, comme j'ai essayé de l'expliquer tout au long de ce livre, le conte de fées symbolise extrêmement bien le travail de notre psyché : il nous montre ce que sont nos problèmes psychologiques et comment ils peuvent être maîtrisés au mieux. Erikson, dans son modèle du cycle de vie humaine, nous dit que l'être idéal se développe par l'intermédiaire de ce qu'il appelle « les stades de crises spécifiques psychosociales », s'il atteint les uns après les autres les buts idéaux de chacun de ces stades. Ces crises sont, dans l'ordre : d'abord la confiance foncière, représentée par l'expérience vécue par Cendrillon en relation avec la bonne mère originelle et ce que cette expérience a solidement implanté dans sa personnalité ; deuxièmement, l'autonomie — lorsque Cendrillon accepte son rôle particulier et en tire le maximum ; troisièmement, l'initiative — Cendrillon en fait preuve quand elle plante la baguette et la fait croître avec l'expression de ses sentiments intimes, avec ses pleurs et ses prières ; quatrièmement, l'assiduité au travail — représentée par les dures corvées de Cendrillon, par exemple quand elle trie les lentilles ; cinquièmement, l'identité — Cendrillon se sauve du bal, se cache dans le colombier puis dans le poirier, et insiste pour que le prince la voie et l'accepte sous son identité négative de « Cendrillon » avant d'assumer, en devenant son épouse, son identité positive (toute identité véritable a des aspects positifs et négatifs). Selon le schéma d'Erikson, quand on a résolu idéalement ces crises psychosociales et intégrant les attributs de la personnalité qui viennent d'être énumérés, on est prêt à vivre en véritable intimité avec l'autre [103].

La différence entre ce qui arrive aux demi-sœurs, qui restent attachées aux « bons parents » sans se développer intérieurement, et, d'autre part, l'évolution significative que Cendrillon doit entreprendre quand sa bonne mère originelle est remplacée par une marâtre, cette différence permet à tous les parents et à tous les enfants de comprendre qu'il est dans l'intérêt de l'enfant que celui-ci par moments voie en ses parents des « beaux-parents » qui se font exigeants et qui le repoussent. Si *Cendrillon* produit une impression sur les parents, ceux-ci doivent pouvoir mieux accepter l'idée que, si leur enfant doit évoluer vers la maturité, ils doivent nécessairement, eux-mêmes, à certains moments, faire figure de mauvais parents. L'histoire dit aussi que, quand l'enfant a atteint sa véritable identité, les bons parents ressusciteront dans son esprit, encore plus puissants qu'auparavant, et qu'ils remplaceront pour toujours l'image des mauvais parents.

Ainsi, *Cendrillon* offre aux parents le réconfort dont ils ont besoin en leur montrant que c'est à juste propos que leurs enfants les voient momentanément sous un mauvais jour. L'enfant apprend de *Cendrillon* que pour gagner son royaume il lui faut, à un certain moment, vivre une existence de « Cendrillon », non seulement en ce qui concerne les corvées que cette existence implique, mais aussi à l'égard des tâches difficiles qu'il doit accomplir de sa propre initiative. Selon le stade de développement psychologique de l'enfant, le royaume de Cendrillon sera soit un paradis de récompenses illimitées, soit la réalisation de son individualité et l'accomplissement de sa personnalité unique.

Inconsciemment, les enfants et les adultes réagissent aussi aux autres affirmations de Cendrillon : que l'héroïne, malgré les conflits œdipiens apparemment dévastateurs qui sont à l'origine de sa déchéance, malgré la déception provoquée par son père et malgré le remplacement de sa mère par une marâtre, jouira d'une vie satisfaisante, meilleure même que celle de ses parents. En outre, l'histoire dit que l'angoisse de castration elle-même n'est que le produit de l'imagination de l'enfant : chacun, en faisant un bon mariage, trouvera l'accomplissement sexuel de ses rêves impossibles ; il aura un vagin d'or, et elle aura épisodiquement un pénis.

Cendrillon guide l'enfant depuis ses plus grandes déceptions — les désillusions œdipiennes, l'angoisse de castration, la mauvaise opinion qu'il a de lui-même, calquée sur celle qu'il prête aux autres — jusqu'au moment où il développe son autonomie, où il devient sérieux dans son travail et où il atteint son identité positive. Cendrillon, à la fin de l'histoire, est effectivement prête à vivre un heureux mariage. Mais aime-t-elle le prince ? L'histoire ne le dit nulle part. Tout se termine au moment des fiançailles, quand le prince lui tend la pantoufle dorée, ou un anneau d'or dans certaines versions [104]. Mais qu'a Cendrillon encore à apprendre ? Quelles autres expériences sont nécessaires pour montrer à l'enfant ce qu'est le véritable amour ? Les réponses à ces questions sont fournies par le dernier cycle de contes de fées que nous allons considérer dans ce livre : le cycle du fiancé-animal.

Le cycle du fiancé-animal dans les contes de fées

ou la lutte pour la maturité

Blanche-Neige est emportée par le prince ; elle est comme morte, dans son cercueil ; c'est par hasard qu'elle recrache en toussant le morceau de pomme empoisonné qui est resté coincé dans sa gorge, et qu'elle revient à la vie. La Belle au Bois Dormant ne se réveille que parce que son prince charmant l'embrasse. La période d'avilissement de Cendrillon prend fin quand elle essaie avec succès la pantoufle. Dans chacune de ces histoires, comme dans tant d'autres, le chevalier servant prouve son amour d'une façon ou d'une autre. Mais nous restons dans le vague en ce qui concerne les sentiments de l'héroïne. Prenons la version des frères Grimm des trois contes cités plus haut : on ne nous dit absolument pas que Cendrillon est amoureuse ; nous ne pouvons que tirer des conclusions du fait qu'elle va trois fois au bal pour voir le prince. Tout ce que nous savons des sentiments de la Belle au Bois Dormant, c'est qu'en se réveillant elle a un regard « tendre » pour le prince qui la délivre de son enchantement. On ne nous dit guère plus de Blanche-Neige quand le prince la ramène à la vie. Tout se passe comme si ces histoires évitaient délibérément de nous dire que l'héroïne est amoureuse. On a l'impression que les contes de fées eux-mêmes ne font guère confiance au coup de foudre. Au contraire, ils nous disent que, pour aimer vraiment, il ne suffit pas d'être réveillée et choisie par un prince.

Les princes libérateurs tombent amoureux de l'héroïne parce qu'elle est belle, ce qui symbolise sa perfection. Etant amoureux, donc, ils doivent prouver par leurs actions qu'ils sont dignes de la femme qu'ils aiment, attitude toute différente de celle de l'héroïne qui accepte passivement d'être aimée. Dans *Blanche-Neige*, le prince déclare qu'il ne peut pas vivre sans sa belle ; il propose aux nains tout ce qu'ils veulent pour pouvoir l'emporter et, finalement, il peut partir avec elle. En s'enfonçant dans le mur d'épines pour joindre la Belle au Bois Dormant, le galant risque sa vie. Le prince de *Cendrillon* invente un stratagème pour s'emparer de l'héroïne, mais quand elle lui échappe une dernière fois, ne lui laissant qu'une pantoufle, il remue ciel et terre pour la retrouver. Toutes ces histoires montrent qu'il est facile de tomber amoureux mais qu'il en faut beaucoup plus pour aimer. Mais comme les héros masculins n'ont qu'un rôle secondaire, on ne sait rien de plus précis sur leur comportement ultérieur, sur la nature de leur engagement et sur la transformation qu'implique le fait d' « être amoureux ».

Tous les contes que nous avons étudiés jusqu'ici signifient que si on veut affirmer sa personnalité, réaliser son intégrité et assurer son identité, il faut passer par une évolution difficile : il faut accepter des épreuves, affronter des dangers et gagner des batailles. Ce n'est que de cette façon que l'on peut maîtriser son destin et gagner son propre royaume. Ce qui arrive aux héros et aux héroïnes des contes de fées peut être comparé (et l'a été) aux rites d'initiation que le novice aborde avec toute sa naïveté et son manque de formation et qu'il quitte après avoir atteint un niveau supérieur qu'il ne pouvait imaginer au début de ce voyage sacré. Ayant obtenu sa récompense et son salut, le héros, ou l'héroïne, devient vraiment lui-même et digne d'être aimé.

Mais quelque méritoire que soit cette évolution de l'individu, et bien qu'elle puisse sauver l'esprit, elle n'est pas suffisante pour assurer le bonheur. Pour cela, il faut aller au-delà de son isolement et établir un lien avec l'autre. Le *moi* sans le *toi* vit une existence solitaire quel que soit le plan supérieur qu'ait atteint son existence. C'est ce qu'annonce la conclusion heureuse des contes de fées, quand le héros s'unit au partenaire de sa vie. Mais on ignore encore ce que doit faire l'individu pour dépasser son isolement après avoir consolidé sa personnalité. Ni dans *Blanche-Neige*, ni dans *Cendrillon* (je veux parler des versions des frères Grimm) on ne nous parle de la vie des héroïnes après leur mariage ; on ne nous dit même pas qu'elles vécurent heureuses avec leur partenaire. Ces deux contes, tout en conduisant l'héroïne au seuil du véritable amour, ne parlent pas du stade d'évolution personnelle qu'exige l'union avec l'aimé.

Les contes de fées n'accompliraient qu'incomplètement leur œuvre, qui est d'établir les assises de la connaissance de soi et des rapports avec les autres, s'ils ne préparaient pas l'esprit de l'enfant aux transformations exigées par l'amour et à celles qu'il entraîne. De nombreux contes de fées commencent là où finissent ceux qui ressemblent à *Cendrillon* et à *Blanche-Neige ;* et ils nous apprennent que, aussi délicieux qu'il soit d'être aimé, le bonheur n'est pas garanti, même si on est aimé par un prince. Pour s'accomplir par l'amour et en lui, il faut une autre transition. Il ne suffit pas d'être soi-même, serait-ce au prix de luttes aussi difficiles que celles qu'ont connues Blanche-Neige et Cendrillon.

On ne peut devenir un être humain complet, riche de toutes ses possibilités, que si, tout en étant soi-même, on est capable et heureux d'être soi-même avec un autre. Pour atteindre cet état, il faut mettre en jeu les couches les plus profondes de sa personnalité.

Comme toute transformation qui touche notre être le plus intime, celle-ci offre des dangers qu'il faut affronter avec courage et présente des problèmes qu'il faut résoudre. Le message de ces contes de fées est que nous devons abandonner les attitudes infantiles et adopter celles de la maturité si on veut établir ce lien intime avec l'autre, qui promet un bonheur à deux durable et solide.

Les contes de fées préparent l'enfant à cette évolution d'une façon qui lui permet d'acquérir une compréhension préconsciente de sujets qui le perturberaient gravement s'ils étaient imposés à son attention consciente. Mais ces idées, semées dans son préconscient ou dans son inconscient, seront disponibles quand le moment sera venu de commencer à les comprendre. Comme tout, dans les contes de fées, est exprimé de façon symbolique, l'enfant peut écarter ce à quoi il n'est pas préparé pour ne réagir qu'à ce qu'on lui raconte en surface. Mais à mesure qu'il se prépare à le maîtriser et à en profiter, il peut également glaner brin par brin le sens qui se cache derrière le symbole.

D'une certaine manière, les contes de fées sont pour l'enfant une manière idéale de s'initier à la sexualité, selon les possibilités de son âge et la faculté de comprendre qu'il a atteinte à la suite de son évolution. Toute éducation sexuelle plus ou moins directe, même si elle est exprimée dans le langage de l'enfant et dans des termes qu'il peut comprendre, ne lui laisse aucun choix : il doit l'accepter, même s'il n'est pas prêt à la recevoir, au risque d'en être perturbé et embrouillé. Incapable de se protéger contre cette information envahissante, il ne peut maîtriser ce qu'on lui dit qu'en le déformant ou en le refoulant, ce qui entraîne des conséquences dangereuses sur le moment et pour l'avenir.

Les contes de fées disent qu'il vient un moment où nous devons apprendre ce que nous ne savions pas jusque-là ; autrement dit, en termes de psychanalyse, un moment où nous devons cesser de refouler notre sexualité. Ce que nous connaissions comme dangereux, détestable, des réalités à fuir comme la peste, doit changer d'apparence pour que nous puissions découvrir quelque chose de vraiment beau. Et c'est l'amour qui le permet. Bien que le renoncement au refoulement et ce changement d'attitude envers la sexualité soient en réalité des phénomènes concomitants, les contes de fées les abordent séparément. En général, cette évolution ne s'effectue pas brusquement ; le plus souvent, il s'agit d'un long processus au bout duquel on se rend compte que la sexualité peut être très différente de ce que l'on imaginait auparavant. Il existe donc certains contes qui nous familiarisent avec le choc brutal d'une prise de conscience heureuse, d'autres qui nous disent qu'il faut lutter longtemps pour parvenir au moment où cette révélation inattendue a lieu.

Dans de nombreux contes de fées, le héros intrépide tue des dragons, écrase des géants et des monstres, des sorcières et des ogres. Finalement, l'enfant intelligent commence à se demander ce que veulent prouver tous ces héros. S'ils n'ont que mépris pour leur propre sécurité, comment se fait-il qu'ils viennent offrir la sécurité à la belle qu'ils veulent sauver ? Qu'ont-ils fait de leurs sentiments naturels d'angoisse, et pourquoi ? Connaissant sa propre faiblesse et sa propre peur, et sachant qu'il essaie souvent de les nier, l'enfant conclut que, pour une raison ou pour une autre, ces héros tiennent à convaincre tout le monde, et eux-mêmes, qu'ils sont étrangers à toute angoisse.

Les fantasmes de gloire œdipiens prennent corps dans les contes de fées où le héros tue les dragons et sauve la demoiselle en détresse. Mais ces histoires, en même temps, sont la négation des angoisses œdipiennes, y compris celles qui sont d'ordre sexuel. En refoulant tous leurs sentiments d'angoisse pour se montrer parfaitement impavides, ces héros s'empêchent de découvrir exactement l'origine de leurs angoisses. Parfois, leurs angoisses sexuelles pointent derrière les fantasmes d'un héroïsme extravagant : dès que le héros intrépide a conquis sa princesse, il l'évite, comme s'il avait le courage de se battre et non celui d'aimer. Dans un de ces contes, *Le Corbeau,* des frères Grimm, le héros, pendant trois jours consécutifs s'endort au moment où sa princesse, comme elle le lui a promis, vient le voir. Dans d'autres contes (*Les Deux Enfants du roi* et *Le Tambour,* des frères Grimm également) le héros dort profondément pendant toute la nuit pendant que la princesse l'appelle du seuil de sa chambre, et elle ne parvient à l'éveiller qu'à la troisième tentative. En ce qui concerne *Jack fait des affaires,* j'ai déjà avancé une interprétation de l'attitude de Jack qui reste de marbre dans le lit où il est couché avec sa femme ; sur un autre plan, sa froideur symbolise son angoisse sexuelle. Ce qui semble être une absence de sentiments est en réalité le vide laissé par le refoulement, et ce refoulement doit être dénoué pour que devienne possible la félicité conjugale, qui exige le bonheur sexuel.

Le conte de celui qui voulait apprendre la peur

Certains contes de fées nous parlent de la nécessité de pouvoir avoir peur. Le héros peut vivre des aventures à vous faire dresser les cheveux sur la tête sans éprouver l'ombre d'une angoisse, mais il ne peut tirer de satisfaction de sa vie que du jour où il est de nouveau capable d'avoir peur. Dans quelques contes, le héros se rend compte dès le début que son manque de peur est une déficience. C'est le cas du conte des frères Grimm *Histoire d'un qui s'en alla pour apprendre le tremblement.* Un jour, son père lui dit que, comme son aîné, il doit apprendre à faire quelque chose pour gagner son pain. Il répond : « Oh, mon père, je ne demande pas mieux que d'apprendre quelque chose...

Ce que je voudrais bien apprendre, c'est à trembler. Je n'en sais rien du tout et ne comprends même pas ce que cela peut être. » Pour y parvenir, le héros se lance dans des aventures terrifiantes. Mais il ne ressent rien. Avec une énergie surhumaine, et un courage surhumain s'il connaissait la peur, le héros lève l'enchantement maléfique qui pesait sur le château du roi. Celui-ci lui dit qu'en récompense il lui accorde sa fille. « Tout cela est bel et bon, répond le héros, mais je ne sais toujours pas ce que c'est que le tremblement. » En répondant ainsi, il avoue que tant qu'il est incapable d'avoir peur, il n'est pas prêt pour le mariage. Le conte insiste sur ce point en disant que tout amoureux qu'il fût de sa princesse, le héros continuait de soupirer : « Si seulement je savais trembler, si seulement je pouvais trembler ! » Finalement, c'est dans le lit conjugal qu'il apprend à trembler, quand sa femme, exaspérée par son antienne, rejette les couvertures et verse sur lui un seau d'eau froide où frétillent des goujons. Il se réveille en sursaut et s'écrie : « Oh, ma chère femme, je tremble, je tremble tellement ! Ah ! je sais à présent ce que c'est que le tremblement. »

Grâce à sa femme, dans le lit conjugal, le héros de cette histoire découvre ce qui manquait à sa vie. Pour l'enfant, plus encore que pour l'adulte, il semble clair qu'on ne peut trouver quelque chose que si on a commencé par le perdre... A un niveau subconscient, l'histoire suggère que le héros a perdu sa faculté de trembler pour ne pas avoir à affronter les sentiments qui l'assaillent dans le lit conjugal, c'est-à-dire ses émotions sexuelles. Mais sans ces émotions, comme il ne cesse de le répéter, il n'est pas une personne à part entière ; il ne veut même pas se marier tant qu'il n'est pas capable de trembler.

Le héros de ce conte ne pouvait pas trembler à cause du refoulement de tous ses sentiments sexuels, comme le montre le fait que, une fois retrouvée la peur sexuelle, il peut enfin être heureux. Il existe, dans cette histoire, une subtilité qui peut facilement échapper au conscient, mais qui ne manque pas de marquer l'inconscient de son empreinte. Le titre du conte nous dit que le héros « s'en alla pour apprendre le tremblement ». Tout au long de l'histoire on nous parle de la peur. C'est un art, dit le héros, qui échappe à sa compréhension. L'angoisse sexuelle est ressentie le plus souvent sous la forme d'une répulsion ; l'acte sexuel fait trembler la personne qui est angoissée à son sujet, mais d'habitude, n'éveille pas une peur active.

Que l'auditeur de cette histoire se rende compte ou non que c'est l'angoisse sexuelle qui empêche le héros de trembler, l'incident qui, finalement, le fait trembler évoque la nature irrationnelle de certaines de nos angoisses les plus pénétrantes. Le fait que sa femme soit seule à le guérir de sa peur pendant la nuit, quand ils sont au lit, indique assez clairement la nature sous-jacente de l'angoisse.

Pour l'enfant, qui connaît surtout la peur quand il est dans son lit, la nuit, mais qui finit par comprendre combien ses angoisses pouvaient être irrationnelles, ce conte, à un niveau apparent, avance l'idée que derrière l'absence d'angoisse (souvent affectée par bravade) peuvent se cacher des peurs très immatures, et même enfantines, qui sont empêchées d'accéder au conscient.

Quelle que soit la façon dont l'histoire est ressentie, elle dit que le bonheur conjugal exige que l'individu prenne conscience de sentiments qui, jusqu'au mariage, étaient inaccessibles. Elle dit aussi que c'est la femme qui, finalement, apporte l'humanité à l'homme, parce que avoir peur est humain, et le contraire inhumain. Cette histoire révèle, à la façon des contes de fées, que dans la dernière transition qui précède l'accession à l'humanité adulte, les refoulement doivent être dénoués.

Le fiancé-animal

Certains contes, beaucoup plus nombreux et populaires, sans faire aucune allusion au refoulement qui provoque une attitude négative vis-à-vis du sexe, enseignent simplement que, pour qu'il y ait amour, il faut changer radicalement cette attitude. Ce changement est exprimé, comme toujours dans les contes de fées, à l'aide d'images frappantes : une bête se transforme en une personne d'une très grande beauté. Ces histoires, très différentes les unes des autres, ont cependant un trait commun : le partenaire sexuel se présente d'abord sous l'aspect d'un animal ; c'est pourquoi les commentateurs des contes de fées ont appelé ce cycle « le fiancé (ou le mari)-animal » (ou « la fiancée-animal », pour les contes, moins connus actuellement, où la future partenaire est d'abord un animal *). Celui de ces contes que l'on connaît le mieux

---

* Dans ces contes de fées, le fiancé-animal est le plus souvent sauvé par l'amour d'une femme, et la fiancée-animal échappe à son sortilège grâce à l'amour d'un homme, ce qui montre une fois de plus que le même thème peut s'appliquer indifféremment aux deux sexes. Dans les langues dont la structure le permet, les noms des personnages principaux sont ambigus, de telle sorte que l'auditeur peut se les représenter à son gré.

Dans les contes de Perrault, les noms des personnages principaux sont de cet ordre. Par exemple, le vrai titre de *Barbe-Bleue* est *La Barbe Bleue ;* le nom d'un personnage nettement masculin est construit avec l'article féminin. « Cendrillon » a une désinence masculine ; la forme féminine aurait pu être « Cendrillette » ou « Cendrillonnette ». Le Petit Chaperon Rouge porte ce nom non seulement parce que le « chaperon » est un vêtement du genre masculin, mais parce que, à cause de cela, le nom de l'héroïne exige l'article masculin. La Belle au Bois Dormant porte un article féminin, mais « dormant » est une forme qui s'applique aussi bien aux hommes qu'aux femmes (Soriano, *op. cit.*).

En allemand, la plupart des personnages principaux sont du genre neutre, comme l'est lui-même le mot enfant *(Das Kind).* Nous avons ainsi *Das Schneewittchen* (Blanche-Neige), *Das*

aujourd'hui est *La Belle et la Bête* [105]. Ce thème est si populaire dans le monde entier qu'aucun autre conte n'a eu autant de variantes que lui [106].

Les contes qui appartiennent à ce cycle ont trois caractéristiques principales. D'abord ils ne nous disent pas pour quelle raison le fiancé a été changé en animal, alors que d'autres contes ne nous le cachent pas. Ensuite, la métamorphose est le fait d'une sorcière ; mais elle n'en est pas punie. Enfin, c'est son père qui favorise la rencontre de l'héroïne et de la Bête ; elle se joint à lui par amour ou pour obéir à son père ; apparemment, la mère ne joue aucun rôle important.

Si on applique à ces trois aspects les principes de la psychologie des profondeurs, on commence à apercevoir la signification subtile de ce qui apparaît de prime abord comme de graves lacunes. Nous ignorons donc pourquoi le fiancé a été contraint de revêtir l'apparence d'un animal repoussant et pourquoi ce méfait dont il a été victime est resté impuni. Cela nous laisse penser que la perte de l'apparence « naturelle », ou agréable, se situe dans un passé insondable, à une époque où nous ne comprenons rien à ce qui nous arrive, même si les conséquences ont une longue portée. Irons-nous jusqu'à dire que le refoulement de la sexualité survient si précocement que nous sommes incapables de nous en souvenir ? Personne ne peut se rappeler à quel moment de sa vie la sexualité a commencé à prendre la forme de quelque chose d'animal, quelque chose qui fait peur, qu'il faut cacher et fuir comme la peste : le tabou survient généralement beaucoup trop tôt pour qu'on puisse se souvenir de son apparition. Il n'y a pas si longtemps, dans la bourgeoisie, les parents disaient à leurs enfants qu'ils pouvaient bien attendre leur mariage pour être initiés aux choses de la sexualité. Pourquoi s'étonner dans

---

Dornröschen (La Belle au Bois Dormant), *Das Rotkäppchen* (Le Petit Chaperon Rouge) et *Das Aschenputtel* (Cendrillon).

ces conditions que, dans *La Belle et la Bête*, le fiancé, ayant repris forme humaine, dise à sa belle qu'une méchante fée l'avait condamné à être un animal jusqu'au moment où une jeune vierge consentirait à l'épouser ? Seul le mariage donnait accès à la sexualité, transformait son aspect bestial en un lien sanctifié par le sacrement du mariage.

Comme les mères — ou les bonnes d'enfant — étaient les premières éducatrices, il est vraisemblable qu'elles sont responsables, de quelque manière, des premiers tabous sexuels ; c'est donc une femme — la sorcière — qui transforme le futur fiancé en animal. Dans un conte, au moins, de ce cycle, on nous dit que c'est la méchanceté de l'enfant qui est la cause de sa métamorphose, et que c'est sa mère qui en est l'auteur. Il s'agit d'une histoire des frères Grimm, *Le Corbeau* où, dès les premières lignes, nous apprenons qu'une reine avait une fille si petite que, malgré ses quelques années, elle avait l'air d'être un bébé quand elle était dans ses bras. Un jour, l'enfant était si insupportable que sa mère formula un vœu, en sachant très bien qu'il serait exaucé. Des corbeaux volaient autour du château. Elle ouvrit une fenêtre, et exaspérée de voir que sa fille ne la laissait pas une seconde tranquille, elle cria : « Je voudrais que tu sois un corbeau et que tu t'envoles loin d'ici ! » L'enfant fut immédiatement transformée en corbeau... On peut penser, sans trop se hasarder, qu'il s'agissait de la part de l'enfant d'un comportement sexuel innommable, inacceptable et instinctuel, si troublant pour la mère que, dans son subconscient, elle sentit que son enfant se conduisait comme un animal et pouvait donc aller rejoindre d'autres animaux. Si l'enfant n'avait fait que pleurer ou crier, l'histoire nous l'aurait dit et la mère aurait été moins prompte à abandonner l'enfant.

Dans les contes mettant en scène le fiancé-animal, la mère est absente, mais elle est remplacée par la sorcière qui est responsable de ce que l'enfant voit dans le sexe quelque chose d'animal. Presque tous les parents imposent des tabous sur la sexualité ; cette pratique est si universelle et, à certain degré, si inévitable dans l'éducation de l'enfant, qu'il n'y a aucune raison de punir la personne qui a fait apparaître à l'enfant l'aspect animal de la sexualité. C'est pourquoi la sorcière n'est pas châtiée à la fin du conte.

C'est l'affection et le dévouement de l'héroïne qui transforme la bête en prince charmant. Il ne sera libéré de son sortilège que si elle l'aime vraiment. Pour que la jeune fille puisse aimer totalement son partenaire, elle doit être à même de transférer sur lui son attachement infantile au père. Elle peut y arriver facilement si le père, malgré ses hésitations, est d'accord : le père de *La Belle et la Bête* ne veut pas au début que sa fille aille rejoindre la Bête, mais il finit par se laisser persuader que c'est bien ce qu'elle doit faire. Et la jeune fille peut transférer (et transformer) plus heureusement et plus librement cet amour œdipien pour son père si, par une sublimation, ce transfert semble offrir l'accomplissement tardif de son amour infantile pour son père ; en même temps, elle peut laisser s'épanouir son amour mûr pour un partenaire d'un âge accordé au sien.

La Belle rejoint la Bête à partir de l'amour qu'elle éprouve pour son père, mais, à mesure que son amour mûrit, il change d'objet principal, non sans difficultés, comme nous le montre l'histoire. A la fin, grâce à son amour, son père et son mari reviennent à la vie. Un détail vient corroborer cette interprétation de l'histoire : la Belle demande à son père de lui apporter une rose, et il satisfait son désir au péril de sa vie. Ce désir d'une rose, le fait que le père l'offre et que la fille l'accepte symbolisent que la Belle continue d'aimer son père et que son père continue de l'aimer. C'est parce qu'il n'a jamais cessé de s'épanouir que cet amour se transfère si facilement sur la Bête.

Les contes de fées s'adressent à notre inconscient, et nous ressentons qu'ils ont quelque chose d'important à nous dire, quels que soient notre sexe et celui des héros. Il faut remarquer cependant que dans la plupart des contes de fées occidentaux la Bête est de sexe masculin et ne peut être délivrée de son sortilège que par l'amour d'une femme. La nature de la Bête varie selon la situation géographique du conte. Par exemple, dans un conte bantou (kaffir) un crocodile ne reprend forme humaine que lorsqu'une fille vierge lui lèche le museau [107]. Dans d'autres contes, la Bête se présente sous la forme d'un porc, d'un lion, d'un ours, d'un âne, d'une grenouille, d'un serpent, etc., qui reprennent leur forme première dans les mêmes conditions *. Il faut supposer que les inventeurs de ces contes croyaient que pour que l'union soit heureuse, c'était la femme qui devait surmonter son dégoût du sexe et de sa nature animale. Il existe également des contes de fées occidentaux où un sortilège change une femme en animal et où elle est désensorcelée par l'amour et le courage résolu d'un homme. Mais dans pratiquement tous les cas, leur forme ani-

* Les nombreuses histoires du type du « fiancé-animal » des cultures qui ne connaissaient pas l'écriture nous montrent que le fait de vivre en contact étroit avec la nature ne change rien à l'idée que la sexualité est de nature animale et que seul l'amour peut la transformer en relation humaine ; il ne change pas davantage le fait que le mâle est le plus souvent ressenti inconsciemment comme le partenaire le plus bestial, en raison du rôle plus agressif qu'il joue dans les rapports sexuels ; et ne change pas non plus la notion préconsciente que, bien que le rôle sexuel de la femme soit plus passif-réceptif, elle doit, elle aussi, se montrer active dans l'acte sexuel et que, si elle veut que l'amour vienne enrichir un lien purement charnel, elle doit accomplir quelque chose de très difficile et même de très grossier, comme lécher un museau de crocodile...

Dans les sociétés d'avant l'écriture, les histoires de fiancés ou de fiancés-animaux ont des caractéristiques non seulement communes aux contes de fées, mais également totémiques. Par exemple, chez les Lalangs de Java, la tradition veut qu'une princesse ait pris un chien pour mari et que le fils issu de cette union soit l'ancêtre de la tribu [108]. Dans un conte de fées joruba [109], une tortue de mer épouse une jeune fille et, de cette façon, instaure les rapports sexuels sur la terre, ce qui montre l'étroite relation qui existe entre l'idée du fiancé-animal et l'acte charnel.

male n'a rien de répugnant ni de dangereux. J'ai déjà parlé de la fille changée en corbeau. Dans un autre conte des frères Grimm, *Le Tambour*, l'héroïne est changée en cygne. Il semble donc que dans la tradition occidentale, tout au moins, le sexe sans amour ni dévouement ait un aspect animal, mais que celui-ci, en ce qui concerne la femme, n'ait rien de menaçant, et qu'il soit même séduisant ; seul le côté masculin de la sexualité est bestial.

« *Blanche-Neige et Rose-Rouge* »

Alors que le fiancé-animal est presque toujours une bête répugnante ou féroce, dans quelques histoires il est un animal apprivoisé, malgré sa nature sauvage. Cela est vrai pour le conte des frères Grimm, *Blanche-Neige et Rose-Rouge* où il est un ours ni répugnant ni effrayant. Mais ces deux caractéristiques animales ne sont pas absentes du conte : on les retrouve chez le nain grossier qui a changé le prince en ours. Dans cette histoire, les deux protagonistes ont leur double : deux jeunes filles se portent au secours du prince métamorphosé, et il y a l'ours sympathique et le nain antipathique. Les deux jeunes filles, encouragées par leur mère, deviennent les amies de l'ours ; et, malgré sa méchanceté, elles aident le nain quand il est en danger. Elles le sauvent deux fois en coupant une partie de sa barbe, et, une troisième fois, en déchirant son manteau. Les jeunes filles, dans ce conte, doivent sauver trois fois le nain avant que l'ours ne le tue et retrouve forme humaine. Ainsi, tandis que le fiancé-animal est gentil et apprivoisé, l'héroïne et son double doivent exorciser sa nature méchante sous la forme du nain pour transformer la relation animale en relation humaine. L'histoire implique que notre nature a un aspect aimable et un aspect repoussant et que si nous parvenons à nous débarrasser de ce dernier, nous pouvons connaître un bonheur sans mélange. A la fin de l'histoire, chacune des deux protagonistes retrouve son individualité : Blanche-Neige épouse le prince, et Rose-Rouge son frère.

Les contes du cycle de l'animal-fiancé nous disent que c'est surtout la femme qui doit modifier son attitude envers la sexualité, en l'acceptant au lieu de la repousser ; tant que les choses sexuelles lui paraissent laides et animales, elles gardent leur nature animale chez l'homme ; c'est-à-dire qu'il n'est pas désensorcelé. Tant que l'un des deux partenaires déteste le sexe, l'autre ne peut pas en tirer plaisir ; tant que l'un des deux partenaires le considère comme étant de nature animale, l'autre reste en partie un animal pour lui-même et pour son (ou sa) partenaire.

« *Le Roi-Grenouille* »

Certains contes de fées insistent sur l'évolution lente et difficile qui permet de contrôler ce qui, en nous, semble être de nature animale ; par ailleurs, d'autres contes se concentrent sur la prise de conscience brutale qui survient quand ce qui nous paraissait animal nous apparaît comme la source du bonheur humain. Le conte des frères Grimm. *Le Roi-Grenouille,* appartient à cette dernière catégorie *.

Sans être aussi ancienne que certains contes du cycle du fiancé-animal, une version du *Roi-Grenouille* est signalée dès le XIIe siècle. Dans « *Complaynt of Scotland* », en 1549, un conte similaire apparaît sous

* Le titre complet de ce conte est *Le Roi-Grenouille ou Henri le Ferré,* mais le Ferré n'apparaît pas dans la plupart des versions de l'histoire. Sa grande loyauté est surajoutée à la fin de l'histoire pour contraster avec la déloyauté initiale de la princesse. Ce personnage n'ajoute pratiquement rien à la signification de l'histoire et je n'en tiendrai donc pas compte. (Iona et Peter Opie avaient de bonnes raisons d'éliminer Henri le Ferré du titre et du texte de leur version [110].)

ce titre : *Le Puits du bout du monde* [111]. Une première version du *Roi-Grenouille,* qui commence avec trois sœurs, est publiée par les frères Grimm en 1815. Les deux aînées sont hautaines et insensibles ; seule la plus jeune est disposée à écouter les suppliques de la grenouille. Dans la version des mêmes auteurs qui est actuellement la plus connue, l'héroïne est également la cadette, mais on ne nous précise pas le nombre de ses sœurs.

Au début du conte, la jeune princesse joue avec une boule d'or à côté d'un puits. La boule y tombe et la jeune fille en a le cœur brisé. Apparaît une grenouille, qui demande à la princesse la raison de ses pleurs, et qui veut bien aller chercher la boule au fond du puits si elle l'accepte comme compagnon : « J'aimerais m'asseoir à côté de toi à table et manger dans ta petite assiette d'or, boire dans ton petit gobelet, dormir dans ton petit lit... » Elle promet tout, en se disant qu'une grenouille n'est vraiment pas faite pour tenir compagnie à un être humain... La grenouille plonge dans le puits et rapporte la boule d'or ; la princesse s'enfuit avec son jouet et oublie bientôt l'incident.

Mais le lendemain, alors que le roi, sa famille et les courtisans sont à table, la grenouille vient frapper à la porte. La princesse va ouvrir et lui claque la porte au nez. Le roi, voyant la détresse de sa fille, lui demande de s'expliquer. Elle lui raconte ce qui s'est passé la veille et il lui dit qu'elle doit tenir sa promesse. Elle fait donc entrer la grenouille mais répugne à la poser sur la table. De nouveau, le roi lui donne l'ordre de respecter sa promesse. La grenouille, après avoir bien mangé, dit à la princesse : « Je commence à sentir la fatigue : emporte-moi dans ta chambrette et prépare ton petit lit de soie, que nous allions nous coucher. » La jeune fille renâcle une fois de plus, mais le roi se fâche et lui dit : « Celui qui t'aide dans le besoin, tu ne dois pas le dédaigner ensuite. » Quand la grenouille se glisse près d'elle dans le lit, la princesse est si dégoûtée qu'elle jette de toutes ses forces l'animal contre le mur. « Mais ce qui retomba, dit le conte, ne fut pas une grenouille, non ! c'était un prince aux beaux yeux pleins de tendresse, que son père lui donna comme compagnon charmant et comme époux. » Dans de nombreuses versions différentes, la métamorphose ne se produit que lorsque la grenouille a passé trois nuits dans le lit de la princesse. Une version originale est encore plus explicite : la princesse doit embrasser la grenouille quand elle est près d'elle dans le lit ; et elles doivent dormir ensemble pendant trois semaines avant que le prince ne retrouve forme humaine [112].

Dans cette histoire, le processus de maturation est très accéléré. Au début, la princesse est une jolie petite fille insouciante qui joue à la balle (« elle était si belle que le soleil, qui a pourtant vu tant de choses, s'émerveillait aussi souvent qu'il lui éclairait le visage »). Tout arrive à cause de la balle, qui est doublement le symbole de la perfection : parce qu'elle est une sphère et qu'elle est en or. Cette boule d'or représente une psyché narcissique pas encore développée ; elle est riche de toutes ses possibilités. Quand la boule tombe dans le puits obscur et profond, la naïveté est perdue et la boîte de Pandore est ouverte. La princesse pleure la perte de son innocence d'enfant tout autant que celle de sa balle. Seule la vilaine grenouille peut lui rendre sa perfection (la balle) en plongeant dans le puits sombre où a disparu le symbole de sa psyché. La vie, en montrant son côté sombre, apparaît à la princesse comme laide et compliquée.

Toujours animée par le principe de plaisir, la jeune fille, sans songer aux conséquences, promet n'importe quoi pour obtenir ce qu'elle désire. Mais la réalité s'impose. Elle tente de l'éviter en claquant la porte au nez de la grenouille. Mais alors le *surmoi*, représenté par le roi, entre en jeu : plus la princesse tente de contrer les exigences de la grenouille, plus le roi insiste pour qu'elle tienne sa promesse jusqu'au bout. Ce qui n'était qu'un jeu au début devient très sérieux : en respectant l'engagement qu'elle a pris, la princesse est contrainte de mûrir.

Les étapes qui conduisent à l'intimité avec l' « autre » sont clairement indiquées : la jeune fille, d'abord, joue à la balle toute seule ; la grenouille engage la conversation en lui demandant pourquoi elle pleure ; elle lui rapporte la balle et s'apprête à jouer avec elle ; puis elle lui rend visite, s'installe près d'elle, mange avec elle, l'accompagne dans sa chambre et, finalement entre dans son lit. Plus la grenouille s'approche physiquement de la jeune fille, plus celle-ci est dégoûtée et angoissée, surtout quand elle doit toucher la grenouille. L'éveil sexuel ne se fait pas sans dégoût, sans angoisse, ni même sans colère. L'angoisse se transforme en colère et en haine quand la princesse jette l'animal sur le mur. En même temps, elle s'affirme et prend des risques, ce qui contraste avec ses attitudes précédentes, quand elle essayait de se dérober et quand elle se contentait d'obéir à son père. Elle transcende son angoisse, et sa haine se change en amour.

D'une certaine façon, l'histoire nous dit que pour pouvoir aimer, il faut être capable d'éprouver des sentiments ; des sentiments négatifs valent mieux que l'absence de sentiments. Au début, la princesse ne s'intéresse qu'à elle-même et à sa balle. Elle n'éprouve aucun sentiment quand elle décide de ne pas tenir sa promesse ; elle ne songe même pas à l'importance que sa promesse peut avoir pour la grenouille. Plus celle-ci s'approche d'elle physiquement et personnellement, plus ses sentiments se développent, et en même temps elle s'affirme de plus en plus en tant que personne. Pendant un moment, au cours de son évolution, elle obéit à son père, et, par réaction, ses sentiment sont renforcés. Puis, finalement, elle affirme son indépendance en lui désobéissant. Elle devient elle-même et la grenouille en fait autant : elle se transforme en prince.

Sur un autre plan, l'histoire nous dit que les premiers contacts érotiques ne peuvent pas être agréables : ils sont trop difficiles et trop chargés d'angoisse. Mais si nous insistons, malgré une répulsion passagère, et si nous nous abandonnons à l'intimité de l'autre, il vient un moment, quand la proximité étroite révèle la vraie beauté de la sexualité, où nous éprouvons le choc d'une prise de conscience heureuse. Dans l'une des version du *Roi-Grenouille* on nous dit que la princesse « se réveilla un matin en voyant près d'elle, dans son lit, le plus beau des seigneurs [113] » ; ainsi, la nuit qu'ils ont passée ensemble (et il est facile d'imaginer ce qui est arrivé pendant cette nuit) change radicalement l'opinion que la princesse avait de son compagnon. Ce conte et d'autres, où les événements durent jusqu'à trois semaines, conseillent la patience : il faut du temps pour que l'intimité devienne amour.

Dans ce conte, comme dans de nombreuses histoires du même cycle, c'est le père qui rapproche sa fille de son futur mari. L'heureuse union des deux jeunes gens n'aurait pu se faire sans son insistance. En guidant sa fille, le père favorise la formation de son *surmoi* — elle doit tenir ses promesses, aussi inconsidérées qu'elles puissent être — et elle devient ainsi plus responsable. Sans cette évolution vers la maturité, l'union sexuelle manquerait de sérieux et de solidité.

Mais qu'en est-il de la grenouille ? Elle aussi doit mûrir avant que son union avec la princesse devienne possible. Ce qui lui arrive montre que la relation de dépendance à l'égard d'une figure maternelle préconditionne l'accession à l'humanité. Comme tout enfant, la grenouille a le vif désir d'une existence totalement symbiotique. Quel est l'enfant qui n'a pas désiré s'asseoir sur les genoux de sa mère, manger dans son assiette, boire dans son verre, et qui n'a pas grimpé dans le lit de sa mère avec l'espoir de passer la nuit avec elle ? Mais après un certain temps, l'enfant doit renoncer à vivre en symbiose avec sa mère ; sans ce sevrage, il ne pourrait jamais devenir une personne à part entière. Il vient un moment où la mère doit

« jeter » son enfant à bas de son lit. Cette pénible expérience est inévitable si l'enfant veut acquérir son indépendance. Dès qu'il a été forcé de renoncer à cette symbiose, l'enfant peut commencer à devenir lui-même, comme la grenouille qui a pu rompre les liens de son existence immature dès le moment où la princesse l'a chassée de son lit.

L'enfant sait que, comme la grenouille, il a dû (et doit encore) passer d'un stade inférieur à un stade supérieur d'évolution. Ce processus est tout à fait normal ; l'enfant sait que sa propre situation n'est pas due à un méfait ou à quelque puissance maléfique : elle est dans l'ordre naturel des choses. La grenouille, comme l'enfant, prend vie dans l'eau. Sur le plan historique, on peut dire que les contes de fées ont eu des siècles d'avance sur l'embryologie moderne qui nous apprend que le fœtus, avant la naissance, subit différents stades de développement, comparables aux métamorphoses de la grenouille.

Mais pourquoi la grenouille, parmi tous les animaux (et le crapaud, comme dans *Les Trois Plumes*), est-elle le symbole des relations sexuelles ? C'est une grenouille, par exemple, qui prédit la conception de la Belle au Bois Dormant. Par comparaison avec le lion ou d'autres bêtes féroces, la grenouille (ou le crapaud) ne fait pas peur ; elle n'a rien de menaçant. Si elle est ressentie négativement, c'est un sentiment de dégoût qu'elle éveille, comme dans *Le Roi-Grenouille*. Il serait difficile d'imaginer une meilleure façon de faire comprendre à l'enfant qu'il ne doit pas avoir peur des aspects repoussants (pour lui) de la sexualité et que ses réactions ne doivent pas aller plus loin que celles de la princesse de ce conte. L'histoire de la grenouille (son comportement, ce qui arrive à la princesse à cause d'elle et le sort final des deux héros) confirme le bien-fondé du dégoût quand on n'est pas encore prêt à vivre des expériences sexuelles, et prépare l'enfant à les trouver désirables quand le moment sera venu.

Selon la psychanalyse, nos pulsions sexuelles influencent nos actions et notre comportement depuis le début de notre vie ; mais il y a une différence énorme entre les manifestations de ces pulsions chez l'enfant et chez l'adulte. En se servant d'une grenouille comme symbole du sexe (un animal qui est d'abord têtard et qui prend une forme tout à fait différente quand il est adulte) le conte s'adresse à l'inconscient de l'enfant et l'aide à accepter la forme de sexualité qui convient à son âge, tout en le rendant sensible à l'idée que, à mesure qu'il grandira, sa sexualité devra elle aussi, dans son propre intérêt, subir une métamorphose.

D'autres associations entre le sexe et la grenouille demeurent elles aussi inconscientes. L'enfant, préconsciemment, établit un rapport entre les sensations froides, humides et visqueuses qui sont évoquées par la grenouille (ou le crapaud) et celles qu'éveillent en lui les organes sexuels. Le fait que la grenouille se gonfle quand elle est excitée est comparé inconsciemment au pénis en érection *. Aussi repoussante que soit la grenouille, telle que nous la présente de façon vivante *Le Roi-Grenouille,* l'histoire nous montre qu'elle peut devenir quelque chose de très beau, pourvu que tout se passe bien et en temps voulu.

Les enfants ont une affinité naturelle pour les animaux et se sentent souvent plus près d'eux que des adultes ; ils voudraient pouvoir partager leur façon instinctive de vivre qui leur semble facile, libre et pleine de plaisirs. Mais en même temps qu'il ressent cette affinité, l'enfant est angoissé à l'idée qu'il est peut-être moins humain qu'il ne devrait être. Ces

---

* Avec l'intuition de l'inconscient qui est propre aux artistes et avec sa liberté poétique, Anne Sexton a écrit dans son poème *Le Prince Grenouille,* inspiré par le conte des frères Grimm :

Au contact de la grenouille
la balsamine éclate
comme foudroyée par une décharge électrique.

et encore :

La grenouille est le membre viril de mon père[114].

contes de fées neutralisent cette crainte en faisant de cette vie animale une chrysalide d'où jaillit une personne très séduisante.

Le fait de considérer notre sexualité comme étant de nature animale a des conséquences très nocives, à tel point que certains individus ne parviennent jamais à débarrasser leurs expériences sexuelles (et celles des autres) de ce rapprochement. Il faut donc faire savoir à l'enfant que les choses du sexe peuvent d'abord apparaître comme repoussantes mais qu'elles deviennent belles quand on a découvert la façon convenable de les aborder. A ce point de vue, le conte de fées, qui ne fait pas même allusion aux expériences sexuelles en tant que telles, est, psychologiquement, plus judicieux que l'éducation sexuelle qui s'adresse au conscient. On enseigne aujourd'hui que le sexe est normal, agréable, et même beau, et certainement nécessaire à la survie de l'homme. Mais comme cet enseignement ignore au départ que l'enfant puisse trouver la sexualité repoussante, et que cette optique a une fonction protectrice très importante, il est incapable de se concilier l'adhésion de l'enfant. Le conte de fées, en partageant avec l'enfant ce dégoût de la grenouille (ou de tout autre animal), devient crédible, et l'enfant, grâce à lui, peut croire avec confiance que le jour viendra où la grenouille repoussante se transformera en un partenaire plein de séduction. Et ce message est transmis sans même que soit mentionné le moindre fait sexuel.

« *Cupidon et Psyché* »

Dans la version la plus connue du *Roi-Grenouille,* la métamorphose provoquée par l'amour survient à un moment d'intense affirmation de soi due à un revirement qui éveille de profonds sentiments. Quand ils sont vivement excités, ces sentiments se tournent brusquement dans la direction opposée. D'autres versions de l'histoire racontent qu'il a fallu trois nuits ou trois semaines pour que l'amour accomplisse son prodige. Dans de nombreux contes du cycle du fiancé-animal, l'accomplissement du véritable amour demande des années de travail incessant. Contrairement aux résultats instantanés qui sont obtenus dans *Le Roi-Grenouille,* ces histoires nous préviennent qu'en essayant de précipiter les choses en matière d'amour et de sexualité — en essayant de découvrir trop vite, ou par ruse, ce que sont une certaine personne et l'amour — on risque d'obtenir des résultats désastreux.

La tradition occidentale de ce cycle commence avec l'histoire de Cupidon et de Psyché écrite par Apulée au IIe siècle avant Jésus-Christ, et Apulée lui-même a puisé à des sources encore plus anciennes [115]. Ce conte fait partie d'un ouvrage plus important, *Les Métamorphoses,* qui, comme son titre l'indique, concerne des initiations qui causent ces transformations physiques. Bien que Cupidon soit un dieu, l'histoire a d'importants traits communs avec les contes du cycle du fiancé-animal. Il reste invisible pour Psyché. Trompée par ses deux sœurs aînées, celle-ci croit que l'homme qu'elle aime, et, avec lui, le sexe, est repoussant ; il est un immense serpent « aux milliers d'anneaux ». Cupidon est une déité, et Psyché en devient une ; la déesse Aphrodite, par jalousie, provoque tous les événements. De nos jours, *Cupidon et Psyché* n'est pas connu en tant que conte de fées, mais en tant que mythe. Mais comme il a inspiré une multitude de contes occidentaux du cycle du fiancé-animal, il mérite d'être étudié dans le cadre de ce livre.

Dans cette histoire, un roi a trois filles. La plus jeune, Psyché, est d'une beauté si extraordinaire qu'elle éveille la jalousie d'Aphrodite (Vénus pour les Latins) qui ordonne à son fils Eros (Cupidon) de la punir en la rendant amoureuse du plus abominable des hommes. Les parents de Psyché, inquiets de voir que leur fille n'a pas encore trouvé de mari, consultent l'oracle d'Apollon. L'oracle dit que Psyché doit être conduite au bord d'une falaise où elle sera la proie d'un serpent monstrueux. Comme on la croit condamnée à mourir, une procession funèbre l'accompagne à l'endroit désigné. Mais un vent doux s'empare de Psyché, lui fait descendre la falaise et la dépose délicatement dans un palais désert où tous ses désirs sont satisfaits. Eros (Cupidon) désobéit à sa mère et cache dans le palais Psyché dont il est tombé amoureux. A la faveur de l'obscurité de la nuit, déguisé en personnage mystérieux, Eros se glisse dans le lit de la jeune fille et devient son amant.

Malgré tout le confort dont elle dispose, Psyché souffre d'être seule pendant le jour. Emu par ses plaintes, Eros s'arrange pour que ses sœurs jalouses viennent la voir. Les deux sœurs, poussées par l'envie, persuadent leur sœur que l'être avec lequel elle couche et dont elle est enceinte est un énorme serpent « aux milliers d'anneaux » ; il est bien le monstre qu'avait prédit l'oracle. Elles lui disent de couper la tête du serpent avec un couteau. Psyché se laisse convaincre et, malgré l'ordre qu'Eros lui a donné de ne jamais essayer de le voir, elle profite de son sommeil pour prendre une lampe et un couteau. Elle éclaire le visage d'Eros et découvre qu'il est un jeune homme admirablement beau. Dans son trouble, la main qui tient la lampe se met à trembler et une goutte d'huile bouillante tombe sur Eros. La douleur le réveille et il s'enfuit. Psyché, le cœur brisé, tente de se donner la mort, mais elle est sauvée. Poursuivie par la colère et la jalousie d'Aphrodite, elle doit subir une série d'épreuves terribles, y compris une descente aux Enfers. Entre-temps, les méchantes sœurs essaient de remplacer Psyché dans le cœur d'Eros ; elles sautent du bord de la falaise, en espérant que le vent les emportera vers lui, et elles se tuent. Finalement, Eros, guéri de sa brûlure, est touché par le repentir de Psyché et persuade Jupiter de lui conférer l'immortalité. Ils se marient à l'Olympe, et leur enfant a nom « Plaisir ».

Les flèches d'Eros éveillent des désirs sexuels irrépressibles. Psyché est le mot grec qui désigne l'âme. Dans *Cupidon et Psyché,* le néo-platonicien Apulée a probablement transformé l'histoire d'un ancien Grec, qui parlait d'une jeune fille très belle mariée à un serpent monstrueux, en une allégorie qui, selon Robert Graves, symbolise l'évolution de l'esprit rationnel vers un amour intellectuel [116]. Cette interprétation, que je tiens pour exacte, a le défaut de négliger d'autres richesses de l'histoire.

Et d'abord, l'oracle qui prédit que Psyché sera emportée par un horrible serpent fait apparaître les angoisses sexuelles informes de la jeune fille inexpérimentée. Le cortège funèbre qui conduit Psyché à sa destinée symbolise la perte de la virginité, qui n'est pas facilement admise. La promptitude avec laquelle Psyché se laisse persuader qu'il faut tuer Eros, avec qui elle vit, montre les puissants sentiments négatifs que peut éprouver la jeune femme à l'égard de celui qui lui a pris sa virginité. L'homme qui a tué en elle la jeune fille innocente mérite d'être privé de sa virilité, comme elle l'a été de sa virginité, ce qui est symbolisé par le dessein de Psyché de couper la tête d'Eros.

La vie agréable mais ennuyeuse que mène Psyché dans le palais où elle a été déposée par le vent et où tous ses désirs sont comblés évoque une existence essentiellement narcissique et le fait que Psyché, malgré son nom, n'a pas encore accédé à la conscience. Le plaisir sexuel candide est très différent de l'amour adulte fondé sur la connaissance, l'expérience et même la souffrance. La sagesse, dit l'histoire, ne s'acquiert pas par une vie de plaisirs faciles. Psyché tente d'atteindre la connaissance quand, malgré les ordres qu'elle a reçus, elle fait tomber la lumière sur Eros. L'histoire dit aussi que si l'on tente de parvenir à la conscience sans être mûr pour elle, ou par des moyens détournés, on risque d'en subir tôt ou tard les conséquences ; on ne devient pas conscient d'un seul coup.

En hâtant les choses on met sa vie en jeu, comme le montre Psyché quand elle tente de se tuer de désespoir. Les épreuves incroyables qu'elle doit traverser évoquent les difficultés que l'homme doit rencontrer quand les plus hautes qualités psychiques (Psyché) doivent s'unir à la sexualité (Eros-Cupidon). Ce n'est pas l'homme physique, mais l'homme spirituel qui doit renaître pour que cette union puisse avoir lieu, ce qui est symbolisé par le voyage de Psyché aux Enfers et son retour sur la terre. Le mariage de ces deux aspects de l'homme, la sexualité et la sagesse, exige une renaissance.

Il convient de souligner ici l'un des aspects les plus significatifs de l'histoire. Aphrodite ne se contente pas de charger son fils de son sombre travail : elle le séduit sexuellement pour le décider à agir. Et sa jalousie atteint le summum quand elle apprend qu'Eros lui a désobéi et surtout qu'il est devenu amoureux de Psyché. Les dieux, nous dit l'histoire, ne sont pas à l'abri des problèmes œdipiens ; nous avons ici l'amour œdipien et possessif d'une mère pour son fils. Mais Eros doit évoluer s'il veut épouser Psyché. Avant de la connaître, il est le plus endiablé et le moins responsable des petits dieux de l'Olympe. Il commence à lutter pour son indépendance quand il va à l'encontre des ordres de sa mère. Il n'atteint un haut degré de conscience que quand il est blessé par Psyché et quand il est ému par ses épreuves.

Cupidon et Psyché, comme je l'ai déjà dit, est un mythe et non pas un conte de fées, bien qu'il en ait certaines caractéristiques. L'un des deux héros est un dieu dès le début de l'histoire et l'autre accède finalement à l'immortalité ; dans les contes de fées, les héros ne sont jamais des dieux. Tout au long de l'histoire, les dieux participent aux événements, quand, par exemple, Psyché veut se tuer et qu'ils l'en empêchent, ou quand ils lui imposent des épreuves et l'aident à leur survivre. Contrairement à ses équivalents dans les contes du cycle du fiancé-animal, Eros n'est jamais rien d'autre que lui-même. Seule Psyché, trompée par l'oracle et par ses méchantes sœurs — ou par ses angoisses sexuelles — croit qu'il est un animal.

Pourtant, ce mythe a influencé tous les contes de ce cycle dans le monde occidental. Nous y trouvons pour la première fois le thème des deux sœurs aînées qui deviennent méchantes par jalousie pour leur petite sœur, plus belle et plus vertueuse qu'elles. Elles essaient de tuer Psyché qui finit par triompher d'elles après avoir subi de dures épreuves. En outre, les péripéties tragiques sont les conséquences du comportement d'une épouse qui, ignorant les avertissements de son mari qui ne veut pas qu'elle le connaisse (elle ne doit pas le voir, ne doit pas éclairer son visage), lui désobéit et doit errer de par le monde pour le reconquérir.

Un autre thème, beaucoup plus important, du cycle du fiancé-animal, apparaît ici pour la première fois : le fiancé est absent pendant la journée et n'apparaît qu'à la faveur de la nuit. Il est considéré comme un animal pendant la journée et ne redevient humain que lorsqu'il est au lit. En bref, son existence diurne et son existence nocturne sont distinctes. D'après ce qui se passe dans l'histoire, il n'est pas difficile de conclure qu'il veut tenir sa vie sexuelle à l'écart de toutes ses autres occupations. La femme éprouve le vide de sa vie de plaisirs. Elle ne veut pas accepter que les aspects purement sexuels de la vie soient isolés des autres et veut imposer leur unification. Mais elle ne sait pas qu'elle ne peut y parvenir qu'au prix d'efforts physiques et moraux durs et soutenus. Mais dès qu'elle entreprend d'unifier les aspects du sexe, de l'amour et de la vie, elle ne fléchit pas et finit par gagner.

Bien que leur origine soit fort ancienne, il faut reconnaître que les contes de ce cycle contiennent un message très actuel : malgré tous les avertissements qu'elle reçoit à propos des pénibles conséquences qui l'attendent si elle essaie de connaître les réalités du sexe et de la vie, la jeune fille n'accepte pas volontiers de rester ignorante. Aussi confortable que puisse être la vie que lui permet sa candeur relative, elle en refuse le vide. Malgré les épreuves qu'elle doit traverser pour renaître à une conscience et à une humanité pleines, c'est bien ce qu'elle doit faire, et les contes ne laissent aucun doute sur ce sujet. Autrement, il n'y aurait pas d'histoire.

Dès que la jeune fille a surmonté son dégoût pour l'aspect animal de la sexualité, elle refuse de n'être qu'un objet sexuel ou d'être reléguée à une vie de loisirs et d'ignorance relative. Pour que les deux partenaires soient heureux, ils doivent avoir une vie pleine dans le monde et se considérer comme des égaux. Ces contes nous disent que tout cela est très difficile, mais inévitable. Tel est le message caché de nombreux contes du cycle du « fiancé-animal » et qui apparaît plus clairement que dans les autres dans *La Belle et la Bête*.

« *Le Cochon enchanté* »

Le Cochon enchanté est un conte de fées roumain très peu connu [117]. Un roi a trois filles. Avant de partir pour la guerre, il recommande à ses filles de bien se conduire et de veiller à l'entretien du château ; mais elles ne doivent pas pénétrer dans une certaine pièce, sinon il leur arrivera malheur. Après son départ, tout se passe bien jusqu'au moment où l'aînée propose d'entrer dans la chambre défendue. La cadette proteste, mais la seconde se joint à l'aînée qui ouvre la porte. La pièce est vide, sauf une grande table où est posé un livre ouvert. L'aînée est la première à lire ce qui est écrit sur le livre : elle épousera un prince de l'Est. Sa sœur tourne la page et lit qu'elle épousera un prince de l'Ouest. La plus jeune ne veut pas désobéir à son père, mais ses sœurs l'obligent à lire à son tour son destin. Elle apprend qu'elle épousera un cochon du Nord...

Le roi revient chez lui et, peu après, les deux aînées se marient selon la prédiction. Puis un énorme cochon arrive du Nord et demande la cadette en mariage. Le roi doit céder et conseille à sa fille d'accepter ce qui est ordonné, ce qu'elle fait. Après le mariage, sur le chemin du retour, le cochon tombe dans une fondrière et en sort couvert de boue. Il demande alors à sa femme de l'embrasser ; pour obéir à son père, elle s'exécute mais après avoir pris soin d'essuyer le groin avec son mouchoir. La nuit, quand ils sont ensemble au lit, son mari se change en homme, mais dès le matin, il redevient cochon.

La jeune femme demande à une sorcière qui vient à passer par là ce qu'elle doit faire pour empêcher son mari de reprendre l'apparence d'un cochon. La femme lui dit d'attacher un fil autour de la jambe de son mari pendant la nuit, grâce à quoi il restera un homme. Elle suit ce conseil, mais son mari se réveille et lui dit qu'elle a eu tort de vouloir hâter les choses, qu'il doit en conséquence la quitter et qu'elle ne le reverra que lorsqu' « elle aura usé trois paires de souliers de fer et émoussé la pointe d'une canne ferrée » pendant qu'elle voyagera à sa recherche. Il disparaît, et la quête de la jeune femme l'entraîne sur la lune, sur le soleil et chez le vent. A chacun de ces endroits, on lui donne un poulet à manger et on lui dit de garder soigneusement les os ; on lui dit aussi où elle doit se rendre ensuite. Finalement, après avoir usé les trois paires de souliers de fer et la pointe du bâton, elle arrive au pied d'un lieu escarpé ; on lui dit que c'est là que demeure son mari. Etant incapable d'y accéder, l'idée lui vient soudain que les os du poulet qu'elle a soigneusement gardés pourraient peut-être l'aider. Elle met deux os bout à bout et constate qu'ils demeurent fixés l'un à l'autre. Elle fabrique ainsi deux longues perches, met entre elles des barreaux et, grâce à cette échelle, monte vers son mari. Mais comme il lui manque un os pour former le dernier barreau, elle prend un couteau et se coupe le petit doigt. Elle peut alors entrer dans la maison de son mari qui, entre-temps, a été délivré de son enchantement et a repris définitivement forme humaine. Ils héritent du royaume du père et « ils gouvernent comme seuls les rois qui ont beaucoup souffert savent gouverner ».

Le fait de contraindre le mari à abandonner sa nature animale en l'attachant avec un fil à son humanité est un détail que l'on trouve rarement dans ce type de contes de fées. On trouve beaucoup plus souvent le thème de la femme à qui il est interdit d'éclairer son mari et de dévoiler ses secrets. Dans *Cupidon et Psyché*, c'est une lampe à huile qui répand la lumière sur ce qui est défendu. Dans le conte de fées norvégien *A l'est du soleil et à l'ouest de la lune*, c'est à la lumière d'une chandelle que la femme découvre que son mari n'est pas l'ours blanc qui lui apparaît en plein jour, mais un beau et jeune prince qui est alors obligé de la quitter [118]. Le titre évoque les périples interminables que doit accomplir la jeune femme avant de retrouver son mari. Ces histoires disent clairement que le mari aurait repris forme humaine dans un proche avenir : l'ours d'*A l'est du soleil et à l'ouest de la lune* avant un an, et le cochon enchanté avant trois jours, si leur épouse avait su faire taire sa curiosité.

Quand, dans tant d'histoires, la jeune femme commet la fatale erreur d'éclairer son mari, on comprend qu'elle désire découvrir la vérité sur sa nature animale. Celle-ci n'est pas exprimée directement, mais par l'intermédiaire d'un personnage qui incite l'épouse à négliger les avertissements du mari. Dans *Cupidon et Psyché*, l'oracle et les deux sœurs disent à Psyché que Cupidon est un terrible serpent ; dans *A l'est du soleil et à l'ouest de la lune*, c'est la mère qui dit à sa fille que l'ours est probablement un troll, ce qui est la meilleure façon de la pousser à le vérifier. La sorcière du *Cochon enchanté*, qui donne l'idée d'attacher un fil à la jambe du mari, est elle aussi une femme plus âgée que l'héroïne. L'histoire indique ainsi très subtilement que ce sont des femmes plus âgées qu'elles qui donnent aux jeunes fiilles l'idée que les hommes se conduisent comme des animaux ; que les angoisses sexuelles des filles ne sont pas le résultat de leurs propres expériences mais de ce que d'autres leur ont dit. Ces histoires signifient également que, si les jeunes filles écoutent et croient ce qu'on leur raconte, leur bonheur conjugal sera mis en danger. L'enchantement du mari-animal est le plus souvent le fait d'une autre femme : Aphrodite, qui voulait que Psyché fût détruite par un animal monstrueux ; la marâtre qui jette un sort sur l'ours blanc ; la sorcière qui transforme le jeune homme en cochon. Ce fait répète le thème : ce sont des femmes plus âgées qui font apparaître l'homme comme une bête aux yeux des jeunes filles.

Cependant, si le « mari-animal » est le symbole des angoisses sexuelles de la jeune fille, que ces angoisses viennent d'elle-même ou de ce que lui ont dit des femmes plus âgées qu'elle, on devrait s'attendre que le mari soit un animal la nuit, quand il est au lit, et non pas en plein jour. Que veulent signifier ces contes en exposant tout le contraire ?

Je pense qu'ils révèlent des vues psychologiques profondes. Nombreuses sont les femmes qui, consciemment ou inconsciemment, ressentent le sexe comme quelque chose d' « animal » et en veulent au mâle qui les a privées de leur virginité, mais qui pensent tout différemment quand, la nuit, elles sont dans les bras de l'homme qu'elles aiment. Mais dès que l'homme les a quittées, les vieilles angoisses, les vieux ressentiments, y compris la jalousie de leur sexe vis-à-vis de l'autre, reprennent tous leurs droits. Ce qui paraissait très désirable pendant la nuit devient très différent au grand jour, surtout quand l'environnement, par son attitude critique envers la sexualité (la mère qui dit à sa fille qu'il pourrait bien s'agir d'un troll) reprend le dessus. De même, de nombreux hommes jugent d'une certaine façon leurs expériences sexuelles tant qu'elles durent et changent d'avis le lendemain quand les angoisses et les ressentiments archaïques ne sont plus étouffés par le plaisir du moment.

Les contes qui ont trait au fiancé-animal enseignent à l'enfant qu'il est loin d'être seul à avoir peur de l'aspect animal du sexe ; beaucoup d'adultes éprouvent la même chose. Mais l'enfant constatera, en même temps que les personnages du conte, que son angoisse est mal fondée et que le partenaire sexuel peut ne pas être une épouvantable créature mais au contraire un être très séduisant. Au niveau préconscient, ces contes disent à l'enfant que la plus grande partie de son angoisse lui vient de ce qu'on lui a raconté ; et que tout peut être différent s'il voit les choses directement, comme de l'extérieur.

Sur un autre plan, ces contes semblent dire qu'il ne suffit pas de mettre en lumière les choses de la sexualité pour résoudre les problèmes, bien que l'angoisse puisse en être soulagée. Il faut savoir prendre son temps (si on tente de le faire prématurément, on ne réussit qu'à tout différer) et, surtout, il s'agit d'un travail difficile. Avant de pouvoir surmonter les angoisses sexuelles, il faut évoluer en tant que personne, et, malheureusement, cette évolution ne peut se réaliser que par la souffrance.

Ces histoires délivrent un message qui peut paraître moins important aujourd'hui que du temps où le fiancé devait faire sa cour : le cochon enchanté fait sa cour de loin avant d'obtenir la main de l'héroïne, et le grand ours blanc doit commencer par faire toutes sortes de promesses. L'histoire raconte que tout cela ne suffit pas à rendre le mariage heureux. La jeune fille doit faire autant d'efforts que son fiancé ; elle doit le poursuivre tout autant qu'il le fait de son côté et même peut-être davantage.

D'autres subtilités psychologiques de ces histoires peuvent échapper à l'auditeur, mais il peut les enregistrer dans son subconscient et, ainsi, se sensibiliser aux difficultés typiques qui, si elles ne sont pas comprises, peuvent compliquer les relations humaines. Par exemple, quand le cochon enchanté se vautre volontairement dans la fange et demande à sa fiancée de l'embrasser, ce comportement est typique de l'individu qui craint de ne pas être accepté et qui, à titre d'expérience, se fait pire qu'il n'est ; il ne peut se sentir en sécurité que s'il est accepté sous sa forme la plus défavorable. Dans les contes du cycle du fiancé-animal, l'angoisse qu'éprouve l'homme à l'idée que sa grossièreté détourne de lui sa fiancée est mise en parallèle avec l'angoisse de la femme vis-à-vis de la nature bestiale de la sexualité.

Un détail du conte est tout différent : c'est celui qui permet à la fiancée de retrouver le cochon enchanté. Pour franchir le dernier pas, elle est obligée de se couper un doigt. C'est son dernier sacrifice, et le plus personnel ; c'est la clé de son bonheur. Comme rien, dans l'histoire, n'indique que sa main soit restée infirme ni qu'elle ait saigné, son sacrifice est nettement symbolique et suggère que, dans un mariage réussi, la relation est encore plus importante que l'intégrité du corps [119].

Ces commentaires ont laissé à l'écart la signification de la chambre secrète dont l'accès est interdit sous peine des pires calamités. J'ai estimé qu'il était préférable d'aborder ce sujet en relation avec les conséquences beaucoup plus tragiques qui, dans d'autres histoires, suivent ce genre de désobéissance.

« *Barbe-Bleue* »

Barbe-Bleue est le plus monstrueux, le plus bestial des époux des contes de fées. A vrai dire, cette histoire n'est pas un véritable conte de fées : à part la tache indélébile qui macule la clé et qui prouve à Barbe-Bleue que sa femme a pénétré dans la chambre défendue, on n'y trouve rien de magique ni de surnaturel.

Chose beaucoup plus importante, aucun des personnages n'évolue ; le méchant est puni à la fin de l'histoire, mais il n'est question ni de guérison ni de réconfort. *La Barbe-Bleue* est un histoire inventée par Perrault ; à notre connaissance, elle n'a aucun antécédent dans les contes de fées [120].

Il existe de nombreux contes de fées dont le thème principal est une chambre interdite où sont conservés les corps de femmes qui ont été assassinées. Dans certains contes russes et scandinaves de ce type, c'est un mari-animal qui condamne la chambre, ce qui montre qu'il existe sans doute une relation entre les histoires du fiancé-animal et celles du type de *Barbe-Bleue.* Parmi les plus connus de ces contes, on peut citer *Mr Fox,* de tradition anglaise, et *L'Oiseau d'Ourdi,* des frères Grimm [121].

Dans *L'Oiseau d'Ourdi (Fitschers Vogel),* un maître sorcier ravit l'aînée de trois filles. Il lui dit qu'elle peut entrer dans toutes les pièces de sa maison à l'exception d'une seule, qu'on ne peut ouvrir qu'avec la plus petite clé du trousseau. Si elle désobéit, elle mourra. Le sorcier confie à la jeune fille un œuf qu'elle doit toujours conserver sur elle, « car s'il venait à se perdre, cela provoquerait un énorme malheur ». La jeune fille pénètre dans la pièce défendue et voit qu'elle est pleine de sang et de cadavres. Dans sa frayeur, elle laisse tomber l'œuf dans un bac rempli de sang. Elle a beau frotter l'œuf, le sang réapparaît toujours. L'œuf la trahit quand le sorcier revient, et celui-ci tue la jeune fille. La deuxième des trois sœurs est alors enlevée à son tour et subit le même sort.

Finalement, le sorcier s'empare de la cadette. Elle le berne en prenant soin de ne pas emporter l'œuf quand elle entre dans la pièce interdite. Elle rassemble des membres épars de ses sœurs et leur rend la vie. A son retour de voyage, le sorcier constate que l'œuf est intact. « Tu as subi l'épreuve, dit-il, tu seras donc mon épouse. » Elle le berne une seconde fois en rendant ses deux sœurs à ses parents et en faisant porter chez eux des sacs remplis d'or. Puis elle s'enduit de miel, se roule dans des plumes et prend l'apparence d'un oiseau étrange (d'où le titre du conte). Ainsi déguisée, elle se sauve. A la fin du conte, le sorcier et tous ses amis périssent dans les flammes. Dans les contes de fées de ce type, les victimes obtiennent une guérison totale et le méchant n'est pas un être humain.

Barbe-Bleue et *L'Oiseau d'Ourdi* sont pris ici en considération parce qu'ils représentent, sous sa forme la plus extrême, le thème de la femme qui est soumise à une épreuve tendant à montrer qu'elle n'essaie pas de percer les secrets masculins. Poussée par sa curiosité, elle transgresse l'interdit et en est punie cruellement. *Le Cochon enchanté* a ce trait en commun avec les histoires du type de *Barbe-Bleue* et c'est pourquoi nous étudierons globalement ces histoires, ce qui nous permettra de tirer au clair la signification du thème de la chambre interdite.

Dans *Le Cochon enchanté,* la connaissance du mariage est découverte dans le livre qui est ouvert dans la pièce où les trois sœurs n'ont pas le droit d'entrer. Le fait que l'information interdite ait trait au mariage suggère que c'est la connaissance charnelle que leur père veut les empêcher d'acquérir ; de même, de nos jours, les jeunes n'ont pas accès à certains livres contenant des informations sexuelles.

Qu'il s'agisse de Barbe-Bleue, ou du sorcier de *L'Oiseau d'Ourdi,* il apparaît clairement que, quand l'homme remet à la femme la clé d'une chambre en lui donnant l'ordre de ne pas s'en servir, il met à l'épreuve son obéissance et, dans un sens plus large, sa loyauté à son égard. Ensuite, le mari prétexte un voyage urgent pour s'absenter et tester la fidélité de sa partenaire. A son retour inopiné, il constate qu'il a été trahi. Le châtiment indique la nature de la trahison : c'est la peine de mort. Dans certaines parties du monde, autrefois, seule l'infidélité conjugale, parmi les manquements possibles de la femme, autorisait le mari à la tuer.

Sans perdre de vue cette idée, considérons ce qui dénonce la femme. Dans *L'Oiseau d'Ourdi*, c'est un œuf, dans *Barbe-Bleue*, une clé. Dans ces deux histoires, ce sont des objets magiques en ce sens qu'une fois qu'ils ont été en contact avec le sang, celui-ci ne peut être enlevé. Le thème du sang indélébile est très ancien. Partout où on le trouve, c'est le signe qu'un forfait, souvent un meurtre, a été commis *. L'œuf est le symbole de la sexualité féminine que, semble-t-il, la fiancée de *L'Oiseau d'Ourdi* tient à garder intacte. La clé qui ouvre la porte de la chambre interdite évoque des associations avec l'organe sexuel mâle, particulièrement lors de la défloration, qui s'accompagne d'un saignement. Si tel est, parmi d'autres, le sens caché de l'histoire, on comprend que le sang ne puisse être lavé : la défloration est un acte irréversible.

Dans *L'Oiseau d'Ourdi*, la fidélité des jeunes filles est mise à l'épreuve avant leur mariage. Le sorcier décide d'épouser la plus jeune des sœurs parce qu'elle a été capable de lui faire croire qu'elle ne lui avait pas désobéi. Dans *La Barbe-Bleue*, Perrault raconte qu'une grande fête eut lieu dès que le triste héros eut tourné le dos. Il est facile d'imaginer ce qui se passa entre la femme et ses invités en l'absence de Barbe-Bleue : l'histoire dit nettement que tout le monde prit du bon temps. Le sang sur l'œuf et sur la clé symbolise que les héroïnes ont eu des relations sexuelles. On comprendra donc le fantasme d'angoisse qui leur montre le cadavre des femmes qui ont été tuées en raison de leur infidélité.

A l'écoute de ces histoires, on est frappé par le fait que l'héroïne est fortement tentée de faire ce qui lui

* Dans la *Gesta Romanorum*, qui date de l'an 1300 environ, une matricide garde sur les mains des traces de sang indélébiles. Personne ne peut voir le sang qui couvre les mains de Lady Macbeth, mais elle sait qu'il existe.

est interdit. Pour mettre quelqu'un à l'épreuve, rien de tel que de lui dire : « Je m'en vais ; pendant mon absence, vous pouvez visiter toutes les pièces de la maison, sauf une. Voici la clé de la pièce interdite. Il vous est interdit de vous en servir ! » Ainsi, sur un plan qui est facilement obscurci par les détails macabres de l'histoire, *Barbe-Bleue* est un conte relatif à la tentation sexuelle.

Sur un autre plan, beaucoup plus évident, *Barbe-Bleue* montre les aspects destructifs du sexe. Mais si on prend le temps de se pencher sur les péripéties de l'histoire, d'étranges contradictions apparaissent. Par exemple, dans le conte de Perrault, la femme de Barbe-Bleue, après sa macabre découverte, n'appelle pas au secours ses nombreux invités qui, apparemment, sont encore là. Elle ne se confie pas à sa sœur, Anne, et ne sollicite pas son aide ; tout ce qu'elle lui demande, c'est de surveiller l'arrivée de leurs frères qui doivent venir au château ce jour-là. Finalement, la femme de Barbe-Bleue n'agit pas comme, logiquement, elle aurait dû le faire : elle ne fuit pas le danger, elle ne se cache pas, ne se déguise pas. C'est au contraire ce qui arrive dans *L'Oiseau d'Ourdi* et dans un conte de fées analogue des frères Grimm, *Le Fiancé brigand* où l'héroïne commence par se cacher, puis s'enfuit et revient à l'insu des voleurs meurtriers au cours d'une fête où ils sont finalement démasqués. Le comportement de la femme de Barbe-Bleue suggère deux possibilités : que ce qu'elle voit dans le cabinet interdit n'est que la création de ses fantasmes d'angoisse ; ou qu'elle a trompé son mari et espère qu'il n'en saura rien.

Que ces interprétations soient justes ou non, il n'en reste pas moins que *Barbe-Bleue* est une histoire qui donne corps à deux sentiments qui ne sont pas nécessairement étrangers l'un à l'autre et qui sont certainement familiers à l'enfant : l'amour jaloux, d'abord, qui fait que l'on est prêt à détruire ceux qu'on aime, pour ne pas les voir devenir infidèles, tant on désire les garder éternellement ; et, ensuite, les sentiments sexuels, qui peuvent être terriblement tentants, fascinants, et également très dangereux.

Il est facile d'attribuer la popularité de *Barbe-Bleue* à son mélange de crime et de sexualité, ou à la fascination qu'exercent les crimes passionnels. En ce qui concerne l'enfant, je suis persuadé qu'il aime cette histoire parce qu'elle le confirme dans l'idée que les adultes ont de terribles secrets sexuels. Elle affirme également quelque chose que l'enfant ne connaît que trop bien de par sa propre expérience : que la découverte des secrets sexuels est si tentante que les adultes eux-mêmes n'hésitent pas à prendre les plus grands risques que l'on puisse imaginer. En outre, la personne qui tente ainsi les autres mérite un châtiment bien calculé.

Je crois qu'à un niveau préconscient l'enfant comprend, d'après le sang indélébile sur la clé et d'autres détails, que la femme de Barbe-Bleue a commis un écart sexuel. L'histoire raconte que, bien qu'un mari jaloux puisse croire que sa femme mérite d'être sévèrement punie et même tuée pour son infidélité, il a parfaitement tort d'entretenir de telles pensées. Rien de plus humain, dit l'histoire, que de succomber à la tentation. Et le jaloux qui croit pouvoir se faire justice mérite d'être supprimé. L'infidélité conjugale, symboliquement exprimée par le sang sur l'œuf ou sur la clé, doit être pardonnée. Si le partenaire ne comprend pas cela, c'est lui-même qui en souffrira.

Cette analyse montre que *Barbe-Bleue,* malgré son caractère macabre, nous enseigne comme tous les contes de fées, (tout en n'entrant pas vraiment, nous l'avons dit, dans cette catégorie) une morale et une humanité supérieures. L'individu qui cherche à se venger cruellement de l'infidélité est mis hors d'état de nuire, comme il le mérite, tout comme celui qui ne voit dans le sexe que son aspect destructif. Cette moralité supérieure qui comprend et pardonne les infractions sexuelles apparaît comme étant l'aspect le plus significatif de cette histoire, quand Perrault nous dit dans sa seconde « moralité » :

On voit bientôt que cette histoire
Est un conte du temps passé ;
Il n'est plus d'époux si terrible,
Ni qui demande l'impossible,
Fût-il malcontent et jaloux.
Près de sa femme on le voit filer doux...

Quelle que soit la façon dont on interprète *Barbe-Bleue,* il s'agit d'un conte de mise en garde qui nous dit : Femmes, ne cédez pas à votre curiosité sexuelle ; et vous les hommes, ne vous laissez pas emporter par votre colère lorsque vous êtes sexuellement trahis. Rien de subtil dans tout cela ; et surtout, on ne distingue aucune évolution vers une humanité supérieure. A la fin de l'histoire, Barbe-Bleue et sa femme sont exactement tels qu'ils étaient au début. Des événements catastrophiques ont eu lieu, mais personne ne s'en trouve mieux, sauf peut-être la société qui est débarrassée d'un Barbe-Bleue.

Une autre histoire des frères Grimm, *L'Enfant de Marie,* nous montre comment un véritable conte de fées peut développer le thème de la chambre interdite. Quand l'héroïne atteint l'âge de quinze ans (qui est celui de la maturation sexuelle) on lui remet un trousseau de clés qui ouvrent toutes les pièces, mais on lui dit que l'une d'entre elles lui est interdite. Poussée par la curiosité, elle ouvre la porte condamnée. Plus tard, elle nie l'avoir fait, bien qu'elle soit questionnée avec insistance. En punition, elle est rendue muette, parce qu'elle s'est servie de sa langue pour mentir. Elle subit des épreuves très pénibles et, finalement, reconnaît qu'elle a menti. Elle retrouve aussitôt la parole et sera heureuse pour tout le reste de son existence parce que « à qui avoue et regrette son péché, il lui est pardonné ».

« La Belle et la Bête »

Barbe-Bleue est une histoire qui a trait aux penchants dangereux du sexe, à ses rapports avec des sentiments violents et destructifs et, en bref, aux sombres aspects de la sexualité qui pourraient bien être cachés derrière une porte verrouillée en permanence et étroitement surveillée. Ce qui se passe dans *Barbe-Bleue* n'a absolument rien à voir avec l'amour. Barbe-Bleue ne veut en faire qu'à sa tête et ne pense qu'à une chose : posséder sa partenaire ; il ne peut aimer que lui-même.

Malgré son titre, il n'y a rien d'aussi « bestial » dans *La Belle et la Bête*. Le père de la Belle est menacé par la Bête, mais tout le monde sait, dès le début, qu'il s'agit d'une menace gratuite qui ne vise qu'à obtenir la compagnie et l'amour de la Belle et la disparition de l'apparence animale du héros. Dans cette histoire, tout se passe en douceur, et il n'y a qu'amour et dévouement entre les trois personnages principaux : la Belle, son père et la Bête. Tandis que dans l'histoire qui a donné naissance à tout ce cycle de contes l'amour œdipien d'Aphrodite pour son fils est cruel et destructif, l'amour œdipien de la Belle pour son père, dès qu'il est transféré à son futur mari, a de merveilleuses vertus curatives. Avec *La Belle et la Bête,* le cycle se termine en apothéose.

Le résumé qui va suivre se fonde sur la version de Mme Leprince de Beaumont (1757) qui puise elle-même dans une autre version du même thème écrite précédemment par Mme de Villeneuve. C'est le texte de la première nommée qui est actuellement le plus connu *.

---

* *Riquet à la houppe* de Perrault précède ces deux contes et son remaniement original du vieux thème ne connaît pas de précédent. La bête devient un homme, Riquet, laid et contrefait, mais très intelligent. Une princesse stupide, qui devient

A la différence de la plupart des autres versions de *La Belle et la Bête,* celle de Mme Leprince de Beaumont met en scène un riche marchand qui n'a pas seulement les trois filles traditionnelles, mais aussi trois fils qui ne jouent qu'un petit rôle dans le conte. Toutes les filles sont très belles, en particulier la plus jeune, qui a été surnommée « la Petite Beauté », ce qui rend ses sœurs très jalouses. Les deux aînées sont suffisantes et égoïstes, à l'opposé de la Belle qui est modeste, charmante et gentille avec tout le monde. Un jour, leur père est ruiné et la famille est réduite à une existence misérable que les deux aînées supportent très mal, alors que l'heureux caractère de la Belle ne fait que rayonner davantage dans ces circonstances difficiles.

Le père, doit partir en voyage ; il demande à ses filles ce qu'elles souhaiteraient avoir à son retour. Espérant que leur père rétablira une partie de sa richesse à l'occasion de ce voyage, les deux aînées lui demandent des parures ruineuses ; quant à la Belle, elle ne demande rien. Son père insiste, et elle se contente de solliciter une rose. Malgré ses espoirs, le père doit s'en retourner aussi pauvre qu'avant. Il se perd dans une grande forêt et désespère de retrouver son chemin. Soudain, il découvre un palais ; il y trouve le vivre et le couvert, mais il n'y a pas âme qui vive. Le

---

amoureuse de lui en raison de son caractère et de son brillant, devient aveugle à sa laideur et aux difformités de son corps. Et, parce qu'elle l'aime, elle cesse d'être stupide et apparaît comme très intelligente. Telle est la transformation magique accomplie par l'amour ; l'amour adulte et l'acceptation de la sexualité rendent ce qui paraissait auparavant repoussant ou stupide, beau et spirituel. Comme le souligne Perrault, la morale de l'histoire est que la beauté, que ce soit celle de l'apparence physique ou de l'esprit, n'existe que dans les yeux du spectateur. Mais parce que l'histoire de Perrault a une intention morale, elle s'affaiblit en tant que conte de fées. Alors que l'amour change tout, aucun conflit ne demande à être résolu et aucune lutte n'élève les protagonistes à un niveau supérieur d'humanité.

lendemain matin, avant de partir, il aperçoit des roses magnifiques et, se souvenant de la requête de la Belle, il en cueille un bouquet. Il est surpris par une bête effroyable qui lui reproche de lui voler des roses après avoir reçu dans son palais un aussi bon accueil. En punition, il doit mourir. Le père le supplie de lui laisser la vie sauve et lui dit que les roses étaient destinées à sa fille. La Bête lui répond qu'elle est d'accord pour le laisser partir s'il lui promet de lui envoyer une de ses filles, qui subira le sort qui lui était destiné. Mais si les trois filles refusent, le marchand devra revenir dans trois mois pour mourir. Avant de le laisser aller, la Bête donne au père un coffre rempli d'or. Le marchand a bien l'intention de ne pas sacrifier une de ses filles, mais il accepte le délai de trois mois qui lui permettra de les revoir et de leur apporter le trésor.

Revenu chez lui, il donne les roses à la Belle et ne peut s'empêcher de lui raconter ce qui lui est arrivé. Les trois frères proposent d'aller tuer la Bête, mais leur père ne le permet pas : ce serait un pur suicide. La Belle insiste pour prendre la place de leur père. Tous les arguments qu'il peut trouver ne la font pas changer d'avis. Elle partira. Les deux sœurs, grâce à l'or, font un beau mariage. Quand les trois mois sont sur le point de s'écouler, le père, accompagné malgré lui par la Belle, se met en route vers le palais de la Bête. Celle-ci demande à la Belle si elle est venue de sa propre volonté ; « Oui », dit-elle, et le père peut alors s'en aller, le cœur gros. La Bête traite royalement la Belle dans son palais. Tous ses désirs sont exaucés comme par enchantement. Chaque soir, pendant le repas, la Bête vient passer un moment avec la Belle. Chaque fois, la jeune fille attend ce moment avec impatience, tant elle trouve les journées longues. La seule chose qui l'ennuie, c'est qu'à la fin de chacune de ses visites, la Bête lui demande d'être sa femme ; elle l'éconduit avec douceur, et la Bête s'en va très triste. Trois mois se passent ainsi. La Belle refuse une fois de plus le mariage, et la Bête lui fait promettre tout au moins de ne jamais l'abandonner. Elle le promet et demande la permission d'aller voir son père : elle a vu dans un miroir ce qui se passe dans son ancienne maison ; son père se languit d'elle. Elle obtient une semaine pour faire le voyage, mais elle sait que la Bête mourra si elle ne revient pas.

Le lendemain matin, elle retrouve son père qui est transporté de joie. Ses frères sont partis servir dans l'armée. Ses sœurs, qui ont fait un mariage malheureux, décident par jalousie de retenir la Belle au-delà de la semaine accordée, en espérant que la Bête viendra la tuer. La Belle accepte de prolonger son séjour d'une semaine. Au cours de la dixième nuit passée chez elle, elle voit en rêve la Bête qui lui reproche d'une voix mourante de ne pas avoir tenu sa promesse. Elle souhaite vivement d'être auprès de la Bête et se trouve aussitôt transportée au palais, où la Bête se meurt. Au cours de son séjour chez son père, la Belle a compris combien elle s'était attachée à la Bête ; la voyant si désespérée, elle se rend compte qu'elle l'aime et lui dit qu'elle ne peut vivre sans elle et qu'elle veut l'épouser. Au même moment, la Bête se transforme en prince. Le père, fou de joie, et le reste de la famille viennent les rejoindre. Les méchantes sœurs sont transformées en statues. Elles resteront dans cet état jusqu'au moment où elles reconnaîtront leurs fautes.

Dans ce conte, l'aspect de la Bête est laissé à notre imagination. Dans un groupe de contes de fées découverts dans plusieurs pays occidentaux, la Bête, comme dans *Cupidon et Psyché,* a le corps d'un serpent. Pour le reste, les péripéties de ces histoires sont analogues à celles qui viennent d'être relatées, à une exception près ; quand le héros reprend forme humaine, il raconte pourquoi il a été voué à une existence de serpent : c'était pour le punir d'avoir séduit une orpheline. Après avoir satisfait son appétit sexuel aux dépens d'une victime innocente, il ne pouvait se racheter que par un amour désintéressé et en se montrant prêt à se sacrifier pour l'aimée. Le serpent, dont le prince a pris l'apparence, est un animal phallique, symbole de la jouissance sexuelle obtenue en dehors de toute relation humaine ; le serpent, également, ne se sert de ses victimes que dans son propre intérêt, comme le fit celui du paradis terrestre ; en cédant à ses manœuvres de séduction, nous avons perdu notre état d'innocence.

Dans toutes ces histoires, les événements fatidiques sont provoqués par un père qui vole des roses pour les apporter à sa fille bien-aimée. Ce geste symbolise l'amour qu'il éprouve pour elle et aussi une anticipation de la perte de sa virginité ; la fleur brisée — la rose en particulier — est le symbole de la défloration. Cette dernière apparaît, au père comme à la fille, comme un acte « bestial ». Mais l'histoire dit que leurs appréhensions étaient injustifiées. Ce qui était redouté comme un acte bestial devient une expérience de profonde humanité et d'amour.

Si on compare *Barbe-Bleue* à *La Belle et la Bête*, on peut dire que la première histoire présente les aspects primitifs, agressifs et égoïstement destructifs du sexe, qu'il faut dépasser pour que l'amour puisse s'épanouir, tandis que la seconde raconte ce qu'est le véritable amour. Le comportement de Barbe-Bleue correspond à son apparence menaçante ; la Bête, malgré son aspect, est une personne aussi belle que la Belle. Ce conte, contrairement à ce que peuvent être les craintes de l'enfant, affirme à l'auditeur que, malgré leur apparence différente, l'homme et la femme peuvent réaliser une union parfaite si leurs personnalités se conviennent et s'ils sont liés l'un à l'autre par l'amour. Alors que *Barbe-Bleue* correspond aux pires craintes de l'enfant en ce qui concerne la sexualité, *La Belle et la Bête* lui donne la force de comprendre que ses peurs sont l'œuvre de ses fantasmes d'angoisse sexuelle ; et que, bien que le sexe puisse d'abord apparaître sous un aspect animal, l'amour entre l'homme et la femme est en réalité le plus satisfaisant de tous les sentiments, et le seul qui puisse assurer un bonheur permanent.

A différents endroits, dans ce livre, j'ai dit que les contes de fées aident l'enfant à comprendre la nature de ses difficultés œdipiennes et lui donnent l'espoir qu'il parviendra à les maîtriser. *Cendrillon* expose magistralement la nature destructive de la jalousie œdipienne non résolue et violemment exprimée de l'un des parents à l'égard de son enfant. *La Belle et la Bête,* mieux que tout autre conte de fées bien connu, exprime avec évidence que l'attachement œdipien de l'enfant est naturel, désirable, et qu'il a les conséquences les plus positives si, durant le processus de maturation, il est transféré et transformé en se détachant du père (ou de la mère) pour se fixer sur le partenaire sexuel. Nos attachements œdipiens, loin d'être la source de nos plus grandes difficultés affectives (qu'ils peuvent être s'ils n'évoluent pas convenablement au cours de la croissance), sont le terrain où croît le bonheur permanent à condition que l'évolution se passe bien et vienne à bout de ces sentiments infantiles.

Ce conte évoque l'attachement œdipien de la Belle pour son père non seulement en nous disant qu'elle lui demande une rose, mais aussi en nous racontant en détail que les deux sœurs allaient faire la fête avec leurs galants pendant que la Belle restait à la maison et écartait ses prétendants alléguant qu'elle était trop jeune pour se marier et qu'elle désirait rester avec son père pendant quelques années encore. Comme elle ne rejoint la Bête que par amour pour son père, elle ne veut avoir avec elle que des rapports non sexuels.

Le palais de la Bête où les moindres désirs de la Belle sont immédiatement comblés (thème que nous avons déjà trouvé dans *Cupidon et Psyché*) est un fantasme narcissique qui est typiquement propre aux enfants. Rares sont en effet les enfants qui, à un moment ou à un autre, n'ont pas désiré une existence où on n'exigerait rien d'eux et où il leur suffirait d'exprimer un désir pour le voir aussitôt satisfait. Le conte dit que cette vie rêvée, loin d'être satisfaisante, devient vite ennuyeuse et vide, à tel point que la Belle attend impatiemment les visites nocturnes de la Bête qu'auparavant elle redoutait.

Si rien ne venait interrompre ce rêve narcissique, il n'y aurait pas d'histoire ; le conte de fées enseigne que le narcissisme, malgré son aspect séduisant, n'apporte pas une vie riche en satisfactions, et qu'il est même la négation de la vie. La Belle se réveille à la vie quand elle apprend que son père a besoin d'elle. Dans certaines versions du conte, il est tombé très malade ; dans d'autres il se languit d'elle ou se trouve plongé dans une immense tristesse. Sachant cela, le narcissisme de la Belle vole en éclats ; elle commence à agir et reprend vie en même temps que l'histoire.

Précipitée dans un conflit qui oppose son amour pour son père aux besoins de la Bête, la Belle abandonne la Bête pour s'occuper de son père. Mais elle comprend alors combien elle aime la Bête, ce qui montre symboliquement que les liens qui l'unissaient à son père se sont relâchés et qu'elle a transféré son amour. Dès que la Belle a décidé de quitter la maison paternelle pour vivre avec la Bête (autrement dit, après avoir résolu son conflit œdipien) la sexualité, autrefois repoussante, devient belle à ses yeux.

Ce conte anticipe de plusieurs siècles l'idée freudienne que le sexe doit être expérimenté par l'enfant comme quelque chose de repoussant tant que ses désirs sexuels sont reliés à ses parents ; seule cette attitude négative vis-à-vis de la sexualité peut assurer le respect du tabou de l'inceste, et avec lui, la stabilité de la famille humaine. Mais quand le jeune se détache de ses parents et se tourne vers un partenaire de la même classe d'âge, les désirs sexuels, au cours d'une évolution normale, perdent leur aspect animal et, au contraire, sont expérimentés comme quelque chose de beau.

La Belle et la Bête, en illustrant les aspects positifs de l'attachement œdipien de l'enfant et en montrant comment il doit évoluer, mérite pleinement les louanges que lui décernent Iona et Peter Opie dans leur étude sur les contes de fées classiques. Ils l'appellent « le plus symbolique des contes de fées, après *Cendrillon,* et le plus satisfaisant ».

La Belle et la Bête s'ouvre sur une perspective immature qui attribue à l'homme une existence dédoublée, comme animal et comme esprit (symbolisé par la Belle). Au cours du processus de maturation, cette dualité artificielle doit être unifiée ; cela seul permet d'atteindre un accomplissement humain total. Dans ce conte, il n'y a plus de ces secrets sexuels qui doivent rester inconnus et, qui, pour être enfin découverts, nécessitent un voyage long et difficile qui aboutit à la découverte de soi avant que la *happy end* puisse avoir lieu. Au contraire, dans *La Belle et la Bête,* il est hautement désirable que la vraie nature de la Bête soit révélée. La découverte de ce qu'elle est réellement, ou, plus précisément, de la personne bonne et aimante qu'elle est en réalité, conduit tout droit à la conclusion heureuse. L'essence de l'histoire n'est pas seulement les progrès de l'amour de la Belle pour la Bête, ni même le transfert de son attachement à son père, mais sa propre évolution au cours du processus. En constatant qu'elle doit choisir entre son amour pour son père et son amour pour la Bête, elle se rend compte peu à peu que l'idée d'opposer ces deux amours est un point de vue immature. En transférant sur son futur mari l'amour œdipien originel qu'elle éprouvait pour son père, la Belle peut donner à celui-ci le genre d'affection qui sera pour lui le plus bénéfique : une affection qui rétablit sa santé chancelante et lui procure une vie heureuse à proximité de sa fille bien-aimée. En même temps, la Belle rend à la Bête son aspect humain et les deux héros pourront connaître une vie conjugale sans nuages.

Le mariage de la Belle et de l'ex-Bête est l'expression symbolique de la cicatrisation de la coupure qui sépare l'aspect animal de l'homme et son aspect supérieur ; cette scission est décrite comme une maladie : dès qu'ils sont séparés de la Belle et de ce qu'elle symbolise, le père puis la Bête manquent de mourir. C'est aussi le point final d'une évolution qui va d'une sexualité égoïste, immature (phallique-agressive-destructive) à une sexualité qui trouve son accomplissement dans le dénouement d'une relation humaine profonde : la Bête est moribonde parce qu'elle est séparée de la Belle qui est à la fois la femme aimée et Psyché, notre âme. Au terme de son évolution, la Belle doit s'engager librement dans leur relation amoureuse. C'est pourquoi la Bête, au début du conte, accepte qu'elle remplace son père dès qu'elle lui affirme qu'elle le fait de son plein gré ; c'est pourquoi, lui demandant avec insistance de l'épouser, la Bête essuie ses refus sans protester ; c'est pourquoi la Bête ne fait pas un geste vers elle avant qu'elle déclare spontanément son amour.

Pour traduire l'expression poétique du conte de fées dans le langage terre à terre de la psychanalyse, le mariage de la Belle et de la Bête est l'humanisation et la socialisation du *ça* par le *surmoi*. De même que l'union de Cupidon et de Psyché donne naissance à un enfant nommé « Plaisir », ou « Joie », le *moi* peut nous procurer les satisfactions indispensables à une vie heureuse. Le conte de fées, contrairement au mythe, n'a pas besoin de s'étendre sur les avantages que les deux partenaires tirent de leur union. Il se sert d'une image plus impressionnante : un monde où le bon vit heureux et où les méchants (les sœurs) ont une possibilité de rachat.

Tout conte de fées est un miroir magique qui reflète certains aspects de notre univers intérieur et des démarches qu'exige notre passage de l'immaturité à la maturité. Pour ceux qui se plongent dans ce que le conte de fées a à communiquer, il devient un lac paisible qui semble d'abord refléter notre image ; mais derrière cette image, nous découvrons bientôt le tumulte intérieur de notre esprit, sa profondeur et la manière de nous mettre en paix avec lui et le monde extérieur, ce qui nous récompense de nos efforts.

Le choix des histoires que j'ai prises en considération a été arbitraire, quoique je me sois laissé guider dans une certaine mesure par leur popularité. Chaque histoire reflète un aspect de l'évolution interne de l'homme ; la seconde partie du livre s'ouvre par des contes où l'enfant lutte pour son indépendance : il le fait à regret, seulement quand ses parents l'obligent à agir contre sa volonté, comme dans *Jeannot et Margot*, ou plus spontanément, comme dans *Jack et la tige de haricot*. Le Petit Chaperon Rouge dans le ventre du loup, et la Belle au Bois Dormant qui, dans son château, se pique au fuseau, se sont prématurément exposées à des expériences pour lesquelles elles n'étaient pas prêtes ; elles apprennent qu'elles doivent attendre d'avoir mûri et comment elles doivent s'y prendre. Dans *Blanche-Neige* et *Cendrillon*, l'enfant ne peut devenir lui-même que lorsque la mère est vaincue. Si le livre s'était achevé sur l'une de ces deux histoires, il aurait pu sembler qu'il n'existât pas de solution heureuse au conflit des générations qui — ces contes nous le montrent — sont vieux comme le monde. Mais ils disent aussi que là où ce conflit existe, ce sont les parents qui en sont responsables, en raison de leur repliement sur eux-mêmes et de leur manque de sensibilité à l'égard des besoins légitimes de l'enfant. En tant que père, j'ai préféré terminer avec un conte de fées qui nous dit que l'amour des parents pour leur enfant est, lui aussi, vieux comme le monde, de même que l'amour de l'enfant pour ses parents. C'est cette tendre affection qui permet l'épanouissement d'un amour différent qui liera l'enfant mûri à l'être qu'il aime. Quelle que soit la réalité, l'enfant qui écoute des contes de fées en vient à croire que, par amour pour lui, son père est prêt à risquer sa vie pour lui rapporter le cadeau qu'il désire par-dessus tout. Le même enfant croit en même temps qu'il est digne de ce dévouement, parce qu'il serait prêt à sacrifier lui-même sa vie par amour pour son père. Ainsi, l'enfant grandira pour apporter paix et bonheur même à ceux qui ont le malheur de ressembler à des bêtes. En se comportant ainsi, l'enfant, plus tard, assurera son propre bonheur et celui du partenaire de sa vie, ainsi que celui de ses parents. Il sera en paix avec lui-même et avec le monde.

Telle est l'une des innombrables vérités contenues dans les contes de fées et qui peuvent nous servir de guides ; une vérité aussi valable aujourd'hui que du temps où « les bêtes parlaient ».

Notes

1. Pour les remarques de Dickens à propos du *Petit Chaperon Rouge* et ses idées sur les contes de fées, voir Angus Wilson, *The World of Charles Dickens* (Londres, Secker and Warburg, 1970) et Michael C. Kotzin, *Dickens and the Fairy Tale* (Bow ling Green University Press, 1972).

2. Louis MacNeice, *Varieties of Parable* (New York, Cambridge University Press, 1936).

3. G. K. Chesterton, *Orthodoxy* (Londres, John Lane, 1907). C. S. Lewis, *The Allegory of Love* (Oxford University Press, 1936).

4. *Jack le tueur de géants* et d'autres contes du cycle de Jack ont été publiés dans *A Dictionary of British Folk Tales*, 4 vol. (Bloomington, Indiana University Press, 1970). Les contes de fées britanniques qui sont cités dans le présent livre peuvent se trouver dans cet ouvrage. Il existe une autre collection importante de contes de fées anglais : *English Fairy Tales*, de Joseph Jacobs (Londres, David Nutt, 1890) et *More English Fairy Tales* (Londres, David Nutt, 1895).

5. *The mighty hopes that make us men.* A. Tennyson, *In Memoriam.*

6. Cette étude du conte *Le Pêcheur et le Génie* s'appuie sur la traduction de Burton de *The Arabian Nights'entertainments.*

7. On retouvera la liste la plus complète des thèmes des contes de fées (y compris celui du géant et celui de l'esprit enfermé dans un vase) dans Antti A. Aarne, *The types of the Folktale* (Helsinki, Sumalainen Tiedeakatemia, 1961) et dans Stith Thompson, *Motif Index of Folk Literature*, 6 vol. (Bloomington, Indiana University Press, 1955).

Dans l'index de Thompson, le thème de l'esprit qui se laisse berner en réduisant sa taille pour rentrer dans le vase est classé sous les rubriques D. 1240, D. 2177.1, R 181, K 717 et K 722.

Il serait fastidieux de fournir ces précisions pour tous les thèmes cités dans le livre, d'autant plus qu'il est facile de vérifier la répartition des thèmes dans les deux ouvrages cités en référence.

8. L'étude du mythe d'Hercule et des autres mythes grecs dont il sera question dans ce livre se réfère à la version donnée par Gustav Schwab, *Gods and Heroes : Myths and Epics of Ancient Greece* (New York, Pantheon Books, 1946).

9. Mircea Eliade, *Birth and Rebirth* (New York, Harper and Row, 1963). Voir aussi Paul Saintyves, *Les Contes de Perrault et les récits parallèles* (Paris, 1923) et Jean de Vries, *Betrachttungen zun Märchen, besonders in seinem Verhältnis zu Heldensage und Mythos* (Helsinki, *Folklore Fellows Communications*, n° 150, 1954).

10. Il n'existe pas encore d'étude psychanalytique systématique des contes de fées. Freud, en 1913, a publié deux courts articles sur le sujet : « L'intervention dans les rêves du matériel des contes de fées » et « Le thème des trois coffres ». *Le Petit Chaperon Rouge*, des frères Grimm et *Le Loup et les Sept Petits Enfants* tiennent une place importante dans *Histoire d'une névrose infantile* de Freud, qui est maintenant connue sous le nom de *L'Homme aux loups*. Sigmund Freud, *The Standard Edition of the complete Psychological Works* (Londres, Hogarth Press, 1953), vol. 12, 17.
Les contes de fées sont abordés dans d'autres écrits psychanalytiques, trop nombreux pour être cités ici, mais presque toujours d'une façon cursive, comme dans Anna Freud, *Le moi et les mécanismes de défense* (New York, International Universities Press, 1946). Parmi les nombreux articles traitant particulièrement des contes de fées du point de vue freudien, on peut citer : Otto Rank, *Psychoanalytische Beiträge zur Mythen forschung* (Vienne, Deuticke, 1919) ; Alfred Winterstein, « Die Pubertätsriten der Mädchen und ihre Spuren im Märchen », *Imago*, vol. 14 (1928).
En outre, quelques contes de fées ont été étudiés dans une perspective psychanalytique, par exemple, Steff Bornstein, *La Belle au Bois Dormant*, *Imago*, vol. 20, (1934) ; J. F. Grant Duff, *Blanche-Neige*, ibid., vol. 20 (1934) ; Lilla Vesry-Wagner, *Le Petit Chaperon Rouge* sur le divan, *The Psychoanalytic Forum*, vol. 1 (1966) ; Beryl Sanfford, *Cendrillon*, *ibid.*, vol. 2 (1967). Erich Fromm, dans *The forgotten Language* (New York, Rienhart, 1951) se réfère de temps en temps aux contes de fées, et plus particulièrement au *Petit Chaperon Rouge*.

11. Les contes de fées sont abordés d'une façon beaucoup plus large dans les écrits de Jung et des analystes jungiens. Malheureusement, seule une partie infime de cette littérature

a été traduite en anglais. Le livre de Marie-Louise von Franz, *Interpretation of Fairy Tales* (New York, Spring Publications, 1970) est caractéristique de l'approche jungienne des contes de fées.

Le meilleur exemple d'analyse d'un conte célèbre du point de vue jungien est *Amor and Psyche,* d'Erich Neumann (New York, Pantheon, 1956).

L'étude la plus complète des contes de fées, dans un cadre jungien de référence, peut être trouvée dans les trois volumes de Hedwig von Beit, *Symbolik des Märchens* et *Gegensatz und Erneuerung im Märchen* (Berne, A. Francke, 1952 et 1956).

Une position intermédiaire a été adoptée par Julius E. Heuscher, *A Psychiatric Study of Fairy Tales* (Springfield, Charles Thomas, 1963).

12. On trouvera dans Wilhelm Laiblin, *Märchen und Tiefen psychologie* (Darmstadt : Wissenschaftliche Buchgesellschaft, 1969), un ensemble d'articles qui étudient les contes de fées à la lumière de la psychologie des profondeurs et qui a le mérite de représenter judicieusement les différentes écoles de pensée. Il contient également une bibliographie très satisfaisante.

13. Pour les différentes versions des *Trois Petits Cochons,* voir Briggs, *op. cit.* L'étude de ce conte s'appuie sur sa version imprimée la plus ancienne : J. O. Halliwell, *Nursery Rhymes and Nursery Tales* (Londres, vers 1843).

Ce n'est que dans quelques-unes des versions les plus récentes que les deux petits cochons survivent, ce qui enlève au conte une grande partie de son impact. Dans certaines variantes, on a donné un nom à chacun des petits cochons, ce qui empêche l'enfant de voir en eux les trois phases du développement. D'autre part, certaines versions insistent sur le fait que c'est le goût du plaisir qui a empêché les deux plus jeunes héros de se construire une maison plus solide et plus sûre : l'un se construit une maison de boue pour avoir la joie de pouvoir s'y frotter, l'autre édifie sa demeure avec des choux, parce qu'il en est gourmand.

14. Cette citation, qui décrit la pensée animiste de l'enfant, est extraite de l'article de Ruth Benedict « Animism », paru dans *Encyclopedia of the Social Science* (New York, Macmillan, 1948).

15. En ce qui concerne les différents stades de la pensée animiste de l'enfant, et son importance jusqu'à l'âge de douze ans, voir Jean Piaget, *La Représentation du monde chez l'enfant* (1926) *The Child's Concept of the World* (New York, Harcourt, Brace, 1929).

16. *A l'est du soleil et à l'ouest de la lune* est un conte norvé-

gien. Il a été traduit en anglais dans Andrew Lang, *The Blue Fairy Book* (Londres, Longmans, Green, vers 1889).

17. *La Belle et la Bête* est une très vieille histoire dont on connaît de très nombreuses versions. Parmi les plus connues, il faut citer celle de Mme Leprince de Beaumont. *Le Roi-Grenouille* est un conte des frères Grimm.

18. On peut trouver un résumé des théories de Piaget dans *The Developmental Psychology of Jean Piaget*, de J. H. Flavell (Princeton, Van Nostrand, 1963).

19. On trouvera une étude sur la déesse Nut dant Erich Neumann, *The Great Mother* (Princeton, Princeton University Press, 1955). « Semblable à la voûte des cieux, elle recouvre ses créatures sur la terre, comme la poule qui protège ses poussins. » On peut voir sa représentation sur le couvercle du sarcophage d'Uresh-Nofer (XXXe dynastie) au Metropolitan Museum de New York.

20. Michäl Polanyi, *Personal Knowledge* (Chicago, University of Chicago Press, 1958).

21. Sigmund Freud, *Histoire d'une névrose infantile, op. cit.*

22. A ma connaissance, il n'existe pas d'étude montrant combien les illustrations des contes de fées détournent l'attention de l'enfant ; mais cet effet des illustrations a été amplement démontré pour d'autres livres destinés aux enfants. Voyez, par exemple, « Attention Process in Reading : the Effect of Pictures on the acquisition of Reading Responses », de S. J. Samuel, *Journal of Educational Psychology*, vol. 58 (1967) ; et, du même auteur, un examen de différentes études portant sur le même problème : « Effects of Pictures on Learning to Read, Comprehension, and Attitude », dans *Review of Educational Research*, vol. 40 (1970).

23. J. R. R. Tolkien, *Tee and Leaf* (Boston, Houghton Mifflin, 1965).

24. Il existe une littérature abondante sur les conséquences de la suppression du rêve, par exemple : « Psychoanalytic Implications of Recent Research on Sleep and Dreaming », de Charles Sisher, dans *Journal of the Américan Psychoanalytic Association*, vol. 13 (1965) ; et Louis J. West, Herbert H. Janszen, Boyd K. Lester et Floyd S. Cornelison, Jr, « The psychosis of Sleep Deprivation », *Annals of the New York Academy of Science*, vol. 96 (1962).

25. Chesterton, *op. cit.*

26. Sigmund Freud, *Le roman familial du névrosé, op. cit.*, vol. 10.

27. *Les Trois Souhaits* était à l'origine un conte écossais, signalé par Briggs, *op. cit.* Comme je l'ai déjà dit, on trouve ce thème dans toutes les cultures, avec des variantes qui leur sont propres. Par exemple, dans un conte indien, une famille a droit à trois souhaits. La mère désire être très belle et réalise son rêve grâce au premier souhait, après quoi elle s'enfuit avec un prince. Son mari, furieux, utilise le deuxième souhait pour la transformer en porc. Et le fils se sert du troisième et dernier souhait pour rendre à sa mère sa forme première.

28. On peut interpréter différemment la signification symbolique de la même série d'événements : de même que décroît le danger de céder aux pressions du ça (ce qui est représenté par le passage de la férocité du tigre et du loup à la douceur du faon) les voix du moi et du surmoi parviennent de moins en moins à contrôler le ça. Mais comme, dans le conte, Frérot dit à Sœurette avant d'aborder la troisième source : « Cette fois j'y boirai, quoi que tu puisses dire, parce que j'ai trop soif ! » il semble que l'interprétation donnée dans le texte soit plus proche du sens profond de l'histoire.

29. L'étude de *Sindbad le Marin et Sindbad le Portefaix* s'appuie sur la traduction de Burton.

30. Pour l'historique des Contes des *Mille et Une Nuits*, et particulièrement pour la signification du nombre 1001, voir von der Leyen, *Die Welt des Märchens*, 2 vol. (Dusseldorf, Eugen Diederich, 1953).

31. En ce qui concerne l'histoire qui sert de prétexte aux Contes des *Mille et Une Nuits*, voir Emmanuel Cosquin, *Le prologue-cadre des Mille et une Nuits*, dans ses *Etudes folkloriques* (Paris, Champion, 1922).
Pour cette histoire-prétexte, j'ai suivi la traduction de John Paynes dans *The Book of the Thousand and one Nights* (Londres, diffusé uniquement par souscription, 1914).

32. En ce qui concerne les contes de l'ancienne Egypte, voir Emmanuel de Rougé, *Revue archéologique*, vol. 8 (1852) ; W. F. Petrie, *Egyptian Tales*, vol. 2 (1895) ; et Johannes Bolte et George Polivka, *Ammerkungen zu den Kinder und Hausmärchen der Brüder Grimm*, 5 vol. (Hildesheim, Olms, 1963), vol. 5.

33. Les différentes versions du thème des *deux frères* ont été étudiées par Kurt Ranke dans *Die Zwei Brueder, Folklore Fellow Communications*, vol. 114 (1934).

34. Il est extrêmement rare que les contes de fées apportent une précision géographique. Ceux qui ont étudié ce problème ont conclu que quand un nom de lieu est mentionné, cela signifie que le conte se rapporte à un événement réel. Par exemple, il se peut qu'un rapt d'enfants ait eu lieu dans la ville de Hamelm à une certaine époque et que cet événement ait déterminé l'histoire du joueur de flûte, histoire qui raconte la disparition de certains enfants de cette ville. Il s'agit là d'un conte moral qui n'a pas grand-chose à voir avec les contes de fées puisqu'il ne comporte pas de solution et qu'il n'a pas de conclusion heureuse. C'est principalement sous cette forme qu'existent les contes à référence historique.

La large diffusion du thème des *Trois Langages* et ses différentes versions excluent toute origine historique. D'autre part, il paraît logique qu'une histoire qui débute en Suisse insiste sur l'importance d'apprendre trois langages différents et sur le besoin de les intégrer sur un plan supérieur : la population de la confédération helvétique rassemble quatre groupes linguistiques, français, allemand, italien et rhéto-roman. Comme l'un de ces langages — sans doute l'allemand — était la langue maternelle du héros, il semble normal qu'il ait été envoyé à trois endroits différents pour apprendre les trois autres. Pour l'auditeur suisse, ce conte dit ouvertement que l'acquisition de trois langages est nécessaire à l'unité du pays ; à un niveau caché, le même fait exprime la nécessité d'intégrer les différentes tendances qui existent à l'intérieur de tout individu.

35. Au sujet de la coutume qui consiste à faire voler une plume pour savoir quelle direction il faut prendre, voir Bolte et Polivka, *op. cit.*, vol. 2.

36. Tolkien, *op. cit.*

37. Voir, par exemple, l'histoire de Joey dans mon livre *The Empty Fortress* (New York, Free Press, 1966). Traduction française *La Forteresse vide* (Paris, Gallimard).

38. Jean Piaget, *La Naissance de l'intelligence chez l'enfant* (Delachaux et Niestlé, 1948). Trad. américaine : *The Origins of Intelligence in Children* (New York, International Universities Press, 1952). — *La Construction du réel chez l'enfant* (Delachaux et Niestlé, 1948). Trad. américaine : *The Construction of Reality in the Child* (New York, Basic Books, 1954).

39. Watty Piper, *The Little Engine That Could* (Eau Claire, Wisconsin, E. M. Hale, 1954).

40. Le poème d'A. A. Milne, *Disobedience,* dans *When we were Very Young* (New York, E. P. Dutton, 1924).

41. Ce nom de « Fallada » indique que ce conte a une origine très ancienne. Il est vraisemblablement formé d'après le nom du cheval de Roland : Valantin, Valantis, Valatin, etc.

Le thème du cheval qui parle est encore plus ancien. Tacite raconte que les chevaux des Germains étaient capables de prédire l'avenir et qu'ils servaient d'oracles. Dans les pays scandinaves, le cheval a la même réputation.

42. Pour *Roswal et Lillian*, voir Briggs, *op. cit.*

On retrouve dans toutes les cultures du globe le thème de la fiancée supplantée par une méchante usurpatrice qui est finalement démasquée et châtiée, mais pas avant que la vraie fiancée ait subi des épreuves pénibles où elle affirme son caractère. (Voir P. Arfert, *Das Motiv von der unterschobenen Braut in der internationalen Erzählungsliteratur*, Rostock, Dissertation, 1897.) Les détails varient selon les pays et les cultures, les caractéristiques et les coutumes locales étant introduites dans le thème principal. Il en est de même pour tous les contes de fées.

43. Quelques vers du même cycle apporteront un témoignage supplémentaire sur l'influence des contes de fées sur la formation des poètes. En se souvenant des contes de son enfance, Heine écrivait :

Combien les contes de ma vieille nourrice étaient doux à
[mon oreille
Et comme j'aimais les pensées qu'ils m'inspiraient !

et :

Il me suffit d'évoquer une chanson de mon enfance
pour que le souvenir de ma chère vielle nourrice revive
[en moi
Je revois aussitôt son visage boucané
avec toutes ses rides, tous ses plis.
Elle était née dans la province de Münster
et connaissait, dans toute leur splendeur,
une foule de chants et de merveilleux contes populaires,
et des histoires de fantômes qui me donnaient le frisson.

The Poems of Heine (Londres, G. Bell and Sons, 1916).

44. Pour ces versions différentes de *La Gardeuse d'oies*, comme toute autre information supplémentaire sur tous les autres contes des frères Grimm, voir Bolte et Polivka, *op. cit.*

45. Tolkien, *op. cit.*

46. Mary J. Collier et Eugène L. Gaier, « Adult reactions to Preferred Childhood Stories », *Child Development*, vol. 29 (1958).

47. Chesterton, *op. cit.*

The Blue Bird de Maurice Maeterlinck (New York, Dodd, Mead, 1911).

48. En ce qui concerne les contes de fées turcs, et en particulier l'histoire d'Iskander, voir *Die Dedrohung,* d'August Nitschke (Stuttgart, Ernst Klett, 1972). Ce livre aborde divers autres aspects des contes de fées ; il montre en particulier comment la menace, dans les contes, joue un rôle dans la lutte pour l'affirmation de soi et pour la liberté ; et il étudie également le rôle joué par l'ami secourable.

49. *From Vater hab ich die Statur*
Des Lebens ernstes Führen,
Vom Mütterchen die Frohnatur
Und Lust zum fabulieren.

Goethe, *Zahme Xenien,* VI.

50. Bettina von Arnim, dans *Goethe's Briefwechsel mit einem Kinde,* raconte comment la mère de Goethe s'y prenait pour raconter des contes de fées à son fils (Iéna, Diederichs, 1966).

51. « Wer vieles bringt, wird manchem etwas bringen » (Goethe, *Faust*).

52. Charles Perrault, *Histoires ou contes du temps passé, avec des moralités,* Paris, 1697). La première traduction anglaise qui ait été publiée est celle de Robert Samber, *Histories or Tales of Past Times* (Londres, 1729). Les plus connus de ces contes ont été réimprimés dans Iona and Peter Opie, *op. cit.* On peut également les trouver dans les livres de contes de fées d'Andrew Lang ; *Le Petit Chaperon Rouge* figure dans *The Blue Fairy Book, op. cit.*

53. Il existe une abondante littérature au sujet de Perrault et de ses Contes de fées. Le livre le plus utile (comparable à ce que Bolte et Polivka ont écrit sur les contes des frères Grimm) est celui de Marc Soriano, *Les Contes de Perrault* (Paris, Gallimard, 1968).

Andrew Lang, dans *Perrault's Popular Tales* (Oxford, Clarendon Press, 1888) a écrit : « Si toutes les versions du Petit Chaperon Rouge se terminaient comme celle de Perrault, nous pourrions les écarter en constatant que la « machinerie » de l'histoire est dérivée du « temps où les bêtes parlaient » ou étaient censées le faire. Mais on sait très bien que dans la version allemande des frères Grimm le conte ne se termine absolument pas par le triomphe du loup. Le Petit Chaperon Rouge et sa grand-mère sont ressuscitées et c'est le loup qui passe de vie à trépas. Il y a de fortes chances pour que la version populaire dont s'est inspiré Perrault se soit terminée de la même manière et que l'auteur ait pris sur lui de la modifier.

La fin de l'histoire telle que la présentait Perrault, aurait été certainement jugée impossible parce que trop atroce, dans les familles de l'époque de Louis XIV, et les enfants auraient insisté pour que l'histoire finisse bien. Quoi qu'il en soit, les versions allemandes préservent l'un des incidents mythiques les plus répandus dans le monde : la réapparition de personnes vivantes qui surgissent des entrailles du monstre qui les a dévorées. »

54. Deux de ces versions françaises du *Petit Chaperon Rouge* ont été publiées dans *Mélusine*, vol. 3 (1886-1887), et vol. 6 (1892-1893).

55. *Ibid.*

56. Djuna Barnes, *Nightwood* (New York, New Directions, 1937). T. S. Eliot, préface à *Nightwood, ibid.*

57. *Fairy Tales Told Again*, illustré par Gustave Doré (Londres, Cassel, Petter et Galpin, 1872). Les illustrations sont reprises par Opie et Opie, *op. cit.*

58. Pour les différentes versions du *Petit Chaperon Rouge*, voire Bolte et Polivka, *op. cit.*

59. Gertrude Crampton, *Tootle* (New York, Simon and Schuster, 1946), un « Petit livre d'or. »

60. Pour les histoires de Jack, y compris les différentes versions de *Jack et la tige de haricot*, voir Briggs, *op. cit.*

61. En ce qui concerne les mythes qui forment le cycle qui commence avec Tantale, s'étend avec Œdipe et finit avec *Les Sept contre Thèbes* et la mort d'Antigone, voir Schwab, *op. cit.*

62. Pour les différentes versions de *Blanche-Neige*, voir Bolte et Polivka, *op. cit.*

63. L'étude de *Blanche-Neige* est fondée sur la version des frères Grimm.

64. *La Jeune Esclave* est le huitième divertissement de la seconde journée du *Pentamerone* de Basile, qui a été imprimé pour la première fois en 1636 (version anglaise : *The Pentamerone of Gianbattista Basile*, Londres, John Lane the Bodley Head, 1932).

65. Le chiffre 3, symbole sexuel pour l'inconscient : voir p. 187.

66. La signification du nain dans le folklore est étudiée dans

l'article « Zwerge und Riesen » et autres que l'on trouve dans Hans Bächtold-Stäbli, *Handwöterbuch des deutschen Aberglaubens* (Berlin, de Gruyter, 1927-1942). On y trouve également des articles intéressants sur les contes de fées et sur leurs thèmes.

67. Anne Sexton, *Transformations* (Boston, Houghton Mifflin, 1971).

68. Pour la première version imprimée des *Trois Ours*, voir Briggs, *op. cit.*

69. Erik H. Erikson, *Identity, Youth and Crisis* (New York, W. W. Norton, 1968) ; traduction française : *Adolescence et crise. La quête de l'identité* (Paris, Flammarion, 1972).

70. Pour *La Belle au Bois Dormant* de Perrault, voir Perrault, *op. cit.* Les traductions anglaises de ce conte sont dans Lang et dans Opie et Opie, *op. cit.* Pour le conte des frères Grimm, *Dornröschen*, voir frères Grimm, *op. cit.*

71. Basile, *op. cit. Le Soleil, la Lune et Talia* est le cinquième divertissement du cinquième jour du *Pentamerone.*

72. Pour les précurseurs de *La Belle au Bois Dormant*, voir Bolte et Polivka, *op. cit.*, et Soriano, *op. cit.*

73. Au sujet du fait que *Cendrillon* est le plus connu des contes de fées, voir *Dictionary of Folklore* (New York, Funk and Wagnalls, 1950). Egalement Opie et Opie, *op. cit.*
Pour le fait qu'il est le plus apprécié, voir Collier et Gaier, *op. cit.*

74. Pour la version chinoise la plus ancienne du thème de Cendrillon, voir Arthur Waley, « Chinese Cinderella Story », *Folklore Fellows Communications*, vol. 58 (1947).

75. Pour l'histoire de la chaussure, y compris la sandale et la pantoufle, voir *The Mode of Footwear* (New York, 1948).
Pour une étude encore plus détaillée, où l'on peut trouver l'édit de Dioclétien, voir E. Jaefert, *Skomod och skotillverkning fran medeltiden vara dager* (Stockholm, 1938).

76. En ce qui concerne l'origine et la signification d'*Aschenbrödel* et plusieurs autres détails de l'histoire, voir Bolte et Polivka, *op. cit.*, et Anna B. Rooth, *The Cinderella Cycle* (Lund, Gleerup, 1951).

77. Barnes, *op. cit.*

78. B. Rubenstein, « The meaning of the Cinderella Story in the development of a Little Girl », *Imago,* vol. 12 (1955).

79. *La Gatta Cenerentola* est le sixième divertissement de la première journée du *Pentamerone* de Basile, *op. cit.*

80. L'idée de se servir du couvercle d'un coffre pour rompre le cou de quelqu'un est extrêmement rare dans les contes de fées, bien qu'elle apparaisse dans un conte des frères Grimm, *Le Conte du genévrier,* où une méchante marâtre tue ainsi son beau-fils. Cet acte criminel a vraisemblablement une origine historique. Grégoire de Tours, dans *Histoire des Francs,* raconte que Frédégonde (qui mourut en 597) tenta de tuer sa fille Rigonde de cette manière, mais que la princesse fut sauvée grâce à l'intervention de domestiques. Si Frédégonde voulait tuer sa fille, c'est que celle-ci prétendait qu'elle aurait dû être à la place de sa mère, la reine, parce qu'elle en était plus digne qu'elle, étant fille de roi, alors que sa mère avait commencé sa vie comme chambrière. Ainsi, l'arrogance œdipienne de la fille (« Je conviens mieux que ma mère à la place qu'elle occupe ») conduit à la vengeance œdipienne de la mère.

81. *La Male Madre, in* A. de Nino, *Usi e costumi abruzzi, 3 : Fiable* (Florence, 1883-1887).

82. Les contes axés sur le thème de Cendrillon sont étudiés dans le livre de Marian R. Cox : *Cinderella : Three Hundred and Forty Five Variants* (Londres, David Nutt, 1893).

83. Cela peut être illustré par une erreur célèbre qui eut lieu aux premiers temps de la psychanalyse. Freud, se fondant sur ce que lui disaient ses patientes en cours d'analyse (leurs rêves, leurs associations libres, leurs souvenirs) conclut qu'étant enfant elles avaient été séduites par leur père et que leur névrose venait de là. Puis vinrent des malades dont il connaissait mieux l'histoire et qui avaient des souvenirs identiques ; sachant que ces patientes n'avaient pas pu être séduites par leur père, Freud comprit que la séduction paternelle était certainement moins fréquente qu'il ne le croyait. Il vit alors (ce qui fut confirmé par la suite par de multiples cas) que les souvenirs de ses patientes ne se rapportaient pas à des événements réels, mais à des fantasmes. Alors qu'elles étaient fillettes, au cours de leur période œdipienne, ces femmes avaient désiré être aimées de leur père comme des épouses ou tout au moins comme des amantes. Elles l'avaient désiré si passionnément qu'elles avaient fini par prendre leurs désirs pour des réalités. Plus tard, se souvenant du contenu de leurs fantasmes, les sentiments qu'elles éprouvaient étaient si intenses qu'elles étaient persuadées que certains événements avaient réellement eu lieu. A les entendre, et elles étaient sincères,

elles n'avaient rien fait pour provoquer la séduction paternelle ; tout venait du père. Bref, elles avaient été aussi innocentes que Cendrillon...

Quand Freud eut compris que ces souvenirs de séduction ne se rapportaient pas à des faits réels, mais uniquement à des fantasmes, et qu'il eut alors aidé ses patientes à fouiller plus profondément dans leur inconscient, il apparut que ces patientes, lorsqu'elles étaient petites, non contentes de prendre leurs désirs pour des réalités, étaient loin d'avoir été innocentes. Elles avaient désiré être séduites, et avaient imaginé qu'elles l'étaient, mais elles avaient également essayé de séduire leur père d'une façon enfantine, en s'exhibant ou par tout autre moyen destiné à le courtiser. (Sigmund Freud, *Nouvelles conférences sur la psychanalyse,* Paris, Gallimard, 1936.)

84. Par exemple, dans « Cap o'Rushes », Briggs, *op. cit.*

85. La *Cendrillon* de Perrault a été réimprimée dans l'ouvrage cité plus haut d'Opie et Opie. Malheureusement, comme dans presque toutes les autres traductions anglaises, les vers moralisateurs qui suivent le conte ont été supprimés.

Pour *Aschenputtel* des frères Grimm, *op. cit.*

86. *Rashin Coatie,* Briggs, *op. cit.*

87. Stith Thompson, *Motif Index of Folk Literature, op. cit.,* et *The Folk Tale* (New York, Dryden Press, 1946).

88. Pour la signification rituelle des cendres, et pour le rôle des cendres dans les cérémonies de purification et de deuil, voir l'article « Ashes », dans *Encyclopedia of Religion and Ethics* (New York, Scribner, 1910). Pour la signification et l'usage des cendres dans le folklore et leur rôle dans les contes de fées, voir l'article « Asche » dans *Bächtold-Stäubli, op. cit.*

89. *Rashin Coatie,* ou un conte qui lui ressemble, est signalé dans *Complaynt of Scotland* (1548) édité par Murray (1872).

90. Ce conte égyptien figure dans *Contes populaires d'Afrique* de René Basset (Paris, Guilmoto, 1903).

91. Erik H. Erikson, *Identity of the Life Cycle, Psychological Issues,* vol. I (1959), (New York, International Universities Press, 1959).

92. Dans une version islandaise de *Cendrillon,* la mère défunte apparaît en rêve à l'héroïne avilie et lui donne un objet magique qui lui permet d'attendre que le prince trouve la pantoufle. Jan Arnason, *Folk Tales of Iceland* (Leipzig, 1862-1864) et *Icelandic Folktales and Legends* (Berkeley, University of California Press, 1972).

93. En ce qui concerne les différentes corvées imposées à Cendrillon, voir Rooth, *op. cit.*

94. Soriano, *op. cit.*

95. Soriano parle également de l'« ironie amère » de la seconde moralité qui conclut le conte de Perrault, où il est dit que, bien qu'il soit avantageux de posséder l'intelligence, le courage et autres qualités positives, « ce seront choses vaines si vous n'avez pour les faire valoir, ou des parrains ou des marraines ».

96. Cox, *op. cit.*

97. Bruno Bettelheim, *Symbolic Wounds* (Glencoe, The Free Press, 1954). Trad. française *Les Blessures symboliques* (Gallimard, 1971).

98. L'histoire de Rhodope se trouve dans *The Geography of Strabo,* Laeb Classical Library (Londres, Heinemann, 1932).

99. Rooth, *op. cit.*

100. Raymond de Loy Jameson, *Three Lectures on Chinese Folklore* (Peiping, Publications of the College of Chinese Studies, 1932). Aigremont, « Fuss und Schuh-Symbolik und Erotik », *Anthropopyteia,* vol. 5 (Leipzig, 1909).

101. « Tread softly because you tread on my dreams », William Buttler Yeats, *The collected Poems* (New York, MacMillan, 1956).

102. On s'inquiéterait à bon droit, par exemple, si un enfant se rendait compte que la pantoufle peut être le symbole du vagin, de même qu'on le serait s'il saisissait les allusions sexuelles de la célèbre chanson enfantine « Nursery Rhyme » :

Cock a doodle do !
My dame has lost her shoe ;
My master's lost his fiddle stick ;
And they don't know what to do ! *

Bien que le jeune enfant connaisse le sens argotique du premier mot, il reste étranger au double sens de ce qui suit **.

---

* Voici la traduction de cette comptine :
Cocorico !
Madame a perdu son soulier ;
Monsieur a perdu son archet ;
Et les voilà bien embêtés ! (N. d. T.)

** Ce premier mot, « *cock* » désigne en langage populaire l'organe sexuel masculin. *(N. d. T.)*

Le soulier de la chanson a le même sens symbolique que la pantoufle de *Cendrillon.* Si l'enfant comprenait tout ce que sous-entend la chanson, il serait lui-même « bien embêté » ! Et il en serait de même s'il comprenait (ce qui est impossible) toutes les significations cachées de *Cendrillon,* dont je n'ai dévoilé qu'une partie, et dans une certaine limite.

103. Erikson, *op. cit.*

104. Les versions de *Cendrillon* où la pantoufle révélatrice est remplacée par un anneau sont, parmi d'autres, les suivantes : *Maria Intoulata* et *Maria Intauradda,* qui se trouvent toutes les deux dans *Archivio per lo studio delle Tradizioni Populari,* vol. 2 (Palerme, 1882), et *Les Souliers,* dans *Les Contes albanais,* d'Auguste Dozon (Paris, 1881).

105. *La Belle et la Bête* est surtout connue de nos jours dans la version de Mme Leprince de Beaumont.

106. Le large rayonnement du thème du fiancé-animal est étudié par Lutz Rörich, *Märchen und Wirklichkeit* (Wiesbaden, Steiner, 1974).

107. Pour le conte kaffir, voir *Dictionary of Folklore, op. cit.* G. M. Teal, *Kaffir* (Londres, Folk Society, 1886).

108. *Märchen der Welt Literatur, Malaiische Märchen ;* Paul Hambruck, éditeur (Iéna, Diederichs, 1922).

109. Leo Frobenius, *Atlantis : Volksmärchen und Volksdichtungen aus Afrika* (Iéna, Diederichs, 1921-1928), vol. 10.

110. Opie et Opie, *op. cit.*

111. *Le Puits du Bout du Monde* (« The Well of the World's End », dans Briggs, *op. cit.*).

112. Pour la version originale du *Roi-Grenouille,* que les frères Grimm n'ont pas publiée, voir Joseph Lefftz, *Märchen der Brüder Grimm : Urfassung* (Heidelberg, Winter, 1927).

113. Briggs, *op. cit.*

114. Sexton, *op. cit.*

115. Pour *Cupidon et Psyché,* voir Erich Neumann, *op. cit.* Pour les nombreuses versions de l'histoire, voir Ernst Tegethoff, *Studien zum Märchen-typus von Amor und Psyche* (Bonn, Schroeder, 1922).

116. Robert Graves, *Apuleius Madaurensis : The Transformations of Lucius* (New York, Farrar, Strauss § Young, 1951).

117. *The Enchanted Pig,* in Andrew Lang, *The Red Fairy Book, op. cit.*

118. *East of the Sun and West of the Moon,* dans Andrew Lang, *The Blue Fairy Book, op. cit.*

119. Nous trouvons ici une autre allusion à la perte de l'hymen.

Les os de poulet sont des objets magiques bien inattendus et l'échelle fabriquée avec eux, une façon bien compliquée de gagner un sommet... Ils semblent être là pour rendre plus vraisemblable le fait que l'héroïne devra se couper le petit doigt pour mettre un dernier barreau à l'échelle. Comme je l'ai dit dans l'étude de *Cendrillon,* à propos de l'une des nombreuses significations symboliques de la cérémonie du mariage, pour que son union se réalise pleinement, la femme doit renoncer au désir de posséder un phallus bien à elle et doit se contenter de celui de son mari. Le sacrifice du petit doigt, loin de signifier une autocastration symbolique, suggère plutôt les fantasmes que la femme doit abandonner pour pouvoir être contente d'être ce qu'elle est, ce qui lui permettra ensuite d'être heureuse avec son mari, tel qu'il est.

120. Bien avant le *Barbe-Bleue* de Perrault, il existait des contes où l'on trouve le thème de la chambre interdite. Ce thème apparaît, par exemple, dans le conte des *Trois calenders,* dans les *Contes des Mille et Une Nuits,* et dans le *Pentamerone* (sixième conte de la quatrième journée).

121. « Mr Fox », dans Briggs, *op. cit.*

Bibliographie

Les références bibliographiques sur les contes de fées, et sur toute autre littérature, qui ont été fournies dans les notes, ne seront pas répétées ici.

La littérature des contes de fées est si vaste que personne, jusqu'ici, n'a tenté de réunir tous les contes. La collection la plus satisfaisante et la plus facile à se procurer en langue anglaise est celle qu'Andrew Lang a publiée en douze volumes : *The Blue, Brown, Crimson, Green, Grey, Lilac, Olive, Orange, Pink, Red, Violet, Yellow Fairy Book,* publiés à l'origine par Longmans, Green and Co, Londres, 1889 ; ces livres ont été réédités par Dover Publications, New York, 1965.

L'entreprise la plus ambitieuse qui ait été réalisée dans ce domaine est la collection allemande *Märchen der Weltliteratur,* qui a commencé à être publiée en 1912 à Iéna par l'éditeur Diederichs ; Friedrich von der Leyen et Paul Zauner dirigeaient la collection. A de rares exceptions près, chaque volume est consacré à une langue ou à une culture, d'où il résulte que la quantité de contes de chaque culture est fort réduite. Pour ne donner qu'un exemple, la collection réalisée par Leo Frobenius, *Atlantis : Volksmärchen und Volksdichtungen aus Afrika* (Munich : Forshchungsinstitut für Kulturmorphologie, 1921, 1928) groupe à elle seule douze volumes consacrés à l'Afrique et qui ne contiennent pourtant qu'un choix très limité de contes de fées de ce continent.

La littérature concernant les contes de fées est à peu près aussi abondante que celle des contes eux-mêmes. On trouvera ci-après quelques livres qui m'ont semblé être d'intérêt général, et quelques publications, non citées dans les notes, qui m'ont beaucoup aidé à préparer mon livre *.

Archivio per lo Studio delle Tradizioni Populari, 28 vol., Palerme, 1890-1912.

ARNASON, Yan, *Icelandic Folktales and Legends*, Berkeley : University of California Press, 1972.

ARNE, Antti A., *The Types of the Folktale*, Helsinki : Suomaleinen Tiedeakatemia, 1961.

BACHTOLD-STAUBLI, Hans, éd., *Handwörterbuch des deutschen Aberglaubens*, 10 vol., Berlin : de Gruyter, 1927-1942.

BASILE, GIAMBATTISTA, *The Pentamerone*, 2 vol. Londres : John Lane the Bodley Head, 1932.

BASSET, René, *Contes populaires berbères*, 2 vol. Paris : Guilmoto, 1887.

BEDIER, Joseph, *Les Fabliaux*, Paris : Bouillou, 1893.

BOLTE, Johannes, et Georg POLIVKA, *Anmerkungen zu den Kinder und Hausmärchen der Brüder Grimm*, 5 vol., Hildesheim : Olms, 1963.

BRIGGS, Katherine M., *A Dictionary of British Folk Tales*, 4 vol., Bloomington : Indiana University Press, 1970.

BURTON, Richard, *The Arabian Nights'Entertainments*, 13 vol., Londres : H. S. Nichols, 1894-1897.

COX, MARIAN ROALFE, *Cinderella : Three Hundred and Forty-five Variants*, Londres, The Folk-Lore Society, 1893.

Folklore Fellows Communications, Ed. for the Folklore Fellows, Academia Scientiarum Fennica, 1910.

Funk and Wagnalls Dictionary of Folklore, 2 vol., New York : Fund and Wagnalls, 1950.

GRIMM, THE BROTHERS, *Grimm's Fairy Tales*, New York : Pantheon Books. 1944.

HASTINGS, James, *Encyclopedia of Religion and Ethics*, 13 vol., New York : Scribner, 1910.

---

* Je me suis, pour ma part, référé aux ouvrages suivants :

Contes de Perrault, édition de G. Rouger, Garnier Frères, 1947.

Les Contes de J. et W. Grimm, dans l'excellente traduction d'Armel Guerne. Collection « L'Age d'or », Flammarion, 1967.

Les Mille et Une Nuits (2 vol.), traduction de Galland, Garnier Frères, 1960. Il n'existe pas d'édition courante de la traduction, plus fidèle, du docteur Mardrus.

Andersen-Contes (3 vol.). Le livre de poche classique. Mercure de France, 1939.

De l'autre côté du Miroir. La chasse au Snark, de Lewis Carroll, texte français par Henri Parisot ; Flammarion, 1969. *(N. d. T.)*

JACOBS, Joseph, *English Fairy Tales*, Londres : David Nutt, 1890.
— *More English Fairy Tales*, Londres : David Nutt, 1895.
Journal of American Folklore, American Folklore Society, Boston, 1888.
LANG, Andrew, éd., *The Fairy Books.*, 12 vol., New York : Longmans, Green, 1889.
— *Perrault's Popular Tales*, Oxford : Clarendon Press, 1888.
LEFFTZ, J., *Märchen der Brüder Grimm : Urfassung*, Heidelberg, Winter, 1927.
LEYEN, Friedrich VON DER, et ZAUNERT Paul, éd., *Märchen der Weltliteratur*, 70 vol., Iéna : Diederieh, 1912.
MACKENSEN, Lutz, éd., *Handwörterbuch des deutschen Aberglaubens*, 2 vol., Berlin : de Gruyter, 1930-1940.
Melusine, 10 vol., Paris, 1878-1901.
OPIE, Iona and Peter, *The Classic Fairy Tales*, Londres : Oxford University Press, 1974.
PERRAULT, Charles, *Histoires ou Contes du temps passé*, Paris, 1697.
SAINTYVES, Paul, *Les Contes de Perrault et les récits parallèles*, Paris : E. Nourry, 1923.
SCHWAB, Gustav, *Gods and Heroes : Myths and Epics of Ancient Greece*, New York : Pantheon Books, 1946.
SORIANO, Marc, *Les Contes de Perrault*, Paris : Gallimard, 1968.
STRAPAROLA, Giovanni Francesco, *The Facetious Nights of Straparola*, 4 vol., Londres : Society of Bibliophiles, 1901.
THOMPSON, Stith, *Motif Index of Folk Literature*, 6 vol., Bloomington : Indiana University Press, 1955.
— *The Folk Tale*, New York : Dryden Press, 1946.

INTERPRETATIONS

BAUSINGER, Hermann, « *Aschenputtel : Zum Problem der Märchen-Symbolik* », *Zeitschrift für Volkskunde*, vol. 52 (1955).
BEIT, Hedwig von, *Symbolik des Märchens* et *Gegensatz und Erneuerung im Märchen*, 3 vol., Berne : Francke, 1952-1957.
BILZ, Joséphine, « Märchengeschehen und Reifungsvorgänge unter tiefenpsychologischem Gesichtspunkt », in

Buehler-Bilz, *Das Märchen und die Phantasie des Kindes,* Munich : Barth, 1958.
BITTNER, Guenther, « Uber die Symbolik weiblicher Reifung im Volksmärchen », *Praxis der Kinderpsychologie und Kinderpsychiatrie,* vol. 12 (1963).
BORNSTEIN, Steff, « Das Märchen vom Dornröschen in psychoanalytischer Darstellung », *Imago,* vol. 19 (1933).
BUEHLER, Charlotte, *Das Märchen und die Phantasie des Kindes. Beihefte zur Zeitschrift für angewandte Psychologie,* vol. 17 (1918).
COOK, Elizabeth, *The Ordinary and the Fabulous : An Introduction to Myths, Legends, and Fairy Tales for Teachers and Storytellers,* New York : Cambridge University Press, 1969.
DIECKMANN, Hanns, *Märchen und Träume as Helfer des Menschen,* Stuttgart : Adolf Bonz, 1966.
— « Wert des Märchens für die seelische Entwicklung des Kindes », *Praxis des Kinderpsychologie und Kinderpsychiatrie,* vol. 15 (1966).
HANDSCHIN-NINCK, Marianne, « Aeltester und Jüngster im Märchen », *Praxis der Kinderpsychologie und Kinderpsychiatrie,* vol. 5 (1956).
JOLLES, André, *Einfache Formen,* Darmstadt : Wissenschaftliche Buchgesellschaft, 1969.
KIENLE, G., « Das Märchen in der Psychotherapie » *Zeitschrift für Psychotherapie und medizinische Psychologie,* 1959.
LAIBLIN, Wilhelm, « Die Symbolick der Erlösung und Wiedergeburt im deutschen Volksmärchen », *Zentralblatt für Psychotherapie und ihre Grenzgebiete,* 1943.
LEBER, Gabriele, « Ueber tiefenpsychologische Aspekte von Märchenmotiven », *Praxis der Kinderpsychologie und Kinderpsychiatrie,* vol. 4 (1955).
LEYEN, Friedrich von Der, *Das Märchen,* Leipzig : Quelle und Meyer, 1925.
LOEFFLER-DELACHAUX, M., *Le Symbolisme des contes de fées,* Paris, 1949.
LUETHI, Max, *Es war einmal — Vom Wesen des Volksmäerchens,* Göttingen : Vandenhoeck & Ruprecht, 1962.
— *Märchen,* Stuttgart : Metzler, 1962.
— *Volksmärchen und Volkssage,* Berne : Francke, 1961.
MALLET, Carl-Heinz, « Die zweite und dritte Nacht im Märchen " Das Gruseln " », *Praxis der Kinderpsychologie und Kinderpsychiatrie,* vol. 14 (1965).

MENDELSOHN, J., « Das Tiermärchen und seine Bedeuntung als Ausdruck seelischer Entwicklungsstruktur », *Praxis der Kinderpsychologie und Kinderpsychiatrie*, vol. 10 (1961).

— « Die Bedeutung des Volksmärchen für das seelische Wachstum des Kindes », *Praxis der Kinderpsychologie und Kinderpsychiatrie*, vol. 7 (1958).

OBENAUER, Karl Justus, *Das Märchen, Dichtung und Deutung*, Francfort : Klostermann, 1959.

SANTUCCI, Luigi, *Das Kind — Sein Mythos und sein Märchen*, Hanovre : Schrœdel, 1964.

TEGETHOFF, Ernst, *Studien zum Märchentypus von Amor und Psyche*, Bonn, Schrœder, 1922.

ZILLINGER, G., « Zur Frage der Angst und der Darstellung psychosexueller Reifunfsstufen im Märchen vom Gruseln », *Praxis der Kinderpsychologie und Kinderpsychiatrie*, vol. 12 (1963).

Critiques et commentaires *

* Cette revue de presse a été établie pour la présente édition. La plupart des titres sont de l'éditeur (1979).

Les contes de fées apprennent à vivre

Bruno Bettelheim, on le connaît grâce à la télévision. On se souvient de la série d'émissions de Daniel Karlin, où l'on découvrait un psychiatre pas comme les autres, occupé à prendre en charge les enfants fous, à leur aménager un espace viable là où il n'y avait qu'un univers de terreur. *La Forteresse vide* raconte cette histoire. Or Bettelheim a plongé dans le terrain de toute la culture. Oui, ces enfants sont fous parce que... Parce que leur père, leur mère, ou les accidents de la vie ont fait qu'ils ne peuvent pas vivre. Mais les histoires de famille renvoient toujours au monde où elles s'inscrivent : une famille, c'est le reflet de toute une société et de ses modes de vie. Alors Bettelheim s'est fait un peu anthropologue, avec la naïveté ingénue des théoriciens américains, qui plongent dans tout et n'importe quoi et se mettent à penser, à l'emporte-pièce. Ça donne, par exemple, *Les Blessures symboliques*, livre sur les rituels d'initiation.

Psychanalyse des contes de fées, un de ses derniers livres, raconte un rituel. Les contes de fées sont un de nos rites de passage : ils sont faits pour que l'enfant entende, de la bouche des parents, de terrifiantes histoires qui finissent bien. Car, enfin, pourquoi effrayer les enfants avec des histoires de loups, ou d'abandon dans la forêt ? L'enfant, dans son « innocence », pourquoi le perturber ? Il se trouve encore des parents pour vouloir, disent-ils, protéger l'enfance. C'est leur propre image qu'ils protègent, il faut le savoir. Car l'enfance, depuis que Freud a commencé à l'explorer, on en connaît les souffrances. Tous les contes de fées racontent des séparations cruelles : *Le Petit Poucet, Le Petit Chaperon Rouge...*

....

Il faut conter ces histoires dit Bettelheim. Elles sont orientées vers l'avenir de l'enfant, son âge adulte ; elles ne cessent de dire qu'au-delà de la séparation d'avec les parents, l'autre se rencontrera, avec qui on peut vivre. Mais à la condition d'avoir exploré ses forêts. Pour une fois que la psychanalyse raconte autre chose que le passé de la souffrance et l'implacable répétition, écoutons-la, d'une oreille amicale et ironique : le conte dit que, quand on a trouvé le véritable amour adulte, on n'a pas à désirer une vie éternelle, et c'est ce qu'exprime la conclusion des contes de fées.

« *Et ils vécurent heureux pendant de longues, longues années de bonheur.* »

CATHERINE B. CLÉMENT,
Le Matin de Paris, 26 avril 1977.

Barbe-Bleue sur le divan du psychanalyste

Il fallait s'y attendre ! Théo Carlier nous traduit un ouvrage américain de Bruno Bettelheim, psychanalyste qui trouve sa proie dans les contes de Perrault, Grimm, Andersen ou Maeterlinck... Toutes ces histoires d'ogre, de loup, de petit Poucet et de Chaperon rouge, de Cendrillon rêvant d'être princesse, de Chat botté, de petite marchande d'allumettes ou de Peter Pan expriment les angoisses de la pré-puberté, les haines pour le père et amour pour la mère, entre autres gentillesses que Freud et ses émules ont découvertes dans l'inconscient [1]. Par chance, Charles Perrault — Marc Soriano me le fait remarquer — reste « un robuste vieillard qui a tout juste trois siècles et demi ». Cet auteur donne une nouvelle édition, revue et corrigée de la biographie du complexe et assez mystérieux personnage que fut Perrault ; il recherche ensuite les sources folkloriques, le milieu social et les sources d'inspiration du conteur et cette quête apparaît elle-même très attrayante [2].

P.-L. DARNAR,
Le Dauphiné Libéré, 3 mai 1978.

1. *Psychanalyse des contes de fées.* B. Bettelheim (Robert Laffont).
2. *Les Contes de Perrault.* Marc Soriano. Nouvelle édition (Gallimard).

Vive le méchant loup

Un jour la raison nous est venue et nous avons décidé qu'il était vraiment trop bête de faire peur aux enfants avec des contes à cauchemarder debout. Et nous avons cessé de faire croquer le Chaperon Rouge à la nuit tombante, à l'heure de border les couettes. Initiative inepte nous prouve Bruno Bettelheim dans un livre fascinant, *Psychanalyse des Contes de fées* (Robert Laffont, 49 F). L'enfant a besoin, étape par étape, dans son développement mental de fantasmer, de transposer sur des héros à la mesure de son imagination ce qu'il affronte dans ses découvertes quotidiennes. La méchante marâtre, c'est la mère, protectrice infiniment généreuse, qui peut se transformer en marâtre cruelle si « elle a la méchanceté de refuser au bambin ce dont il a envie ». L'enfant peut défouler son agressivité en détestant en paix la méchante marâtre du conte et en adorant maman. Le dédoublement de personnalités dans le réel et l'imaginaire « permet à l'enfant de garder intacte l'image favorable et est utilisé par beaucoup d'enfants pour apporter une solution à un problème de relation trop difficile pour qu'il puisse le régler ou le comprendre ». Un exemple. Il y en a mille autre. Un livre à lire d'urgence. Ne serait-ce que pour savoir pourquoi il vaut mieux offrir les contes de Grimm que ceux de Perrault.

J. Boisriveaud,
Cosmopolitan, janvier 1977.

Un cadeau d'amour

... Mieux qu'à édifier, le conte vise à convaincre, dit Bettelheim, en douceur, derrière le masque de situations ou de lieux fantastiques, il conduit l'enfant à la maîtrise progressive des stades archaïques de son développement ; il ouvre à ces valeurs généreuses, l'amour, l'amitié, ou la solidarité, capables de donner un sens à sa vie : c'est là le seul secret enfoui dans les contes de fées, la seule raison d'être des épreuves que Blanche-Neige et Cendrillon, parmi d'autres, doivent traverser.

Mais pour que l'enfant fasse siennes les victoires de ses

héros préférés, encore faut-il, précise Bettelheim, qu'il ait la possibilité d'entendre souvent leur histoire et de la « renier » à loisir jusqu'à en assimiler tous les éléments. Il les goûtera d'autant mieux, aussi, qu'elles seront contées. A défaut, l'adulte qui les dira devra entrer suffisamment dans la peau du personnage pour que son jeune auditeur, fort de cette complicité, assume dans un climat sécurisant les charges émotives souvent violentes que le récit aura libérées en lui. Ainsi le conte de fées pourra être tel que Lewis Carroll l'a défini : *un cadeau d'amour* pour l'enfant aux yeux pleins de rêve et de merveilles.

KARINE BERRIOT.
Les Nouvelles Littéraires, 30 décembre 1976.

Pragmatique et éducatif :

A propos de ce livre un grand hebdomadaire *(Le Nouvel Observateur)* titrait en première page « Cendrillon sur le divan ». En fait ce n'est nullement Cendrillon ni aucun autre héros ou fée qui s'installent sur ce lieu devenu le symbole courant de toute psychanalyse, mais plus exactement nous et nos enfants, Cendrillon et Cie tenant lieu de « psychanalysant ». Bettelheim est loin d'être le premier à avoir voulu inventorier la richesse des contes de tous pays, et son analyse très freudienne, comme l'on s'en doute, n'a peut-être pas toute la subtilité de celle de Loeffler-Delachaux, de formation jungienne, ou même de Prapp qui a étudié de façon très stricte la morphologie du conte. Si certains contes (celui du Chaperon rouge entre autre) peuvent être considérés comme étudiés de façon exemplaire, d'autres par contre (le cycle du fiancé-animal) sont un peu rapides et approximatifs.

Mais c'est sur le plan pragmatique et éducatif que se situe le meilleur apport du livre : d'ailleurs la traduction exacte du titre américain ne serait-elle pas « les usages du merveilleux » ? Bettelheim voit, dans la connaissance des contes de fées pour les enfants de cette fin du XXe siècle, un moyen de fixer et de nourrir leur sens du merveilleux dans un monde où il n'a que trop tendance à disparaître ou à être démystifié par des adultes qui veulent évacuer l'irrationnel (et l'on sait que Françoise Dolto œuvre dans cette même optique). Ces contes peuvent les aider à s'identifier à un héros et surtout leur faire comprendre que la vie n'est pas sans conflit, sans situations ambiguës ou même désespérées et qu'ils peuvent trouver un remède à ces conflits et une solution à ces situations. L'auteur tire même l'interprétation de certains contes vers trop de moralisme, le chapitre sur « ces trois petits cochons » est assez révélateur à cet égard. Il y aurait bien des remarques à relever ; ne serait-ce que l'importance qu'il donne au narratif, très ritualisé, pour faire connaître tout ce merveilleux répertoire aux jeunes enfants. Tous ces aspects concrets traités avec beaucoup de chaleur et de finesse doivent donner à ce livre une vaste audience, mais aussi une influence éducative directe.

Une dernière remarque : regrettons que la traduction, sur certains points, soit bien imparfaite : il faut déjà être germaniste pour reconnaître dans *Jeannot et Margot*, le célèbre *Hans et Gretel* des frères Grimm ; et il y a d'autres traductions aussi incongrues. Dommage !

N. JEANSON,
L'Ecole des Parents, avril 1977.

N.D.L.R. Rappelons sur le même sujet l'excellent ouvrage de Marc Soriano : *Les Contes de Charles Perrault, culture savante et tradition populaire*, Gallimard, 1968.

Les parents aussi...

Si vous hésitez à faire lire à votre enfant des contes de fées, n'hésitez plus : c'est bon pour eux, c'est bon pour nous. Et celui qui le dit est digne de foi, c'est Bruno Bettelheim, éducateur, psychologue, psychiatre pour enfants, mondialement connu, professeur à l'Université de Chicago. Vous avez peut-être déjà lu l'un de ses livres *La Forteresse vide* ou *Dialogue avec les mères*. Vous l'avez peut-être déjà vu à la télé dans une bouleversante émission sur les enfants fous. Sa vision de l'enfant pourrait se résumer en quatre mots : l'attention, l'humanité, la générosité, la sagesse. Il vient de longuement méditer sur les contes de fées. Cela a donné 400 pages chez Laffont : *Psychanalyse des contes de fées*. Ne croyez surtout pas que vous risquez d'être découragés par un ouvrage de spécialiste. Ce livre nous émerveille. On découvre pour notre propre combat, avec une nouvelle lucidité : « Voilà donc ce qu'il y avait derrière les contes que j'aimais ! » Cette plongée magique en enfance est constructive. On en revient avec le langage des contes décodifié, et du même coup la possibilité de mieux partager l'univers de ses enfants.

Bruno Bettelheim était en coup de vent à Paris. Je l'ai rencontré dans le hall de son hôtel. « Suis-je respectable ? » demandait-il en réajustant sa cravate bleue, avant de passer à la télévision. Puis : « Ce sera une abomination si je parle en français. » Grand nez, grand rire, grandes oreilles, le visage parsemé de taches de rousseur et de celles du temps, il était là, le crâne nu, la pensée nue, sur un fauteuil en velours vert, en train de bien vouloir parler pour vous, les lectrices de *Elle.* Il n'a pas été question volontairement de vous raconter ce que le livre racontait mieux. Si apprendre le langage des grenouilles signifie apprendre celui du sexe, et correspond au « ça ». Celui des chiens au *moi,* ou celui des oiseaux au *surmoi.* Si les *3* magiques ont des significations extraordinaires. Si la sorcière c'est... Si Boucles d'Or soulève le problème d'identité et si celui de la Belle au Bois dormant suggère la maîtrise de l'adolescence. Si le Petit Chaperon rouge aide à surmonter les ambivalences. Toutes ces informations passionnantes vous les découvrirez vous-même. Mais j'ai, à votre place, posé les questions qui viennent à l'esprit de toutes les mères de famille de bonne volonté.

. . . .

— Les contes de fées délivrent-ils des messages aux parents ?

— De très importants messages. Vous avez remarqué combien les pères faibles, dominés par leur femme créent des difficultés insurmontables chez l'enfant ; et ne savent pas l'aider à les résoudre ? Pensez au chasseur, dans Blanche-Neige, qui incarne le père indécis, tentant de satisfaire à la fois la méchante reine, sa femme, et *Blanche-Neige,* qui incarne le père indécis, tentant de quences désastreuses du narcissisme chez les parents qui se sentent menacés par la croissance de leur enfant. Finalement la reine meurt de son propre narcissisme. Les prétendants de la Belle au Bois dormant s'approchent d'elle pendant son sommeil et périssent dans les épines, c'est aussi un message : enfant et parents sont ainsi avertis que l'éveil sexuel qui se produit avant que le corps et l'esprit ne soient prêts, est très destructif, etc.

— Les contes sont en somme bons aussi pour les parents ?

— Certainement. Tout conte de fées est un miroir magique qui reflète certains aspects de notre univers intérieur. Et toutes les démarches qu'exige notre passage de l'immaturité à la maturité. Derrière le conte paisible, l'adulte lui-même peut découvrir le tumulte, la profondeur de son esprit, la manière de se mettre en paix avec soi-même et le monde, ce qui est une récompense. Je crois qu'il n'y a pas de vérité aussi éternellement valable que celle-là, pour les enfants comme pour les parents : être en paix avec soi-même et avec le monde. Et c'est ce que disent les contes, en montrant par quels chemins.

Interview DENISE DUBOIS-JALLAIS,
Elle, 13 décembre 1976.

Pour que vos enfants ne se droguent pas plus tard, lisez-leur des contes de fées *

MADELEINE CHAPSAL. — Qu'est-ce qui vous a donné l'idée de faire un livre sur les contes de fées ?

BRUNO BETTELHEIM. — En fait, ce devait être le premier chapitre d'un ouvrage de conseils aux parents sur la façon d'élever leurs enfants, où je voulais mettre mon expérience de ce que j'ai appris en trente ans d'Ecole Orthogénique à Chicago, avec les enfants autistiques. Mais j'ai été tellement passionné par ce que je découvrais en lisant les contes de fées, que finalement j'ai écrit ce volume, *Psychanalyse des contes de fées.*

M.C. — Vous avez relu tous les contes de fées ?

B.B. — Ça n'est pas possible tellement il y en a ! Vers les années 1920, les Allemands ont commencé à réunir dans une seule collection tous les contes du monde entier, en se limitant à un volume par culture, afin de se restreindre un peu. Actuellement, ils en sont au volume 74 ! Une

* Titre original de l'article.

chercheuse, Marian Cox, a elle-même réuni 324 versions de Cendrillon...

M.C. — Ces contes sont-ils très différents d'une culture et d'une version à l'autre ?

B.B. — On retrouve toujours les mêmes thèmes et c'est cela que j'ai tenté d'éclaircir : pourquoi les mêmes thèmes et qu'apportent-ils d'essentiel au développement d'un jeune esprit ?

M.C. — Vous pensez que pour bien se développer, un enfant a besoin de fantaisie, d'irréel ? Et qu'on ne raconte plus assez de contes de fées aux enfants ?

B.B. — C'est vrai, mais ça n'est pas du tout parce que les contes de fées sont irréels ! C'est absolument l'inverse : ils présentent au contraire aux enfants la réalité telle qu'elle est. L'amour mélangé à la haine, l'angoisse, la souffrance, la peur d'être abandonné, le vieillissement, la mort — le monde où l'on vit et que l'on essaie beaucoup trop de nos jours de cacher aux enfants. Comme s'ils n'étaient pas dedans !

M.C. — N'est-ce pas parce que nous en avons peur nous-mêmes ? Peur de ce qu'il y a au fond de nous, de ce que Freud a appelé « la pulsion de mort » et Erich Fromm, un autre psychanalyste, « la passion de détruire » ? Et parce que nous voudrions en préserver les enfants ?

B.B. — On ne peut pas en préserver les enfants puisque ces pulsions sont en nous dès le départ et qu'elles submergent encore plus l'enfant qui n'a pas appris, comme les adultes, les moyens de les contrôler. Or ce qui est important, dans les contes de fées, c'est que ces pulsions inconscientes, ces affects terrifiants, sont représentés par des figures, des personnages, ou par des événements et des situations. L'enfant ne peut pas comprendre ce qu'a écrit Freud et ce que disent les psychanalystes, c'est pourquoi il ne faut pas interpréter ses rêves à un enfant, même si on comprend pourquoi il les a et ce qu'ils signifient. Quand un enfant vous raconte un rêve, qu'il a une angoisse devant une situation trop difficile pour lui, il ne faut pas lui en parler directement, il faut lui dire : « Viens, je vais de raconter une histoire ! »

Et il est très intéressant de voir que dans la tradition hindoue classique, quand un homme était malade, troublé, qu'il avait des problèmes, il allait voir un sage, qu'on appelait un « gourou » et il lui racontait sa maladie, ses rêves, de quoi il souffrait.

Et du fond de sa science ou de sa sagesse le « médecin » hindou, pour le soigner, lui racontait une histoire. Cette histoire, bien sûr, reflétait les propres problèmes de l'homme malade. Le gourou la soumettait à sa méditation pour lui suggérer la façon dont il pouvait se sortir de sa détresse, mais aussi pour lui donner le moyen de mieux se connaître.

M.C. — C'était une façon de lui dire que le remède était en lui ?

B.B. — Exactement. Et de la même façon, les enfants peuvent se reconnaître dans les personnages des contes de fées et découvrir, à leur suite, une issue heureuse à leurs difficultés. Voyez Blanche-Neige, le Petit Poucet et tant d'autres...

Toutes ces histoires disent à l'enfant : « Aussi terrible que cela puisse te paraître il faut que tu t'en ailles et sortes dans le monde. Il faut que tu quittes ta maison. Tu ne grandiras jamais à moins que tu n'ailles courageusement affronter les dangers du monde extérieur. »

....

M.C. — Mais est-ce qu'il n'y a pas beaucoup d'enfants qui sont abandonnés dans les contes de fées, perdus exprès par leurs parents ou chassés de la maison ?

B.B. — Etre abandonné, être déserté par ses parents, c'est la plus grande anxiété de tous les enfants. Les parents vont mourir ! Les parents vont divorcer ! Les contes de fées prennent très au sérieux les angoisses des enfants. Il ne faut pas oublier qu'on les a surtout inventés à une époque où beaucoup de femmes mouraient en couches et où beaucoup d'enfants restaient orphelins et même étaient abandonnés. Aujourd'hui, les parents se séparent mais l'anxiété demeure très grande.

Les contes de fées ne disent pas : « Ça n'est rien ! » Les contes de fées disent : « C'est *terrible* ! C'est absolument terrible ! Mais ne désespère pas ! Tout le monde doit aller dans le monde au-devant de ces dangers, et, très étrangement, non seulement tu t'en sortiras mais tu arriveras même à surpasser tes parents alors que tu crois ne pas pouvoir vivre sans eux ! »

M.C. — Les contes de fées encouragent l'enfant à explorer le monde extérieur ?

B.B. — Ils l'aident surtout à explorer le monde de la réalité intérieure, afin de lui permettre de franchir les obstacles très difficiles qu'il va rencontrer sur le chemin de son développement et de sa maturation. Non seulement il faut qu'il apprenne à se passer de l'aide absolue de ses parents, mais il va aussi lui falloir traverser le fourré épineux de la période œdipienne, dépasser et supporter les rivalités fraternelles si dures à l'enfance, découvrir et accepter comme normal de se sentir sale, désordonné, paresseux, plus faible, plus démuni, plus envahi par la violence et les pensées mauvaises — croit-il — que son entourage. Avec le violent désir, qui achève de le culpabiliser, de surpasser ses parents.

Car si le jeune enfant aime ses parents avec une intensité incroyable, en même temps il les déteste ! Ce dont les contes savent tenir compte. Le conte lui permet de vivre son ambivalence sous la forme de la fiction. Et quand ce sont ses parents qui le lui racontent eux-mêmes, ce qui est très important, il a en plus l'impression d'être approuvé dans ses pensées les plus intimes et les plus inexprimables, celles pour lesquelles il se ferait couper en morceaux plutôt que d'avouer... C'est cela qui va l'aider à avoir confiance en lui-même et, pour avoir confiance dans la vie, il faut d'abord avoir confiance en soi.

De plus, les contes de fées sont des œuvres d'art, sinon ils ne plairaient pas à l'enfant : tout en l'amusant et en le séduisant ils lui révèlent des vérités essentielles sur l'espèce humaine et sur lui-même.

M.C. — Vous croyez que les contes de fées peuvent faire tout cela ?

B.B. — Je n'aime pas le mot « conte de fées », un peu réducteur et qui donne une idée fausse. Dans beaucoup de contes de fées il n'y a pas de fées ni ce surnaturel obligatoire que le mot « fée » implique. Il y a beaucoup de contes où l'on rencontre plutôt des animaux ou de vieux hommes très sages. Je préfère la dénomination de Rudyard Kipling « *Histoires comme ça* », ou le mot de *conte populaire* qu'on utilise dans la plupart des autres langues.

En fait, à l'origine, un conte de fées c'est une histoire racontée par tout le monde à tout le monde.

M.C. — Comme les mythes ?

B.B. — Il y a une grosse différence entre les mythes, les fables et les contes de fées, bien qu'au départ, l'origine en soit la même. Le but du conte de fées est de rassurer, il se termine bien, avec une solution heureuse, alors que le mythe a une fin tragique.

Et puis le mythe concerne des événements qui ne peuvent s'appliquer ni à vous ni à moi, avec des héros qui vivent dans un univers de surhommes, comme Hercule ou Ulysse. Or, le jeune enfant est dans une telle insécurité qu'il a besoin d'être rassuré dans ce monde-là, où il doit vivre, et non dans un monde mythique et lointain où le héros est ou devient, un demi-dieu.

M.C. — Mais est-ce que les contes de fées ne commenment pas toujours par « Il était une fois, dans un pays lointain... » ?

B.B. — L'un des buts des contes de fées est de rassurer et une similitude trop grande avec ce que vit l'enfant ne ferait que l'inquiéter au lieu de le rassurer. C'est pourquoi le conte de fées laisse entendre dès le début de l'intrigue qu'il ne nous parle pas de faits tangibles, de personnes et de lieux réels — cette imprécision voulue indique que nous quittons le monde du concret et de la réalité quotidienne.

Les vieux châteaux, les cavernes profondes, les chambres closes où il est interdit d'entrer, les forêts impénétrables suggèrent qu'on va nous révéler quelque chose qui, normalement, nous est caché... La logique et la causalité sont suspendues. On retrouve une période archaïque de notre existence où nous pensions que tous nos désirs pouvaient être satisfaits et où le soleil s'intéressait en premier à nous ! L'histoire n'est donc pas située dans l'espace et le temps mais *dans la réalité intérieure d'un jeune esprit*.

Ensuite, à la fin, quand les problèmes auront trouvé une solution, que l'enfant aura pris conscience de son propre pouvoir de maîtriser et de conduire à un heureux dénouement ce qui se passe en lui, il retrouvera alors les choses de la réalité quotidienne qui désormais devraient lui faire moins peur. La fin des contes est toujours parfaitement située dans le quotidien et le monde familier.

....

M.C. — Vous dites que les contes de fées sont là pour rassurer l'enfant et pour l'aider à grandir, mais est-ce qu'ils n'abondent pas en figures inquiétantes, menaçantes, grimaçantes, en monstres et en dragons ?

B.B. — Toutes ces horreurs, tous ces objets d'épouvante, il faut bien voir qu'ils sont dans l'enfant lui-même. Il y a aussi en lui des sentiments terribles et ambivalents pour ses parents : cette mère, ce père dont il attend tout se transforment par moments en figures terrifiantes qui le menacent ou lui infligent de terribles punitions, dont la pire est la séparation, l'abandon, l'exil à la cave ou dans le cabinet noir.

L'enfant ne peut pas concevoir que la même personne puisse à la fois être bonne ou mauvaise. C'est pour cela que dans *Cendrillon,* par exemple, il y a deux personnages de mère, la bonne mère (morte et remplacée chez Perrault par la fée) qui exauce tous ses désirs — et la marâtre qui lui préfère ses sœurs. Dans *Blanche-Neige,* la mère, la marâtre, est jalouse de la beauté de sa fille et cherche à la faire mourir. Rivalité entre parents et enfants que, malheureusement, on rencontre aussi dans le réel.

Mais les angoisses de l'enfant sont atténuées lorsqu'elles peuvent prendre figure, celle d'un monstre, d'un dragon contre lequel on peut lutter, qui peut être vaincu, dominé, détruit.

M.C. — Est-ce pour lutter contre leurs peurs intérieures que tant d'enfants évoquent le loup, même quand ils savent pertinemment que les loups n'existent plus dans nos pays ?

B.B. — Les enfants ont besoin d'incarner leur peur et ce qui peut les rassurer, c'est que la figure dans laquelle ils l'incarnent soit justement imaginaire. S'ils voyaient un vrai loup, s'ils avaient peur d'un vrai loup, l'effet rassurant ne serait pas atteint. Au contraire, il leur faudrait rêver d'un dragon ou d'un animal encore plus fabuleux, dont il est possible dans l'imaginaire de venir à bout.

Seulement il faut savoir — et c'est là le message le plus important des contes de fées — que l'on ne parvient à rien par miracle. Si les héros s'en tirent, c'est toujours parce qu'ils font preuve de courage, d'initiative et de persévérance dans le travail.

. . . .

M.C. — Est-ce que cela n'est pas terrible pour les enfants, ces personnages qu'on tue dans les contes, qui sont jetés dans des fosses pleines de serpents, dévorés par des dragons ou des loups ?

B.B. — Il faut bien voir que la mort, dans les contes de fées, n'est jamais réelle. Elle est symbolique : c'est la mort dans la vie. Les sœurs de Cendrillon ont les yeux crevés à la fin du conte, cela signifie qu'ayant préféré les beaux habits au travail scrupuleux et à la vertu intérieure, elles ne vivront pas dans la réalité du cœur et ne parviendront pas à l'amour réussi.

Seul, l'amour, le Prince Charmant, peut réveiller la Belle, lorsque le temps a passé, qu'elle a cessé de trop aimer son père, et qu'elle est enfin mûre pour l'amour adulte. Le Petit Chaperon Rouge et sa grand-mère sortent vivants du ventre du loup : pour elles aussi la mort n'était qu'une façon de dire qu'elles avaient commis une erreur. Le Petit Chaperon Rouge, en écoutant trop tôt le beau langage du « loup » — le séducteur — et la grand-mère en ne sachant pas se défendre et défendre sa petite-fille contre ses entreprises, en ouvrant trop facilement sa porte. Elles auront ensuite la sagesse de celui qui est né deux fois, qui « renaît » après une crise existentielle où il est devenu conscient que c'est sa propre nature qui l'a plongé dans la crise.

M.C. — Il y a donc de la sexualité dans les contes de fées ?

B.B. — D'une certaine manière les contes de fées sont pour l'enfant une manière idéale de s'initier à la sexualité, selon les possibilités de son âge et la faculté de comprendre à mesure qu'il évolue. Toute éducation sexuelle plus ou moins directe et réaliste, même si elle est exprimée dans le langage de l'enfant et dans des termes qu'il peut comprendre, ne lui laisse aucun choix : il doit l'accepter, même s'il n'est pas prêt à la recevoir, au risque d'en être perturbé et embrouillé.

M.C. — Que lui disent les contes de fées en ce qui concerne la sexualité ?

B.B. — D'abord qu'il n'est pas nécessaire de se hâter vers des expériences sexuelles. Quand le temps sera mûr, le problème sera résolu.

Et aussi que tout ce qui peut nous paraître laid, dans la sexualité, et même horrible, sale, répugnant, c'est l'amour qui permet de l'accepter. C'est le grand thème du fiancé-animal, si remarquablement exprimé dans *La Belle et la Bête* : lorsque la Belle contemple enfin la Bête avec un regard d'amour, l'être affreux devient un jeune et beau prince.

Là aussi les contes ne disent pas à l'enfant, comme tend à le faire l'éducation sexuelle : tout cela n'est rien ! Ils savent au contraire que l'éveil sexuel ne se fait pas sans dégoût, sans angoisse et même sans colère, et ils accompagnent l'enfant le long de son difficile chemin, sans chercher trop vite à le rendre conscient, alors que souvent l'éducation sexuelle ne laisse aucun choix.

M.C. — On reconnaît en effet aujourd'hui que l'un des grands défauts de l'éducation sexuelle est de ne pas tenir compte des degrés de maturation différents des enfants, mais seulement de leur âge.

B.B. — De plus, les contes tiennent compte du fait que les parents peuvent être dans leur tort, en ce qui concerne la sexualité : il y a des pères trop attachés à leur fille, des mères trop avides de garder leurs garçons pour elles, mais il y a aussi les parents tentateurs : ceux qui donnent à l'enfant la clef de la treizième porte tout en faisant semblant de le mettre en garde en lui disant : ne l'ouvre pas. Le conte, comme *Barbe-Bleue,* dit alors aux parents comme aux enfants : ne tentez pas l'enfant trop tôt, parce qu'il n'a pas encore les moyens de résister et que cela peut être dangereux pour lui... A l'inverse, ce sont souvent les femmes âgées qui, dans la réalité, inculquent à l'enfant la peur des choses sexuelles. Les femmes sont souvent responsables des premiers tabous sexuels et de tous les troubles qui en découlent — d'où le personnage, toujours féminin, de la sorcière.

D'ailleurs, à bien examiner les contes, on s'aperçoit que c'est surtout la femme, la jeune fille, qui doit changer son attitude vis-à-vis de la sexualité, en fait qui doit cesser de s'enfuir, comme Cendrillon qui par trois fois fuit son prince. Mais comprendre qu'on ne peut devenir un être humain complet, riche de toutes ses possibilités que si, tout en étant soi-même, on est capable et heureux d'être soi-même avec un autre. Et que la félicité conjugale exige le bonheur sexuel. La Belle ne doit pas être séparée de la Bête, l'esprit du corps.

M.C. — Ainsi, en ignorant la psychologie et la psychanalyse, les auteurs des contes de fées y ont mis tout ce qui est nécessaire au développement des enfants ?

B.B. — La psychanalyse n'a rien inventé : elle a seulement découvert ce qui était déjà là, à l'aube des temps. Les problèmes sexuels de la petite enfance, les problèmes œdipiens, Freud n'a fait que les reconnaître, mais, bien sûr, ils étaient là avant lui ! Et c'est pour cette raison qu'il est allé chercher le vieux nom d'Œdipe pour désigner ce qu'il y a de plus profond dans l'être et le développement de l'individu.

M.C. — Pourquoi les histoires que l'on écrit aujourd'hui

pour les enfants évitent-elles soigneusement de parler de tous ces problèmes ?

B.B. — C'est l'une des attitudes étranges de notre période dite éclairée ! A la fois on veut introduire les enfants le plus vite possible à la réalité, dit-on, et en même temps on retire toute réalité aux histoires qu'on leur présente !

M.C. — Peut-être les parents ont-ils peur de voir la réalité en face ?

B.B. — Beaucoup de contes de fées commencent ainsi : un père vieillit, il se sent fatigué et il commence à se demander comment il va pouvoir diviser son royaume entre ses enfants, partager son pouvoir. Tout de suite on est confronté aux problèmes de la succession des générations, de la maladie, de la vieillesse, de la faiblesse qui l'accompagne et de la mort.

Ce sont des choses très importantes pour les enfants, des problèmes auxquels ils peuvent avoir à faire face. Mais surtout, dans le fond de son cœur, chaque enfant souhaite secrètement remplacer ses parents et il se sent terriblement coupable de penser une pareille chose.

Or, que lui dit le conte de fées ? Que c'est le cours naturel de la vie, que c'est bien ainsi que cela se passe et que ce qu'il ressent n'a rien d'anormal ou de mauvais. Cela le déculpabilise énormément, surtout, je vous le répète, si ce sont les parents eux-mêmes qui racontent l'histoire.

M.C. — Vous dites que le conte de fées aide à se développer et à parvenir à la maturité. Or puisque nous sommes encore d'une génération nourrie de contes de fées, comment se fait-il que tellement de gens aient tant de problèmes face à eux-mêmes et à leurs enfants ?

B.B. — Dans quelles difficultés plus grandes encore se trouverait-on si on n'avait pas lu ces contes ? On ne peut pas le savoir...

M.C. — Pourquoi n'écrit-on plus de contes de fées de nos jours ?

B.B. — On écrit des milliers d'histoires pour les enfants et certaines sont meilleures que d'autres, mais trop souvent ces histoires traitent directement du matériel inconscient à la façon jungienne ou freudienne — ou alors sont trop réalistes. Or l'enfant a besoin qu'on lui parle des événements de tous les jours, mais en les situant dans un lieu qui est le royaume de l'imaginaire, pour ne le ramener qu'à la fin au quotidien. C'est ce qu'il y a de plus difficile à écrire, il y faut un grand artiste.

M.C. — Et du temps ?

B.B. — Si les vieux contes sont tellement supérieurs à ceux que l'on écrit aujourd'hui c'est qu'on les a dits et redits pendant un nombre considérable de soirées, quand toute la famille et les amis étaient réunis. Tout ce qui éveillait l'intérêt était conservé, enrichi et passait ainsi de génération en génération. Le conte s'affinait avec le temps.

Tandis que les contes inventés par une seule personne, même s'ils sont remarquables, reflètent trop la personnalité unique de leur auteur. Voyez ceux de Hans Christian Andersen, qui était un homme de grand talent, mais un peu pessimiste et dépressif. *La Petite fille aux allumettes, Le Soldat de plomb et la danseuse,* sont de très belles histoires, mais bien mélancoliques.

M.C. — Pourquoi ne raconte-t-on plus les contes de fées anciens aux enfants ?

B.B. — Je ne sais pas comment cela se passe chez vous, mais aux Etats-Unis il y a eu un grand mouvement contre ce qu'on a appelé l'irréalisme, le magique. Au lieu de se rendre compte de ce que la personnalité de l'enfant véritable est magique et qu'elle a besoin avant d'aborder la réalité adulte d'apprendre à contrôler son monde irrationnel, à ne plus en avoir peur, on a voulu d'emblée la confronter au monde logique, rationnel et matérialiste où nous voulons et croyons vivre. Et sans doute, parce que cela paraissait trop dur, on a du même coup supprimé tout ce qui pouvait sembler laid et méchant, on a tenté de faire une littérature pour enfants « ensoleillée ».

Du coup l'enfant se dit : « Tous ces enfants dans les livres sont très différents de moi, moi je me sens malheureux, angoissé, je fais des cauchemars, je ne suis pas comme les autres, c'est affreux ! » Et cela accroît son anxiété... Tandis que les contes anciens lui disent ce qu'il a tellement besoin d'entendre : que le monde est terrible mais qu'il saura s'en sortir. Ils lui disent aussi qu'il est encore petit et qu'il a besoin d'aide, mais qu'il ne doit pas s'en inquiéter, qu'il en trouvera. Il y a de par le monde toutes sortes de gens secourables dont il fera la rencontre et qui lui apporteront leur assistance.

C'est très important pour l'enfant d'apprendre que si l'on a besoin d'aide on en trouve. S'il en est bien convaincu, toute sa vie, quand il lui faudra de l'aide il fera confiance aux autres et du coup en trouvera...

M.C. — Et que se passe-t-il si on ne vous a pas raconté de contes de fées quand vous étiez petit ?

B.B. — J'ai pu constater que chez des adolescents ou des adultes qui n'avaient pas eu assez de rêve, de fantaisie, de relation à l'imaginaire à l'âge où il est bon d'en avoir, tout se passe comme si (faute d'avoir cru au magique à une certaine période, il y avait incapacité d'affronter les rigueurs de la vie d'adulte.

Bien des jeunes gens, de nos jours, se mettent soudain à chercher l'évasion dans les rêves procurés par la drogue, se font initier à toutes sortes de pratiques, s'adonnent à la « magie noire », etc. Toutes façons de fuir la réalité dans les rêves éveillés. Des jeunes gens prématurément contraints de connaître la réalité d'une façon adulte sans avoir eu auparavant la possibilité de se convaincre petit à petit et justement *par le rêve* que la vie doit être maîtrisée d'une façon réaliste, auront une adaptation d'autant plus difficile.

Si même ils y parviennent jamais et ne continuent pas, indéfiniment, à se réfugier dans cet « imaginaire » qui leur a manqué au moment où il leur était nécessaire et qu'ils allaient pouvoir l'utiliser pour répondre aux questions fondamentales de l'existence : « A quoi le monde ressemble-t-il vraiment ? Comment vais-je y vivre ? Comment faire pour être vraiment moi-même ? » Les questions même auxquelles sait et peut répondre le conte de fées.

Interview de MADELEINE CHAPSAL et ROBERT JAUZE,
Marie-Claire, décembre 1976.

Quelques erreurs fâcheuses

... Une extraordinaire suite d'émissions télévisées en 1972 a familiarisé le grand public français avec la pensée, l'action et le visage de Bruno Bettelheim, psychanalyste et personnage hors du commun qui, à partir de son expérience des camps de concentration (analysée dans *Le Cœur conscient*), a cherché de nouvelles thérapeutiques pour les enfants autistes. Une originalité, que Bettelheim partage avec Winnicott et de trop rares psychanalystes, est son merveilleux don de vulgarisateur, sa langue claire, riche d'images et proche de la vie.

On retrouve ce ton particulier, à la fois très savant, très simple et très chaleureux dans *Psychanalyse des contes de fées,* où il s'efforce d'analyser les sens que prennent (ou que peuvent prendre) environ cinquante contes choisis parmi les recueils les plus célèbres : ceux de Perrault, de Grimm, de Basile ou des *Mille et Une Nuits.* Entreprise périlleuse et qui n'avait jusqu'à présent tenté que le courant « culturaliste », les scissionnistes disciples de Jung prêts à renoncer à la découverte de la « libido » du profit d'un « inconscient collectif » monnayé en « archétypes » (par exemple E. Fromm dans *Le Langage oublié*). Bettelheim se réclame plutôt de l'exemple de Freud dans *Le Thème des trois coffrets* (publié en France dans les *Essais de psychanalyse appliquée*) et plus nettement encore de l'analyse de *L'Homme aux loups,* où intervient, on le sait, l'influence d'un conte de Grimm.

A partir d'exemples précis, Bettelheim montre que les contes ont pour fonction l'éducation « affective » des enfants, secteur pratiquement ignoré par notre système scolaire, qui se limite au « savoir ». On accuse volontiers les contes de « schématisme ». Mais si les « bons » sont séparés des « méchants », c'est pour permettre au jeune auditeur un clivage qui isolera les pulsions partielles non encore adaptées et qui contribuera à la structuration de la personnalité tout entière. Par le biais du « merveilleux », ces histoires parlent aux enfants du monde réel, de la « vérité ». A partir de là, on peut, dit Bettelheim, les diviser en deux catégories : « *Une première où l'enfant ne réagit qu'inconsciemment à la vérité contenue dans l'histoire et dont il est évidemment incapable de parler ; et une deuxième, plus importante, où l'enfant, qui sait préconsciemment ou même consciemment ce qu'est la « vérité » de l'histoire et pourrait donc en parler, ne désire absolument pas qu'on le sache.* »

Ainsi, la petite fille comprend parfaitement la « faute » que Cendrillon expie dans ses cendres (le souhait incestueux qu'elle a formé d'épouser son père), mais en même temps elle est enthousiasmée de découvrir que la « faute » n'est pas définitive, qu'une marraine facilitera le passage de Cendrillon à un nouvel objet d'amour.

Ceux qui s'attendent à trouver ici une « clef » des contes de fées seront déçus. Pas plus que *L'Interprétation des rêves* de Freud n'est une « clef des songes », ce livre n'est pas une « grille », d'application uniforme et aisée. Il abonde toutefois en fines remarques qui permettront aux lecteurs avisés une meilleure utilisation des contes traditionnels ou, au moins, un choix plus « personnalisé », mieux adapté aux besoins de tel ou tel enfant.

Bref, un livre si beau et si utile que je ne suis pas sûr de l'opportunité des réserves qui vont suivre. Si je m'y risque malgré tout, c'est dans l'espoir qu'une seconde édition, que j'espère prochaine, éliminera un certain nombre d'erreurs particulièrement fâcheuses.

La première concerne le public des contes de fées. Bettelheim a l'air de croire que ce répertoire, de toute éternité, était destiné aux enfants. Or, l'amalgame entre les deux publics, le populaire et l'enfantin, ne s'est effectué que récemment, vraisemblablement au milieu du XVIIe siècle. Cette première lacune en entraîne une seconde, plus grave. Bettelheim ignore que les enfants disposent d'un répertoire oral distinct, celui des « contes qui finissent mal », encore appelés « contes d'avertissement », destinés à éloigner les enfants des lieux, des animaux ou des gens considérés comme dangereux. En louant le conte « traditionnel » et en l'opposant aux contes d'aujourd'hui (qu'il semble connaître fort peu et qu'il analyse sur un exemple particulièrement ridicule), il rejette en bloc les efforts de nombreux pédagogues ou artistes pour renouveler le répertoire littéraire des jeunes et cautionne sans le vouloir la « pédagogie de la peur », ce qui est absolument contraire à sa théorie d'un milieu « orthogénique ».

Autres erreurs irritantes : les petits pieds de Cendrillon référés à une source chinoise, retour naïf aux illusions du XIXe siècle qui croyait pouvoir se prononcer sur l' « origine » des contes. Et une antipathie marquée pour Charles Perrault, accusé d'avoir falsifié le conte populaire. Accusation qui n'est vraie que partiellement, car le clan des Perrault, pour des raisons complexes, respecte dans une certaine mesure la « naïveté » des œuvres populaires. Il est vrai que notre psychanalyste, sur la foi d'études de seconde main, attribue dix ans à Pierre Perrault Darmancour, qui signe la dédicace de *Ma Mère l'Oye,* alors qu'il en a seize en 1695, détail de grande importance puisque, à seize ans, il a été en mesure de jouer un rôle réel dans l'élaboration du célèbre recueil, et justement le rôle de collecteur.

MARC SORIANO,
Le Monde de l'éducation, mars 1977.

Toute curiosité n'est pas sexuelle

... Sur l'intégration du *ça*, du *moi* et du *surmoi*, sur la recherche de l'identité, la résolution des ambivalences et des contradictions dans une adolescence, Bettelheim est toujours admirable. Cependant, s'il voit bien les rites d'initiation que « *le novice aborde avec toute sa naïveté* », les maturations successives d'une enfance, il les réduit souvent en savoir de sexualité et de bonheur, non d'héroïsme et d'ascèse spirituelle. C'est transcrire en termes œdipiens ce que nous devons vivre en termes symboliques.

Bettelheim souligne sans cesse l'importance du voyage cathartique dans la formation de l'enfant : le combat contre le dragon, la traversée de la forêt impénétrable, la constante injonction au courage et à la détermination. Mais il n'évite pas toujours une certaine « réduction » : lit de Procuste où le dogmatisme psychanalytique doit faire entrer toute vérité, étirée ou raccourcie, et qui doit s'insérer dans le schéma œdipien, à la dimension exigée. Ce qui ramène à la juste pensée de Philippe de Saint-Robert sur « *la psychanalyse qui n'est plus menée comme un traitement clinique parmi d'autres, mais comme une pensée culturelle et abrasive* ».

Toute curiosité n'est pas sexuelle. La jeune épouse de Barbe-Bleue qui pousse en tremblant la porte de la chambre « interdite », n'est pas toujours à la recherche de secrets charnels, mais peut-être de l'interrogation suprême sur la vie ou la mort, dans le destin féminin. Pour nous, vieux Européens, élevés sur les genoux de Shakespeare, nous savons que le roi n'est pas une fable mais un homme, et le pouvoir, d'abord royal — le pouvoir du père n'étant qu'avatar. Que la petite fille du conte ou du mythe est toujours marquée du signe sacrificiel plus que du fuseau de l'érotisme et que colin-maillard n'est autre que la mort « aux yeux bandés », Hadès qui vient ravir, au hasard, des enfants qui jouent. Qu'enfin « *il y a plus de choses au ciel et sur la terre, Horatio...* »

SOPHIE DEROISIN,
La Revue générale, mars 1977.

N.B. — Regrettons une fois de plus le déplorable esprit « annexioniste » d'une traduction française qui, par exemple, du célèbre conte de Grimm, *Hansel et Gretel*, fait *Jeannot et Margot*. Que dirait-on d'un traducteur allemand de *Madame Bovary* qui changerait le nom d'Emma en Wilhelmina parce que cela ferait plus germanique ?

Un Walt Disney du freudisme

Une fois de plus, il faut s'insurger contre la négligence qui préside si souvent en France à la traduction des titres des ouvrages étrangers. Ce goût de l'à-peu-près racoleur est particulièrement irritant lorsqu'il sévit en matière de livres à prétention scientifique. En écrivant cet ouvrage que l'on a astucieusement fait paraître en France, à l'approche des fêtes, Bettelheim n'avait pas l'ambition de tenter une étude psychanalytique des contes de fée. Son titre original, *The Uses of Enchantment*, aurait pu être rendu en français par « Du bon usage des contes de fées » ou « A quoi servent les enchantements ? »

Son livre, en effet, ne nous apprend pas grand-chose sur les fondements inconscients de la genèse des contes de fées. Il néglige trop pour cela la perspective historique. En réalité, il ne s'attache qu'à l'état présent des contes sans s'inquiéter des modifications, variantes, récupérations et édulcorations dont ils ont fait l'objet à travers les âges. Ce qui le passionne, par contre, c'est la vertu thérapeutique et préventive de ces récits, qui mettent l'enfant dans des situations d'angoisse et de conflit fictives pour mieux l'aguerrir devant les difficultés de la vie réelle.

Bettelheim se réjouit de la valeur édifiante des contes qui, pour ne pas être normatifs, n'en distillent pas moins un conditionnement d'autant plus pernicieux qu'il est éminemment séduisant. C'est à une analyse idéologique qu'il aurait fallu soumettre ce corpus populaire entre tous.

Cela suppose, de la part de Bettelheim, une attitude critique dont l'auteur, se révélant dans cet ouvrage une sorte de Walt Disney du freudisme, semble ici passablement dépourvu.

J. D. D.,
Le Soir, Bruxelles, 19 janvier 1977.

Doser les frayeurs

Il y a une quinzaine d'années, en Allemagne fédérale, de nombreux psychologues avaient insisté pour retirer du commerce les contes assez terrifiants, notamment ceux des frères Grimm, et bien peu de parents s'aventuraient encore à donner pareille lecture à leurs enfants. Aujourd'hui, les avis ont changé. La vente des livres de contes a doublé au cours de ces deux dernières années et toute méfiance à leur égard semble désormais évanouie. C'est du moins ce qui ressort du sondage d'opinion effectué récemment par « Institut für Demoskopie » de Allensbach (R.F.A.).

Selon l'enquête, 73 % des parents d'enfants âgés de 3 à 10 ans souhaitent que ceux-ci connaissent les contes, tandis que 19 % seulement les rejettent. Le conte le plus apprécié demeure *Blanche-Neige* suivi du *Petit Chaperon Rouge, Le Loup et les Sept Chèvres* et *Cendrillon.* Ce ne sont plus les grand-mères qui racontent ces histoires mais bien... la télévision. C'est ce que déclarent 65 % des parents interrogés. 57 % d'entre eux affirment cependant raconter eux-mêmes ces contes et 51 % achètent aussi des disques et des cassettes consacrés à cette littérature enfantine.

La télévision effraie aussi

Pourquoi ce regain d'intérêt ? L'on pourrait se demander si la télévision qui diffuse ces récits n'influence pas le retour aux contes ancestraux ? Tous les parents les connaissent, bien sûr et à l'heure du coucher la maman murmure spontanément : « Il était une fois... » L'enfant écoute avec passion, redemande un récit, même s'il a peur.

Faut-il raconter des contes aux enfants ? Les avis sont partagés, et il est vrai que les films présentés par la télévision sont souvent plus traumatisants aujourd'hui avec leur violence réaliste que les histoires de sorcières ou de loup. Ce n'est pas une raison, me semble-t-il, pour régaler nos petits, comme je le fus moi-même en mon enfance, avec des récits de loups qui dévorent le bras de l'enfant nouveau-né ou de preux chevaliers jouant aux quilles avec des têtes de mort pour mériter la belle princesse. Même si le professeur Lutz Roehrich de l'Université de Fribourg affirme : « Les contes pour enfants ne suscitent aucune angoisse mais procurent au contraire un modèle pour la vaincre » ! Même si Bettelheim écrit : « Le conte de fées prend au sérieux ces angoisses et ces dilemmes existentiels (peur de l'obscurité, peur d'un animal quelconque, peur de ne plus être aimé...) et les aborde directement... En outre, il présente des solutions que l'enfant peut saisir selon son niveau de compréhension ».

En fait, il y a conte et conte. Si effectivement *Le Chat Botté* permet à l'enfant de comprendre que les plus faibles eux-mêmes peuvent réussir dans la vie, je sais une petite fille que bouleversait d'horreur la mort de la sorcière de *La Belle au Bois Dormant* tombée dans une cuve grouillante de serpents et la méchanceté de la victime ne la consolait pas. Heureusement, les adaptateurs modernes de ce conte de Perrault ont très souvent terminé l'histoire au mariage de la Belle avec son Prince charmant, ignorant délibérément la suite par trop atroce.

Aux parents donc de bien connaître la sensibilité de leurs enfants et de doser les frayeurs suivant celle-ci. Cette règle est valable non seulement pour le choix des contes mais aussi pour celui des films de télévision. Ce qui suppose qu'ils liront les albums de contes, écouteront les disques et cassettes avant de les confier à leurs petits, qu'ils s'informeront des programmes de télévision et du contenu des films avant d'en permettre la vision. Une règle qui peut paraître sévère mais il y va peut-être de l'équilibre de votre enfant !

M.E.,
La Libre Belgique, Bruxelles, 11 août 1977.

Pour adultes ou pour enfants ? Les contes de fées doivent-ils être réservés aux adultes ? Oui, répond le metteur en scène Patrick Roegiers. Non, affirme Bruno Bettelheim

Les contes de fées pour les tout petits ? Oui, disent certains parents, mais en version expurgée. Sans qu'ils contestent l'importance de l'apport de l'imaginaire, par l'intermédiaire des fées, sorcières ou princesses, ils refusent d'inquiéter leur enfant avec d'inutiles cruautés.

Ce n'est pourtant pas l'avis du psychologue américain Bruno Bettelheim. « Les contes de fées, dit-il, aident l'enfant à régler les problèmes psychologiques de la croissance et à intégrer sa personnalité. » Il est formel : plus les contes sont durs et cruels, plus ils sont utiles à l'enfant. C'est la thèse qu'il défend, avec une simplicité remarquable, dans son dernier livre : *Psychanalyse des contes de fées.*

Tous les livres pour enfants n'ont pas le même effet bénéfique que les contes. Les abécédaires n'apprennent que la technique de la lecture. Quant aux livres purement divertissants ou, qui, plus ambitieux, s'efforcent d'éveiller l'enfant aux réalités extérieures, ils ne réussissent pas vraiment à retenir son attention.

Seul le conte de fées, selon Bruno Bettelheim, s'accorde aux angoisses de l'enfant et à ses aspirations. Il lui fait prendre conscience de ses difficultés, tout en suggérant des solutions aux problèmes qui le troublent. Bref, le conte parle à la vie mentale de l'enfant.

Accumulés par l'auteur, les exemples de l'effet thérapeutique du conte sont nombreux. Il y a la fillette qui a besoin d'imaginer qu'une cruelle marâtre, à l'image de celle qui sévit dans *Blanche-Neige,* a pris la place de sa mère qui se fâche soudain. Ce dédoublement de la personnalité permet de garder intacte l'image favorable de la mère qui ne peut tarder à reprendre le dessus, comme dans le conte.

Il y a l'enfant possédé par l'envie de détruire. Si son fantasme se matérialise sous la forme d'une sorcière, comme Margot, il s'en débarrassera en la faisant rôtir dans un four.

Ou encore cet autre gosse dont l'accès de jalousie disparaît lorsqu'il s'identifie à l'oiseau qui crible de coups de bec les yeux de son rival détesté.

« Les contes, écrit Bettelheim, offrent des personnages sur lesquels l'enfant peut extérioriser, d'une façon contrôlable, ce qui se passe dans sa tête. Dans la mesure, bien sûr, où le bambin brode ses fantasmes autour de l'histoire. Où il y retrouve des personnages souffrant, comme lui, du désir d'être aimé et protégé, de la crainte d'être abandonné ou méprisé. »

Peur du monstre

Mais, paradoxalement, à une époque où la psychanalyse met en évidence combien l'imagination enfantine peut être violente, angoissée, destructrice et même sadique, le conte est contesté. Les opposants vont jusqu'à proclamer que ces histoires créent ou, du moins, contribuent à nourrir des sentiments perturbants.

Si monstre il doit y avoir dans les histoires, donnons-lui un aspect sympathique, disent certains parents inquiets. Seules des images généreuses devraient être présentées à leurs bambins. Comme si la réalité n'était que rose et bleue, l'homme foncièrement bon, dénué d'égoïsme, de colère, d'angoisse ! C'est oublier que l'enfant sait très bien qu'il n'est pas, lui-même, toujours bon, ou que, même s'il l'est, il n'en a guère envie. Cela contredit l'image d'Epinal. Au risque, précise Bettelheim, que l'enfant apparaisse comme un monstre à ses propres yeux.

« Au lieu d'adoucir, il faut noicir. Les contes de fées ne disent pas « ce n'est rien ». Ils disent : « c'est terrible ». C'est absolument terrible. Mais ne désespère pas. Tout le monde doit affronter ces dangers, et, curieusement, non seulement tu t'en sortiras, mais tu arriveras même à surpasser tes parents alors que tu penses ne pouvoir vivre sans eux. »

Besoin de magie

Voilà qui explique l'effet salutaire de la cruauté des contes. Mais là n'est pas le seul reproche que parents et éducateurs lui adressent. Ils regrettent son manque de réalisme. Bien sûr, dans la vie, il n'y a pas de jardins enchantés, de maisons de pain d'épice ou d'animaux parlants. Mais ce monde magique que décrit le conte de fées, l'enfant le connaît bien. Il sait lui que le chat parle et que le soleil sourit.

En outre, le conte simplifie la réalité. La fée est bonne et uniquement bonne. La sorcière est méchante et uniquement méchante. Le monde est tout blanc, ou tout noir. Aucune ambivalence. Cette vision simpliste et imagée correspond à la façon dont l'enfant appréhende la réalité. Elle lui permet de se situer facilement dans le récit. Il est le Petit Poucet, Blanche-Neige ou Cendrillon. Ces héros qui incarnent le bien et affrontent périls et méchancetés. Le mal lui-même est matérialisé par des personnages, l'ogre, la reine cruelle, les sœurs qui crachent des vipères.

Leçon de morale

Comme l'enfant moderne qui vit continuellement la tension entre le risque affronté hors du périmètre connu et le retour à la sécurité, le héros part seul à la découverte du monde, au prix de mille embûches.

Mais heureusement, après bien des péripéties, il triomphe toujours du mal.

....

En fait, les luttes intérieures et extérieures du bon héros impriment dans l'enfant qui s'y identifie le sens du bien et du mal, le sens de la morale. C'est cela qui déplaît à l'équipe qui a montré le *Pinocchio* de Collodi [1].

« Le conte sert à faire peur aux enfants, explique Patrick Roegiers, 29 ans, animateur du Théâtre provisoire. Par le biais de la crainte créée, l'auteur fait passer des rapports idéologiques très moraux. Fais pas ci, fais pas ça. Il ne faut pas désobéir, il faut aller à l'école, il ne faut pas être trop curieux... »

Un spectacle subversif

La preuve ? Les mésaventures de Pinocchio, le petit pantin de bois qui marche et parle comme un enfant, et dont le nez s'allonge démesurément à chaque mensonge. Parce qu'il a quitté la classe, il est victime d'un montreur

---

1. *Pinocchio,* de Collodi. Par le Théâtre provisoire Patrick Roegiers. Au Centre Culturel de Woluwe-Saint-Pierre du 29 mars au 9 avril à 20 h 30.

de marionnettes, puis de Chat-Minet et Maître Renard, deux fieffés gredins. Sauvé in extremis par une bonne fée, son désir de liberté l'amène à être prisonnier d'un géant vorace, pour finir dans le ventre d'une baleine. Enfin il retrouve Gepetto, son père, et lui promet d'être sage à l'avenir.

« Pinocchio est le contraire de ce conte innocent et merveilleux que l'on s'obstine à nous présenter depuis trois quarts de siècle », affirme Patrick Roegiers.

Dans le spectacle d'une heure et demi, les cinq comédiens pour 34 rôles, s'efforcent de restituer le contenu profondément subversif, anarchique et violent, fantasmatique et terrifiant du conte de Collodi. Bref, tout l'opposé de la version plaisante qu'en donna Walt Disney.

Pour ce faire, l'interprétation du texte de Collodi est basée sur une lecture psychologique inspirée du livre de David Cooper *Mort de la famille.* Ce pape de l'antipsychiatrie y déclare : « A 8 ans, tous les enfants sont à la fois poètes, révolutionnaires et idéalistes. Mais à 10 ans, à quelques exceptions près, ils sont tous morts. Pratiquement, élever un enfant, c'est tuer une personne. »

Ainsi donc ce que Bettelheim qualifie d'heureux, à savoir l'apprentissage de la morale et l'intégration des fantasmes par le biais du conte, est ici interprété comme la mise à mort d'un enfant.

Systématiquement dès lors, les « bons » du conte deviennent les « méchants » du spectacle. Le chat et le renard ne sont que victimes sociales, insensibles aux difficultés de Pinocchio. Tandis que Papa Gepetto et la Fée deviennent véritablement les assassins de l'enfant. « En lui inculquant le désir de devenir un certain type de fils, précise Patrick Roegiers, ils en font un individu brisé qui intériorise et utilise la répression et l'agression. » En libertée surveillée, l'enfant se meurt.

Cette interprétation du conte se traduit scéniquement.

La Fée porte barbe, symbole du rapport viril qu'elle exerce sur le pantin. Lui-même, marionnette, enfant « bricolé » des adultes est chauve, vieillard avant l'âge. Quant à la baleine, elle se réduit aux dimensions de l'encrier de l'écrivain, ravalant ses personnages une dernière fois. Les aventures de Pinocchio, ou comment tuer un enfant.

V.M.,
Spécial, 10 mars 1976.

De la thérapeutique au dressage

... Spécialiste des enfants, Bruno Bettelheim a naguère bouleversé l'opinion par ses émissions sur les enfants fous ou gravement perturbés. Avec le livre qu'il vient de publier chez Laffont : *La Psychanalyse des contes de fées*, il fait un pas de plus dans cette exploration difficile et passionnante des pays de l'enfance.

Tout le monde a lu des contes de fées. Les adultes aujourd'hui s'en méfient. Ils ne gardent de ces légendes et de ces histoires que les souvenirs de choses irréelles. Certains d'entre eux estiment qu'il faut les proscrire. A leur avis, ces personnages fantastiques, ces récits invraisemblables et qui se terminent toujours bien, cette plongée dans le monde des monstres, des géants, des princesses et des magiciens ont le tort de déformer la réalité et de démobiliser les enfants. D'autres, sans arriver à une conclusion aussi nette, considèrent surtout qu'au siècle de l'atome et des supersoniques, cette littérature de l'enchantement se révèle démodée. Ce ne sont après tout qu'enfantillages.

Bruno Bettelheim prend, avec vigueur, le contrepied de ces idées. Pour lui l'enfant n'est pas un adulte en plus petit. Il a une psychologie autonome, une sensibilité extrêmement disponible, une approche des êtres et des gens absolument spécifique. Aussi les langages qui le touchent ne sont-ils pas du tout ceux des adultes. L'enfant est assez réticent aux systèmes raisonnables, aux explications savantes.

....

Bruno Bettelheim fait à chaque fois remarquer que le message des contes de fées est d'une modernité brûlante et que sa valeur thérapeutique est appréciable. A l'appui, il cite de nombreux témoignages de jeunes enfants qui ont été délivrés de certains problèmes par l'identification aux personnages des contes.

L'autorité, la passion et la chaleur humaine de Bettelheim plaident, bien sûr, pour une telle option. Mais on peut être gêné par cette approche trop psychanalytique qui débusque des significations secrètes à tout propos.

Il est étonnant aussi que tout le travail de Bettelheim consiste à justifier l'intégration de l'individu-enfant dans la société. A une époque où cette intégration est de plus en plus contestée, il est remarquable que cet Américain d'adoption n'évoque jamais l'avenir de l'enfant par rapport aux structures, libératrices ou étouffantes, du monde social. Bettelheim défend un modèle de normalité. Or ce modèle est férocement remis en cause, un peu partout.

Enfin, il reste discret, pour ne pas dire muet, sur le dilemme essentiel qui parcout son livre. Dans la famille, à l'école, dans les groupes, l'éducation doit-elle développer les valeurs de compétition, de concurrence, de « lutte pour la vie » ? Au contraire, doit-elle satisfaire chez l'enfant ses goûts les plus profonds, son épanouissement, sa créativité ? L'éducation correspond-elle à un dressage selon les normes de la société ? Ou doit-elle tendre à briser le miroir où la société aime se regarder pour que les masques des « grandes personnes » tombent ?

A ces réserves près, le livre de Bettelheim demeure un acte d'amour et de respect envers la personnalité profonde, en attente, de l'enfant.

ALAIN LORRAINE,
La Vie, 25 janvier 1977.

Et le Pouvoir ?

Près de 70 000 exemplaires de *La Psychanalyse des contes de fées* vendus en deux mois témoignent de l'impact qu'ont eu sur le public les remarquables émissions de Daniel Karlin qui a porté à la connaissance des téléspectateurs français, le nom, le visage et l'œuvre de Bruno Bettelheim.

Durant les jours qui ont suivi, les conversations ont tourné autour des enfants autistiques de l'Ecole orthogénique de Chicago, ce « lieu où renaître » imaginé par Bruno Bettelheim après que son expérience des camps de concentration (Dachau et Buchenwald) l'eut amené à considérer que la psychanalyse à elle seule ne pouvait suffire et que « l'environnement avait une influence importante sur la personnalité ».

Le nouvel ouvrage du célèbre psychanalyste pour qui une éducation réussie est celle qui produit un être humain « socialement utile et affectivement heureux » ne laisse personne indifférent.

On le suit volontiers quand il déclare que « la tâche la plus importante et aussi la plus difficile est d'aider l'enfant à donner un sens à sa vie ».

Histoires de familles ?

On s'interroge lorsqu'il affirme que tout ce qui va mal dans la vie « vient de notre propre nature » d'autant que, s'il montre fort bien le rôle important que les désirs, les besoins, les pressions et les angoisses inconscients exercent sur le comportement, il gomme totalement l'influence de tout ce qui tient au milieu, à l'environnement, à la nature sociale. Sur ce plan, il nous semble être ici en retrait des théories qu'il affiche dans *Le Cœur conscient.*
Est-ce parce que la Fondation Spencer, commanditaire de l'œuvre, lui a demandé très précisément d'étudier « la contribution que peut apporter la psychanalyse à l'éducation des enfants » ? Il s'y emploie sans marquer que les contes, repris de la littérature orale, ont exprimé les aspirations populaires du passé et que leur message, à l'origine, n'avait pas pour destinataires les enfants.

....

Bruno Bettelheim réduit les contes de fées à des histoires de familles. L'enfant qui les écoute, y reconnaît les situations dans lesquelles, inconsciemment, il se débat (conflits œdipiens, rivalités fraternelles, tendances contradictoires tels l'attachement à la cellule familiale et le désir d'indépendance, etc.). Il apprend à travers eux que ses difficultés sont inévitables, qu'elles ne lui sont pas particulières, qu'en les affrontant il peut les vaincre et que le bonheur est nécessairement au bout de l'épreuve.
Le conte parle ainsi à l'enfant, de façon figurée, de choses essentielles, de vérités qu'il « sent » dont il ne peut ou ne veut pas parler.

Richesse et variété

Il n'est pas question de sous-estimer l'utilisation possible de ces contes en psychothérapie. Fallait-il cependant, pour convaincre, affirmer avec tant d'autorité (et de légèreté) que « rien n'est plus satisfaisant et enrichissant que les contes de fées », qu'il faut « condamner tout usage exclusif des histoires vraies », que « les prouesses des héros des histoires réalistes pour enfants paraissent banales et vulgaires », que « si l'adulte n'avait pas pratiqué les contes de fées durant son enfance, ses rêves auraient eu un contenu et une signification moins riches et l'aideraient donc moins à acquérir la capacité de maîtriser sa vie ».

....

Pour sa démonstration, Bruno Bettelheim a choisi les contes les plus célèbres avec une prédilection avouée pour les frères Grimm (Perrault assène ses arguments, Andersen est triste...). Sa lecture psychanalytique de ces contes exerce une séduction certaine et oblige à s'interroger même si on éprouve une impression de systématisation excessive : *La Reine des abeilles, Frérot et Sœurette* illustrent les deux aspects de notre nature ; *Sindbad le marin* pose le problème de l'intégration de la personnalité : *Les Trois Langages, Blanche-Neige, Raiponce* permettent de liquider un certain nombre de problèmes liés à la puberté, etc.

Faut-il accepter l'idée que l'enfant (de quel âge ?) voit seulement dans le Roi et la Reine des substituts du père et de la mère, jamais les représentants d'un pouvoir social et politique ?

L'enfant qui s'identifie au héros du conte et conquiert le royaume à son tour ne fait-il que conquérir son royaume intérieur ?

Notre pratique nous a fait constater que les enfants les plus démunis (psychologiquement sans doute, mais sociologiquement aussi) rêvaient volontiers de la baguette magique qui ferait d'eux des princes et des princesses riches et puissants.

La perspective à leur offrir peut-elle encore être celle de chasser « le méchant roi » pour le remplacer par un « bon roi » ?

Les contes d'animaux, les contes facétieux n'auraient-ils pas des vertus à la fois plus corrosives et plus dynamisantes que les contes de fées ? Et surtout, peut-on concevoir que le répertoire des œuvres littéraires destinées aux enfants — si grandes soient ses qualités — reste définitivement figé ?

Version abrégé s'abstenir

Ces questions restent ouvertes après la lecture de *La Psychanalyse des contes de fées* dont on peut espérer que la parution et le succès auront pour premier effet de convaincre les éditeurs de ne publier désormais que les versions intégrales des contes, car, prévient Bruno Bettelheim : « Le sens véritable et l'impact d'un conte de fées ne peuvent être appréciés et son enchantement ne peut être ressenti que si l'histoire est exposée dans sa forme originale. Se contenter de citer les épisodes essentiels d'un conte, c'est exactement comme si on voulait faire apprécier un poème en le résumant. »

GERMAINE FINIFTER,
L'Humanité, 4 avril 1977.

Blanche Neige ne fait pas la révolution

Aux alentours de fêtes de fin d'année, sur le petit écran, M. Pierre Gamarra, spécialiste de la littérature enfantine, donnait son opinion sur les nouveautés parues en ce domaine. Après avoir loué le réalisme tant du décor que de l'histoire et les leçons de civisme contenues dans ces ouvrages, il eut à l'égard du conte de fées une sorte de mépris amusé, un léger haussement d'épaules qui renvoyait aux vieilles lunes un genre entièrement dépassé.

Cette méconnaissance abyssale de l'âme enfantine qui va de pair le plus souvent avec une absence radicale de sentiment poétique est, hélas ! courante en France où éducateurs et thérapeutes persistent à ignorer ou plutôt à rejeter la « psychologie des profondeurs », une élucubration ludesque, incompatible avec notre « sensibilité nationale ». C'est comme si Freud n'avait jamais existé. On s'en tient aux schémas traditionnels, rassurants, qui ne résolvent rien et font commettre les pires bévues.

Le livre de Bruno Bettelheim, célèbre psychiatre infantile, le seul de nos jours à pouvoir guérir des enfants autistes, apporte le plus cinglant démenti aux assertions de M. Gamarra, dans son ouvrage : *Psychanalyse des contes de fées* paru chez Robert Laffont.

Pour passer de l'enfance à l'âge adulte, de profondes évolutions psychiques sont nécessaires (intégration du *ça*, du *surmoi*, élaboration du *moi*) et ce sont d'elles que dépend en grande partie l'équilibre de la personnalité. Mieux que la fable ou le mythe, les contes de fées, en aidant et rassurant l'enfant dans ses épreuves, vont contribuer plus qu'on ne saurait le croire à son épanouissement.

....

Les contes de fées modernes, outre leur pauvreté en symboles pour l'inconscient, ont le tort de se passer dans la vie actuelle et de rendre flou pour l'enfant la limite réel/irréel, si les éléments fantastiques sont conservés. Si la seule réalité est décrite, il sera frustré du monde imaginaire qui est le sien et peut-être, plus tard, se réfugiera-t-il dans la drogue ou la magie.

Si le message des contes avait mieux gagné leur inconscient, les jeunes gens d'aujourd'hui ne transformeraient pas leurs problèmes familiaux en conflits avec la société [1]. Blanche-Neige et condamnée à mort par sa marâtre mais le chasseur ne se résout pas à la tuer, car tous les adultes ne sont pas comme les parents en véritable conflit avec la jeunesse.

ETIENNE CHAUMETON,
La Dépêche du Midi, 25 décembre 1977.

Une sorte de fascisme intellectuel

... Analysant les plus nombreux et les plus connus de nos contes de fées traditionnels ou plus récents, Bettelheim trouve à chacun d'eux une résonance essentiellement freudienne.

D'une part nous devons lui reconnaître une habileté consommée, ainsi que son expérience de psychologue, d'autre part, il précise lui-même que ses interprétations ne sont jamais personnelles et n'engagent en vérité que sa seule personne. Les contes de fées étant cette auberge espagnole où l'on ne trouve essentiellement que ce qu'on y apporte. Ses analyses ne demeurant que des suggestions, il nous précise par là même que nous sommes quant à nous libres d'y percevoir d'autres réflexions.

---

1. La véhémence des options politiques chez certains jeunes gens, le caractère délirant de leurs accusations révèlent un psychisme perturbé. Il ne s'agit pas de contester l'action politique mais de séparer le bon grain de l'ivraie. Toute réaction excessive, désordonnée, irrationnelle, en un mot infantile, dans un domaine où la logique, le bon sens et beaucoup de subtilité sont de rigueur, impliquent un dérèglement justifiant l'intervention du psychanalyste.

Mais s'il apporte une étude très intelligente des contes de fées, il n'en demeure pas moins que son observation s'avère un peu trop restrictive.

Face à l'analyse sociologique de certains de ses confrères, il ne s'est guère attardé à observer les quelques détails suivants :

Pourquoi le conte de fées agite sans cesse un manichéisme assez affligeant, la vilaine marâtre toute mauvaise, les vilaines sœurs, l'ogre tout méchant, la Cendrillon toute bonne et le Prince charmant tout beau.

Ce manque de nuances, pour être tout à fait étranger à la réalité, s'avère assez irritant.

Pourquoi toujours des héroïnes enfantines et peu de petits héros ? Pourquoi ces petites filles sont-elles le plus souvent des êtres ballottés entre les jalousies, l'autorité des autres, toujours interprètes de la passivité la plus totale et rarement capables de prendre en main leur propre destin ?

Ces petites Blanche-Neige, Cendrillon ou Belle au Bois Dormant étant toujours tirées de leur sommeil post-pubertaire, par la simple arrivée du Prince charmant ou la baguette magique d'une bonne fée. Une image idéologique de la femme en réelle contradiction avec son évolution sociale d'aujourd'hui, qui ne peut que dérouter les premières réflexions enfantines.

Quant à l'homme, pourquoi apparaît-il traditionnellement sous son jour le plus menaçant, souvent géant, effrayant et cruel, ou roi faible et parfois insignifiant ? Voilà encore une réelle discordance avec la psychologie contemporaine qui s'efforce de ramener l'idéal masculin à des limites plus humaines et moins tyranniques. Quant au Prince charmant qui devait revêtir l'image de l'être le plus séduisant et le plus riche, ce n'est le plus souvent qu'un fifils à sa maman pommadé et falot. Loin de détruire la belle nécessité du conte de fées, on peut s'interroger sur l'archaïsme de ces légendes qui nous viennent de la nuit des temps et qu'il serait utile, sans aucun doute, de moderniser et de rajeunir. Elles sont désormais inadaptées à notre société contemporaine et à venir.

L'esprit humain est bien assez riche pour réinventer pour sa jeunesse, une autre forme de fiction, en meilleure concordance avec l'évolution humaine. Ceci pouvant être effectué sans renier pour autant les merveilleux apports de la tradition qui reste un enseignement exceptionnel et indispensable.

On peut donc reprocher à Bettelheim d'avoir chanté avec un peu trop d'ardeur et de rigidité les louanges d'un traditionalisme en désaccord assez profond avec sa vocation d'humaniste éclairé.

Culpabiliser les parents

Il ne manque pas de prédire aux enfants, privés de contes de fées, l'avenir le plus morose. Allant même jusqu'à affirmer que nos contemporains les plus déséquilibrés et inadaptés sont invariablement d'anciens enfants que leurs parents ne prenaient pas sur leurs genoux pour leur raconter des contes.

En vérité on peut pencher plus simplement pour une carence affective ressentie dès leur enfance qui n'a peut-être que peu de relation avec la privation de conte. Il est vrai que le fait de consacrer avec amour quelques minutes à initier son enfant aux voluptés du fantastique est déjà en soi un acte affectif d'importance. Il n'en est pas moins vrai non plus que la magie est une sublimation de l'humanité la plus simple et souvent la plus dérisoire, et qu'elle donne, dès le plus jeune âge, la mesure d'une spiritualité nécessaire à toute vie humaine. Elle encourage aussi, ajoute Bettelheim, la démarche de l'homme vers l'idéalisme, qui, lorsqu'il fait défaut à l'âge adulte, jette bientôt l'être humain dans l'errance et le désespoir. Mais comment dans nos H.L.M. ou courent des femmes et des hommes toujours débordés, peut-on en toute innocence exiger de ces pauvres gens la disponibilité nécessaire pour réapprendre les vieux contes de fées afin de les raconter à leurs enfants ? En toute honnêteté on ne le peut pas, c'est peut-être une calamité mais la réalité est là qui appelle malgré tout à l'indulgence.

Bettelheim, en savant un peu didactique, ne peut éviter une sorte de fascisme intellectuel. Son ouvrage peut prétendre jusqu'à une certaine limite que les parents qui omettent de raconter à leurs enfants ces contes ne sont que des pères et mères indignes. Mais doit-on, si l'on ne se sent pas prêt, si l'on a quelque réticence envers ces légendes pour quelque raison, doit-on se forcer ? L'enfant ne trouverait-il pas une angoisse supplémentaire et inutile à percevoir plus ou moins confusément que ses parents s'obligent à lui donner sans plaisir un enseignement qui ne peut être apporté que dans la volonté la plus spontanée.

Ce livre peut donc susciter chez certains parents un trouble sentiment de culpabilité, que l'auteur par manque de tolérance profonde ou d'habilité, n'a su éviter. Il ne peut donc qu'apparaître néfaste pour certains lecteurs. Bettelheim, et c'est sa lacune essentielle, n'a pas su ou voulu libérer les parents de leur anxiété, ennui ou dégoût à l'égard des contes de fées. Au contraire aurait-il peut-être accentué une certaine angoisse, par sa volonté trop freudienne d'assimiler le processus littéraire du conte à une somme de complexes plus ou moins difficiles à admettre ou à comprendre, soit parce qu'ils échappent à la conscience révélée, soit parce qu'ils peuvent apparaître un peu fantaisistes.

Cet ouvrage n'est point inaccessible : au contraire, son langage est simple. Mais il renvoie systématiquement le magique à une explication hormonale ou au complexe de culpabilité de l'âge œdipien. Cela peut lasser ou même décevoir certains lecteurs tentés de voir dans les interprétations de l'auteur une simple projection de ses propres fantasmes...

Soit, le titre nous instruit suffisamment de l'affaire pour que nous ne soyons point étonnés ou déçus par le contenu. Bettelheim est un rationaliste, surtout pas un poète, il suffit d'en être averti.

Tout cela au fond ne prêche que des convaincus et ne gagne absolument pas le sceptique à la cause du conte de fées.

Bettelheim n'ayant pas suffisamment abordé les dangers réels d'une enfance trop nourrie de fiction, qui peuvent aller jusqu'à une totale impossibilité à l'âge adulte de s'adapter à la réalité.

Adeptes inconditionnels du magique, nous ne sommes pas races à concevoir que ses beautés ne nous aient pas épargné quelques cuisantes déceptions... l'irréalisme étant parfois plus périlleux que son contraire.

Les dénouements heureux et toujours idéalisés sont toujours moins fréquents dans la réalité que dans la littérature fantastique des contes de fées... Les Petits Poucets et les Belles au Bois Dormant ne trouvent souvent à l'issue de leur sommeil d'enfant ou de leur errance qu'une source de souffrance un peu trop réelle...

Normandie nouvelles, 17 mai 1977.

En attendant la nouvelle humanité

... Si l'on en croit Bruno Bettelheim (...) le conte de fées est aussi nécessaire à l'enfant que le jeu. L'enfant, grâce aux contes, peut « se déguiser » *mentalement* en génie, comme il revêt une panoplie de soldat ou de *cow-boy*, car ce génie est tout aussi imaginaire que le personnage revêtu avec le déguisement. Ce parallèle semble parfaitement justifié, mais peut-on penser que les problèmes psychologiques de la période œdipienne ne peuvent pas être convenablement résolus si l'on a privé les enfants de contes de fées ? On peut même se demander si les clients adultes de la psychanalyse ne sont pas essentiellement des sujets qui, enfants, n'ont pas eu droit aux contes de fées ? L'éditeur qui, comme nous l'évoquions, au début de ce propos, livrerait au public une édition « bettelheimienne » des contes de fées pourrait ceinturer son ouvrage d'un bandeau publicitaire affirmant : « Faites lire et raconter ce livre à vos enfants, ils n'auront pas besoins de se faire psychanalyser plus tard » ! Et, à la suite, on pourrait suggérer une enquête sociologique ou une thèse se proposant de rechercher si l'audience et la clientèle des psychanalystes n'ont pas considérablement augmenté à partir du moment où les contes de fées sont tombés en disgrâce !

... moyen de prophylaxie des toxicomanies...

Si les remarques précédentes nous appartiennent, Bruno Bettelheim, pour sa part, n'hésite pas à affirmer que plus les enfants sont privés de contes de fées plus ils ont de chance de devenir des toxicomanes en tout genre : alcool, drogue, astrologie, magie noire, « gourouisme ». Que le conte de fées soit un excellent élément parmi d'autres qui permettent à l'enfant d'évacuer les phantasmes psychologique de la puberté grâce à l'extermination de sorcières fictives et vaincues en fin de compte par l'exercice de la simple réflexion, cela semble assez évident, mais de là à en faire l'unique pivot de l'équilibre psychologique de l'enfant et du jeune adolescent, cela nous paraît excessif.

... ou fourrier de la Société de consommation ?

Au surplus, on pourrait tout aussi bien reprocher aux contes de fées d'être des apologues (encore que ce terme serait probablement refusé par Bettelheim pour désigner les contes de fées) particulièrement conservateurs. Ils pourraient parfaitement être accusés de participer très largement au dressage social qui répartit les humains en dominateurs et en dominés. Ils apprennent, en effet, aux jeunes esprits qu'il faut toujours prendre les meilleurs moyens raisonnables possibles pour être du côté des dominants, des gagnants ou accepter les conséquences de la domination si l'on a pas pu être du bon côté de la barricade. On peut alors comprendre pourquoi toutes les familles d'esprit ont cru devoir condamner les contes de fées pour des raisons, peut-être inconscientes et, certainement opposées : les uns y voyant un danger d'irréalisme, les autres accusant les contes de renforcer l'autorité du pouvoir établi. La nouvelle humanité, dont beaucoup pensent qu'elle est en train de naître, devra, sans aucun doute, inventer une nouvelle éducation (et de nouveaux contes de fées ?) pour aider les petits hommes à comprendre la vie qui s'offre à eux. Il apparaît évident que l'éducation de l'enfant est la clef de tout l'équilibre social. La question qui nous semble alors se poser est de savoir comment ceux qui ont acquis l'équilibre psychosocial qui est le leur (et quel que soit le jugement que l'on puisse porter sur lui) accepteront, à un moment donné, de suffisamment modifier leur optique personnelle pour que change le projet social... Mais ceci est une autre histoire qui sera, peut-être, la conclusion d'une évolution qui se fait lentement et dont les jalons sont probablement l'abandon des divers « racismes » dont l'humanité est encore affligée.

ROGER VEYLON,
Nouvelle Presse médicale, 28 mai 1977.

Index des noms cités

Index des contes, fables et mythes

Composition réalisée par C.M.L. - PARIS-13e

IMPRIMÉ EN FRANCE PAR BRODARD ET TAUPIN
7, bd Romain-Rolland - Montrouge - Usine de La Flèche.
LE LIVRE DE POCHE - 12, rue François Ier - Paris.

ISBN : 2 - 253 - 02206 - 3

30/8342/5